Loccumer
Protokolle
62/94

MINDERHEITEN, AUTONOMIE UND SELBSTBESTIMMUNG

Kollektiv- und Individualrechte von Minderheiten und die Menschenrechte

Herausgeberin:

Sybille Fritsch-Oppermann

EVANGELISCHE AKADEMIE LOCCUM
Rehburg-Loccum

DOKUMENTATION EINER TAGUNG DER EVANGELISCHEN AKADEMIE LOCCUM VOM
25. BIS 27. NOVEMBER 1994

Tagungsplanung und -leitung: Pfarrerin Sybille Fritsch-Oppermann

Redaktion des Tagungsprotokolls: Christa Nagel

Das Protokoll enthält Originalbeiträge. Soweit sie auf Tonbandmitschnitten beruhen, wurden sie von den AutorInnen überarbeitet und zur Veröffentlichung freigegeben.

Die Loccumer Protokolle werden soweit möglich aus Typoskripten gedruckt, die die AutorInnen freundlicherweise selbst liefern. Das dadurch teilweise uneinheitliche Schriftbild nehmen wir in Kauf, um unsere Tagungsdokumentationen arbeits- und kostengünstig produzieren und preiswert anbieten zu können. Wir bitten unsere LeserInnen um Verständnis.

Die Reihe LOCCUMER PROTOKOLLE wird herausgegeben von der Evangelischen Akademie Loccum.

1. Auflage 1995
© Alle Rechte bei den AutorInnen
Printed in Germany
Druck: Kirchliche Verwaltungsstelle Loccum
ISSN   0177-1132
ISBN   3-8172-6294-9
Bezug über: Evangelische Akademie Loccum
                  - Protokollstelle -
                  Postfach 2158
                  31545 Rehburg-Loccum

                  oder über den Buchhandel

INHALTSVERZEICHNIS

Sybille Fritsch-Oppermann — Vorwort - Zur Einführung: Minderheiten, Autonomie und Selbstbestimmung — 7

Nationalismus - Nationale Autonomie - Autonome Minderheiten

Ronald Lötzsch — Nationale Minderheiten zwischen Nationalismus, Regionalisierung und Migration — 17

Matthias Röper — Volk - Ethnie - Stamm - Staat - Land - Nation — 33

Wolfgang Mey — Kollektiv- und Individualrechte von Minderheiten und die Menschenrechte — 43

Diana Bonnelame — Interkultureller Dialog als Ausgangspunkt zur friedlichen Streitbeilegung — 53

Dieter W. Bricke — Minderheiten zwischen Unterdrückung und Autonomie — 59

Christian P. Scherrer — Gruppenkonflikte als Krisenherde und ihre Wurzeln — 63

Berichte aus den Arbeitsgruppen

Gabriele und Shlemon Yonan — Menschenrechte und Minderheiten im Nahen Osten — 103

Theodor Rathgeber — Autonomie, Menschenrechte und indianische Völker in Lateinamerika — 115

Felicitas Rohder — Völkermord in Bosien-Herzegowina Europa hat aus dem Holocaust nichts gelernt — 125

Jean Kachiga — Gruppenkonflikte als Krisenherde und ihre Wurzeln — 133

Nadir Bekir — The Case of Crimean Tatar People — 137

Natalie Belitser — The Case of Ukraine and Crimea — 143

4

Christian P. Scherrer | Korrelation der Kolonialpolitiken mit der postkolonialen ethno-nationalistischen Konflikthaftigkeit | 151

Beglan Togrol | Bosnian Muslims and Turkish Muslims in Bulgaria and the psychological Factors behind the Attitudes of the West towards them | 159

Minderheitenrechte und das Recht auf Selbstbestimmung als Menschenrechte

Alexander G. Attwood | Modelle des Zusammenlebens und der Konfliktbewältigung *Republik Nordirland* | 175

Dima Noggo Sarbo | Modelle des Zusammenlebens und der Konfliktbewältigung *Äthiopien* | 191

Fritz-Erich Anhelm | Civil Society Third Party Intervention and Citizen Peacemaking | 205

Ludwig Elle | Autonomie von Ethnien innerhalb von Staaten: Minderheitenrechte im nationalen und Völkerrecht | 213

Hans de Jonge | A European Legal Instrument on the Protection of Minorities | 221

Michael R. Lucas | Minority Rights and Consensual Intervention: Developments in the OSCE and their Inter-Organizational Context | 229

Dieter W. Bricke | Entwicklung einer Minderheitenpolitik für das östliche Mitteleuropa | 271

Wolfgang S. Heinz | Politische Instrumente zur Durchsetzung von Individual- und Gruppenrechten und die Frage nach dem Völkerrecht - Die Rolle von Nichtregierungsorganisationen (NRO) | 27

Beth Ginsberg | Interkulturelle Gesellschaften und die Prävention von Konflikten | 28

Anhang

Tagungsprogramm englisch/deutsch   298

TeilnehmerInnenliste   304

Reiner Hörig   Indiens Adivasi zwischen Assimilation und
                            Selbstbestimmung   308

Natalie Belitser   Development Programme in Areas
                            of Integration od Crimean Tatars and
                            Ethnic Minorities in Crimea   315

Ludwig Elle   Autonomie von Ethnien innerhalb von
                            Staaten: Minderheitenrechte im nationalen
                            und Völkerrecht (Forum Loccum 1/1995)   326

Council of Europe   Presseerklärung des Europarates
                            Europäisches Rahmenübereinkommen zum
                            Schutz nationaler Minderheiten unterzeichnet
                            (Forum Loccum 1/1995)   329

Christian P. Scherrer   Ethnic Conflicts Research Projekt   330

Beth Ginsburg   Citizenchip on Trial: The Future of Societal
                            Integration   332

Sybille Fritsch-   Andacht   339
Oppermann

Ankündigung   "Blagowest"   342

Hinweise auf Tagungsdokumentationen   343

Vorwort - Zur Einführung:

Minderheiten, Autonomie und Selbstbestimmung

I.

Vom 25. bis 27. November 1994 fand in der Evangelischen Akademie Loccum eine Tagung zum Thema"Minderheiten, Autonomie und Selbstbestimmung - Kollektiv- und Individualrechte von Minderheiten und die Menschenrechte" statt.

Am Beispiel verschiedener ethnischer Minderheiten sollte auf dieser Tagung diskutiert werden,

- wie Minderheitenrechte gefaßt, verfaßt und umgesetzt werden können. Dabei sollte nicht nur nach Lösungen gesucht werden, die für alle Minderheiten gleichermaßen Gültigkeit haben können, sondern durchaus exemplarisch die spezifischen Anforderungen untersucht und verglichen werden, die die jeweiligen politischen, regionalen und kulturellen Kontexte von Minderheiten an solche Lösungsmodelle stellen. Auch die Frage nach der Durchsetzung von Minderheitenrechten in solchen Gebieten, wo keine einigermaßen geschlossenen Siedlungs- und Lebensräume bestehen, sollte gestellt werden. Die Rolle von Kultur- und Religions- bzw. Konfessionszugehörigkeit innerhalb ethnischer Konflikte sollte außerdem mitbedacht werden.

- Es sollte gewürdigt werden, wo es funktionierende Modelle von Regionalisierung und autonomen ethnischen Gruppen gibt. Sie sollten ebenfalls exemplarisch behandelt werden.

- Die Frage nach der juristischen und völkerrechtlichen Möglichkeit von Minderheitenrechten als Menschenrechten sollte gestellt werden.

- Der Unterschied zwischen der individuellen Menschenrechtsarbeit (eher AI) und der Forderung von kollektiven Rechten als Menschenrechten (eher Gesellschaft für bedrohte Völker) sollte vor diesem Hintergrund geklärt werden.

- Schließlich sollte die Frage nach dem Zusammenhang der durch ethnische Konflikte bedingten Migration und den Problemen multikultureller Gesellschaften vor Ort aufgegriffen werden.

I.1 Verlauf

1. Prof. Lötzsch vom Institut für Sorabistik in Berlin hielt einen in sich logischen und überzeugenden Einführungsvortrag. Gerade weil er dabei eine politische und wissenschaftliche Minderheitenmeinung vertrat, führte er die Mentalitätsstrukturen und Argumentationsweisen deutlich vor Augen, die vom Streben nach Selbstbestimmung schnell zur Forderung (nationaler) Autonomie und damit zu Konflikten führen. Er forderte die Autonomie ethnischer Minderheiten innerhalb von Staaten im Sinne einer jeweiligen Anerkennung als Volk mit eigener "Verfassung", Sprache, Kultur und Mitbeteiligung an der jeweils offiziellen Staatsregierung.

Die Definition des Wortes Volk und die Gefahr einer Verwechselung dieser Argumentation mit einer völkischen und deren Rückwirkungen wiederum in die deutsche Debatte um das Ausländerrecht und dessen Prinzip des "ius sanguinis" begleitete uns während der gesamten Tagung. Der folgende Vortrag von Herrn Roeper und die daran anschließende, besonders durch ein Votum von Herrn Bricke ausgelöste Plenumsdiskussion um die Denkbarkeit kollektiver Minderheitenrechte als Menschenrechte lieferten ebenfalls eine wichtige grundsätzliche Klärung.

Einige der Menschenrechte in der Genfer Konvention sind bereits kollektive Rechte. Es gibt also ein völkerrechtliches Instrumentarium für den Umgang mit diesen (etwa bei den sogenannten "indigenen Völkern"), die eben nicht alle als Individualrechte geregelt werden.

Eine einseitige Verteidigung der rein individualrechtlichen Behandlung von Minderheitenfragen, die auch AI nicht vertritt, ist eher auf politische Gründe zurückzuführen. Sie kommt bei denen besonders häufig vor, die die hauptsächliche Lösung nach wie vor in intergouvernementalen Strategien sehen. Berechtigt ist natürlich andererseits die Warnung vor "Kollektivrechten" autoritärer Regierungen und dem Mißbrauch kollektiver Rechte zu stetig zunehmenden Klein-Staaten-Bildungen und Zersplitterungen.

2. Am Samstag führte Chr. Scherrer in die Frage nach kulturellen Wurzeln ethnonationaler Konflikte ein. Sein eher empirisch-soziologischer Vortrag wurde in den AG's exemplarisch veranschaulicht.

Die vielen AG's waren jedoch auch ein Zeichen dafür, daß Minderheiten und ihre spezifischen Probleme, Forderungen und Konflikte je für sich in ihren spezifischen politischen, regionalen und kulturellen Kontexten wahrgenommen werden und erst dann aufeinander bezogen werden müssen.

3. Nachmittags wurden exemplarisch Modelle des Peace-Building in Nordirland, Äthiopien und Indien vorgestellt und diskutiert. Die völkerrechtlichen, politischen und militärischen Modelle (Peacemaking, Peacekeeping, Peacebulding), ihr Zusammenhang zueinander und zu (interkulturellen) Gruppen der Civil Society wurden einer Klärung entgegengeführt.

4. Am Abend wurde diese Diskussion gebündelt durch Fritz Erich Anhelms Vortrag zu Potentialen der Civil Society bei Konfliktprävention und Konfliktbearbeitung und Herrn De Jonges Vortrag zu der Anfang November verabschiedeten Konvention zum Minderheitenschutz im Europäischen Rat, also einer gesamteuropäischen Lösung im Sinne von Völkerrecht, Europarecht und nationaler Implementierung bzw. im Zusammenspiel von Innen- und Außenpolitik. Hier wäre noch mehr Zeit zur Diskussion auch der beiden Referenten miteinander wünschenswert gewesen, um wirklich konkret die Möglichkeiten einer politischen und rechtlichen Integrierung von Vorschlägen und Modellen aus NGO's und Basisgruppen zu prüfen.

Deutlich wurde jedenfalls, daß die VertreterInnen vieler europäischer Minderheiten diese Konvention als äußerste Minimallösung empfinden und die Strukturen der EU nicht wirklich flexibel auf (interkulturelle) Inputs von NGO's und Basis reagieren können.

5. Die abschließende Erörterung am Sonntag vormittag leistete, unter vielen anderen Schlußfolgerungen und Fragen zur Weiterarbeit, hauptsächlich dreierlei:
a) Die Mechanismen und Chancen der KSZE wurden auf ihre exemplarische Bedeutung und Übertragbarkeit hin befragt.
b) Die Möglichkeiten und Schwierigkeiten einer gegenseitigen Einflußnahme und Verschränkung von Außenpolitik und NGO's/Civil Society wurden geprüft.
c) Die Frage nach neuen Minderheiten (AusländerInnen) in europäischen Ländern und deren Zusammenhang mit der Minderheitenproblematik wurde deutlich. Eine wesentliche Gemeinsamkeit beider Problemfelder ist sicherlich eine intensivere Beschäftigung mit interkultureller Arbeit als Voraussetzung besseren Verstehens und adäquaterer Lösungsmodelle.

Kultur wurde als politikrelevant deutlich, aber von den anwesenden Politikern nicht als direkt handlungsrelevant anerkannt.

II.

Als Ergebnisse bzw. relevante, weiterführende Fragestellungen können festgehalten werden:

1. Eine historische, begriffsgeschichtliche und politisch-juristische Definition der Begriffe Volk, Ethnos, Nation, Stamm, Staat, Rasse scheint unumgängliche Voraussetzung zu sein für ein mögliches gemeinsames vorgehen verschiedener Minderheiten. Denn erst eine solche Klärung wird zeigen, wo die begrifflichen und politischen Voraussetzungen voneinander bzw. von denjenigen des gängigen Völkerrechts und offizieller (internationaler) Politik abweichen, und erst danach, ob und wie dennoch (gemeinsame) Problemlösungsversuche gefunden werden können. Die Frage besonders nach dem Umgehen mit Nation und Nationalität in unterschiedlichen Kontexten und Regionen dieser Welt könnte für diejenigen in Deutschland, die aufgrund der deutschen Vergangenheit und der sich mit dem Wiederentstehen einer deutschen Nation nach der Wiedervereinigung zunehmenden Tendenz zum Nationalismus auseinandersetzen gerade im eigenen Land von nicht zu unterschätzender Bedeutung sein, auch im Hinblick darauf, was sie denn ausmache, die deutsche Kultur im Unterschied etwa zur europäischen oder gar außereuropäischen Kulturen. Hand in Hand damit geht die Frage, ob nicht die Fiktion einer alle BürgerInnen eines Staates umfassenden einheitlichen Nation die Ignorierung nationaler Minderheiten impliziert. Eine für diese Auffassung von Nation notwendige Assimilierung nationaler bzw. ethnischer Minderheiten gelingt nur selten; wo sie nicht gelingt, entstehen Konflikte, die im Namen nationaler Autonomie begonnen und von den Medien als Kultur- oder Religionskriege kolportiert werden. Mit dieser Interpretation wird jedoch die ausländerrechtliche bzw. völkerrechtliche Brisanz des Problems nur verschleiert. Wenn allerdings jene Recht behalten sollten, die Nation im Sinne von Staatsnation als eine nicht ethnisch definierte Größe verstehen, muß die Frage erlaubt sein, was dann die Mitglieder einer Nation politisch eint, bzw. ob eine einende Kultur unabhängig von einem Ethnos überzeugend sein könne und ob und wie Kultur eine sprachen- und religionenübergreifende Größe sein kann. Damit hätte allerdings eine Staatsnation immer auch einen gewissen Anspruch, Kulturnation zu sein und machte

dadurch andere Ethnien in ihr zwangsläufig auch zu kulturellen Minderheiten. Eine Frage, die übrigens gerade im Hinblick auf den Universalitätsanspruch einiger muslimischer Staaten, aber auch der Forderung einer Kontextualität von Menschenrechten von einiger Brisanz sein dürfte. Weiter stellt sich damit auch die Frage, ob, wer für (nationale) Autonomie ethnischer Minderheiten eintritt, hierfür logisch ein in Europa verwurzeltes, universale Gültigkeit beanspruchendes Menschen- und Völkerrecht und die staatliche Durchsetzung des eigenen Rechtes beanspruchen kann. Menschenrechte sind eben im Gegensatz zu kollektiven Minderheitenrechten meistens als Individualrechte freier Bürger gegenüber einem Staat definiert.

Die rechtstheoretische und demzufolge politisch-praktische Unterscheidung von Menschenrechten, Gruppenrechten und Minderheitenrechten ist hier zur Klärung zunächst dringend geboten. Daß Frauen ihre Rechte als Menschenrechte einklagen, daß NGO's ihre Rechte auf Beteiligung an politischen Prozessen einklagen, macht diese Rechte noch nicht zu Minderheitenrechten, ja nicht einmal unbedingt zu Menschenrechten.

Auch in den bereits kodifizierten Menschenrechten gibt es einige wenige Kollektivrechte, etwa das Selbstbestimmungsrecht von Völkern. Aber die Frage bleibt, ob die Rechte ethnischer Minderheiten ihre wirksamste Durchsetzung als Menschenrechte oder eben eher als Minderheitenschutz, als Ausländerrecht etc. erlangen. Das schmälert nicht ihre Bedeutung und läßt nicht die intergouvernementalen Lösungen als einzig denkbare zu, ja es schließt sie nicht einmal aus dem völkerrechtlichen Instrumentarium aus. Menschenrechtlich wäre dann allerdings eher das Individualrecht einzelner Mitglieder auf freie Entfaltung ihrer kulturellen und ethnischen Besonderheiten zu fassen, woraus eben auch die Notwendigkeit folgt, international und national rechtlich für eine möglichst große Freiheit dieser Kulturen und Völker zu sorgen.

Die Entscheidung, ob diese Rechte dann Menschenrechte sind, ist sicher weniger vordringlich als die Forderung, sie jeweils national zu implementisieren und international deren Implementisierung zu fordern und voranzutreiben. Und hier ist nun in der Tat auf der Ebene der Menschenrechte bisher das ausgeführteste und wirksamste Instrumentarium vorhanden.

Vergessen werden sollte jedoch keinesfalls, daß auch auf der Ebene internationaler Politik bereits vorhandene Instrumentarien zur Durchsetzung von Minderheitenrechten genutzt bzw. geschaffen werden sollten.

Auf der Ebene der Civil Society bedeutet dies, daß einerseits, wie bereits oben erwähnt, die Möglichkeiten zur Beteiligung an politischen und rechtlichen Entscheidungsprozessen vorangetrieben werden, andererseits aber auch eine bereits bestehende internationale Vernetzung genutzt werden sollte, um einen kompetent ausgeführten verstärkten interkulturellen und interreligiösen Dialog und dessen Ergebnisse in internationale Politik, Völkerrecht und Menschenrecht einfließen zu lassen und bei den Strukturen der Implementierung Einfluß zu nehmen. Hier liegt vielleicht gerade in der nicht-gouvernementalen Struktur eine Chance, die unglückliche Verquickung von ethnonationalen Spannungen mit kultureller und religiöser Identität zu entzerren, bzw. genauer auf das befreiende Potential von Religion im Gegenüber zur kulturell bzw. politisch mißbrauchten Form von Religion einzugehen.

III.

Zur Verdeutlichung des hier Beschriebenen aus der Sicht einer kontextuellen Betrachtung der Frage nach den Rechten von Minderheiten auf Autonomie und Selbstbestimmung möchte ich noch exemplarisch auf Indien und die Ukraine - zwei auf der Tagung selber ebenfalls gut repräsentierte Länder bzw. Regionen - eingehen.

III.1 Indien

Die südliche Hälfte des indischen Unionsstaates Bihar, bekannt unter dem Namen "Chota Nagpur", so berichtete Rainer Hörig-Tirumalai, war in der Geschichte ein Treffpunkt dreier Kulturen, nämlich austro-asiatischer Völker, arischer Siedler und dravidischer Stammesvölker. Im Mittelalter Provinz des Moghul-Reiches, wurde diese Region in der Kolonialzeit britisch. Die Steuerpflicht wurde eingeführt und europäische Missionare begannen, die "wilden Stämme", die Adivasis, mit beachtlichem Erfolg zu missionieren. Schon während der Moghul-Herrschaft wurde die Zuwanderung fremder Bauern und Handwerker gefördert. Während der Kolonialzeit und mehr noch nach der Unabhängigkeit Indiens schwoll die Einwanderung an. Die neuen Siedler und der Staat entrissen, teils mit Gewalt, den Adivasi das beste Stammesland. Während dieses Jahrhunderts sank der Anteil der Adivasi von 90 auf 32 Prozent der Bevölkerung. Trotz Quotenreservierung sind nur wenige von ihnen in den Behörden und Staatsbetrieben dauerhaft beschäftigt. Arbeitsvermittlungen und Gewerkschaften werden von mafiosen Organisationen kontrolliert. Folge dieser Verletzung der Minderheitenrechte sind in den unteren Schichten Alkoholismus und bei den Adivasi der Mittelklasse Minderwertigkeitsgefühle. Da den Adivasi eine Industriekultur als solche fremd ist, kollidieren hier nicht nur politische und rechtliche Interessen, sondern auch kulturelle Werte (Gleichberechtigung der Frau, keine Kasten). Der Konflikt entzündet sich besonders an Großprojekten, wie etwa dem mit Weltbankkrediten finanzierten Staudamm über den Subarnarckha-Fluß, gegen den die von der Vertreibung bedrohten Adivasi seit vielen Jahren kämpfen.

Die Umsetzung der indischen Gesetze zum Schutz der Stammesbevölkerung erweist sich als problematisch. Besonders in geschlossenen Siedlungsräumen werden so einige Bundesgesetze außer Kraft gesetzt, um die besonderen Lebensverhältnisse und Bedürfnisse der Adivasi bei der wirtschaftlichen Entwicklung zu berücksichtigen. Die Verfassung der indischen Union garantiert den amtlich registrierten Stämmen und der Kaste der Unberührbaren die politische Vertretung im Unterhaus des Nationalparlaments und der einzelnen Landesparlamente. Eine ständige Regierungskommission begutachtet die Umsetzung der Schutzgesetze und Entwicklungsprogramme. Unionsstaaten mit einem signifikanten Bevölkerungsanteil haben "Ministerien für die Wohlfahrt der Stämme" eingerichtet. Aber diese Gesetze greifen nicht gegenüber Korruption und Feudalismus.

Dazu kommen die durch andere Gesetzte verursachten politischen und kulturellen Diskriminierungen. Die Forstgesetze verwehren die uneingeschränkte Nutzung des Waldes, Bestimmungen zur Landaquisition für Entwicklungsprogramme benachteiligen die Stammesvölker. Das Verbot privater Alkoholherstellung bringt Adivasi, die alkoholische Getränke seit hunderten von Jahren in religiöse und gesellschaftliche Rituale integriert hatten, mit dem Gesetz in Konflikt. Die parlamentarischen Vertreter müssen sich der jeweiligen Parteistrategie beugen und werden ihrer <u>Kultur und Sprache</u> entfremdet.

Die ca. 10 Millionen Adivasi aus den Stämmen der Munda, Santal, Oraon, Ho, Gond etc. wollen sich in Chota Nagpur nun dadurch zur Wehr setzen, daß sie einen eigenen Staat mit 16 zusammenhängenden Verwaltungsbezirken anderer Staaten fordern. So soll auch den Stammeskulturen wieder Geltung verschafft werden. Aber in den 50 Jahren dieser Versuche haben auch die ethnischen Unterschiede der Adivasi untereinander zu Spannungen geführt. Seit Beginn der 90er Jahre hat ihr Wiederaufleben zu vielen Protesten, aber auch zu gewalttätigen Auseinandersetzungen mit der Polizei geführt. Auf Initiative der Zentralregierung schließlich wurde im September 1994 mit Zustimmung der Landesregierung Bihar ein "autonomer Entwicklungsrat" für die südlichen Distrikte gebildet. Er ist mehrheitlich mit Adivasi besetzt, besitzt allerdings keine Polizeimacht, kein Recht und keine Steuerhoheit.

Noch einmal komplizierter wird es da, wo etwas wie "The Making of Tribes" vor sich geht und in der Kolonialgeschichte initiiert wurde, wie etwa im Norden Indiens oder auch in Afrika, wo nämlich durch die Territorialpolitik der Kolonialherren künstlich verschiedene Völkergruppen zu Stämmen zusammengefaßt wurden. Immerhin zeigen diese Beispiele noch einmal mehr, daß verschiedene Minderheiten verschiedene Strategien zur Durchsetzung ihrer Rechte benötigen. Sie zeigen auch, daß Lösungen im Sinne der Menschenrechte international oder im Sinne des Völkerrechts dadurch gesucht werden können, daß indigene Völker zu Kulturnationen und/oder gar Staatsnationen werden. Es gibt jedoch wie in Indien auch innernationale Lösungsversuche, die Stämme nun nicht zu Völkern oder gar Nationen bzw. Staaten erklären, ihnen aber politische, rechtliche und/oder kulturelle Autonomie zugestehen.

III.2 Ukraine/Krim

Daß die Frage von Minderheiten und Minderheitenrechten nicht nur eng mit Fragen von Menschenrecht und Völkerrecht, sondern auch mit den Fragen von (Neo-)Kolonialismus und (zwangsweiser) Migration gesehen werden muß, dafür ist sicherlich die historische und gegenwärtige Situation von Krim-Tataren in der Ukraine ein gutes Beispiel.

Natalie Belitser, HCA Kiev, führte hierzu wiederum aus, daß eine Begriffsklärung von "Völker, Nationen, nationaler Minderheiten und ethnischer Gruppen" nötig sei, um Mißverständnissen bereits am Anfang der Diskussion zu entgehen. Die heißesten Debatten entzünden sich nämlich nach wie vor am Konzept von "Volk" als einem Subjekt internationalen Rechts und damit dem möglichen Recht für die sogenannte "externe Selbstbestimmung". Im expliziten Unterschied zu "nationalen Minderheiten", "Bevölkerung", "Bürger" usw. haben dennoch einige Kriterien entwikkelt werden können, die benutzt werden sollten, wenn es um die Frage der "Selbstbestimmung" geht:

"1. A group of individual human beings who enjoy some or all of the following common features: a) a common historical tradition b) racial or ethnic identity c) cultural homogeneity d) linguistic unity e) religious or ideological affinity f) territorial connection g) common economic life;

2. The group must be of a certain number who need not be large (e.g. the people of microstates) but must be more than a mere association of individuals within a state;

3. The group as a whole must have the will to be identified as a people or the consciousness of being a people - allowing that groups or some members of such groups, though sharing the foregoing characteristics, may not have the will or consciousness: and

4. Possibly, the group must have institutions or other means of expressing its common characteristics and will for identiy."

Indigene Völker betrachtet Belitser in Übereinstimmung mit anderen Menschenrechtlern und Rechtswissenschaftlern als Völker in allen sozialen, kulturellen und ethnologischen Konnotationen des Begriffes.

Für die ethnische, politische und soziale Situation in den Grenzen der heutigen Urkaine könnte dies bedeuten, daß ihre multiethnische, multikulturelle und multireligiöse Gesellschaft aus zwei indigenen Völkern, den Ukrainern und den Krim-Tataren und einigen anderen nationalen Minderheiten oder ethnischen Gruppen (je nach Größe) bestehe. Mitglieder aller dieser Gruppen sind Bürger der Ukraine als politische Nation (multiethnischer Staat mit zu respektierenden Grenzen?)bzw. Volk und sollten durch Sonderrechte geschützt werden. Indigene Völker tendieren in den meisten (?) Fällen zu einem Staatsbildungsprozeß (Staatsnation/Kulturnation). Solange Staatsnationen weiter bestehen, werden die Ukrainer demzufolge überall einen Minderheitenstatus haben, außer in der Ukraine. Wenn es neben der Staatsnation jedoch keine Selbstbestimmung indigener Völker gäbe, werden die Rechte indigener Völker immer dort verletzt, wo sie, wie im Falle der Krimtataren (wegen Zwangsumsiedlung), keine quantitative Mehrheit in ihrem Ursprungsland erreichen und keine Autonomie (autonome Kulturnation) innerhalb bestehender Staatsgrenzen bilden dürfen. Außerdem machen sie eine nicht endende Revision existierender Staatsgrenzen wahrscheinlich und führen, besonders da, wo ein Wechseln der Staatsbürgerschaft unmöglich ist, zu separatistischen Tendenzen und (kriegerischen) Auseinandersetzungen, die durch internationale Interessen geschürt werden. Natürlich wird es schwierig sein, nach langer Trennung (cf. Deutschland) eine gemeinsame Identität als Volk und damit letztlich auch Staatsnation je und je zu proklamieren. Die kulturelle Selbstbestimmung wird die Gefahr in sich bergen, zu unzähligen Staatenbildungen zu führen; Kulturnationen werden zu Staaten. Aber wenn die Alternative eine Ineinssetzung von Staat, Nation und Volk bedeutet, ist die Gefahr zunehmenden Nationalismus momentan wohl eher in bestehenden Großmachtstaaten zu suchen, die ihre Konflikte sogar stellvertretend in Gebieten mit ethnonationalen Spannungen austragen, bzw. nationale Autonomie befürworten, wenn sie in den Grenzen etwa der RF oder einer anderen zentralistischen Föderation bleibt.

In Ausnahmefällen der Massendiskriminierung oder Verfolgung sollte jedoch je und je auch nationalen Minderheiten das Recht zu externer Selbstbestimmung gegeben sein, allerdings unter der Überwachung internationaler Institutionen.

Die Krimtataren, die in der Ukraine nach Zwangsumsiedlung und Vertreibung eine quantitative Minderheit bilden, (die Bevölkerung der Krim besteht aus 63 % ethnischen Russen , 24 % Ukrainern, 10 % Krimtataren und vielen anderen kleineren indigenen Gruppen) sind ein gutes Beispiel für ein "Volk" als kohärente Entität, nicht nur im Sinne der Bevölkerung einer bestimmten Region, dessen historische Wurzeln es an das Land seines gegenwärtigen Aufenthalts binden, in diesem jedoch weder einen eigenen Staat haben, noch einen solchen auf einem anderen Territorium verwirklichen können. Ohne die Möglichkeit eigener politischer Verwaltungsorgane könnte dies, wie in anderen Regionen bereits geschehen, schlimmstenfalls zu kriegerischen Auseinandersetzungen führen; zumal die Krimtataren nicht nur eine gemeinsame Kultur, Tradition, Sprache, Religion, sondern ebenfalls eine reife politische Elite und gewählte Körperschaften der Selbstverwaltung besitzen. Das Stereotyp der hierdurch zu befürchtenden Stärkung des muslimischen Einflusses wird widerlegt durch die historische Tradition eines friedlichen multikulturellen und multiethnischen Zusammenlebens.

Loccum, im Dezember 1994

Sybille Fritsch-Oppermann

Ronald Lötzsch

Nationale Minderheiten zwischen Nationalismus, Regionalisierung und Migration

Als erster Referent einer Tagung *Minderheiten, Autonomie und Selbstbestimmung* befinde ich mich in einer etwas prekären Situation. Die Komplexität der Tagungsthematik läßt eine in jeder Hinsicht befriedigende Reihenfolge der einzelnen Themen und Vorträge nicht zu. Bei *Minderheiten zwischen Nationalismus, Regionalisierung und Migration* geht es nicht um beliebige Minderheiten, etwa auch um religiöse oder soziale, sondern um ethnische bzw. nationale Minderheiten. Dabei kann natürlich nicht geleugnet werden, daß bei deren Genese und Entwicklung stets auch soziale sowie nicht selten religiöse Aspekte eine keinesfalls unbedeutende Rolle spielen.

Nationale Minderheiten sind spezifische Existenzformen menschlicher Gemeinschaften, die gemeinhin mit Termini wie *Volk, Ethnos, Nation* bezeichnet werden. Um meinem Thema also einigermaßen gerecht zu werden, kann ich nicht umhin, meine Auffassung auch zu diesen Phänomenen darzulegen.

Ich beginne mit dem zuletzt genannten der angeführten Begriffe, mit dem der Nation.
Es geht dabei um das Phänomen, das in der historischen Entwicklung der Menschheit von den zur Debatte stehenden als letztes in Erscheinung getreten ist.
Doch hat es in der politischen, publizistischen und auch wissenschaftlichen Diskussion der letzten Jahre eine Dominanz und sogar Brisanz erlangt, die die Voranstellung seiner Erörterung rechtfertigen.
Insbesondere sog. radikal "linke" Zeitschriften - das Attribut "links" würde ich in diesem Falle in Anführungsstriche setzen - mit so bizarren Namen wie *Bahamas, Die Beute, 17 C* und ähnliche füllen ihre Spalten immer wieder mit einschlägigen Artikeln. Ihre Redaktionen organisieren sog. wissenschaftliche Konferenzen. So z.B. Hermann Gremlizas *konkret* und ihr nahestehende

Redaktionen am 12. November in Dresden unter dem bezeichnenden Motto "Links ist da, wo keine Heimat ist". [1]

Auch seriöse Wochenzeitungen wie *Die Zeit* oder Tageszeitungen wie *Neues Deutschland* kommen immer wieder auf diese Problematik zurück oder veröffentlichen mehrere Wochen hintereinander ganze Artikelserien "pro" oder "kontra" Nation.

Ostdeutsche Vereine wie *Gesellschaftliches Forum e. V., Brandenburger Verein für politische Bildung "Rosa Luxemburg" e. V., oder "Helle Panke" zur Förderung von Politik, Bildung und Kultur e. V.* veranstalteten unter dem Thema *Die Sache mit der Nation. Nachdenken über ein für Linke schwieriges Thema* gemeinsam schon mehrere Fachtagungen und veröffentlichten darüber zwei Broschüren. [2]

Natürlich nimmt sich auch die politische Rechte der nationalen Frage an. Rückwärtsorientiert, wie sie im allgemeinen ist, geht sie vor allem mit der Legende einer mystisch verklärten Abstammungsgemeinschaft hausieren, die mit einer sachlichen Behandlung des Problems nichts gemein hat.[3] Dennoch sollte man nicht verkennen, daß ihre simplen Antworten auch auf diese Fragen für naive Gemüter eine gewisse Anziehungskraft haben können.

Beim Studium der einschlägigen Literatur[4] sowie bei der unmittelbaren Teilnahme an der Diskusssion auf Tagungen kann man immer wieder fest-

---

[1] Unter dem gleichen Titel, mit dem Untertitel "Theoretische Konferenz über Nation, Nationalismus und Antinationalismus" gaben die Veranstalter dazu ein "arbeitsheft" heraus, in dem ein Teil der dann auf der Konferenz gehaltenen Vorträge bzw. solchen Vorträgen zugrunde liegende Publikationen ganz oder in Auszügen abgedruckt wurden. Wäre diese Broschüre allgemein zugänglich - sie wurde nur an Teilnehmer verschickt bzw. vor Beginn der Veranstaltung verteilt -, könnte sich auch der relativ Außenstehende selbst ein Bild vom Charakter dieser "wissenschaftlichen Konferenz" machen. Es handelte sich im wesentlichen um ein agitatorisches "Polithappening", das mit Wissenschaft wenig zu tun hatte.

[2] Heft 1 (mit Beiträgen von Ronald Lötzsch, Heinz Petrak, Martin Kasper, Stefan Bollinger), Berlin, Februar 1994; Heft 2 (mit Beiträgen von Heinz Engelstädter, Marian Krüger, Andreas Benl, Stefan Bollinger, Lothar Elsner, Hans Steußloff), Berlin, Oktober 1994.

[3] Eines der jüngsten Beispiele ist: Reinhold Oberlercher, *Lehre vom Gemeinwesen*, Berlin 1994.

[4] Da diese inzwischen ganze Bibliotheken füllt und fast jeden Monat neue Bücher sowie in allen möglichen Zeitschriften und Zeitungen zahllose Aufsätze erscheinen, verzichte ich grundsätzlich auf eine Auflistung auch nur der wichtigsten Titel.

stellen, daß es zwei grundsätzlich verschiedene Herangehensweisen sowie zwei völlig unvereinbare Sichten auf das Phänomen *Nation* gibt.

Außerdem verquicken sich diese unterschiedlichen Herangehens- und Sehweisen bei manchen, insbesondere deutschen, Autoren oder Diskutanten mit der Erklärung und Beschreibung des Phänomens einerseits und dem politischen Umgang damit andererseits.

Die eine Konzeption, verbreitet vorwiegend in Westeuropa sowie in Staaten, die aus überseeischen Kolonien westeuropäischer Kolonialmächte hervorgegangen sind, identifiziert "Nation" einfach mit der Gesamtheit der Bürger eines Staates, völlig unabhängig davon, wie heterogen ihrer Herkunft nach diese Bevölkerung auch ist.

Die Organisation der unabhängigen Staaten dieser Welt nennt sich so "Organisation der Vereinten Nationen". Man spricht von nationalen Interessen, wo die Interessen der herrschenden Kreise eines Staates gemeint sind, von nationalen Regierungen, Armeen, selbst Sprachen, wo es sich um die Regierung, die Armee eines Staates sowie um die innerhalb eines Staates offiziell anerkannten Sprachen handelt.

Vor der Wirklichkeit kann diese Auffassung fast nirgends bestehen. Die Fiktion einer alle Bürger eines Staates umfassenden angeblich einheitlichen Nation impliziert nämlich die vollständige Ignorierung nationaler Minderheiten. Eine solche Ignorierung läßt sich aber nur für eine bestimmte Zeit durchhalten. Über kurz oder lang melden sich die Ignorierten selbst vehement zu Wort.

An der Wiege dieser Auffassung von der Nation stand die Legende von der "grande nation". Unter den spezifischen Bedingungen der ersten französischen Republik und des napoleonischen Kaiserreichs ließen sich von diesem Mythos auch Angehörige der dabei ignorierten Minderheiten beeindrucken. Wer hätte sich auch offen gegen die von der Französischen Revolution proklamierte Losung "Freiheit, Gleichheit, Brüderlichkeit" wenden wollen, auch wenn diese von allem Anfang an ein gerüttelt Maß Demagogie und Heuchelei enthielt.

Die dergestalt proklamierte französische Nation hätte auch alle sprachlichen Minderheiten, die baskische, bretonische, elsässisch-lothringische, flämische, katalanische, korsische, okzitanische - einschließen müssen.[5]

---

[5] Nach der von Abbé Grégoire, dem hartnäckigsten Verfechter der von den Jakobinern betriebenen Politik der Verdrängung der Dialekte und Minderheitensprachen, veranlaß-

Diese wurden jedoch nicht tatsächlich integriert, wie immer wieder behauptet wird, sondern ignoriert und unterdrückt. Anderenfalls hätte es ihre hartnäckigen Bemühungen um die Anerkennung ihrer Sprachen und Kulturen nicht gegeben, gar nicht geben können. Im Falle der Basken, Korsen und Bretonen haben diese Bewegungen bekanntlich teilweise sogar zu separatistischen Bestrebungen geführt.

Paris wurde so genötigt, seinen bis dahin praktizierten Zentralismus in den letzten Jahren etwas zu lockern und hinsichtlich des Gebrauchs der Muttersprache gewisse Zugeständnisse zu machen.

Mehrere Nationalitäten bevölkern auch Spanien. Hinsichtlich der zahlenmäßig stärksten "Minderheit", der katalanischen mit ca. sechs Millionen Angehörigen, erscheint dieser Begriff schon unangemessen. Denn in Katalonien dominieren schon seit einigen Jahren die Katalanen. Zur Minderheit geworden sind die spanischsprachigen Einwanderer aus anderen Regionen.[6]

Ähnlich verhält es sich mit Italien und Großbritannien. Belgien ist durch die Rivalität zwischen flämischen und wallonischen Nationalisten sogar akut vom Zerfall bedroht.

Ein Sonderfall ist die Schweiz. Deren Bürger scheinen sich unabhängig von Sprache und Herkunft in der Tat als Angehörige nicht nur eines Staates, sondern einer Nation zu begreifen. Hier gab es allerdings bei unikalen Voraussetzungen für die Entstehung und allmähliche Ausdehnung eines Staates auch nie eine Diskriminierung der französisch-, italienisch- und rätoromanischsprachigen Bevölkerungsteile.

Wo immer versuchte wurde, die nach meiner Überzeugung irrige und zutiefst reaktionäre Konzeption einer alle Staatsbürger unabhängig von deren Herkunft und Nationalität einschließenden Nation in der Praxis durchzu-

---

ten Umfrage, beherrschten damals kaum 3 Millionen Bewohner Frankreichs das Französische mündlich, geschweige denn schriftlich. Etwa 6 Millionen konnten sich notdürftig darin verständigen. Weitere 6 Millionen sprachen es überhaupt nicht. Siehe Frédéric Hartwig, *Sprachpolitik, Sprachideologie und Französische Revolution im Elsaß*, in: *Zeitschrift für Phonetik, Sprachwissenschaft und Kommunikationsforschung* 41 (1988), S. 199-207).

6 Während einer Kampagne von März bis Juni 1981 unterschrieb eine dreiviertel Million Katalanen eine Deklaration zur Verteidigung ihrer nationalen Rechte. Unter der Losung "Som una naciò!" ('Wir sind eine Nation!') fanden Massenversammlungen statt. Siehe Klaus Bochmann, *Regional- und Nationalitätensprachen in Frankreich, Italien und Spanien* (Linguistische Studien des VEB Verlag Enzyklopädie Leipzig), Leipzig 1989, S. 29f.

setzen, blieb es meist nicht bei der bloßen Ignorierung der Minderheiten. Es handelte sich vielmehr weit häufiger um deren mehr oder weniger brutale Unterdrückung, um das Verbot des Gebrauchs ihrer Sprache, um den Versuch ihrer gewaltsamen Assimilierung, selbst um Vertreibung und Ausrottung.

Das gilt sowohl für Westeuropa als auch für die ehemaligen Kolonien. Insbesondere dort, wo die Konstituierung einer Nation aus heterogenen, von den Kolonialherren willkürlich administrativ zusammengefaßten ethnischen Komponenten noch viel geringere Chancen besaß als in Europa, ist die Perspektivlosigkeit solcher Bemühungen meist schon offen zu Tage getreten.

Trotz der vielbeschworenen angeblich "nationalen Einheit" sind wir immer wieder Zeugen ethnisch bedingter Bürgerkriege. Manchmal ziehen diese sich - wie in Myanmar/Burma, Indien oder Angola - jahrzehntelang hin. Trotz aller Wahlen und/oder Waffenstillstandsabkommen ist ein Ende oft nicht abzusehen.

Dennoch halten die meisten Staaten Westeuropas und seines ehemaligen kolonialen Hinterlandes in der staatsrechtlichen und völkerrechtlichen Theorie und Praxis bis zum heutigen Tage an dieser Konzeption fest. Noch immer ist die Rede von "Nationalität", wo lediglich Staatsbürgerschaft gemeint ist.

Die zweite, wie gesagt, mit der ersten absolut unvereinbare Konzeption der Nation sieht in ihr eine spezifische Ausprägung des Ethnos, eine *Ethnonation*, wie Egbert Jahn in einem bemerkenswerten Aufsatz über die austromarxistische Nationalitätentheorie formuliert.[7]

Und zwar handelt es sich um die Ausprägung des Ethnos, die dieses mit der Herausbildung und Entwicklung des Kapitalismus erfährt. Sie hat ihren Ursprung in Osteuropa. Dort war die Unterwerfung ursprünglich unabhängiger Völker durch übermächtige Invasoren bzw., wie in Österreich-Ungarn, deren Zusammenschluß zur Abwehr von Invasionen jüngeren Datums.

Daß es sich hier nicht um irgendwelche angeblich zu vernachlässigende "Minderheiten" handelte, war offenkundig. Nicht wenige von ihnen waren

---

7 *Die Bedeutung der österreichischen sozialdemokratischen Nationalitätentheorie für die gegenwärtige Nationalitätenpolitik in Europa*, in: Lothar Hertzfeldt (Hrsg.): *Die Sowjetunion. Zerfall eines Imperiums.* Verlag für interkulturelle Kommunikation, Frankfurt/M. 1992, S. 103-125, Anmerkungen 320f.

jahrhundertelang europäische Großmächte gewesen. Byzanz, Bulgarien oder Serbien konnten sich nicht mir nichts dir nichts im Osmanischen Reich gleichsam auflösen.

Ebensowenig Ungarn, daß sich seinerseits ehedem das Königreich Kroatien einverleibt hatte, in der k.u.k. Monarchie.

Das Polentum, dessen Herrschaftsbereich sich über Jahrhunderte von der Ostsee bis zum Schwarzen Meer erstreckte, konnte nach der Aufteilung der Rzecz Pospolita unter Rußland, Preußen und Österreich-Ungarn ebenfalls nicht in der übrigen, ohnehin schon ethnisch recht gemischten Bevölkerung dieser Staaten aufgehen.

Gleiches gilt für die Rumänen im bis 1918 zu Ungarn gehörenden Siebenbürgen sowie für ihre Landsleute in Bessarabien, die wie die Völker des Baltikums und Finnlands, Esten, Letten, Litauer und Finnen, während des 18. bzw. zu Beginn des 19. Jahrhunderts in das Zarenreich eingegliedert wurden. Die Staatsgründung der Georgier und Armenier, denen dieses Schicksal etwa zur gleichen Zeit widerfuhr, reicht bis in vorchristliche Zeit zurück.

Die Tschechen, deren im 10. Jahrhundert gegründeter Staat, bis 1620, bis zur verlorenen Schlacht am Weißen Berg, trotz Zugehörigkeit zum Heiligen Römischen Reich Deutscher Nation, weitgehende Autonomie genoß, wurden im 19. Jahrhundert zu Pionieren der slawischen nationalen Wiedergeburt.

Die ersten, die sich ernsthaft um die Schaffung einer von diesen Tatsachen ausgehenden Konzeption der Nation bemühten, waren die sog. Austromarxisten, allen voran solche führenden Theoretiker und Politiker der österreichischen Sozialdemokratie wie Otto Bauer und Karl Renner.[8]

Kritisch rezipiert und bis zur Postulierung des Rechtes auf Selbstbestimmung weiterentwickelt wurden diese Gedanken in Rußland. Während sich die Austromarxisten mit der sog. Kulturautonomie begnügten, ging die radikale Fraktion der russischen Sozialdemokraten, die der sog. Bolschewiki, noch weiter. Ihr Programm enthielt die Forderung des Rechtes der

---

[8] Siehe insbesondere Otto Bauer, *Die Nationalitätenfrage und die Sozialdemokratie*, Wien 1907; Karl Renner, *Das Selbstbestimmungsrecht der Nationen in besonderer Anwendung auf Österreich*, 1. Teil: *Nation und Staat*, Leipzig/Wien 1918.

nichtrussischen Nationalitäten auf Lostrennung von Rußland und Bildung eines eigenen Staates.[9]

Realisiert wurde es nach der Machtergreifung der Bolschewiki im Jahre 1917 jedoch nur in Ansätzen. In dem Maße, wie Stalin sich die absolute Macht in der bolschewistischen Partei und damit im Sowjetstaat erschlich, verkam die inzwischen entstandene föderale Struktur mit weitgehender Selbständigkeit der einzelnen Sowjetrepubliken zur reinen Fassade. Die an der Jahreswende 1922/1923 gegen den Willen des ans Krankenbett gefesselten Regierungschefs Lenin vollzogene Zusammenschluß zur "Union der Sozialistischen Sowjetrepubliken" legte in Wahrheit den Grundstein für die Wiederherstellung des "einigen und unteilbaren" Imperiums der Großrussen. Spätestens nach dem Zweiten Weltkrieg gipfelte diese Fehlentwicklung in der Rückkehr zur planmäßigen Russifizierungspolitik gegenüber den nichtrussischen Nationalitäten.[10]

Die Übernahme der sog. marxistisch-leninistischen Lösung der nationalen Frage durch die nach der Befreiung von der Naziokkupation entstandenen "realsozialistischen" Satellitenstaaten geriet ebenfalls über weite Strecken zur Farce oder gar zur Tragödie.

Der nicht zuletzt dem Festhalten der sowjetischen Kommunisten am russischen Großmachtchauvinismus geschuldete Zerfall der Sowjetunion bewirkte auch eine partielle Hinwendung zur westeuropäischen Konzeption der Nation. Rumäniens Diktator Ceau escu hatte sie übrigens mit dem langfristigen Ziel der Assimilierung der nichtrumänischen Nationalitäten bis zu seinem jämmerlichen Ende seit den siebziger Jahren praktiziert und zeitweise auch offen propagiert.

In einigen Nachfolgestaaten der Sowjetunion hatte der Versuch ihrer praktischen Verwirklichung blutige Nationalitätenkonflikte zur Folge. Denn ein solcher Versuch schloß ja die Verweigerung jedweder territorialer Autonomie für Minderheiten bzw., soweit eine solche zumindest formal bereits bestand, deren Abschaffung ein.

---

[9] Die wichtigsten von Lenins zahlreichen Arbeiten zur nationalen Frage finden sich in den Bänden 19, 20 und 24 der vom Dietz Verlag Berlin herausgegebenen *Werke*. Besonders zu nennen sind die im Juni 1917 veröffentlichten *Materialien zur Revision des Parteiprogramms* (*Werke*, Bd. 24).

[10] Ausführlicher hierzu s. Ronald Lötzsch, *Sowjetische Nationalitätenpolitik von Lenin bis Gorbatschow*. In: Lothar Hertzfeldt (Hrsg.): *Die Sowjetunion*, S. 67-101, Anmerkungen S. 317-320.

Die erste der beiden charakterisierten Konzeptionen der Nation ist also offenkundig an sich untauglich, da sie die Gleichberechtigung in einem Staat zusammenlebender Nationalitäten a priori ausschließt.

Die zweite hingegen ermöglicht bei konsequenter Respektierung ihrer Grundsätze in der politischen Praxis das friedliche, gleichberechtigte Zusammenleben mehrerer Völker in einem Staat, da sie deren Anerkennung als eigenständiger Nationen zuläßt.

Leider klaffte bisher meist ein eklatanter Widerspruch zwischen Theorie und Praxis.

Auf weitere Aspekt dieser komplizierten Materie einzugehen, ist aus Zeitgründen jetzt nicht möglich.

Einige Bemerkungen muß ich jedoch zum Problem des *Ethnos* machen, als dessen spezifische Entwicklungsstufe die Nation in der einen, nach meiner Überzeugung einzig akzeptablen, Konzeption ja angesehen wird.

Ich selbst habe bereits mehrfach das mit dem aus dem Griechischen stammenden Wort *Ethnos* 'Volk' in einem Derivationsverhältnis stehende Adjektiv *ethnisch* gebraucht, ohne zu erklären, was ich meine.

Und das gilt für nahezu alle Publikationen, die sich mit der Frage der Nation oder mit Minderheitenproblemen beschäftigen.[11]

Insbesondere jene, die nicht müde werden zu betonen, das die Nation "nichts Ethnisches" sei, lassen völlig offen, was sie darunter verstehen.

Allenfalls wird dunkel angedeutet, es habe etwas mit "Blut und Boden" zu tun und rieche nach Rassismus. Auf die Mythen der extremen Rechten trifft dies zweifellos auch zu.

Sog. "radikale Linke" versuchen jedoch, diesen Stempel jedem aufzudrükken, der überhaupt Ethnisches als Realität ansieht, und vor allem den damit zu diffamieren, der für die Erhaltung ethnischer Vielfalt plädiert. Sie haben dabei keine Hemmungen, das von den Nazis und anderen zum Rassismus tendierenden Ideologen mißbrauchte Schlagwort "völkisch" zu verwenden.

Ethnisch ist für solche Agitatoren offenbar etwas ganz Schlimmes, das

---

[11] Eine der wenigen Ausnahmen bildet das Loccumer Protokoll 53/93 *Identität und Ethnizität* (Herausgeber: Dr. Wolfgang Greive). Besonders hervorzuheben ist der Beitrag von Ursula Thiemer-Sachse. Die ebenfalls abgedruckten Statements von Eckard Dietrich und Detlef Hoffmann enthalten allerdings den wenig überzeugenden Versuch, die in Westdeutschland in Mode gekommene voluntaristische Interpretation der Entstehung der Nation ("Erfindung" durch Ideologen resp. Demagogen) sogar auf das vornationale Entwicklungsstadium des Ethnos zu übertragen.

möglichst bald verschwinden sollte. Wer anders denkt, wird von ihnen als angeblicher "Völkischer" in die rechte Ecke gestellt.[12]

Was nun ist das *Ethnos*? Was bedeutet also *ethnisch*?

Ich wage folgende Beschreibung:

Ursprünglich stellte jede kleine mehr oder weniger isolierte menschliche Gemeinschaft den Keim eines besonderen Ethnos dar. Ethnische Merkmale waren neben der herausragende Bedeutung besitzenden besonderen Sprache alle spezifischen Besonderheiten der materiellen und geistigen Kultur einer solchen Gemeinschaft. Also Besonderheiten, nicht zuletzt geographisch bedingte, der Ernährung und der Zubereitung der Nahrung, des Hausbaus und der Bekleidung, des Charakters und der Verzierung von Werkzeugen und Waffen; Haartracht und Körperbemalung; Lieder und Tänze, Toteme und Ursprungsmythen, später auch Spezifika einer entwickelteren Religion usw. usf.

Diese ethnischen Besonderheiten einer Gemeinschaft spiegelten sich natürlich in einem spezifischen Zusammengehörigkeitsbewußtsein und sicher auch bereits sehr früh in einem besonderen Namen, einem sog. *Ethnonym*, wider. Wie zahlreiche Beispiele bezeugen, bedeuteten solche Namen oft einfach 'Menschen'. Die unter den Bedingungen der älteren Steinzeit unvermeidliche weitgehende Isolation der einzelnen Gemeinschaften ließ deren Angehörige sich als die einzigen "wahren Menschen" ansehen, die sich von allen übrigen Artgenossen, die ja Nahrungskonkurrenten waren, notgedrungen abgrenzten. Das galt weitgehend selbst für verwandte Gemeinschaften, die vorher noch einen gemeinsamen Stamm gebildet hatten, bis ihre allmähliche Vermehrung eine Teilung erzwungen hatte.

Ethnische Merkmale waren so Hunderttausende von Jahren lang objektiv faßbar.

Dies änderte sich radikal mit der sog. neolithischen Revolution, mit dem Übergang zu Ackerbau und Viehzucht. Die nunmehr mögliche Ausbeutung menschlicher Arbeitskraft verlockte immer häufiger zur Unterwerfung und Ausbeutung schwächerer Stämme. Dauerhaft unterworfene Stämme wurden schließlich zur Assimilation, zur Übernahme von Sprache und Kultur der Stärkeren gezwungen.

---

12 Drastische Beispiele einer solchen "Argumentierweise" sind: Wolfgang Schneider, *Geruchsprobe*, In: *konkret* Nr. 9/1994, S. 24f.; Heiner Möller, *"Die Sache mit der Nation"*, In: *Bahamas* Nr. 10/1994, S. 30f.

Das schloß nicht aus, daß diese ihrerseits zumindest bestimmte Elemente der Kultur der Assimilierten übernahmen. Es kam zu einer Vermischung von Ethnien und deren Kulturen, teilweise sogar von Sprachen. Je größer die nunmehr entstehenden Territorialstaaten wurden, desto intensiver wurde die ethnische Vermischung und gegenseitige kulturelle Durchdringung.

Dennoch setzte sich, zumindest sprachlich, normalerweise **eine** Komponente durch. Die Assimilierten vergaßen allmählich ihre Herkunft und fühlten sich ebenfalls dem dominierenden Ethnos zugehörig.

Die in Europa aus dem Zerfall des Römischen Weltreiches bzw. aus der Expansion von Gruppen verwandter Stämme wie denen der Germanen und Slawen hervorgegangenen, teilweise ebenfalls großflächigen Feudalstaaten des Mittelalters waren in ihrer Genese ethnisch unterschiedlich heterogen. Ihrer Herkunft nach heterogen waren auch die sie dominierenden Ethnien bzw., wie sie ebenfalls oft genannt werden, *Völker, Völkerschaften, Nationalitäten*. Den Kern des mittelalterlichen deutschen Ethnos beispielsweise bildeten die westgermanischen Stammesverbände der Franken, Baiern, Alemannen, Thüringer und Sachsen. Im Westen und Süden des Reiches ging jedoch auch eine kompakte romanischsprachige Bevölkerung in ihm auf, die ihrerseits aus von den Römern unterworfenen und assimilierten Kelten hervorgegangen war. Im Osten waren es zahlreiche slawische und einige baltische Stämme, die der gewaltsamen Germanisierung unterlagen und in dem Maße, wie sie dies vergaßen, ins deutsche Ethnos integriert wurden. In sprachlicher und kultureller Hinsicht divergierten bereits die den germanischsprachigen Kern konstituierenden Komponenten. Von diesen unterschieden sich kulturell teilweise in noch stärkerem Maße die ursprünglich romanisch-, slawisch- bzw. baltischsprachigen Bevölkerungsteile, die ihre Muttersprache hatten aufgeben müssen. Von einer kulturellen Homogenität des deutschen Ethnos kann also von allem Anfang an keine Rede sein.

Die dialektale Differenzierung des deutschen Sprachgebiets ist sprichwörtlich und durch eine zumindest im schriftlichen Gebrauch weitgehend vereinheitlichte Standardsprache erst in der Neuzeit überdacht.

Ähnliches trifft auf viele modernen Ethnien zu.

In Europa ist die einzige Ausnahme das isländische Ethnos, dessen Angehörige im wesentlichen von jenen westnorwegischen Auswanderern abstammen, die sich seit dem Ende des 9. Jhs. auf der Insel niederließen. Nennenswerte kulturelle Unterschiede gibt es auf Island nicht. Auch die

dialektale Differenzierung der isländischen Sprache ist minimal.
Andererseits nähern sich benachbarte Ethnien in der Neuzeit kulturell immer stärker an. So kann man in vielfacher Hinsicht bereits von einer gemeineuropäischen Kultur sprechen.
Dennoch bleibt die grundsätzliche Abgrenzung zwischen den Ethnien erhalten.
So sind sich beispielsweise die sich "Deutsche" Nennenden der Zugehörigkeit zu einem besonderen Ethnos, dem "deutschen Volk", wie es außerhalb der wissenschaftlichen Diskussion bezeichnet wird, durchaus bewußt. Das gleiche gilt für alle Ethnien.
Daß sich nicht wenige Westdeutsche, vorwiegend Intellektuelle - Gleichgesinnte in Ostdeutschland sind eine zu vernachlässigende Größe - vehement dagegen verwahren, zu einem deutschen Ethnos gerechnet zu werden, darin eine "völkische" Zumutung, ja geradezu eine Beleidigung sehen, ist eine Folge der wechselvollen deutschen Geschichte dieses Jahrhunderts. Letzlich verbirgt sich dahinter das Bestreben, sich auf diese Weise der für die meisten ohnehin schon obsoleten Verantwortung für die von den Nazis im deutschen Namen begangenen Verbrechen zu entziehen.
Außerhalb Deutschlands spielt solch nationaler Nihilismus praktisch keine Rolle.
Das aus einer komplizierten spezifischen Geschichte resultierende Bewußtsein der Zugehörigkeit zu einem besonderen Ethnos ist im Grunde das einzige noch wirklich faßbare ethnische Merkmal, auf das wir uns bei der Unterscheidung von Ethnien stützen können. Es ist historisch entstanden und nur aus der Geschichte erklärbar. Und es unterliegt historischem Wandel hinsichtlich seines Inhalts, nicht zuletzt beim Übergang zur eigentlich nationalen Konsolidierung in der Neuzeit. Sein prägnantester äußerer Ausdruck ist und bleibt die Verwendung eines spezifischen Ethnonyms.
Dieses kann auf unterschiedliche Weise entstanden sein.
Wie bereits erwähnt, bedeuten sehr alte, vor vielen Jahrtausenden aufgekommene Stammesnamen oft einfach 'Menschen'.
Namen relativ junger Ethnien sind dagegen oft Bewohnernamen. Die erst vor etwas über Tausend Jahren von Norwegen nach Island gelangten Wikinger dürften sich - wie ihre in Skandinavien gebliebenen Nachfahren heute noch - "Nordmänner" genannt haben. Die neu besiedelte Insel nannten sie *Ísland* 'Eisland'. Angesichts der geographischen Isolierung und politischen Selbständigkeit verlor die Bindung an die alte Heimat bald ihre Bedeutung.

Die Bewohner Islands begannen sich als ein besonderes Volk zu begreifen und nach dem Namen der Insel *Isländer* zu nennen. Auch ihrer Sprache gaben sie nun die Bezeichnung *Isländisch*. Hinzu kommt, daß sich diese in der Isolierung wesentlich langsamer als die verwandten nordgermanischen Dialekte auf dem Festland entwickelte, die trotz der Trennung ihres Verbreitungsgebietes in die drei Staaten Dänemark, Schweden und Norwegen in engem Kontakt zueinander blieben. Das Isländische entfernte sich so auch strukturell beträchtlich vom Norwegischen.

Möglich ist aber auch eine andere Entstehung von Ethnonymen. Diese können sich unter bestimmten historischen Bedingungen auch aus Sprachbezeichnungen, sog. Glottonymen (von griechisch *glotta* 'Sprache') entwickeln.

Ein besonders interessantes Beispiel ist die Entwicklung des Ethnonyms *Deutsche*. Dieses geht zurück auf das westgermanische Adjektiv *þeoðisk*, das im karolingischen Schrifttum in der latinisierten Form *theodiscus* seit 786 bezeugt ist. Es bedeutete ursprünglich 'germanischsprachig' und wurde verwendet, um den Sprachunterschied zum Latein der Kirche bzw. im westlichen Teil des Frankenreiches zur romanischen Volkssprache zu markieren. Um die Jahrtausendwende wurde es meist *diutisc* oder ähnlich geschrieben. Die Aussprache des Wortes dürfte damals in den meisten westgermanischen Dialekten /dütsch/ gewesen sein.

Nachdem die Enkel Karls des Großen Ludwig der Deutsche und Karl der Kahle das Reich ihres Großvaters unter sich aufgeteilt hatten, waren nahverwandte westgermanische Dialekte, also Fränkisch, Bairisch, Alemannisch, Thüringisch und Altsächsisch, die Sprache der Bevölkerungsmehrheit im Ostreich. Dieses wurde so zum *dütschen lant,* zu *Deutschland*. Seine Bewohner begriffen sich als *dütsche man*, als *Deutsche*.[13]

Im slawischen Bereich gibt es nicht weniger als drei Beispiele für eine ähnliche Entwicklung. So behielten die Vorfahren der heutigen Slowenen und Slowaken sowie der erst in diesem Jahrhundert germanisierten Slowinzen in Hinterpommern für ihre Sprache die Bezeichnung *Slawisch* bei. In den um die Jahrtausendwende unabhängigen slawischen Staaten Rußland, Polen, Böhmen, Kroatien, Serbien und Bulgarien wurde diese dagegen bald durch die neuen Glottonyme *Russisch, Polnisch, Tschechisch, Kroatisch,*

---

[13] So enthält das um 1080 verfaßte Annolied die Formulierungen: *wider Diutschu lant* 'gegen Deutschland', *Diutschiu liute, Diutschi man* 'Deutsche'.

Serbisch, Bulgarisch ersetzt, die von den Ethnonymen abgeleitet waren. In Rußland und Bulgarien waren diese ursprünglich die Namen einer später slawisierten nichtslawischen Oberschicht, der normannischen *Rus*[14] und der turksprachigen sog. Protobulgaren. In den übrigen angeführten slawischen Staaten wurde der Name des Stammes, unter dessen Hegemonie sich die Staatsgründung vollzog, auf die gesamte sprachlich anfangs nahezu völlig einheitliche slawische Bevölkerung übertragen.

Anders als in der Urgesellschaft ist also nunmehr die Zugehörigkeit zu **einem** Staat die entscheidende Voraussetzung für die Entstehung neuer Ethnien und für deren Fortbestand.

Es muß nicht ein eigener Staat sein, wie das Beispiel von Slowaken, Slowenen und Slowinzen zeigt. Bei ersteren handelte es sich um die slawischsprachigen Bewohner Nordungarns, bei letzteren um die Slawen im Südosten Österreichs bzw. im mehrheitlich ebenfalls schon früh deutschsprachigen Herzogtum Pommern.

Äußerst lehrreich ist in dieser Hinsicht auch die Ethnogenese des sorbischen Volkes. Nach dem Zeugnis der Quellen nannten sich vor über tausend Jahren nur die zwischen Mulde und Saale siedelnden slawischen Stämme *srbi*[15], worauf die heutige, ursprünglich gelehrte Bezeichnung *Sorben* zurückgeht. Die Vorfahren der heutigen Sorben in der Ober- und Niederlausitz nannten sich *milĕane* bzw. *lu iĕane*. Sie müssen also das Ethnonym *srbi* von ihren bereits im Mittelalter germanisierten westlichen Nachbarn übernommen haben, bevor diese im deutschen Ethnos aufgingen.

---

14 Dieses Wort stellt die lautgesetzliche slawische Weiterentwicklung von *rotsi* oder *ruotsi* dar. So nannten die finnischen Stämme an der Ostsee die schwedischen Wikinger resp. "Normannen". Der Teil der Normannen, der im 9. Jh. im entstehenden ostslawischen Staat die Macht an sich riß, muß diese ursprüngliche Fremdbezeichnung dann auch als Eigenbezeichnung verwendet haben. Die Unterworfenen übernahmen dann ebenfalls dieses Ethnonym. Dies wurde dadurch erleichtert, daß die Oberschicht sehr bald, schon im Verlauf des 10. Jh., ethnisch in der slawischen Bevölkerungsmehrheit aufging.

15 Dieses Ethnonym ist identisch mit dem der heutigen Serben. Die Vorfahren von Sorben und Serben gehörten also ursprünglich zur gleichen slawischen Stammesgruppe. Während jedoch ein Teil von ihnen im 5./6. Jh. aus der nördlich der Karpaten vermuteten slawischen Urheimat nach Süden zog, wandte sich ein anderer Teil nach Westen.

Ein Teil der Kroaten muß in jener Zeit ebenfalls in Sachsen eingewandert sein. Darauf deutet jedenfalls der Name des Ortes *Großkorbetha* hin.

Wie es Minderheiten in nahezu allen Staaten bis in die Gegenwart erging, dürfte auch aus dem bisher Gesagten bereits deutlich geworden sein. Nicht nur in jenen Staaten, die unter dem Deckmantel der "einheitlichen Nation" Minderheiten grundsätzlich nicht anerkennen. Auch in solchen, die das Recht auf Selbstbestimmung proklamierten, erging es ihnen meist nicht viel besser.

Von der erstrebenswerten und heute in den unterschiedlichsten Zusammenhängen tatsächlich angestrebten Gleichberechtigung der Ethnien, Sprachen und Kulturen konnte bis in die allerjüngste Vergangenheit jedenfalls kaum irgendwo die Rede sein. Fast immer und überall waren Minderheiten Opfer des Nationalismus Stärkerer. Und das nicht erst, seit es Nationalismus im engeren Sinne gibt. Ich meine damit den auf Expansion und Unterdrückung bedachten Nationalismus der herrschenden Kreise einer modernen Nation. Eine solche dominiert in der Regel einen Staat, besitzt also einen sog. "Nationalstaat". Dieser erweist sich allerdings angesichts der Existenz nationaler Minderheiten in Wahrheit fast überall als Fiktion .

Die Versuche, einen prinzipiellen Unterschied zu machen zwischen diesem Nationalismus und dem, womit Unterdrückung von Minderheiten vorher motiviert wurde, kann ich nur als die gleiche sophistische Haarspalterei ansehen wie die von manchen Autoren unternommenen krampfhaften Bemühungen, die moderne Nation als "Erfindung" der Bourgeoisie, als im 18./19. Jahrhundert gleichsam aus dem Nichts entstandene "kollektive Halluzination" hinzustellen.

Natürlich wurde die gewaltsame, nicht selten mit den brutalsten Methoden durchgesetzte Assimilierung ethnischer Minderheiten mit der kapitalistischen Entwicklung intensiviert und gewissermaßen rationalisiert. Zum Beispiel durch Verbot des erst jetzt aufkommenden allgemeinen Schulunterrichts in einer anderen als der sog. "Nationalsprache" oder durch die Nichtzulassung der Minderheitensprache bei der Religionsausübung.[16]

Etwas grundsätzlich Neues war die erzwungene Assimilierung nicht.

So wie die allerersten Ursprünge der Nation, die ethnische Differenzierung der Art Homo sapiens im hier geschilderten Sinne, sind auch die Ursprünge des Nationalismus so alt wie die Menschheit selbst.

Fremdenfurcht und Fremdenhaß, Vertreibung und Vernichtung fremder

---

16 Eine anschauliche Darstellung solcher Unterdrückungsmaßnahmen enthält Harald Haarmann, *Die Sprachenwelt Europas. Geschichte und Zukunft der Sprachnationen zwischen Atlantik und Ural* (Campus Verlag Frankfurt/New York 1993).

Ethnien sind ein Produkt der barbarischen Bedingungen, unter denen die frühe Menschheit über Hunderttausende von Jahren ihr Dasein zu fristen gezwungen war.

Die Feindschaft gegenüber dem Fremden, Fremdartigen, Unverständlichen, wenn es um die Sprache ging, blieb virulent bis in die Neuzeit.

Selbst die Reformation mit ihrem Postulat der Verkündung des Wortes Gottes in der Muttersprache konnte nur ein partielles Umdenken bewirken. Daß die Herrschenden nur dann bereit waren, es in der Praxis zu beherzigen, wenn es ihren eigennützigen Interessen entgegenkam, ließe sich - bliebe Zeit dazu - unter anderem gut am Schicksal unserer sorbischen Landsleute demonstrieren.[17]

Die Entwicklung der letzten Jahrzehnte hat einerseits in Jugoslawien und Teilen der untergegangenen Sowjetunion einen Rückfall in die Barbarei gebracht, wie ihn Europa - sieht man von der Nazizeit und gewissen Episoden der Stalinherrschaft ab - seit dem Dreißigjährigen Krieg nicht mehr kannte.

Andererseits sind auch gewisse Lichtblicke nicht zu verkennen. Noch nie haben sich so breite Kreise auch außerhalb der Minderheiten so intensiv mit dieser Problematik befaßt.

Und das mit dem erklärten Ziel, zur Verbesserung der Lage der Minderheiten beizutragen.

Ob auch die im Zusammenhang mit der Erörterung der Europapolitik immer wieder beschworene Notwendigkeit einer Regionalisierung der Europäischen Union uns diesem Ziel näherkommen läßt, muß die Zukunft zeigen. Sollte es gelingen, Bürokratie und Zentralismus in den Mitgliedstaaten zugunsten von mehr Selbstverwaltung und Selbstbestimmung rigoros abzubauen, und das nicht nur auf der obersten Ebene, sondern auch in den Regionen selbst, läge dies zweifelsohne auch im Interesse der nationalen Minderheiten.

Migrationen haben im Leben von Minderheiten stets eine gewaltige Rolle

---

[17] Am Beispiel des Förderung des Sorbischen als Kirchensprache wird dies überzeugend gezeigt in Frido Mětšk, *Der Anteil der Stände des Markgraftums Oberlausitz an der Entstehung der obersorbischen Schriftsprache*. In: *Zeitschrift für slavische Philologie* 28, 1, S. 122-148; ders., *Die brandenburgisch-preußische Sorbenpolitik im Kreise Cottbus vom 16. Jh. bis zum Posener Frieden*, Berlin 1962.

gespielt.

Die meisten Minderheiten sind überhaupt erst durch Migrationen entstanden, durch eigene oder durch die anderer Ethnien bzw. deren Angehöriger.

Ohne den deutschen Drang nach Osten wäre ganz Ostdeutschland bis zu Elbe und Saale noch slawisch. So aber ist das Land seit Jahrhunderten bis auf die kleine sorbische Insel germanisiert, und auch die Sorben sind im eigenen Land zur Minderheit geworden.

Ähnlich erging es den Nordfriesen, die durch den Zuzug von Deutschen nicht nur auf dem ihnen verbliebenen kümmerlichen Rest auf dem Festland, sondern sogar auf ihren Inseln nur noch eine Minderheit darstellen.

Durch Migration entstanden sind die deutschen Minderheiten in Rußland und anderen GUS-Staaten, Rumänien oder Ungarn oder die nicht weniger als 25 Millionen umfassenden russischen in den ehemaligen nichtrussischen Sowjetrepubliken.

Und so könnte man Hunderte von Beispielen anführen.

Besondere Bedeutung wird künftig die Migration erlangen, die seit den sechziger Jahren aus den unterentwickelten Ländern Europas, Vorderasiens und der übrigen Dritten Welt nach Nordwest-, Nord- und Zentraleuropa führt. Hier erwächst dem Minderheitenschutz eine gewaltige Aufgabe.

Es gilt politische Mechanismen zu entwickeln, wie die so neuentstandenen, nicht kompakt siedelnden türkischen, kurdischen und sonstigen Minderheiten möglichst konfliktfrei in ihre neuen Heimatländer integriert werden können, ohne daß ein unzumutbarer Assimilationsdruck entsteht.

Zu einer solchen Lösung sollte auch unsere Tagung einen bescheidenen Beitrag leisten.

Matthias Röper

Volk - Ethnie - Stamm - Staat - Land - Nation

Begrifflichkeiten in Ethnologie, Politik und Recht

Grundsätzliche Überlegungen zu den Begriffen Nation, Volk, Stamm und Staat:

Im Altertum bezeichnete *natio die durch Geburt oder Abstammung verbundene Bevölkerung einer Stadt, einer Landschaft oder eines Territoriums. Im Mittelalter faßte man die Studenten an Universitäten sowie die Teilnehmer an Reformkonzilien in nationes zusammen, allerdings immer unter dem Gesichtspunkt, daß alles letztendlich ein Teil des Corpus Christianorum ist. Neben diesen ersten Versuchen, zumindest auf universitärer Ebene, Personen gemeinsamer Abstammung, Sprache, Religion und Kultur zusammenfassen, überwog natürlich in jener Zeit das Gemeinschaftsgefühl der einzelnen Stände*[1].

Während in Westeuropa und in der weiteren Folge im anglo-amerikanischen Raum die Begriffe Staat und Nation verschmolzen und der Begriff der *Staatsnation* kreiert wurde, überwog in Mittel- und Osteuropa der *ethnische Nationenbegriff, der in der kulturellen Eigengestalt eines Volkes wurzelt (Insbes. J. G. Herder, E. M. Arndt und J. G. Fichte). Aus letzteren entwickelte sich schließlich der Begriff der Kulturnation.* Als derzeit herrschend ist der Begriff der Staatsnation anzusehen, zumal gerade 1918 weitgehend nationalstaatlich geordnet worden war[2].

Allerdings ist festzuhalten, daß man sich den Problemen von Minderheiten in einem Staat wesentlich besser über den Begriff der *Kulturnation nähern kann, da gerade nach dieser Definition ein Auseinanderfallen von Staat und Nation (= Ethnie) möglich ist.*
Unter Nation versteht man heute eine größere Gruppe von Menschen, die durch das Bewußtsein ihrer politischen und/oder kulturellen

---

[1] Krause: O alte Burschenherrlichket. Wien, 1982, S. 20ff
[2] Brockhaus, F. A.: *Der große Brockhaus. Kompaktausgabe. 18. Aufl., 1984, Bd. 15, S. 144*

Eigenständigkeiten zur Gemeinschaft wird. Dieses Bewußtsein kann einerseits aus gemeinsamer Abstammung, Sprache, Religion, Kultur und Geschichte und andererseits von übereinstimmenden Weltbildern, Rechts-, Staats- und Gesellschaftsauffassungen stammen[3].

Verhältnis Nation - Staat: Wenngleich die o. a. Bestimmungsgründe nicht immer gemeinsam vorliegen müssen, um eine Nation vor sich zu haben, kommt es sehr häufig vor, daß die Begriffe Nation und Staat auseinanderfallen, insbesondere dann, wenn Angehörige einer Nation auf mehrere Staaten verteilt sind.

Verhältnis Nation - Volk: Diese Abgrenzung ist fließend zu sehen, da das Unterscheidungsmerkmal in einem Akt der Bewußtseinswerdung liegt, durch den ein Volk zur Nation wird. Eine Nation verfügt so über ein deutlich ausgeprägtes gemeinsames Bewußtsein als ein Volk[4].

Das Problem der Definition des Begriffes Minderheit (Ethnie)

Aus dem oben Angeführten ergibt sich, daß aufgrund des vorherrschenden Begriffs der *Staatsnation eine Definition des Begriffs Minderheit nur langsam entwickeln werden konnte und nur in Ansätzen existiert.*

Im Vergleich zur Zwischenkriegszeit wurde seit 1945 ein umfangreiches und bindendes Schutzsystem für Minderheiten entwickelt, wobei der Begriff der sprachlichen, ethnischen oder religiösen Minderheit vom Völkerrecht und von den Vereinten Nationen vorausgesetzt wird. Trotz ausführlichster Beratungen im Rahmen aller Gremien der Vereinten Nationen gibt es bis heute keine eindeutige und genaue Definition der Begriffe "Minderheit" und "Volksgruppe"[5]. Einzige Ansätze zur Lösung des Definitionsproblems bieten diverse Definitionen in innerstaatlichen Rechtsnormen, da die Realität vieler Staaten davon gekennzeichnet ist, daß Minderheiten existieren, sowie Berichte, die von den Vereinten Nationen in Auftrag gegeben wurden.

---

3 ebenda, S. 144
4 ebenda, S. 145
5 Siehe Felix Ermacora: *Der Minderheitenschutz im Rahmen der Vereinten Nationen.* *Wien, 1988, Braumüller (Ethnos: Bd 31), S. 23ff.*

Die Definition von Francesco Capotorti

Im Zuge des Kampfes gegen die Rassendiskriminierung mußten sich die Vereinten Nationen auch mit der Definition des Minderheitenbegriffes befassen. Im Rahmen der Verhandlungen über den Internationalen Pakt über bürgerliche und politische Rechte wurde 1971 Francesco Capotorti, der damals Spezialberichterstatter der Unterkommission für die Verhinderung von Diskriminierung und für den Schutz von Minderheiten war, mit der Erstellung einer Studie zu Artikel 27 des Paktes betraut[6]. Im Rahmen dieser Studie arbeitete Capotorti eine Definition des Minderheitenbegriffes aus, wobei er sich eng an die Definition des Ständigen Internationalen Gerichtshofes in dessen Gutachten über die Entwicklung der griechisch-bulgarischen Gemeinschaft orientierte[7]. Darüber hinaus ließ Capotorti auch die Anregungen vieler Regierungen in seine Definition einfließen, um so deren Allgemeingültigkeit zu verstärken. Seine Definition lautet folgendermaßen:

"Minority means a group of numerically inferior to the rest of the population of a state, in a non-dominant position, whose members - being nationals of the state - possess ethnic, religious or other characteristics differing from those of the rest of the population and show, if only implicitly, a sense of solidarity, directed towards preserving their culture, traditions, religion or language."

Gemäß dieser Definition sind nachstehende Merkmale für eine Minderheit kennzeichnend:

> die zahlenmäßige Unterlegenheit,
> die nicht herrschende Stellung,
> die Staatsbügerschaft,
> die Existenz von ethnischen, religiösen oder sonstigen Unterschieden im Vergleich zum Mehrheitsvolk,
> das Solidaritätsgefühl in bezug auf Kultur, Tradition oder Sprache.

Aufgrund dieser Definition wurden im Caporti-Bericht 75 Staaten mit als

---

[6] ebenda, S. 28f.
[7] ebenda, S. 39f.

Minderheiten zu qualifizierenden Gruppen genannt. In der Arbeit der Vereinten Nationen werden die Minderheiten entsprechend ihrer unterschiedlichen Merkmale in verschiedenen Gruppen eingeteilt, wobei derzeit ethnische, nationale, sprachliche und religiöse Minderheiten begrifflich anerkannt sind[8]. In seinem Bericht wies Capotorti allerdings darauf hin, daß die Gremien der Vereinten Nationen seit 1950 bemüht sind, den Begriff der "ethnische Minderheit" an der Stelle der Begriffe "nationale Minderheit" und "rassische Minderheit" zu verwenden. Die oben erwähnte Definition ist somit eine sehr allgemein gehaltenen Minderheitendefinition.

Erweiterungen des Minderheitenbegriffes durch Felix Ermacora

Um den verschiedenen Minderheitengattungen, die es im Rahmen der Vereinten Nationen gibt, gerecht zu werden, erachtet Felix Ermacora eine Ergänzung der allgemein gehaltenen Capotorti-Definition für notwendig[9]. Zunächst sind vor allem zwei Aspekte in Betracht zu ziehen, um eine ausgewogene Minderheitendefintion zu erhalten, nämlich ein soziologischer und ein rechtlicher Gesichtspunkt. Letzterer umfaßt wiederum drei Aspekte, nämlich die innerstaatliche, die regionale und die völkerrechtliche Rechtslage. Bezüglich der völkerrechtlichen Rechtslage ist festzuhalten, daß man, um überhaupt eine allgemeingültige Minderheitendefinition erstellen zu können, der monistischen Theorie mit dem Primat des Völkerrechts den Vorzug geben muß, da bei der Vorrangigkeit von innerstaatlichem Recht die Möglichkeit, sich auf eine gemeinsame Minderheitendefinition zu einigen, sehr beschränkt ist[10]. Geht man schließlich von der dualistischen Theorie mit ihrer vollkommenen Trennung von Völkerrecht und Landesrecht aus, so ist auch hier keine gemeinsame Lösung zu erwarten, da Minderheitenfragen als innere Angelegenheiten angesehen werden, die somit nicht zum Regelungsgegenstand des Völkerrechts gehören[11]. Aus soziologischer Sicht ist eine Definition des Minderheitenbegriffes wichtig, da nur eine derartige Begriffsbestimmung die Hauptaufgabe des Menschenrechts-

---

[8] ebenda, S. 44f.
[9] ebenda, S.44.
[10] ebenda, S. 40.
[11] Siehe Fischer-Köck: *Allgemeines Völkerrecht. Eisenstadt, 3. Aufl., 1989, S. 12ff.*

schutzes, nämlich die Gewährleistung von wirtschaftlichen, sozialen, kulturellen, bürgerlichen und politischen Rechten nebst der Bekämpfung schwerer und systematischer Menschenrechtsverletzungen, ermöglicht. Minderheiten sind aus soziologischer Sicht also Kategorien der menschlichen Gesellschaft, die einer Definition bedürfen. Erst nach dieser Definition kann man feststellen, ob es in einem Staat eine anerkannte bzw. nicht anerkannte Minderheit gibt[12]. Einige nichtstaatliche Organisationen, wie etwa die *Minority Rights Group, haben Berichte und Studien mit Lösungsansätzen präsentiert. Folgt man den Dokumenten, die den Vereinten Nationen von der Minority Rights Group vorgelegt wurden, so gibt es weltweit rund 35 Regionen, wo es Minderheitenkonflikte gibt, wobei diese Zahl in den letzten Jahren sicher stark zugenommen hat, vor allem auf grund der Entwicklungen, die seit dem Zerfall des kommunistischen Systems in Osteuropa und in Jugoslawien eingetreten sind. Blickt man vergleichsweise auf die Staatenberichte, so gibt es wenige Staaten, die Minderheitenkonflikte anerkennen, während die Mehrzahl der Staaten erklärt, daß sie Minderheiten aber, aber keine Minderheitenprobleme*[13].

Ermacora meint, daß unter oben angeführten Gesichtspunkten Ergänzungen zur allgemein gehaltenen Definition von Capotorti notwendig sind. Auch wenn die Vereinten Nationen seit den fünfziger Jahren dazu übergegangen sind, die Einteilung von Minderheiten in rassische und nationale Minderheiten zugunsten des Begriffes "ethnische Minderheit" aufzugeben, ist dieser alten Einteilung der Vorzug zu geben, da der Ausdruck "Rasse" im biologischen Sinn zu verstehen ist und auf Gruppen oder Individuen anzuwenden ist, die über besondere genetische oder physische Veranlagungen verfügen. In der Hauptsache trifft dieses Definitionselement für Ureinwohner zu, ungeachtet dessen, daß auch andere charakteristische Elemente wie Religion, Sprache und Ethnizismus hinzukommen können. Dieses "rassische" Element hat bei Hinzukommen eines Gruppenbewußtseins in dem Sinne, daß man sich als "Eingeborener" fühlt, große Bedeutung bei der Beurteilung der Frage, ob Ureinwohner als "Volk" im Sinne von Artikel des IPBPR angesehen werden müssen oder lediglich als Minderheit nach Artikel 27 des IPBPR, und ist von Fall zu Fall genau zu berücksichtigen[14].

---

12 Siehe Ermacora, S. 41.
13 ebenda, S. 42f.
14 ebenda, S. 44f.

Ermacora schlägt vor, Ergänzungen der Capotorti-Definition in der folgenden Weise vorzunehmen:

Religiöse Minderheit: Neben Gruppen, die sich in ihrer religiösen Vorstellungen von denen der Staatsreligion unterscheiden, sollen auch jene Gruppen umfaßt werden, die aufgrund ihres Religionsbekenntnisses im Gegensatz zur atheistischen Grundhaltung der Bevölkerungsmehrheit stehen, wie dies etwa in Albanien bis vor kurzem für die Moslems zutraf.

Rassische Minderheit: Gruppen, die eine eigene Geschichte und Kultur, teilweise auch eine eigene Sprache haben, und deren Mitglieder sich von Rest der Bevölkerung insbesondere durch biologische Faktoren unterscheiden.

Sprachliche Minderheit: Gruppen, deren Angehörige sich schriftlich und/oder mündlich, öffentlich oder privat einer Sprache bedienen, die sich von der, in einem bestimmten Gebiet gebrauchten Sprache, unterscheiden und die nicht als Nationalsprache angesehen wird. Ziel dieser Gruppe ist die Aufrechterhaltung und Pflege dieser Sprache. Beispiele für einen derartigen Unterschied in der Schreibweise findet man im zerfallenen Jugoslawien, wo es bezüglich des Serbokroatischen, welches im Rahmen eines Linguistenkongresses im Jahre 1961 in Novi Sad aufgrund der engen sprachlichen Verwandtschaft des Serbischen mit dem Kroatischen zur gemeinsamen Sprache der Serben und Kroaten erklärt wurde, unterschiedliche Schreibweisen gibt, da die orthodoxen Serben das kyrillische Alphabet benutzen, während Kroatisch ein Abart der serbokroatischen Standardsprache ist, die mit lateinischen Buchstaben geschrieben wird und von den vorwiegend katholischen Kroaten benutzt wird[15].

Nationale Minderheit: Gruppen, die wie die ethnischen Minderheiten eine eigene Sprache, Kultur und Geschichte besitzen und ein Gruppenbewußtsein aufweisen, und darüber hinaus als weiteres Merkmal den Willen besitzen, als Gruppe jene Rechte wahrzunehmen, die eine Teilnahme am politischen Entscheidungsprozeß, sei es nun auf nationaler oder regionaler Ebene, ermöglichen.

---

[15] *Das moderne Lexikon. Bertelsmann,* 2. Aufl., 1983, Bd. 17, S. 144f.

Zahlenmäßige Unterlegenheit: Ausnahmen sollen zulässig sein, sodaß auch die schwarze Bevölkerung Südafrikas unter diesen Minderheitenbegriff subsumierbar wird, zumal sich die schwarze Bevölkerung weder politisch noch wirtschaftlich in einer herrschenden Stellung befindet.

Die Frage, was in einem konkreten Fall eine ethnische, sprachliche, rassische, religiöse Minderheit oder Gruppe ist, muß von Fall zu Fall beurteilt werden, wobei auch die konkreten Forderungen der Minderheiten in Betracht gezogen werden müssen[16]. Dies erscheint auch gerade im Hinblick auf die derzeitigen Entwicklungen in Kroatien (Kraijnia), Serbien (Moslems) und die Bosnien-Herzegowina als besonders wünschenswert.

Abgrenzung Minderheit - innere Angelegenheit eines Staates

Eine Beantwortung der Frage, ob gemäß dem Völkerrecht und dem Recht der Vereinten Nationen lediglich die anerkannten Minderheiten Schutzmaßnahmen fordern dürfen, ist nur unter Bedachtnahme auf Artikel 2 Abs. 7 der Charta der Vereinten Nationen möglich. Nachdem die Förderung des Minderheitenschutzes Teil des internationalen Menschenrechtsschutzes im weiteren Sinne ist, haben auch Minderheiten, die von einem Staat rechtlich nicht anerkannt sind, das Recht , sich auf die Minderheitenschutzbestimmungen der Vereinten Nationen und des Völkerrechts zu berufen. Zumindest haben alle Staaten, die internationale Minderheitenschutzinstrumenten beigetreten sind, ihren diesbezüglichen Willen kundgetan, sodaß sich Minderheiten oder deren Angehörige, ob sie nun anerkannt sind oder nicht, sich jedenfalls auf jene Völkerrechtsbestimmungen berufen können, die auf ihren Fall Anwendung finden. Die Erklärung der französischen Regierung zu Artikel 27 des IPBPR, derzufolge Frankreich von dieser Bestimmung nicht betroffen sei, und die mündliche Erklärung des Vertreters der französischen Regierung, daß es auch keine anerkannten Minderheiten gebe, steht somit im Widerspruch zu den Normen des Völkervertragsrechtes und ist daher unzulässig[17]. Diese Erklärung ist für den Schutz von Personen nach Artikel 27 IPBPR unerheblich.

---

[16] Siehe Ermacora, S. 45f.
[17] ebenda, S. 47ff.

Verhältnis Volk - Minderheit

Dieses Problem stellt sich vor allem in bezug auf das Selbstbestimmungsrecht, welches durch die Aufnahme in Artikel 1 der beiden Menschenrechtspakete (IPBPR und IPWSKR) ausdrücklich zu einem Rechtsanspruch geworden ist. Allerdings soll das Selbstbestimmungsrecht, welches seiner Natur nach ein zwingendes Kollektivrecht ist[18], nur Völkern und nicht Minderheiten zustehen. Aber gerade diese haben in der Vergangenheit dieses Recht gerne für sich beansprucht. Die Vereinten Nationen haben sich wiederholt mit der Definition des Begriffes "Volk" auseinandergesetzt, vor allem im Cristescu-Bericht, vor allem unter dem Aspekt der Entkolonialisierung. A. Cristescus These liest sich wie folgt:

"These elements can be taken into consideration in specific in which it is necessary to decide whether or not an entity constitutes a people fit to enjoy and exercise the right of self-determination;
(a) the term people denotes a social entity possessing a clear identity and its own characteristics;
(b) it implies a relationship with a territory, even if the people in question has been wrongfully expelled from it and artificially replaced by another population;
(c) a people should not be confused with ethnic, religious or linguistic minorities, whose existence and rights are recognised in Article 27 of the International Convenant on Civil and Political Rights."

Aufgrund dieser unklaren Vorstellung sieht Ermacora auch Minderheiten als "Volk" im Sinne der Vereinten Nationen an, wenn sie in einem bestimmten Gebiet leben, beziehungsweise gelebt haben, religiöse oder kulturelle Charakteristika aufweisen, in Hinblick auf ihre Vertretung politisch organisiert sind und die Fähigkeit zu wirtschaftlicher Unabhängigkeit besitzen. Für diese Gruppen sei das Recht auf Selbstbestimmung unveräußerlich[19].

Dagegen vertritt Prof. Heribert F. Köck die Ansicht, daß man unter Minderheit auch einen seperierte Teil eines Volkes sehen muß, der auf

---

[18] ebenda, S. 71ff und gleichlautende Meinung Gros-Espiells.
[19] ebenda, S. 73

einem anderen Staatsgebiet lebt, wie dies etwa für die Serben zutrifft, die in Kroatien leben, oder für die Südtiroler in Italien. Für den Fall, daß ein Volk - etwa die Kurden - auf mehrere Staatsgebiete verteilt ist und in jedem Staat als Minderheit angesehen wird, könnte man aus praktischen Gründen jenem Teil des Volkes, der die meisten Angehörigen hat, das Recht auf Selbstbestimmung zugestehen, wogegen den übrigen Gruppen nur Minderheitenrechte zukommen sollen, es sei denn, daß deren Lage als Minderheit absolut unzumutbar ist. Dieser Ansicht ist der Vorzug zu geben, da sie eine klare dogmatische Trennung zwischen Volk und Minderheit ermöglicht.

Aktuelle Bestrebungen in Europa im Rahmen der EMRK

Seit 1991 hat im Europarat eine intensive Beschäftigung mit den Fragen eines besseren völkerrechtlichen Schutzes von Minderheiten eingesetzt, die zu zwei konkurrierenden Entwürfen völkerrechtlicher Instrumente geführt hat. Die vom Europarat eingesetzte *European Comission for Democracy through law hat am 8. 2. 1991 einen von ihr erarbeiteten Entwurf einer eigenständigen European Convention for the protection of Minorities angenommen. Daneben liegt ein österreichischer Entwurf eines Zusatzprotokolls zur Europäischen Menschenrechtskonvention zum Schutz von Volksgruppen vor, den die österreichische Delegation im Ministerkomitee des Europarates in der Sitzung vom 26. 11. 1991 eingebracht hat.*
Beide Entwürfe enthalten eine Kombination von die Angehörigen nationaler Minderheiten schützenden Individualrechten und echten Kollektivrechten, welche die ethnische Gruppe bzw. Minderheit als solche berechtigen. In ihrem Ausgangspunkt folgen die Entwürfe dem individuellen, menschenrechtlichen Ansatz. So wird die Zugehörigkeit zu einer nationalen Minderheit oder Volksgruppe zur persönlichen Entscheidung des einzelnen (*individual choice*) erklärt. *Durch die subjektive Bestimmung der Zugehörigkeit zu einer solchen Gruppe sind die behördliche Vereinnahmung für die Staatsnation und die willkürliche Ausgrenzung gegen den Willen des Betroffenen gleichermaßen rechtlich ausgeschlossen. Selbstverständlich kann sich der einzelne nur zu einer nationalen Minderheit oder Volksgruppe bekennen, die auch tatsächlich existiert. Insoweit ist ein objektiver Maßstab anzulegen. Das Bekenntnis*

muß einer anhand objektiver Maßstäbe feststellbaren und unterscheidbaren Gruppen gelten[20].

Die Konzeption sogenannter Gruppen- bzw. Kollektivrechte - die Terminologie ist uneinheitlich - basiert auf der Überzeugung, daß die Identität eines Menschen auch überindividuell-kollektiv geprägt ist, d. h. durch Abstammung und Zugehörigkeit zu einem Ethnos bestimmt wird. Inzwischen hat die Parlamentarische Versammlung des Europarates auf ihrer Tagung vom 1. bis 5. Februar 1993 in Paris ein aus 20 Artikeln bestehendes Zusatzprotokoll zur Menschenrechtskonvention über "Personen, welche nationalen Minderheiten angehören", als Bestandteil einer an das Ministerkomitee gerichteten Empfehlung verabschiedet. Beim Europaratsgipfel der Staats- und Regierungschefs am 8./9. Oktober in Wien wurde auf der Grundlage dieser Empfehlung ein "Protokoll über Minderheitenrechte" beschlossen und den Mitgliedstaaten zur Unterzeichnung empfohlen. Der in der Empfehlung enthaltene Protokollentwurf geht von einem individualrechtlichen Ansatz aus[21].

Der mit dieser Vorlage von der Parlamentarischen Versammlung des Europarates eingeschlagene Weg bietet die Chance, daß es in absehbarer Zeit zur Verabschiedung eines Protokolls über die Minderheitenrechte kommt. und mit der Anerkennung bedeutsamer individueller Rechte der Angehörigen nationaler Minderheiten unter justizförmigen Rechtsschutz stehende und deshalb effektive Gewährleistungen geschaffen werden. Eine solche internationale Schtzgarantie könnte von Rechts gegen einen Betrag dazu leisten, daß die ethnischen Auseinandersetzungen dauerhaft beendet werden und durch Gerechtigkeit Stabilität und Frieden in Europa hergestellt und gesichert werden[22].

---

20 Hillgruber/Isestedt: *Die EMRK und der Schutz nationaler Minderheiten. Kulturstifung der dt. Vertriebenen, Bd. 17, 1993, S. 91f.*
21 ebenda, S. 105
22 ebenda, S. 106

Wolfgang Mey

Kollektiv- und Individualrechte von Minderheiten und die Menschenrechte

"The Making of Tribes in India"

Die Briten unterwarfen etwa zeitgleich in Nordwest-Indien und in Nordost-Indien Völker, die mehr mit ihren weiter westlich bzw. östlich lebenden Nachbarn als mit dem Kernland Britisch-Indiens zu tun hatten.

Sie kamen in Nordost-Indien, um bei dieser Region zu bleiben, mit einer Vielzahl von Völkern in Kontakt, die nicht nur mit den Bevölkerungsgruppen der großen Ebenen in Ostbengalen und im Brahmaputra-Tal, sondern häufig auch untereinander in Fehde lagen. Sie waren mit politisch-sozialen Modellen konfrontiert, die den eigenen spätfeudalen und später industriekapitalistischen Modellen strukturell so weit entfernt waren, daß diese, primitiv und zu-gleich als unter modernen Gesichtspunkten zu verwirklichende Uto-pien vom gleichberechtigten und friedlichen Zusammenleben von Men-schen und Völkern galten:

"Place over them an officer gifted with the power of rule; not a mere cog in the great wheel of Government, but one tolerant of the failings of his fellow creatures, and yet prompt to see and re-cognize in them the touch of Nature that makes the whole world akin;- apt to enter into new trains of throught and to modify and adopt ideas, but cautious in offending national prejudice. Under a guidance like this, let the people by slow degrees civilize themselves. With education open to them, and yet moving under their own laws and customs, they will turn out, not debased and miniature epitomes of Enghlishmen, but a new and noble type of God's creatures" (Lewin 1869:118).

Es waren politische Organisationsformen, die z.T. herrschaftsfrei auf-gebaut waren (Mey 1980:197ff.;Leach 1964:8) und es z.T. noch sind, bzw. ranggestaffelte Gesellschaften, deren Funktionieren auf Konsens und Abstimmung beruhte (Lehmann 1980:88ff.). Tatsächlich waren die

"Verwilderungsangebote" dieser Bergkulturen so groß, daß man, verständlicherweise, den Eindruck hatte, daß alle, die mit ihnen in nähere Berührung kamen, wie verzaubert von ihnen waren.
"but I shall never I fear find my place n the world again(...). I was content with the simple wild life and found of happiness in the unrestrained intercourse I had with the people" (Lewin, T.H., 10/7/67), und an anderer Stelle: "I do not long to go home and (...) I even contemplate (...) the possibility of passing my life among my Hill people" (Lewin, T.H., 25.4. 1868)

Es waren Völker, die sich auf eine ganz eigenartige Weise dem kolonialen Zugriff entzogen, sie hatten mitunter keine "Stammes"-namen, unverständliche Namen oder gar eine Vielzahl von Namen (Lehmann 1980:82ff.). Die Briten trafen auf ethnische Gruppen, die, wie es schien, je nach politischen Wetterlagen ihre sprach-liche oder ethnische Zugehörigkeit wechselten, heute zu diesem und morgen zu jenem Volk gehörten und trotzdem selbstbewußt behaupteten, sie seien immer dieselben (Leach 1964:3ff.,49 f., 293ff.).

Es waren Völker, deren Wirtschaftsweise oft oder gar in der Regel mit der volkswirtschaftlichen Logik der Briten unvereinbar waren. Kapitalistische Akkumulation und Investition war in diesen Bergen offensichtlich unbekannt, erwirtschafteter Mehrwert wurde in großen Festen und Gelagen gemeinsam konsumiert (Brauns/Löffler 1986:225ff.)

Es waren mithin Völker, die sich auf vielfältige Art der westlichen Rezeption und damit der Beherrschung entzogen. Das waren natürlich politisch untragbare und unverträgliche Situationen, sicherlich kein Modell für einer reibungslose und ernstzunehmende Kolonialherrschaft.

Folgerichtig mußten diese Völkern also so zugerichtet werden, daß zumindest gegenseitig vergleichbare Modelle politischen und ökonomischen Handelns anerkannt wurden. Also mußten da, wo erkennbar keine Chiefs/Häuptlinge ausgemacht werden konnten, welche geschaffen werden, und häufig waren es Personen, die mit diesem Amt betraut wurden, die weder von den britischen Herrschaftsprinzipien noch der damit verbundenen Absicht der indirekten Herrschaft eine Ahnung hatten.

Es wurden also, entsprechend der Vorliebe der Briten für "starke Chiefs", solche berufen oder eingesetzt, auch wenn diese armen Kerle in der Gesellschaft, aus der sie kamen, und über die sie gesetzt wurden, vom "Herrschen" keine Ahnung hatten.

Diese Chiefs wurden mit Privilegien ausgestattet, die ihnen nach dem kolonialen Protokoll zustanden, z.B. mit einem Anteil des Steueraufkommens und einem Anspruch an Dienstleistungen ihrer "Untertanen", mit der Verleihung von Ehrentiteln und -kleidern, Uhren und ähnlichem Schnickschnack.

In der Regel kamen solche "Herrscher" aus dem Stammesverband. Seltener wurden stammesfremde Personen als "Herrschaft" "eingesetzt", die Konflikte mit den "Untertanen" waren erfahrungsgemäß zu groß. Häufig war es aber die Unkenntnis der Briten von der Logik der Selbstverwaltungsstrukturen der von ihnen eroberten Völker, die sozusagen den falschen Personen "auf den Thron" half. Ethnische Gruppierungen, Verbände, Gemeinschaften oder Verwandtschaftsgruppen wurden damit zu "Untertanen", egal, wie ihre Position in einer größeren ethnischen Gemengelage vorher war.

Auf vergleichbare Weise waren die "wilden" Wirtschaftssysteme mit den Konzepten volkswirtschaftlicher Rentabilität und Mehrwertschöpfung der Briten häufig unvereinbar.

Dies trifft insbesondere für Schwendbauern zu. Diese Wirtschaftsweise ist bei uns oft unter dem falschen Namen "Brandrodungsfeld-bau" bekannt. In der Trockenzeit wird eine als geeignet erscheinende Fläche Urwald angeholzt, später wird das getrocknete Unterholz abgebrannt. Auf den so "geklärten" Flächen wurden Feldfrüchte verschiedenster Art und Reifedauer ausgesät, so daß man über ein halbes Jahr kontinuierlich ernten konnte. In einem guten Schwendfeld wurden bis zu 50 verschiedene Nutzpflanzen angebaut, und die Ernterate bei Reis lag auf guten Böden bei 1:50. Zur Anlage anderer Felder im nächsten Jahr wurden dann weitere Flächen des Regenwaldes abgeschlagen, die alten

Feldflächen regenerierten sich in den nächsten zehn bis fünfzehn Jahren. Eine geringe Bevölkerungsdichte vorausgesetzt, war dieses System, wie auch britische Kolonialbeamte festhielten, unschädlich für den Fortbestand des Regenwaldes und tatsächlich die einzige Möglichkeit, den Regenwald landwirtschaftlich zu nutzen. Diese Ver-Schwendung des Waldes war natürlich mit einer mehrwertorientierten Waldnutzung unvereinbar. Also mußten die Schwendbauern zumindest teilweise zu Wasserreisbauern werden, und das Waldland sollte teilweise als reserved forest dem Forest Department unterstellt, das Lizenzen für die Extraktion von Nutz- und Edelhölzern gab.

Der Schwendbau machte längerfristig periodische Dorfverlegungen notwendig, z.B. dann, wenn die Böden um die Dörfer abgeschwendet waren und brach lagen. Aus dem Dorfwechsel wurde in den Augen der Kolonialverwaltung "Nomadismus", und da Nomaden sich gern allfälliger Steuerzahlung entziehen und auch sonst sicherheitshalber eine wie auch immer wohlmeinende Herrschaft meiden, mußten sie fest angesiedelt werden. Dafür wurden Kredite, Zugvieh, technisches know-how und geeignete Ländereien, z.B. in Schwemmlandebenen zur Verfügung gestellt. Einmal um- und angesiedelt, wurden sie in eine territorial aufgebaute Steuerveranlagung integriert (Mey 1980:1287 ff.).

Noch während des Prozesses der Befriedung der wilden Heiden kamen die Missionare. Sie taten ihr Mögliches, und das war viel, den Wilden zu versichern, daß der Gott der Engländer sie liebe, sie müßten es denn nur glauben. Viele taten es und fanden, alle ihre alten Sitten und Gebräuche, ihre Überlieferungen und Visionen seien Unfug und ein Werk des Teufels gewesen. Nachdem die Missionare ihnen fast alles verboten hatten, was Spaß macht, sollten sie auch noch das Rauchen aufgeben. Doch da bissen die hartleibigen Fundamentalisten aus presbyterianischen und baptistischen Kreisen auf Granit und das Christentum wurde zur Disposition gestellt. Raucherlaubnis gegen Glaube. Die Missionare, die gerettete Seelen nach Hause zu melden hatten, gaben ganz schnell nach und Gottes Friede kehrte in die stillen und lauschigen Hügel ein. Nur die Buddhisten unter den Bergvölkern sahen keine Notwendigkeit, an fremde Paradiese zu glauben und blieben, was sie waren: heitere und arbeitsame Wanderer auf dem Weg zu Nirvana.

Nun endlich waren aus den wilden Bergvölkern Hinterindiens brauchbare "subjects" ihrer Majestät geworden. Sie waren fest angesiedelt, sie zahlten Steuern, sie ver-schwendeten keine Ressourcen mehr, sie hatten Häuptlinge, denen sie untertan waren, sie hatten nun richtige Stammesnamen, manchen glaubten an den richtigen Gott und einige begannen sogar, Englisch zu lernen.

In gewisser Weise waren sie nun die farbenfrohen Gegenüber der Bengalen im Osten Indiens geworden, doch zugleich war damit eine prekäre Dichotomie produziert: Da waren die Bengalen als demographische Mehrheit mit ihrer komplexen Hochkultur und allen diese konstituierenden Institutionen, auf der anderen Seite waren die Bergvölker als ethnische Minderheiten mit ihren "einfachen" Kulturen, farbig und exotisch, doch eben etwas einfach und, wie es heute heißt, "innocent", also unschuldig, naiv, einfach.

Die Unabhängigkeit des indischen Subkontinents wurde angekündigt, und viele Gruppen und Grüppchen versuchten, ihre Schäfchen ins Trockne zu bringen. Die "Chiefs" der Bergvölker hatten ihre Lektionen gelernt, sie versuchten, als "Rajas", also als Souveräne, ihre kleinen Distrikte zu unabhängigen Staaten zu machen (Mey 1980:138f). Die indigene Intelligenz, in der Regel moderat, aber zuweilen auch rabiat gegen die "traditionellen" "Chiefs" eingestellt, versuchten, durch Gründung von Wohlfahrtsverbänden und kulturellen Clubs parteiähnliche Strukturen zu entwickeln. Diese sollten sich später zu Parteien entwickeln und auf diese Weise demokratische Strukturen vorbereiten.

In dieser Zeit wurden höchst verwickelte politisches Tendenzen entwickelt: Manche der hinterindischen Völker sahen keine Notwendigkeit, in der indischen Union zu verbleiben und forderten die Unabhängigkeit; diese Option war ihnen auch expressis verbis zugesichert wurden. In den CHT im damaligen Ostbengalen, später Ost-Pakistan, später Bangladesh, optierten die buddhistisch-hinduistisch-christlichen Bergvölker für einen Anschluß an die Indische Union.

Die Naga im nordöstlichsten Zipfel Indiens nahmen nach mehrfach gescheiterten Versuchen, größere Unabhängigkeit in Assam zu erlangen, den bewaffneten Kampf gegen die indische Zentralregierung auf (vgl. IWGIA Document 1986:27 f.). Die Mizo in den Lushai Hills im südlichen Assam folgten bald (Mizoram District Gazetteers 1989:55 ff.).

Tatsächlich war der bergige Osten Indiens während der 50er, 60er und teilweise noch während der 70er Jahre in Guerillakriege verwickelt; die indische Zentralregierung mit ihrer Armee brauchte lange, um zu verstehen, daß diese Kriege nicht zu gewinnen waren. Bewaffnete Intervention als Mittel der Aufstandsbekämpfung wurde dann vom Prinzip der Entwicklungshilfe als Mittel der Aufstandsbekämpfung ersetzt. Nach dem Muster: Ein Stamm, ein Staat wurde z.B. Nagaland als Bundesstaat anerkannt. Andere Völker als die Naga, die auf diesem Territorium leben, wurden nun zu den Minderheiten, die die Naga früher selber waren. Ihre Stimmen gingen in den Stammesstaaten unter. Nach diesem Modell wurden Meghalaya (Sinha 1970: 15) und etwas später Mizoram im Osten Indiens als Staaten in der Indischen Union von der Zentralregierung anerkannt (Mizoram District Gazetteer 1989:2). Die Gurkha versuchten in den 80er Jahren auf dieser Grundlage, mit ihrer Forderung nach "Gurkhaland" ebenfalls einen eigenen Staat zu erkämpfen, scheiterten jedoch mit ihren Forderungen.

In Bangladesh fand hingegen eine völlig andere Entwicklung statt. Die Bergvölker der CHT hatten zwar für den Anschluß an Indien optiert, wurden aber durch die Grenzziehung schließlich, auch entgegen früheren Versprechungen, dem mehrheitlich muslimischen Pakistan zugeschlagen. Es war bereits sehr früh ersichtlich, daß die Existenz von nicht-islamischen ethnischen Minderheiten in einem Land mit einer muslimischen Mehrheit zu Konflikten führen würde. Die Konturen dieser Konflikte zeichneten sich bereits in den 50er Jahren ab: ein Staudammprojekt vertrieb 100 000 Bergbauern, 40 000 von ihnen flohen nach Indien; der Stausee überflutete 40% des besten Ackerlandes in den Bergen. Weitere "Entwicklungsprogramme" beabsichtigten die Abschaffung der Reiskulturen in den Bergen; die Chittagong Hill Tracts sollten zum Obstgarten von Ostpakistan und später Bangladesh werden. Diese und weitere Projekte scheiterten zwar an der Inkompetenz der

Experten, doch sie machten zugleich den Bergvölkern klar, was die Zukunft für sie bereithielt. Sie sollte schlimmer werden, als man sich vorstellen konnte. Ab 1979 wurden etwa 400 000 Bengalen in die Berge eingesiedelt. In dieser Zeit wurden die CHT in ein Militärlager verwandelt, das Militär sicherte durch Folgen von Massakern an der Bergbevölkerung die Einsiedelung militärisch ab. Etwa 70 000 Angehörige der Bergvölker flohen in das benachbarte Mizoram und Tripura, also nach Indien. Die immer noch anhaltenden Menschenrechtsverletzungen beschäftigen Menschenrechtsorganisationen und, seltener allerdings, diplomatische Dienste. Dort ist man betroffen, wie es sich gehört. Bereits in den 50er Jahren hatten Angehörige der Bergvölker, in der Regel Lehrer, die Grundlagen für einen langsamen politisch-kulturellen Prozess zur Schaffung bzw. Entwicklung einer gemeinsamen, die Stammesgrenzen übergreifenden Identität gelegt. Dieser Prozess verlief parallel zu ähnlichen Re-Konstruktionen supraethnischer Identitäten im benachbarten Assam und Oberburma. Der Name "Zo-Mi" oder "Mi-Zo", Leute der Berge, sollte gemeinsame historische Schicksale und Zukunftsvisionen der Bergvölker Hinterindiens und Oberburmas ausdrücken. Die ethnischen Gruppen in den Chittagong Hill Tracts wählten die Bezeichnung "Jumma" als analogen Begriff, hier freilich als Verweis auf die allen früherer gemeinsame Wirt-schaftsweise, den jhum, den Schwendbau.

Mit der bengalischen Einsiedelung in die Chittagong Hill Tracts wurde sei-tens der Bergvölker eine eigene politische Partei, die "Vereinigte Volks-partei" und bald danach eine Guerillaorganisation, die "Shanti Bahini", die "Friedenskämpfer" gegründet. Es war das erklärte Ziel dieser Organisatio-nen, die eingesiedelten Bengalen wieder in die Ebene zu vertreiben und demokratische Verhältnisse einzuführen. Langfristiges, aber nie offen ein-gestandenes Ziel war die Erkämpfung der politischen Unabhängigkeit. Es zeichnete sich bald ab, daß diese Konfliktlösung schon allein wegen des militärischen Kräfteverhältnisses ausgeschlossen war. Zwei Jahrzehnte Guerillakrieg, Flucht und Vertreibung haben zwar auf Seiten der zivilen Behörden wie bei der politisch-militärischen Vertretung der Bergvölker die Einsicht wachsen lassen, daß dieser Konflikt nur politisch gelöst werden kann; das Militär, das aus der Besetzung der Chittagong Hill Tracts in viel-fältiger Weise profitiert, optiert naturgemäß für eine militärische Lösung.

In mehreren Verhandlungsrunden wurden die Optionen abgesteckt. Die Vertreter der Bergvölker bestehen auf der Rücksiedelung der 400 000 Bengalen und auf der Schaffung eines autonomen Bergdistriktes mit eigener Verwaltung, dessen Sonderstellung verfassungsmäßig abgesichert werden soll. Die bengalischen Behörden beharren dagegen auf einer einheitlichen Behandlung aller Distrikte; alle Bangladeshis sind Bürger von Bangladesh und haben demzufolge gleiche Rechte. Sonderrechte seien gleichbedeutend mit der "Ethnisierung" der Bergvölker. Gegenwärtig ist nicht anzusehen, was in den Chittagong Hill Tracts das Morden ein Ende nimmt; eins ist allerdings klar: das Militär wird sich nicht ohne zwingende Gründe zurückziehen und die Pfründe verlassen.

Die genannten Beispiele haben gezeigt, wie eine koloniale Geschichte Völker, die jahrhundertelang mit ihren Nachbarn zusammenlebten, zu Stämmen "machte" (Tripura 1992), und wie von den jeweiligen Staatsregierungen unbeantwortete oder auch kriminalisierte Bedürfnisse dieser Bergvölker zu einer Vertiefung der ethnischen Differenzen führte. Auf jeden Fall hat die heterogene Struktur des indischen Staates in ethnischen, ökonomischen und auch in religiösen Begriffen flexiblere Konfliktlösungen ethnisierter Probleme, allerdings immer nach einem vorgegebenen politischen Einheitsmodell, ermöglicht. Die Politik in Bangladesh mit einem ethnisch und religiös wesentlich einheitlicher gestalteten Staatsaufbau reagiert unflexibel und schwerfälliger.

Der Grad der Identitätskonstruktion ethnischer Gruppen ist in Indien wie in Bangladesh zum großen Teil Produkt der Minderheitenpolitik (van Schendel 1992:95 ff.). Durch diese Art von Politik werden ethnische Alltäglichkeiten zu ethnischen Besonderheiten, Unterschiede zu Verschiedenheiten und konstituieren damit unter-schiedliche politische Einheiten, "Stämme" auf der einen Seite und "Staatsvölker" auf der anderen Seite.

Bibliographie

Brauns, Claus-Dieter, Lorenz G. Löffler 1986. Mru. Bergbewohner im Grenzgebiet von Bangladesh. Birkhäuser-Verlag, Basel, Boston, Stuttgart

IWGIA Document 56, 1986, The Naga Nation and its Struggle against Genocide. Kopenhagen

Leach, E-R., 1964, Political Systems of Highland Burma. A Study of Kachin Social Structure. London

Lehmann, F.K., 1980 (reprint), The Structure of Chin Society, Aizawl, Mizoram

Lewin, T.H., 10/7/67 (unveröff. Korrespondenz)

Lewin, T.H., 25/4/1868 (unveröff. Korrespondenz)

Lewin, T.H., 1869. The Hill Tracts of Chittagong and the Dwelllers Therein. Calcutta

Mey, Wolfgang, 1980. Politische Systeme in den Chittagong Hill Tracts, Bangladesh. Bremen, Übersee-Museum

Mizoram District Gazetteers, 1989. Mizoram. Aizawl

Schendel, Willem van, 1992, The Invention of the 'Jummas': State Formation and Ethnicity in Southeastern Bangladesh, in: Modern Asian Studies 26,1

Sinha, Kamaleshwar, 1970, Meghalaya. Triumph of the Tribal Genius, Delhi

Tripura, Prashanta, 1992, The Colonial Foundation of Pahari Identity, in: Journal of Asian Studies, 58

Diana Bonnelame

Interkultureller Dialog als Ausgangspunkt zur friedlichen Streitbeilegung

Interkulturelle Kommunikation findet statt, sobald zwei Menschen mit unterschiedlichen Wertvorstellungen und Weltanschauungen miteinander Kontakt aufnehmen. Wir müssen nach der Basis, nach der Grundlage dieser Kommunikation suchen. Wenn zwei Menschen mit unterschiedlichen Wertvorstellungen und entsprechend unterschiedlichen Erfahrungen miteinander in Kontakt kommen, muß man sich fragen, welche Interessen und welche Motive dahinterstecken. Ideal ist der Fall, bei dem beide Partner sich gegenseitig als gleichwertig anerkennen und die gegenseitigen Bedürfnisse berücksichtigen und respektieren. Aber sehr oft ist dies nicht der Fall. Unwissenheit und mangelnde Erfahrungen miteinander führen zu weiteren Mißverständnissen, die Menschen reden aneinander vorbei, und es entstehen Konflikte. Diese Konflikte können weitestgehend vermieden werden, wenn es nicht um Macht und Herrschaft bei dem einen oder anderen Partner geht. Mit gutem Willen können viele Mißverständnisse aus der Welt geschafft werden. Aber interkulturelle Kommunikation will gelernt werden.

Gerade Konflikte, die durch ein Machtgefälle - zum Beispiel zwischen Nord und Süd, Reich und Arm - entstehen, können durch interkulturelles Lernen abgebaut werden. Die Identitäten der beiden Partner müssen klar sein. Die Menschen müssen befähigt werden, nach einem Ausgleich in dem Herrschaftssystem zu suchen. Es muß sowohl die Frage: "Wer bin ich?" "Wohin will ich?" als auch: "Wer bist Du?" "Wohin willst Du?" beantwortet werden. Es muß die Kluft zwischen: "Wie sehe ich Dich?" und "Wie siehst Du Dich?" reduziert werden.

Dieses Prinzip gilt überall, wo Menschen zusammenleben, unabhängig von den Prinzipien, die die Grundlage des jeweiligen System darstellen. Es ist wichtig zu erkennen, daß die Methoden des interkulturellen Lernens nicht an unterschiedliche Parteien und Gruppen gebunden sind. Man muß nach Universalen suchen, die ihre Gültigkeit überall haben, wo Menschen miteinander in Kontakt kommen.

Es ist selbstverständlich, daß Menschen von ihren Erfahrungen ausgehen und nur die Dinge sehen, die sie schon kennen. Deshalb darf die

Bandbreite dieser Erfahrungen nicht zu schmal sein. Menschen können Erfahrungen sammeln, durch Reisen zum Beispiel, durch Kontakte mit Fremden im eigenen Land, durch Lernen in Seminaren, bei Vorträgen, im Fernsehen oder anderen Medien. Aber der Wille zum Teilen muß immer dabei sein, auch der Wille sich zurückzunehmen, damit der andere zu Wort kommen kann.

Bei interkultureller Kommunikation will man die Grenzen der eigenen Gesellschaft überwinden, um mit Menschen mit anderen Wertvorstellungen zu kommunizieren. Aber erst muß man seinen Standort definieren. Man muß sich fragen: "Wer bin ich? Was will ich? Was kann ich? Wo liegen meine Grenzen?" Weitere Fragen sind: "Was darf ich anderen zumuten? Was kann ich geben?" und "Was darf ich nehmen?"

Welche Rolle spielt die Ethnologie bei der interkulturellen Kommunikation? Die Ethnologie kann durch ihre Feldstudien und durch Kulturvergleich Informationen über das Fremde bringen. Diese Informationen sind deshalb wichtig, weil die Suche nach der eigenen Identität die Suche nach Ähnlichkeiten und Kontrasten veranlaßt. Dort wo man Ähnlichkeiten oder Gemeinsamkeiten gefunden hat, hat man angefangen, den anderen zu verstehen. Erst nachdem man die Ähnlichkeiten festgestellt hat, kann man anfangen, die Kontraste zu verstehen. Nehmen wir das Beispiel "Großfamilie", um über die Abhängigkeit der Generationen voneinander zu reden. In einer afrikanischen Großfamilie ist es jedem klar, daß die Generationen voneinander abhängig sind. Es gibt keine Sozialversicherung oder Rentenversicherung, wie wir sie in einem Land wie der Bundesrepublik kennen. Dafür ist es der älteren Generation bewußt, daß sie abhängig ist von der jungen Generation. Die alten Menschen haben nicht ihre Beiträge an die Versicherungsbürokratie erbracht, sondern sie haben geholfen, die junge Generation zu erziehen, die jungen Menschen zu unterstützen in ihren Bemühungen, selbständig zu werden, damit sie die Bedürfnisse der älteren Generation befriedigen können. Die alte Generation hilft den Kindern, damit diese wiederum in der Lage versetzt werden, für die alten Leute zu arbeiten, während in der Bundesrepublik Altersfürsorge von der Rentenversicherung kommt, einer anonymen bürokratischen Einrichtung, die das Bewußtsein der Abhängigkeit der älteren Generation von der arbeitenden Bevölkerung versperrt. Obwohl in der Tat die

Altersversicherung davon abhängt, was die arbeitende Bevölkerung aufbringen kann.

Wir kommen zu den praktischen Voraussetzungen für Interkulturellen Dialog. Wir gehen davon aus, daß interkulturelle Kommunikation ein ständiges Lernen bedeutet. Ein Lernen nicht durch die Vermittlung von abfragbarem Wissen, sondern ein Lernen, das praktische Erfahrungen voraussetzt. Hier gilt es eine Plattform zu bieten, ein Forum herzustellen, durch das Lernende die Möglichkeit haben, Erfahrungen zu sammeln. Hier muß man das Gemeinsame herausfinden, um die Unterschiede kennen und verstehen zu lernen. Zum Beispiel in 1981 hat das Familienbildungswerk der evangelischen Kirche - dem Wunsch der Mütter entsprechend - eine Veranstaltung angeboten, durch die Mütter mehr über die Dritte Welt erfahren sollten. Die Idee war, afrikanische Mütter und ihre Kinder zusammen mit deutschen Miittern und Kindern eine Woche Ferien verbringen zu lassen.

Ich wurde beauftragt, dieses Seminar mit zu organisieren. Die deutschen Mütter sind daran gewöhnt, wenn sie Kleinkinder unter 3 Jahren haben, an solchen Veranstaltungen nicht teilzunehmen. Ich mußte raten, diese Altersgrenze bei den Afrikanerinnen nicht gelten zu lassen, weil sie daran gewöhnt sind, ihre Kleinkinder überallhin mitzunehmen. Eine Frau hatte sogar ein 8-monatiges Baby dabei. Den deutschen Müttern mußten wir nicht theoretisch erklären, wie Afrikanerinnen mit Kindern umgehen. Sie erlebten während dieser Woche Ferien, daß die Afrikanerinnen unbefangen und gelassen mit ihren Kleinkindern umgehen, ohne sie als eine Belastung anzusehen. Der Bezugspunkt "Kinder und Familie" diente als Grundlage für die Kommunikation. Die Befürchtung der Organisatorinnen, daß das Seminar schwierig werde, erwies sich als gegenstandslos. Auf der Basis "Kinder und Familie" wurde es aber auch leichter, über Unterschiede zu reden. Zum Beispiel wurden die Kinder in die Aufsicht der Kinderbetreuung gegeben, während die Mütter sich miteinander unterhielten. Die Kinderbetreuerin sagte zu ihrer Überraschung, daß die afrikanischen Kinder viel kooperativer waren als die deutschen Kinder. Es ist doch selbstverständlich, daß die afrikanischen Kinder, die überall dabei sein dürfen, Erwachsene nicht stören. Sie sind mit dem Leben mit erwachsenen Menschen vertraut. Auch das mußten wir nicht theoretisch erklären, sondern die Menschen nahmen diese Tatsache wahr durch ihre Erfahrungen. Ein solches Treffen hilft nicht nur zum besseren Kennenlernen der anderen, sondern auch um Vorurteile abzubauen. Zu dieser Veranstaltung kam der Westdeutsche Rundfunk und machte eine Sendung mit uns. Später sagte ein deutscher Junge: "Die Afrikaner haben mir die Möglichkeit gegeben, meine Mutter im Rundfunk zu hören, weil wir Ferien mit ihnen gemacht haben." Diese Begegnung war also erfolgreich. Die Väter wollten nicht mehr nur Chauffeure ihrer Frauen sein. Sie wollten auch mit dabei sein. Die Veranstaltung hat sich ausgedehnt zu einer interkulturellen Familienferienveranstaltung.

Eine andere Plattform für interkulturelles Lernen und interkulturelle Kommunikation ist das gemeinsame Essen und Trinken, sozusagen die Kommunikation über den Bauch. Die Menschen sind neugierig, etwas Fremdes zu probieren. Während man erklärt, wie eine Mahlzeit zubereitet wird, lernt man von den Sitten und Gebräuchen des Fremden und vergleicht diese mit den eigenen. Hier lernt man über die Sinnesorgane und wiederum nicht durch die Vermittlung von abfragbarem Wissen. Diese Erfahrung bleibt auch in der Erinnerung haften.

Interkulturelles Lernen ist mühsam und interkultureller Dialog langwierig, weil es auf die Einzelheiten ankommt. Hier sehe ich eine Chance als Ethnologin, "Action Anthropology" zu betreiben. Das heißt, als Ethnologin habe ich die Möglichkeit, Bevölkerungsgruppen, die mehr über sich selbst erfahren wollen, zu helfen. Moderne Völkerkundler erheben den Anspruch, ihren Forschungsgegenständen etwas Gutes zu tun. Man hilft ihnen, sich ihrer Probleme bewußt zu werden, und versucht, ihnen angemessene Hilfe zur Verfügung zu stellen. Dies aber setzt voraus, daß die Menschen, die den Forschungsgegenstand darstellen, kooperativ sind. Sonst kann die Hilfe nicht den Bedürfnissen der Menschen entsprechen, sondern nur den Vorstellungen des Forschers.

Interkultureller Dialog allein kann nicht der Ausgangspunkt zur Streitbeilegung sein. Es setzt immer voraus daß die Partner den Willen zur Streitbeilegung haben. Es reicht nicht aus, daß Menschen von verschiedenen Kulturen miteinander reden. Die Machtverhältnisse müssen geklärt werden. Die Partner müssen sich darüber einig werden, wer nehmen und wer geben soll. Um einen Streit beilegen zu können, muß man auch Kompromisse machen können.

Viel wichtiger ist, daß interkultureller Dialog schon vor dem Streit steht und gar nicht erst zum Streit kommen läßt. In der Bundesrepublik Deutschland wird bewußt sehr viel getan um die Verständigung zwischen den unterschiedlichen in der BRD vertretenen Kulturen zu fördern. Dabei ist es manchmal leichter eine Verständigung zwischen Deutschen und Türken herzustellen als zwischen Bildungsbürgern und Skinheads. Das liegt daran, daß das Bildungsbürgertum seine Kultur und Wertvorstellungen als tonangebend für ganz Deutschland etabliert hat. Es ist selbstverständlich, daß die anderen sich nach ihm richten. Deshalb ist es wichtig, gerade im Rahmen der Arbeit einer evangelischen Akademie klar zu machen, daß die deutsche Bevölkerung unterschiedliche Sub-Kulturen bildet, wovon das protestantische bürgerliche eine unter vielen darstellt, und das im Falle einer Auseinandersetzung andere Sub-Kulturen eventuell vorherrschen könnten.

Diesen Punkt erwähne ich, weil ich während meiner Forschungsarbeit in den Gemeinden feststellen mußte, daß Pastoren und Jugendleiter sehr viel Schwierigkeit damit hatten, mit Menschen von anderen Kulturen zusammenzuarbeiten, wenn diese Menschen ihren Wertvorstellungen mehr Geltung schaffen wollten. Es herrscht das Motto "Zusammenarbeit ja, aber erst müssen unsere Wertvorstellungen tonangebend sein".

Dieter W. Bricke

Minderheiten zwischen Unterdrückung und Autonomie

Nationalstaat, multikulturelle Gesellschaft, Minderheitenpolitik

Die Vorstellungen der im 19. Jahrhundert ganz Europa erfassenden Nationalstaatsbewegung hat der Schweizer Staatsrechtslehrer J.C. Bluntschli 1885 auf die klassische Formel gebracht: "Jede Nation ein Staat, jeder Staat ein nationales Wesen." Gott sei Dank blieb der bis heute oft mit brutalen Mitteln angestrebte ethnisch homogene Staat zu allen Zeiten nur eine Fiktion. In der Realität herrschen bis heute Mehr- bzw. Vielvölkerstaaten, d.h. Nationalitäten-Staaten vor.

Der moderne Nationalstaat, der sich auf die angelsächsisch-französische Tradition des demokratisch verfaßten Bürgerstaates beruft, hat wenig mit den romantischen Vorstellungen von der Volksnation zu tun, die noch Bluntschlis Denken beeinflußt hat und nationale Identität vorwiegend an den Kriterien ethnischer Abstammung und Tradition sowie sprachlicher Unterschiedlichkeit bewertete.

Der entwickelte Nationalstaat am Ende des 20. Jahrhunderts beruht auf der von der gesamteuropäischen Rechts- und Sittengemeinschaft fortentwickelten modernen Konzeption der offenen demokratischen Republik, die durch Pluralität, Rechtsstaatlichkeit, Kompromißfähigkeit und freiwillige Selbstbeschränkung gekennzeichnet ist.

Es läßt sich allerdings nicht leugnen, daß die unterschiedlichen historischen und kulturellen Entwicklungen in Europa auch zu unterschiedlichen Reifezuständen der politischen Perzeption von Nationalstaat und Bürgergesellschaft geführt haben. Gerade im örtlichen Mitteleuropa gibt es noch starke gesellschaftliche Kräfte, die der alten romantischen Vorstellung von der Volks- bzw. Kulturnation Herderscher Provenienz verbunden sind. Diese werden immer wieder gerade in Zeiten ökonomischer und politischer Umbrüche von Demagogen für ihre Zwecke aktiviert. Zusammenfassend bleibt jedoch festzustellen, daß Nationen letztlich nur "gedachte politische Ordnungen" bzw. "fiktive Konstrukte" sind und daß in den modernen multikulturellen Gesellschaften jeder einzelne Bürger komplexe Identitäten ausprägt.

Mit der Entwicklung der Territorialstaaten entstand seit dem späten Mittelalter auch der Begriff der Minderheiten. Zuerst nur als religiös Andersdenkende begriffen, verstand man schließlich alle Angehörigen abweichender ethnischer Gruppen als "Andere" und nicht selten als Feinde.

Inzwischen haben die leidvollen Erfahrungen des 19. und 20. Jahrhunderts gezeigt, daß sowohl die Sicherung der individuellen Menschenrechte als auch der Stabilität zwischenstaatlicher Beziehungen und damit des Friedens den Minderheitenschutz zu einem besonders wichtigen Anliegen der Völkergemeinschaft machen. Das Ziel moderner Nationalstaaten heute ist es daher nicht mehr, Minderheiten kulturell zu assimilieren oder gar zu vertreiben, sondern sie in den demokratischen Bürgerstaat so zu integrieren, daß sie ihre ethnischen Besonderheiten zum Nutzen des Ganzen pflegen und bewahren können. Eine gedeihliche Integration ethnischer Subkulturen ist nach übereinstimmender Auffassung der Politikwissenschaften nur möglich, wenn Rechtstaatlichkeit herrscht und auf dieser Grundlage reziproke Loyalitäten zwischen Mehr- und Minderheiten sich entwickeln können. Die Grundforderung moderner Minderheitenpolitik ist so nicht die ethnische wohl aber die politische Assimilierung aller Staatsangehörigen auf der Grundlage der demokratischen Bürgerrechte.

Die o.g. menschenrechtlichen und sicherheitspolitischen Zielsetzungen des modernen Nationalstaates sind nicht einfach herzustellen, da sie durch immanente Widersprüche geprägt sind. So gibt es z.B. die Autonomie zwischen den territorialen Integritätsbedürfnissen der Staaten und der Sicherung der Minderheiten-Rechte.

Die Staatengemeinschaft hat daher in einem mühsamen Prozeß, der sich vom Nürnberger Religionsfrieden (1555) über die Beschlüsse des Wiener Kongresses (1815), die Minderheitenschutzverträge der Völkerbundszeit (1919 - 1926) bis hin zu den KSZE Normen und der Minderheitenschutz-Deklaration der Vereinten Nationen (1992) und der Rahmenkonvention des Europarates (1994) hinzog, ein System völkerrechtlicher Minderheiten-Schutzbestimmungen entwickelt. Als Staatenverpflichtungen zugunsten von Minderheiten sind heute völkerrechtlich anerkannt: Schutz vor Diskriminierung, Förderung der Pflege eigener Kultur und Sprache, freier Zugang zu Informationen, freie Teilnahme am öffentlichen Leben und ungehinderte Kontakte mit Angehörigen derselben ethnischen Gruppe auch jenseits der Staatsgrenzen.

Viele Einzelfragen sind allerdings noch ungelöst, so fehlt es an einer einheitlichen Minderheitendefinition, an der individuellen Einklagbarkeit von Minderheitenrechten. Nicht zuletzt ist die Frage offen, wie Gruppenrechte, insbesondere das in der UN-Charta niedergelegte Selbstbestimmungsrecht der Völker, das von Minderheiten-Vertretern in kritischen Situationen als Sezessionsrecht interpretiert wird, in ein angemessenes Verhältnis zum Recht der Mehrheit gebracht werden können, die territoriale Integrität ihres Staates zu wahren. Politisch wünschenswert, aber in den meisten Staaten noch nicht verbürgt, ist die Verankerung von Minderheitenrechten in Staatsverfassungen oder Spezialgesetzen, die Einrichtung von Minderheiten-Beratungsgremien für die Staatsführungen, die Erarbeitung von Verhaltens-Kodices für die Medien und die Gewährung funktionaler (statt territorialer) Autonomie. Innerstaatlich bedarf eine Weiterentwicklung des Minderheitenschutzes insbesondere der Mitwirkung der Gesellschaft bzw. engagierter Nicht-Regierungs-Organisationen. International bedarf sie der gemeinsamen Entwicklung eines Netzes von bilateralen Verträgen und multilateralen Konventionen auf der Ebene der Vereinten Nationen und Regionalorganisationen wie OSZE, ER und EU. Beim Aufbau dieses Systems zur internationalen Zivilisierung globaler Interessenpluralität dürfen letztlich auch die transnationalen Unternehmungen der Wirtschaft nicht ausgespart werden.

Es wird in Zukunft darauf ankommen, minderheitenpolitische Schutzziele unter Berücksichtigung der Tatsache anzustreben, daß es, z.B. im östlichen Mitteleuropa, unterschiedliche historisch-kulturelle Entwicklungszustände der Gesellschaften gibt, die eine Differenzierung politischer Maßnahmen bei gleichzeitiger Sicherung völkerrechtlicher Symmetrie erforderlich machen. Gemeinsames Ziel bleibt es, im Interesse der Menschenrechte und der Stabilität zwischenstaatlicher Beziehungen rechtzeitig die Entwicklung sog. "emotionaler Eskalationsspiralen" zu verhindern. Diese führen bei ökonomischer und kultureller Verunsicherung über Angst und Neid zu Fremdenhaß und damit schließlich zu Kompromißunfähigkeit und Gewaltlösungen. Sie werden nicht selten von ethnischen Ausbeutern für ihre politischen Sonderziele genutzt; ein Phänomen, auf das die Staatengemeinschaft im Rahmen präventiver Diplomatie stärker als bisher ihr Augenmerk richten muß.

Christian P. Scherrer

Gruppenkonflikte als Krisenherde und ihre Wurzeln
Soziokulturelle und politische Ursachen ethno-nationaler Konflikte

In der letzten Dekade (1985-11/94) fanden weltweit 101 Kriege statt. Das Ergebnis der Buchführung über den Krieg und einer analytischen Auszählung nach Konflikttypen und Typenkompositionen ist ernüchternd.[1] Die Aufteilung nach Weltregionen, Anzahl und Charakter der Kriege zeigt: 13% der Gewaltkonflikte entfallen auf Europa, 14 % auf Lateinamerika, 30 % auf Afrika und 43 % auf Asien (insgesamt 15 % auf Südostasien).[2]

In Rwanda fand von April bis Mitte Juli 1994 ein angekündigter und zentralstaatlich geplanter Völkermord statt. Mehr als eine Million Menschen kam innert hundert Tagen zu Tode. Genozide und Massaker finden auch in anderen Weltregionen und Staaten statt.

Die 90er Jahre sahen eine weitere Welle des Zerfalls von Staaten und eine substantielle Vermehrung der Anzahl der Staaten. Die Liste der noch entstehenden Staaten ist lang. Ob damit die zugrundeliegenden Probleme gelöst werden, mag bezweifelt werden. Die Frage, was zu tun ist, kann nicht allgemein beantwortet werden. Einerseits haben sich bestimmte Formen der Konfliktprävention bewährt, andererseits reichen solche Regelungsmechanismen oft nicht aus. Heute muß auch über Sezessionsregime nachgedacht werden.

Teil I: Ethno-Nationalismus, Kriege und Völkermord

Der Ethno-Nationalismus als Herausforderung unserer Zeit: Eine aktuelle Bestandsaufnahme

Der weitaus häufigste dominante Kriegstypus[3] ist der ethno-nationalistische (44 %), gefolgt von den Typen Anti-Regime-Kriege

---

[1] Untersuchungen zu ethnischen Konflikten wurden seit 1989 im Rahmen des ECOR-Projekts betrieben.

[2] Scherrer, C.P.: Ethno-Nationalismus als globales Phänomen. INEF-Report 6. Duisburg 3/94, 68-74.

[3] Zur ECOR-Zusammenstellung der Kriegstypen und ihrer Komposition: In der Auszählung nach Typenkomposition wurde, um die Mehrfachzählung eines Krieges auszuschließen, die jeweils letzte Kriegsphase berücksichtigt. Die Auszählung nach sechs Kriegstypen (A-F) weist nebst der dominanten Zuweisung auch die

64

(21 %), (inter-) ethnisch-tribalistische (15 %), zwischenstaatliche (11 %), Dekolonisierungskriege (5 %) und Bandenkriege (4 %). Alle Kriege mit dominant ethnischem Charakter (Typen B, D, E) machen zusammen fast zwei Drittel (64 %) aller gegenwärtigen Kriege aus.

Zur Beschreibung des heterogen-dynamischen Charakters der gegenwärtigen Kriege dient die Anzahl der Nennungen pro Kriegstyp. Neben dem dominanten Typus ist auch die sekundäre bzw. tertiäre Zuweisung relevant. Bei den heutigen Kriegen ist die ethno-nationalistische Komponente (29,3 %) und die Anti-Regime-Komponente (32,5 %) am häufigsten.

Signifikanterweise dominiert aber der ethno-nationalistische Charakter mehr als doppelt so häufig dominiert wie die Anti-Regime-Komponente.

Die global steigende Kriegshäufigkeit hat verschiedene Ursachen. Sie hängt u.a. mit einer signifikant erhöhten Kriegsdauer zusammen. Daran sind wiederum die ethno-nationalen Kriege als "nachhaltige", lang andauernde Konflikte (*protracted conflicts*) maßgeblich beteiligt.[4] Das Ende des Kalten Krieges hat diese Tendenz noch verstärkt. Je nach Quelle bestätigen Kriegsregister, daß etwa zwei Drittel aller Kriege die Charakteristika ethno-nationaler Konflikte zeigen bzw. daß bis zu drei Viertel aller Kriege ethnisch interpretierbar sind:

Das Register der kriegerischen Konflikte von 1985 bis 9/1992 der AKUF listet 68 Kriege auf.[5] Die Einteilung geht von vier Kriegstypen aus,

---

sekundäre und tertiäre aus.
Die sechs Kriegstypen: Anti-Regime-Krieg (A); ethno-nationalistischer Krieg (B); zwischenstaatlicher Krieg (C); Dekolonisationskrieg (D); (inter-) ethnischer Krieg (E); Bandenkrieg (F). Mischtypen sind z.B. AB, BA, BC, CB, AC, CA, AE, EA, ABC, BAC, etc.; zuerst genannte Typen in einem Zeitraum sind dominant, mit abnehmendem Einfluß (sekundäre und tertiäre Zuweisung). Berücksichtigt werden Fremdbeteiligung (unmittelbare Kampfbeteiligung einer dritten, ausländischen Macht), Kriegsphasen (Schrägstriche zwischen Typen und/oder Jahreszahlen verweist auf Kriegsphasen bzw. paradigmatische Wechsel) und Zeitraum. [Ethnic Conflicts Research Project (ECOR), Brachterhof 38, NL-5932 XM Tegelen (Fax 0031 77 740 290).]

[4]In einem Artikel über die Erfolgsaussichten von Vermittlungsbemühungen (22% von 284 Kriegen und Krisen) stellten Bercovich et al 1991 fest, daß je länger ein Konflikt andauere, desto geringer die Zugänglichkeit für Vermittlungsbemühungen sei. Vgl. auch: Debiel, Tobias (INEF): Kriege. In: SEF: Globale Trends 93/94. Daten zur Weltentwicklung. Ffm (Fischer) 1993. 177-197

[5]Gantzel, K.J. et al (AKUF): Kriege der Welt. Ein systematisches Register der kriegerischen Konflikte 1985 bis 1992. Bonn (SEF-Interdependenz Nr. 13) 1992.

vermeidet jedoch die Kategorie der ethnischen Konflikte.[6] An dieser Einteilung hält auch die neue Bestandsaufnahme zum Kriegsgeschehen 1993 fest.[7] Eine Sichtung des Registers von 1992 ergibt, daß 40 der 68 Kriege ethno-nationalistische Komponenten enthalten,[8] zuzüglich 7 von 10 weiteren bloß erwähnten Konflikten.[9]

* Eine Überprüfung der AKUF-Daten ergab somit **62,2 % dominant ethnische Konflikte**, nach Berücksichtigung von 3 weiteren Kriegen (Kriegsparteien in registrierten Kriegen) und einem laufenden Krieg.[10]

* Über drei Viertel aller Konflikte die staatliche Agenturen involvieren, 86 von 108 im Jahre 1987 laufenden Kriegen, haben nach Nietschmann eine ethnische Dimension.[11]

---

[6]A = Anti-Regime-Kriege; B = *sonstige* innerstaatliche Kriege, "meistens ... solche Kriege, in denen eine ethnisch-kulturelle Minderheit ... kämpft" (Gantzel/AKUF 1992, 6); C = zwischenstaatliche Kriege; D = Dekolonisationskriege. Einbezogen wird die Frage der Fremdbeteiligung.

[7]Gantzel, Klaus Jürgen / Schlichte, Klaus (Eds.): Das Kriegsgeschehen 1993. Daten und Tendenzen der Kriege und bewaffneten Konflikte im Jahre 1993. Bonn 5/1994 (SEF-Interdependenz Nr. 16), 7 und 13ff.

[8]Eine Sichtung des AKUF-Registers von 1992 ergibt 10 Anti-Regimekriege mit Fremdbeteiligung, davon 7 Mischtypen; 20 Anti-Regimekriege ohne Fremdbeteiligung, davon 5 Mischtypen; 3 ethnische Konflikte mit Fremdbeteiligung (Moldawien, Westsahara Phase 2, Laos/Hmong); 27 ethnische Konflikte ohne Fremdbeteiligung, davon 5 Mischtypen (Jugoslawien, Sudan, Tigray, Irak/Kurden, Sri Lanka); 9 zwischenstaatliche Kriege und zwei Dekolonisationskriege (Angola Phase 1, Westsahara, Phase 1).

[9]Nicht berücksichtigt wurden weitere Konfliktparteien in einigen der registrierten Konflikte, sowie mindestens 12 weitere bewaffnete Konflikte, wovon 10 erwähnt werden (Gantzel/AKUF 1992, 57). Von diesen zehn Kriegen sind zwei religiös-ideologische (Ägypten und Algerien), einer ein politischer Anti-Regime-Krieg (Naxaliten/Bihar) und sieben weitere haben ethnischen Charakter. Insgesamt fallen damit nach den Angaben der AKUF 47 von 78 Kriegen in die Kategorie ethnischer Konflikte (60,25 %).

[10]Nicht berücksichtigt wurden mindestens vier weitere Kriege: derjenige der Miskitu-Guerilla (YATAMA) in Ost-Nicaragua bis 1987 (bzw. 1990), die Reduktion der drei verschiedenen Kriege Burmas (NDF-Koalition der zehn ethnischen Widerstandsarmeen vs. Burma; bis 1989: CPB vs. Burma; Drogenbarone, *Warlords* (MTA) und ex-CPB-Gruppen untereinander und gegen die Armee) sowie der Krieg (später zwei) im russischen Nordkaukasus. Fazit: 51 ethnische Kriege von 82 Kriegen (1985-1992), d.h. 62,2 %.

[11]Nietschmann, Bernard: Militarization and indigenous peoples. In: Cultural Survival Quarterly 11, 3. Cambridge MA. 1987. 1-16, 7.

Ethno-nationale Konflikte sind sowohl Produkte wie Ursachen der Instabilität von Staaten. Die allgemeine Konfliktlage und die äußeren Rahmenbedingungen könnten sich dabei für viele Staaten weiter verschlechtern, sollten die Megatrends der Peripherisierung der Zweiten Welt und der Verelendung der Dritten Welt anhalten. Neue Staaten haben heute eher schlechtere Startbedingungen als in der Zeit der Dekolonisation (in den 60er Jahren).

Im Zusammenhang mit der zur Zeit zu beobachtenden Vermehrung der Staaten muß betont werden, daß viele konfliktverursachende Probleme ungelöst bleiben. Die Deutung des Charakters neuer Staatsgebilde insgesamt als einer von sogenannten *Ethno-Staaten* ist willkürlich und in vielen Fällen nachweisbar falsch.[12]

Destruktive Formen der Interaktion zwischen Staaten und Nationalitäten

Destruktive Formen inter-ethnischer Beziehungen in der Form von Staat/Nationen-Interaktionen zielen auf verschiedene Bereiche und sind Ausdruck unterschiedlicher Herrschaftsstrategien. Sie vergiften das politische Klima nachhaltig, erschweren oder verunmöglichen die Koexistenz verschiedener ethnischer Gruppen und schränken die Konfliktlösungsmöglichkeiten ein. Destruktive Interaktionsformen wirken sich häufig als direkte Gründe der Konflikteskalation (als *trigger*, Konfliktbeschleuniger und -verschärfer) aus und sind bei jeder ursächlichen Erklärung von Konflikten zu berücksichtigen. In anderen Fällen wirken sie sich aber nur mittelbar und in indirekter Art aus, oft nach Jahrzehnten vermeintlicher Ruhe.

Von 120 Kriegen insgesamt können nur 108 mit dem AKUF-Material verglichen werden, da sie tribalistische und andere Konflikte ohne Staatsbeteiligung betreffen; von den 108 sind 4 zwischenstaatlich, 18 Aufstands- oder Anti-Regimekriege und 86 ethnischer Natur; davon 77 zwischen einer Minderheit und dem Staat, 5 zwischen einer Minderheitenkoalition und dem Staat und 4 Okkupationen mit dem Charakter von Ethnokriegen. Von allen Kriegen, die einen oder mehrere Staaten involvieren waren nach Nietschmann 75,9% innerstaatliche ethnische Konflikte (82 von 108).

[12]Wer ethnische Entitäten aber als *ursprüngliche* definiert und deren *Traditionalität* dann der *Modernität* der neuen Staaten schematisch entgegensetzt, gerät in Versuchung, die gegenwärtige Vermehrung der Staaten als Schaffung von *Ethno-Staaten* zu deuten.

Am häufigsten sind Formen forcierter **Assimilation** unterlegener Gruppen durch die dominante Gruppe und die offizielle Kultur, oft in Kombination mit der territorialen **Invasion** von Minderheitengebieten durch staatliche Repressionskräfte und planmäßiger Besiedelung.

Die Formen und Umstände von massenhaftem **Bevölkerungstransfer** sind vielfältig; gemeinsam ist ihnen, daß Transfers meist staatlich organisiert sind und ohne das freie Einverständnis und die informierte Zustimmung entweder der Umsiedler oder derjenigen, deren Territorium besiedelt wird. Die indigene Bevölkerung wehrt sich oft bewaffnet. Staatlicherseits geduldete bzw. organisierte Besiedlungen von Minderheitengebieten oder gezielte Besiedlung aufständischer Gebiete durch **Umsiedlung** der dominanten ethnischen Gruppe(n) betrieben u.a. die Sowjetunion im Baltikum seit 1945, China in Tibet und Ost-Turkestan seit den 50er Jahren, Indonesien mit seiner Politik der Transmigration in West Papua, auf den Molukken und in Acheh, Bangla Desh in den Chittagong Hill Tracts ab 1979, Äthiopien unter Mengistu in Oromia, im Gambella Tiefland und im Zwischenseengebiet (bis 1990), Irak und Iran in Kurdistan.[13]

Getreu nach Machiavelli, wonach das Senden von Immigranten die effektivste und kostengünstigste Art der Kolonisierung sei, verschickte z.B. das Suharto-Militärregime bisher 7.5 Millionen Javaner zur Besiedlung der "fruchtbarsten und strategischen Teile Indonesiens"; in Lampung, Süd-Sumatra, sind bereits 80% der Bevölkerung nicht-indigen.[14] Neben staatlich organisierter Kolonisierung aufständischer Gebiete, zwecks Unterwerfung durch massive demographische Veränderungen, werden Menschen auch aus anderen Gründen aus ihren Wohn- und Siedlungsgebieten gerissen:

---

[13]Goldberg, David / UNPO: Human rights dimensions of population transfer. The Hague 1/92 (Hamrayeve/Hajiyev: East Turkestan; L. Rashid: Kurdistan, 20-21; L. Gyari: Tibet 22-23.
Scherrer, C.P.: Colonization of West-Papua. Interview with Victor Kasiepo, OPM. Geneva 1990
UN-CHR: Human rights dimensions of population transfer, including the implantation of settlers and settlements (E/Cn.4/Sub.2/1990/17). Geneva 1990

Report of the Chittagong Hill Tracts Commission: "Life is not ours". Land and Human Rights in the CHT-Bangladesh. Copenhagen (IWGIA) 5/91. 59, 63-75.

* Bevölkerungstransfers zwecks Beeinflussung des Resultats von Referenden über den künftigen Status eines Gebiets (wie die Umsiedlung von Marokkanern in die Westsahara Ende der 80er Jahre),

* der Abtransport einer Bevölkerung zwecks Nutzung ihres Siedlungsgebiets für nukleare Tests (der USA und Frankreichs im Pazifik), für Dammbauten (im Narmadatal in Indien) oder für andere Großprojekte,

* die Umsiedlung ganzer Nationalitäten nach oder während Kriegen oder anderen Konflikten zwecks "Bestrafung" (wie die Stalinschen Deportationen von 20 Nationalitäten nach dem Zweiten Weltkrieg),[15]

* die Besiedlung zwecks "Entwicklung" oder "Zivilisierung" angeblich rückständiger Gebiete bzw. Völker, usw.

Die **Majorisierung** ethnischer Gebiete durch Umsiedlungen von Siedlern, mit der Absicht der Kolonisierung von Minderheitengebieten, hat ihr Gegenstück in der Zwangsausweisung[16] von staatlicherseits als Minderheiten definierten Nationalitäten aus ihren traditionellen Siedlungsgebieten und in der gezielten **Vertreibung** aus rassischen und

---

[14]Tengku Hasan di Tiro: Acheh; in: Goldberg/UNPO 1992, 13-14

[15]Polizeimethoden in der Nationalitätenpolitik resultierten in Zwangsumsiedlungen ganzer Nationalitäten unter dem stalinistischen Regime, die bis heute die Ursache für politische Spannungen sind. Der Bevölkerungstransfer schloß Angehörige von etwa zwanzig verschiedenen Völkern ein (darunter Sowjet- oder Wolga-Deutsche, Tataren und kaukasische Nationalitäten) und erfolgte unter unsäglichen Bedingungen. Die Deportationen waren mit dem Verlust aller Rechte auf Autonomie und Kulturverwahrung verbunden. Deportationen wurden in den meisten Fällen als sogenannte "Bestrafungsaktionen" willkürlich angeordnet, offiziell wegen angeblicher Kollaboration mit den deutschen Faschisten. Dies widersprach in vielen Fällen der wirklichen Situation.

[16]Historisches Beispiel für "Bevölkerungsaustausch" sind die wechselseitigen Vertreibungen der jeweiligen Minderheiten zwischen Türkei und Griechenland nach dem Ende des Osmanischen Reiches.
Jüngste Fälle betreffen die zunehmenden (gegen die Genfer Konventionen verstoßenden) Ausweisungen von Flüchtlingen und Migranten aus einigen europäischen Staaten. Dabei kam es auch zu einem Fall von "Bevölkerungsaustausch": Der Austausch von rumäniendeutschen Aussiedlern gegen die Rücknahme nach Deutschland geflüchteter rumänischer Roma wurde in einem bilateralen Abkommen festgelegt.

machtpolitischen Gründen.[17] **Ausweisungen** und Vertreibungen erlitten Asiaten in Uganda (1972), Griechen bzw. Türken nach der Invasion Zyperns (1974), westafrikanische "Gastarbeiter" in Ghana (1969) und Nigeria (1987), ethnische Chinesen in der Mongolei (1983). Schwarzafrikaner, die seit Generationen im Süden Mauretaniens lebten, wurden 1989 nach Senegal vertrieben, umgekehrt wurden maurisch-arabische Händler aus Senegal nach Mauretanien ausgewiesen.[18]

Ethnozide als Folge harter ethno-kultureller Diskriminierungen[19] beinhalten in einigen Staaten Kulturverbote bis hin zur Kriminalisierung von alltäglichen Äußerungen nicht-offizieller Kulturen, z.B. des Gebrauchs der kurdischen Sprache in der Türkei oder des *Afaan Oromoo* und anderer nicht-abessinischer Sprachen im kaiserlichen Äthiopien. Angehörige diskriminierter Minderheiten sind in vielen Ländern gezwungen, ihre Herkunft zu verleugnen. Die internationale Gemeinschaft kennt bisher keine Verfahren und Sanktionsmaßnahmen, um solchen systematischen Formen des Ethnozids entgegenzutreten.

Staatlich organisierter Völkermord: Genozide und Demozide

Gezielte Verfolgungen oder gar **Genozide**,[20] der Massenmord begangen durch dominante Gruppen, die sich im Besitz des Staates befinden, an Angehörigen von staatlicherseits als Minderheiten ausgegrenzten Nationalitäten, sind die brutalsten und unmenschlichsten Formen der

---

[17]Vertreibung urbaner Siedler aus für Weiße reservierten Gebieten Südafrikas (bis 1991). Umsiedlungen von Tigrai nach SW-Äthiopien (1984-86), Aussiedlung/Vertreibung von Falaschas nach Israel (bis 5/91)

[18]Mauren sind aus ethno-kultureller Perspektive arabisierte Berber.

[19]Einige Staaten reagieren mit einer Skala weicher Diskriminierungen in der Form strategischer Verbote und Vorschriften, die einer Minderheit den Verbleib im entsprechenden Land schwer machen und letztlich verunmöglichen sollen. Solche Staaten scheuen vor massiver Diskriminierung und Ausweisung zurück, weil sie die Reaktionen der internationalen Gemeinschaft, z.B. auf eine offene Vertreibung, fürchten.

[20]Vgl.: Burger, Julian: Report from the frontier. The state of the world's indigenous peoples. London (Zed Books) 1987, 37-39, 83-84. Ryan, Stephen: Ethnic conflict and international relations. Aldershot (Dartmouth Publ.) 1990, 11-12: Auch: Darcy Ribero 1971: The Americas and civilization. London (Allen). Das Erbe des Kolonialismus führte auch in anderen Teilen der Welt zu Genoziden: in Burma seit 1948, im Sudan seit 1960, durch die Tutsi an den Hutu in Burundi 1972 (1994 durch Hutu-Banden und die Hutu-Armee an den Tutsi in Rwanda), an den Timoresen 1974, im Kambodscha der 70er Jahre, u.a.

Konfliktaustragung. In unserem Jahrhundert starben 151 Millionen Menschen nicht im Krieg sondern durch kaltblütigen staatlichen Massenmord; dies sind fast viermal soviel wie die 38,5 Millionen Kriegstoten (1900-1987).[21]

Demozide, staatlich organisierter Massenmord, an kulturell distinkten Gruppen gehört keineswegs der Vergangenheit an. Beispiele barbarischer Demozide (Genozide und Massenmord):

* Die indianische Bevölkerung Amerikas wurde nach Darcy Ribero von 80 Millionen 1492 auf 3,5 Mio. um 1750 reduziert, eine Politik, die ungebrochen weitergeht: in den 70er Jahren gegen die Aché in Paraguay, in den 80er Jahren unter Rios Montt an Guatemalas indianischer Mehrheit (Quiché, Ixil, u.a.), heute gegen die Yanomami und kleinere Gruppen im brasilianischen Amazonas, u.a..

* Die Genozide an den Armeniern in der Türkei 1914 sowie die Ausrottung und der industrielle Völkermord des deutschen Faschismus am europäischen Judentum 1942-45 sind die jüngsten und infamsten Beispiele von staatlichem Massenmord in Europa.

* In Rwanda fielen im April 1994 innert Tagen über eine halbe Million Menschen (vorwiegend Angehörige der Tutsi) einem staatlich organisierten Massenmord zum Opfer; die UNO schaute untätig zu. Das IKRK rechnete 8/94 mit der unglaublichen Zahl von einer Million Opfern dieses jüngsten Genozids, das hundert Tage (6. April bis 15 Juli 1994) dauerte.

Seit Jahren wurde der Genozidvorwurf gegen einige Drittweltstaaten wiederholt seitens verschiedener internationaler und Menschenrechtsorganisationen erhoben. Nebst Guatemala (bis 1992) betrifft dies Brasilien (v.a. gegen die Yanomami), Burma (heute: Myanmar

---

[21]Vgl.: Rummel, R.J.: Power Genocide and mass murder; in: JoPR 31:1. 1994. 2-3. Der Artikel enthält Auszüge aus dem 1995 erscheinenden Buch zu einem 10-jährigen Forschungsprojekt zu Genozid/Demozid: Ders.: Statistics of Democid. Estimates, sources, and calculation on 20th century genocide and mass murder. New Brunswick NJ 1995 (Transaction), i.E. Auch: Rummel, R.J.: Death by Government: Genocide and mass murder. New Brunswick NJ (Transaction) 1994. Die Zahl der Kriegstoten ist gleich groß wie die der Genozidtoten (38.5 Millionen; Rummel 1994, Tabel 1).

vs. ethnische Minderheiten),[22] Sudan (im schwarzafrikanischen Süden, den Nubabergen und in Darfur),[23] Indonesien (in Acheh, Timor und West-Papua)[24] und Burundi (an der Hutu-Mehrheit, 85 %).[25]

Die drei **tödlichsten Regime** in diesem Jahrhundert, gemessen an der jährlichen Todesrate, haben den barbarischen Versuch zur Vernichtung ihrer Minderheiten zu verantworten:

- Pol Pots Kambodscha (1975-79): 2 Millionen Opfer; Genozid an den chinesischen, muslimischen und vietnamesischen Minderheiten;

- die Türkei der Jungtürken (1909-23): Genozid an den Armeniern 1915-18 mit 1,4 Millionen Opfer und einer Million weiterer Opfern;

- das kroatische Ustascha-Regime (1941-44): Genozid an 650'000 Serben, Juden und Roma;[26]

---

[22]In **Burma** begeht das Militärregime (Ne Win, heute SLORC) nebst Massakern am eigenen Volk (Studentenaufstand 1988) seit 1948 ein schleichendes Genozid gegen die aufständischen Minderheiten in den Gebirgsregionen. (Die neue Staatsbezeichnung Myanmar wird von Burmas Opposition und den mannigfaltigen Minderheiten als chauvinistisch abgelehnt.) Die Verbrecher gegen die Menschlichkeit kommen aus der burmanischen Militärführung.

[23]Eine Politik des Genozids verfolgt die arabisch-islamische Zentralregierung **im Süd- und Westsudan** seit 1960, das Massaker von Juba 1965, in Equatoria 1971-74 und erneut seit 1983 bis heute, Massaker im Stil von El D'ein 1987 (R. Tetzlaff, in Hofmeier/Matthies 1992, 232, 236), Genozide in den Nuba-Bergen und in Darfur, sowie die Vertreibung von 500'000 Flüchtlingen aus Gambella 1991 in die Sümpfe Sudans.

[24]In **Indonesien** begann das Genozid mit dem staatlich organisierten Massenmord an angeblichen Kommunisten und an der chinesischen Minderheit 10/1965-1966 (500'000 Opfer); die Politik des Genozids durch das Militärregime wurde in Acheh und auf den Molukken (50er Jahre), Timor 1974 und in West-Papua in den 80er Jahren fortgesetzt. Die Verbrecher gegen die Menschlichkeit sitzen in der javanisch-dominierten Militärführung.

[25]Das Genozid von 1972-73 durch das Tutsi-Regime an den Hutu in **Burundi** forderte 150'000 wehrlose Opfer; die gesamte Hutu-Intelligenz wurde damals massakriert; es lieferte vielleicht den *Blueprint* für das Genozid in Rwanda 1994 - mit umgekehrten Akteuren. In Burundi kam seit den 70er Jahren mehrmals zu erneuten genozidähnlichen Massakern an der entrechteten Hutu-Mehrheitsbevölkerung (85 %). der erste gewählte Präsident (ein Hutu) wurde 1993 kurze Zeit nach der Wahl ermordet. Die Verbrecher gegen die Menschlichkeit kommen aus der Tutsi-Militärführung.

[26]Rummel 1994b, 4; zur komplexen Geschichte des *Demozides* in Kambodscha vgl.: Rummel 1994

- das islamisch-fundamentalistische NIF-Regime im Sudan (1989-94): Genozid an 1.5 Millionen Nuba, Dinka und anderen Völkern des Südsudan;[27]

- die *akazu*, die innere Elite des Habyarimana-Regimes in Rwanda (April bis Juli 1994): Genozid an einer Million Tutsi und Zehntausenden oppositioneller Hutu.[28]

In Rwanda starben in drei Monaten weit mehr Menschen als in allen Kriegen ex-Jugoslawiens und der UdSSR seit 1989. Die *strukturelle Kriegsuntauglichkeit* hochentwickelter Industriegesellschaften, wie sie Vogt 1990 für Westeuropa aufzeigte, kontrastiert also in aller Schärfe mit der Kriegstauglichkeit und -häufigkeit ethno-nationaler Konfliktlagen in Drittweltländern und mit dem Charakter von ethno-nationalen Kriegen als *protracted wars*. Die wichtigsten Aufgaben ethno-soziologischer Konfliktforschung sind folglich, die Differenz ethnischer Gruppen und ihre Konflikthaftigkeit zu analysieren, die Geschichte und Ursachen der realen Konflikte zu erforschen und die vergessenen Kriege zum Forschungsgegenstand zu machen.

Teil II: Ethno-Nationalismus und Staatszerfall

Die "Völkergemeinschaft", die in Wirklichkeit eine Gemeinschaft der Staaten ist, steht vor einem fundamentalen Dilemma: Sie vermag sich nur von Fall zu Fall zwischen zwei antagonistischen Prinzipien des Selbstbestimmungsrechtes einerseits und der staatlichen Souveränität und territorialen Integrität andererseits zu entscheiden. Eine Abweichung von der bisherigen Praxis, welche in aller Regel das Souveränitätsprinzip den Staaten und nicht den Völkern zuschrieb, war die Aufnahme der Nachfolgestaaten der UdSSR und Jugoslawiens. Dies geschah aber auf der Grundlage der "Unveränderbarkeit" der von Stalin und Tito gezogenen äußerst konfliktträchtigen Verwaltungsgrenzen.

---

[27]Im afrikanisch-christlichen Süd-Sudan (10 Mio.; Sudan: 25 Mio.) starben seit 1959 drei Millionen Menschen, vorwiegend Zivilisten.

[28]Lemarchand 1994, 32. Die Ausführenden waren die Präsidentengarde, die Armee (FAR) und die Todesschwadrone der *Nyumba kumi*, der *Interahamwe* (50'000), die von den Franzosen trainierte von der Präsidentengarde bewaffnete Jugendorganisation der ehemaligen Einheitspartei MNRD, sowie die *Impuza Mugambi* der faschistischen CDR-Partei. Die Hälfte der Bevölkerung Rwandas war tot (1 Mio.) oder auf der Flucht (2.5 Mio.).

Der Widerspruch zwischen der Krise des Staates in der Dritten Welt und der Schaffung neuer Staaten ist nur ein scheinbarer: Die Krise vieler Staaten hat neben ökonomischer Verelendung, Verschuldung und *Mißmanagement* vor allem mit der artifiziellen kolonialen Gründung, der Herrschaft dominanter Ethnien und den daraus resultierenden ethnischen Spannungen zu tun, welche durch die Schaffung neuer Staaten in einigen Fällen behoben oder abgebaut werden konnten. Daraus die Schlußfolgerung zu ziehen, Sezessionen seien prinzipiell eine Art erfolgreicher Konfliktlösung, wäre allerdings verwegen.

Die Ursachen der Instabilität der Staatlichkeit in der Dritten Welt und neuerdings in Teilen der ehemaligen Zweiten Welt sind vielfältiger Natur. Die Krise der Staaten und die *Herausforderung* durch den Ethno-Nationalismus wurzeln in der Geschichte der letzten 500 Jahre und entwickelten regional unterschiedliche Eigendynamiken. Die gegenwärtige Struktur von fast 200 Staatsgebilden für 2'500 bis 6'500 Völker unterschiedlichster Größe[29] entstand in zwei großen Schüben ab den 50er Jahren: aus der Umbenennung der alten Kolonien in neue Staaten der Dritten Welt, und Anfangs der 90er Jahre als Zerfallsprodukt der Auflösung des Ostblocks. Diese Staatsstruktur ist in sich instabil. Die Zahl unabhängiger Staaten wird als Folge konfliktueller Prozesse weiter ansteigen - ohne daß dies einige der zugrundeliegenden Probleme löst.

Konfliktträchtigkeit peripherer Staaten

Wichtige Ursachen der Krisen- und Konfliktträchtigkeit peripherer Staaten und einige Wurzeln des Ethno-Nationalismus stehen in einer komplexen Wechselwirkung. Der Ethno-Nationalismus erscheint daher sowohl als Produkt wie auch als Ursache der Formation und instabilen Existenz von Staaten; er steht aber in keinem grundsätzlichen Widerspruch zur Idee der Staatlichkeit, sondern richtet sich gegen ihre jeweilige konkrete Ausgestaltung.

Die **konfliktträchtigsten Ursachen für bewaffnete Gewalt** sind in zwölf Themenbereiche zusammengefaßt. Die erste Hälfte der Nennungen betreffen mehrheitlich unmittelbare, direkte soziokulturelle und politische Ursachen ethno-nationalistischer Gewaltkonflikte:

---

[29]Die Zahlenangabe hängt offenbar davon ab, nach welchen Kriterien gezählt wird.

- ♦ Das gewaltsame Aufoktroyieren der europäischen Idee des Nationalstaates im Gefolge der Kolonialexpansion in Gebieten, in denen es dafür keine Grundlage gab,

- ♦ die Zerstörung der vorkolonialen Vielfalt ordnungspolitischer Räume durch die Mißachtung der Traditionen und durch Aufhebung oder Gleichschaltung endogener politischer Systeme,

- ♦ die willkürliche Kreation der neuen Staaten durch Trennung oder Zwangsinkorporierung von Völkern und ethnischen Entitäten in den Kolonien bzw. die Umsiedlung, Gruppierung und Autonomisierung von Völkern im Rahmen des ethnisierten politischen System der UdSSR,

- ♦ die *Konkurrenz* der Ethnien im Rahmen ausgeklügelter kolonialer Herrschaftstechniken durch die Schaffung und Etablierung einheimischer Eliten in den Kolonien, deren Machtbasis oft ethnisch determiniert war, bzw. die Ethnisierung *strategischer Gruppen*[30], die sich um das gesellschaftliche Surplus streiten,

- ♦ das macht- und wirtschaftspolitische Interesse einzelner Kolonialmächte an einer fragmentierten, kontrollierbaren Peripherie, bis zur Förderung bzw. Duldung des Entstehens post-kolonialer *Ethnokratien* oder (wahlweise) Unterstützung von Sezessionen,

- ♦ die post-koloniale Benachteiligung, Unterdrückung oder gar Verfolgung von minoritären Ethnien (auch von Mehrheiten) durch dominante Ethnien in *neuen* Staaten.

Die zweite Hälfte der Nennungen betreffen eher indirekte sozioökonomische und politische Ursachen von gewaltsamen Konflikten, sowohl der ethnischen wie der Anti-Regime-Kriege:

- ♦ Das Scheitern der meisten sozialistischen und autozentrierten Modernisierungsprojekte der Self-Reliance bzw. der kollektiven Self-Reliance, das sich in der Schwäche regionaler Kooperation und Süd-Süd-Zusammenarbeit manifestiert, ließ als Option nur den Weg der peripherkapitalistischen "Modernisierung" offen, deren Umwälzungen

---

[30]Evers, Hans-Dieter / Schiel, Tilman: Strategische Gruppen. Vergleichende Studien zu Staat, Bürokratie und Klassenbildung. Berlin (Reimer) 1988; v.a. zu Südostasien; ebd. 30f, 48f, 134f; vier Aneignungsarten.

traditionaler Gesellschaften seit der Kolonialzeit zu tiefgreifenden Verwerfungen, sozialer Ungleichheit und politischen Konflikten führten;

♦ die negative Veränderungen der allgemeinen ökonomischen Lage der meisten Drittweltländer durch Zuspitzung der abhängigen Unterentwicklung im Gefolge der Schuldenfalle der 80er Jahre (mit anhaltendem Wertetransfer vom Süden nach Norden);[31]

♦ die ungleichzeitige globale Entwicklung, die kein *Transformationsprozeß* ist, sondern in den meisten Ländern des Südens einen Zustand nachhaltiger Unterentwicklung konsolidiert, charakterisiert durch Globalisierung *von oben* mit Vereinigungs- und Konzentrationsprozessen in künftig drei Zentren einerseits und noch weiter zunehmende Zersplitterung an den Peripherien andererseits,

♦ der Mangel bzw. Zusammenbruch staatlicher Dienstleistungen in vielen Drittweltstaaten, in einigen Fällen bis zur Auflösung traditioneller Staatlichkeit, einerseits, maßlose Privilegierung, Korruption, Mißmanagement und Machtmißbrauch der herrschenden Eliten andererseits,

♦ das Fehlen von Demokratie und Rechtstaatlichkeit sowie die permanente Verletzung elementarer Menschen- und Minderheitenrechte durch eine große Anzahl von Drittwelt-Regimes bzw. durch einige neue Staaten der ehemaligen Zweiten Welt,

♦ die umfassende Legitimationskrise vieler peripherer Staaten, beschleunigt durch staatliche Repression und wirtschaftliche Regression (Massenarmut), resultiert in Hoffnungslosigkeit und verstärkter Gewaltbereitschaft in der Bevölkerung.

Unter diesen negativen Rahmenbedingungen zeigen die direkten Konfliktursachen, unter der Voraussetzung der Politisierung ethnischer Differenz, ihre durchschlagende Wirkung. Ethnisierten Konflikten liegen also häufig andere als ethno-nationale Ursachen im engeren Sinn

---

[31]Nohlen, Dieter / Nuscheler, Franz: "Ende der Dritten Welt?". In: Hanbuch der Dritten Welt (HDW) III, 1, Grundprobleme, Theorien, Strategien. Bonn. 14-30. Auch: Nohlen/Nuscheler 1992, 50-51. "Der Außenhandel erwies sich für die große Mehrheit der Entwicklungsländer nicht als Motor, sondern tatsächlich als Sackgasse für Entwicklung."

zugrunde. Wo dies der Fall ist gewinnt die Mobilisierung entlang ethnischer Linien aufgrund ihrer komplexitätsreduzierenden Wirkung an politischer Virulenz.[32]

Eine substantielle Vermehrung der Zahl souveräner, international anerkannter Staaten und ihre Aufnahme in multi-laterale Institutionen, wie im Fall der baltischen Staaten in die UNO und in die KSZE, betrifft nicht nur Ost- und Südosteuropa sowie Afrika, sondern auch Asien und Ozeanien. Weltweit betrifft diese *Unaufhaltsamkeit* der Staatenvermehrung sowohl Konfliktlagen mit separatistischen wie irredentistischen Anliegen. Einige der neuen Staaten sind als Folge noch andauernder gewaltsamer Konflikte entstanden oder haben diese durch ihr Entstehen ausgelöst.

Die lange Liste der potentiell entstehenden Staaten
Die Liste der potentiell entstehenden Staaten und der bereits *de facto* bestehenden neuen Staaten ist lang (aber weder vollständig noch abschließend):

• In **Afrika** sind dies neben Eritrea (de jure seit 4/93) und Somaliland (de facto seit 1990) zuerst die Westsahara,[33] gefolgt von den künftigen Staaten Südsudan, Darfur, Shaba/Katanga, Oromia (die Hälfte Äthiopiens), Uvimbundu (in Zentral- und Südangola), Ewe- und Tuareg-Land;

---

[32]Müller spricht vom "Regreß auf einfache Deutungsmuster" (Müller 1994, 7) als einer "generellen anthropologischen Gesetzmäßigkeit". Er sieht Ethno-Nationalismus, Tribalismus und Fundamentalismus als eine "sozio-kulturelle Guerilla gegen die Anmaßungen einer wirtschaftsliberalen Weltunordnung". Müller; Hans-Peter (Koord.): Ethnische Dynamik in der außereuropäischen Welt. Zürcher Arbeitspapiere zur Ethnologie 4. Zürich (Argonaut-Verlag) 1994, 13.

[33]Anfang 1991 verabschiedeten Sicherheitsrat und Vollversammlung einen Friedensplan für die Westsahara, der eine Volksabstimmung über die Zukunft des ehemaligen spanischen Kolonie vorsieht. Marokkos König Hassan II blockiert seither das geplante UN-Referendum zur Legitimierung und Legalisierung der Eigenstaatlichkeit. Unter dem Einfluß der Großmächte (USA, FR) duldete die UNO bisher die schamlose Mißachtung ihrer Beschlüße. Statt einer 3'000 Mann starken MINURSO (wie geplant) wurden nur 400 Blauhelme stationiert, die aber von Marokkos Armee neutralisiert wurden. Nach 17 Jahren Krieg verweigert Marokkos Diktator immer noch direkte Verhandlungen mit der Frente Polisario, spielt auf Zeit und bringt unbehindert Massen von marokkanischen Siedlern in die Sahara (zur Vorbereitung des Referendums!).

- in **Asien** sind es Palästina, Kurdestan, Pan-Turkestan, sowie Tuva, Baschkirische Republik, Udmurtia u.a. im asiatischen Teil Rußlands, Pan-Tajikistan (GUS-Tajikistan und Teile von Afghanistan); Paschtunistan, Belutschistan und Sind (in Pakistan/Afghanistan); Punjab, Kashmir und Gorkhaland (im Gebiet der Indischen Union), Tamil Eelam (in Sri Lanka), Nagaland (in Nordostindien und Nordostburma); Kawdoolei (Karen Staat), Kachinland, Kaya, Ramanya und Chin Staat (in Burma, Nordthailand und Südwestchina), Hmong Staat (in diversen Staaten Indochinas), Ainu-Kurilen, Korry (Nord- und Südkorea und Teile Ostchinas) und Tibet;

- in **Asien-Pazifik** sind dies West-Papua (bzw. ein vereinigtes Papua); die Molukken und Timor (heute Teile Indonesiens); Kanaky (heute: *Novelle Caledonie*), Bougainville (heute zu Papua New Guinea, ev. Fusion mit Solomon Islands) und einige weitere insulare Ministaaten;

- in **Europa** hat die Sezession der ehemaligen 7 jugoslawischen und 15 sowjetischen Teilstaaten bereits stattgefunden, weitere Sezessionen oder Irredentas werden voraussichtlich folgen: Bosnien, Pan-Albanien im Balkan; sowie Dagestan, Tschetschenia, Ossetia, Abchasia (de facto seit 1993), Tatarstan (RFR) und Krim (von Ukraine zu Russland), alle in der europäischen GUS;

- in den **Amerikas** könnten sich Quebec, Inuit Alaska, Kalaalit Nunaat (Grönland), eine Tiefland-Indianer Föderation, eine Anden Republik (Ketchua und Aymara Proto-Nation) und der Maya Staat (bisher auf fünf Staaten verteilt) konstituieren bzw. für souverän erklären.

Konsolidierung *moderner* Staatlichkeit oder Staatszerfall?

Während der Trend zu neuer Staatlichkeit anhält kann nur eine niederschmetternde Bilanz aus den durchschnittlich drei bis vier Jahrzehnten der angeblich unabhängigen Existenz der damals *neuen* Staaten gezogen werden. Ob am Versagen des *modernen* Staates letztlich schlechte Regierungen (*bad governance*) schuld sind, ob die nicht wieder herstellbare, mangelhafte bzw. nie vorhandene Legitimität staatlicher Herrschaft ausschlaggebend war oder ob es die Institutionen der postkolonialen Staaten sind, die zur Vermittlung der vorhandenen Konfliktpotentiale nicht ausreichen, wie viele Autoren vermuten, kann nur von Fall zu Fall entschieden werden. Einige der genannten Krisen- und

Konfliktgründe sind systemischer Natur und liegen daher außerhalb des Aktionsradius von Regierungen.

Eine offene Frage scheint mir, ob die in der Regel gewaltsame Durchsetzung des staatlichen Gewaltmonopoles, das viele Autoren als Integrationsleistung (wenn auch konfliktive) oder gar als zivilisatorischen Fortschritt werten, in der Hand einer dominanten ethnischen Minderheit oder einer ethnokratisch-despotischen Elite nicht zum Gegenteil, nämlich zu Desintegration und Barbarei, führt. Der Glaube an die *moderne* Staatlichkeit westlichen Zuschnitts, nach Max Weber durch das legitime Gewaltmonopol charakterisiert, kann bei der Lektüre der Jahresberichte von Menschenrechtsorganisationen schwer erschüttert werden. Angesichts der Realität totalitärer Diktaturen, unfähiger Regime, korrupter Staatsführer und mordender, plündernden Soldaten erweist er sich als abendländischer Irrglaube.

Die behauptete Konsolidierung moderner Staatlichkeit konnte in einer Reihe von Drittweltländern auf der Basis von ökonomischem Erfolg und politischer Vernunft stattfinden. Umgekehrt kam es in anderen *neuen* Staaten - bisher noch in Einzelfällen - bereits zu fortgeschrittenem Staatszerfall und chaotischer Auflösung des Gewaltmonopols.

Teil III: Die Schwierigkeiten mit der Ethnizität

Ethnizität ist im vorliegenden Zusammenhang uneingeschränkt als ein politisches (bzw. "modernes") Konzept zu betrachten. Dieses Konzept der Ethnizität unterscheidet sich grundlegend von einem sozio-biologischen Interpretationsmuster, das zu rassistischen Interpretationen einlädt. Weil ethnische Identität in der Regel in einem konfliktuellen sozio-politischen Zusammenhang und immer in einem inter-ethnischen Bezugsfeld mit seinen verschieden ausgeprägten **ethnischen Hierarchien** steht, ist sie selten eine Frage der "freien Wahl" oder "individueller Entscheidung". Oft genug ist Ausgrenzung durch dominante Gruppen konstitutiv.[34]

---

[34]Extern induzierte hierarchische Verhältnisse haben immer die jeweils spezifische Ausprägung des Ethnischen mitbestimmt. Nur wenige Gebiete der Erde blieben von äußerer Einmischung fast gänzlich verschont. Die Autonomie distinkter indigener Völker wurde in meisten Fällen erst durch die Invasion ihrer Territorien durch koloniale und staatliche Akteure eingeschränkt oder gar aufgehoben. Im Verhältnis der akephal-tribalen Gesellschaften untereinander und/oder zu den Gesellschaften mit zentralistischen Prinzipien unterschiedlicher Art, im Verhältnis

Der grundlegende Begriff der Ethnie ist nicht klar definiert und wird in der Ethnologie in gewissen Grenzen kontrovers aufgefaßt.[35] Die am häufigsten angeführten Nennungen sind gemeinsame Abstammung, gleiche Kultur, Religion, Klasse und Sprache.[36] Davon sind jedoch zwei Nennungen (Klasse, Religion) nicht sinnvoll.[37]

Die Attribute einer ethnischen Gemeinschaft[38] betreffen minimal:

---

des Multiversums kleiner Ethnien an den Rändern großer Zivilisationen der hydraulischen Gesellschaften und im oft verheerenden Zusammenstoß tribaler Gesellschaften, indigener Staatsnationen und großer Zivilisationen mit der europäischen Kolonialexpansion seit 1500 nahmen die Einflüsse auf die ethnische Verfassung nicht-dominanter und autonomer Gesellschaften zu. Käufeler sieht drei Dimensionen der Ausprägung des Ethnischen: Die Stellung der Ethnien gegenüber den "Großen Traditionen" (Redfield), die ethnische Heterogenität oder Homogenität des jeweiligen "kulturellen Großraumes" und die "spezifische Entwicklungssequenz (ausgelöst)...durch die Globalisierung der Moderne". Vgl.: Käufeler, Heinz: Annäherung an das Prädikat "ethnisch"; in: Müller 1994, op.cit., 15-25, 23.

[35]Die Redeweise, daß es so viele Definitionen von *Ethnie* gebe wie es Ethnologen gibt, ist übertrieben, zeigen doch viele Ethnologen ein Desinteresse an einer griffigen Definition. Dies hat mehrere Gründe: Die Vielfalt der von den verschiedenen ethnologischen Schulen angebotenen Zuordnungen ist groß, eine Kombination der eingängigen Verortungen ist aber aufgrund unterschiedlichen Herangehensweisen und Standards kaum möglich; eine zu enge Definition birgt die Gefahr des Mißbrauchs im politischen Feld.

[36]Zu einer eingehenden Begriffsdefinition und zur Analyse des Zusammenhangs vergleiche: Zimmermann, Klaus: Ethnische Identität, in: Ders.: Sprachkontakt, ethnische Identität und Identitäts-beschädigung. Ffm. (Vervuert) 1992, 75-118. Isajiw prüfte 27 Ethnie-Definitionen mit bis zu 12 Merkmalen, in: Isajiw, Wsevolod: Definitions of Ethnicity, in: Bienvenue/Goldstein (eds.): Ethnicity and ethnic relations in Canada. Toronto 1980 (Butterworths).

[37]Die ethnische Form der Vergesellschaftung ist von derjenigen in soziale Klassen zu unterscheiden. Deren Bereiche und Grenzen sind zwar oft deckungsgleich (Klassentrennung entlang ethnischer Linien), können sich aber auch überschneiden (in komplexeren Gesellschaften) oder ausschließen (wie bei egalitären Gesellschaften). **Religion** als Kriterium ist gänzlich abzulehnen, da damit ein Teilbereich der ideologischen Superstruktur gemeint ist, der im Rahmen der Kolonisierung in den meisten Fällen eine Implikation (bzw. ein Resultat der Unterwerfung) bedeutet. Importierte Religionen und synkretistische Varianten sind bei den weltweit zwischen 2'500 und 6'500 Ethnien wahrscheinlich häufiger und/oder dominanter als indigene Religionen.

[38]Die Attribute einer ethnischen Gemeinschaft können nicht als unbestritten gelten: Smith 1991, 21, listet deren sechs auf: eigener Name, Abstammungsmythen, historische Erinnerung, gemeinsame Kultur, *'homeland'* und Solidaritätsgefühl für signifikante Sektoren der Bevölkerung. Barth 1969, 10ff, führte vier Attributgruppen auf, biologische Reproduktion, geteilte kulturelle Werte, gemeinsamer Interaktionsraum, Selbstidentifikation und Unverwechselbarkeit.

1. eine historisch gewachsene oder wiederentdeckte **Gemeinschaft** von Menschen, welche sich größtenteils **selbst reproduziert,**

2. einen einheitlichen eigenen **Namen** hat (der oft nichts anderes als "Mensch" bedeutet),

3. über eine spezifische, andersartige gemeinsame **Kultur,** insbesondere eine eigene **Sprache,** verfügt,

4. ein **kollektives Gedächtnis** oder geschichtliche Erinnerung besitzt, einschließlich seiner Mythen (Gründermythen bzw. Entstehungsmythen gemeinsamer Abstammung),

5. dadurch **Solidarität** unter den Mitglieder erzeugt und Wir-Gefühl vermittelt.

Diese Attribute stellen keine feststehende *Check*-Liste dar, wohl aber eine allgemeine Annäherung an das Problem des Ethnischen, deren einzelne Elemente noch hinterfragt und in jedem konkreten Fall spezifiziert werden sollen. Einige zentrale Elemente, welche über die Zugehörigkeit zu einer ethnisch verfaßten Gruppe bestimmen, wie die Reproduktionsfähigkeit als Gruppe, eine Form gemeinsamer Abstammung (nicht nur faktische sondern auch mythische), gemeinsame kulturelle Konfigurationen und ein sogenanntes *Wir-Gefühl*, welches Gruppensolidarität impliziert, mögen als zu allgemein gesehen werden, um letztendlich präzise empirische Befunde über die ethnische Dimension politischer Vorgänge in einer Konfliktsituation zu ermöglichen. Die nachhaltige Beschädigung zentraler Elemente von außen (oder innen) ruft aber in jedem Einzelfall bestimmte Formen des Widerstandes hervor, die von Rückzug bis zum bewaffneten Aufstand reichen.[39]

---

[39]Die Aufrechterhaltung ethnischer Grenzen - und damit die Abgrenzbarkeit der Ethnien - ist aus verschiedenen Gründen nicht unproblematisch, trotzdem scheinen viele Ethnologen und Soziologen solchermaßen definierte Völker als eine Art "Inseln für sich" (Barth) zu betrachten, die zwecks Beschreibung isoliert, willkürlich aus ihrem sozialen Zusammenhang herausgerissen werden.
Das Überbetonen einzelner Elemente, wie die Zugehörigkeit zu einer gemeinsamen Kultur (insbesondere der Umgang mit einer bestimmten Sprache) oder die soziale Dimension (welche ethnische Gruppen als eine bestimmte Form sozialer Organisation sieht), erscheint Barth problematisch (Barth 1969, op.cit., 11). Nach Barth ist das allgemein als zentral angesehene Attribut einer gemeinsamen Kultur eher Implikation oder Resultat als eine primäre, definitive

Relevant ist auch die Frage nach der Selbst- bzw. Fremd-Identifikation und die innen/außen Perspektive.[40]

Über welche Symbole und in welcher Intensität **ethnische Differenz inszeniert** wird, bzw. innere Kohäsion und Abgrenzung gegen außen geschaffen wird, ist variabel, abhängig von einer Vielzahl von Faktoren wie dem sozialen und politischen Umfeld, der Art und Weise der Interaktion auf drei Ebenen (innerethnisch, interethnisch, gegenüber dem Staat) und dem Grad der eingebildeten oder realen Bedrohung.[41]

Eine Ethnie (bzw. eine ethnische Gruppe) oder ein indigenes Volk sollen (innerhalb des Rahmens sozio-politischer und völkerrechtlich relevanter Kategorisierung) als eine Nationalität verstanden werden,[42] wenn weitere Charakteristika in einem im Einzelfall zu prüfenden nennenswerten Maße erfüllt sind. Die folgenden fünf Charakteristika von Nation(alität)en stellen eine Maximaldefinition dar, d.h. je eindeutiger und zahlreicher die genannten Eigenschaften auf eine bestimmte Nation(alität) zutreffen, desto näher kommt sie einem konstruierten *Idealtypus*. Eine Ethnie kann demnach als Nationalität verstanden werden, wenn sie

1. einen Kommunikations- und **Interaktionsraum** darstellt (d.h. eine Öffentlichkeit konstituiert),

---

Charakteristik einer ethnischen Gruppe. Die Konzentration auf das Soziale wiederum würde die Selbst- und Fremd-Identifikation überbetonen.

[40]Nicht objektive kulturelle Unterschiede (Differenzen *an sich*) sind demnach in vielen Fällen zur Identifikation einer bestimmten Gemeinschaft relevant, sondern jene kulturellen Ausdrucksformen, die von den Mitgliedern einer bestimmten Gemeinschaft selbst als signifikant angesehen werden.

[41]Die Gewichtung verschiedener Embleme verschiebt sich in der Zeit. Welches Emblem aufgegriffen wird, hängt keineswegs von den Interessen ethnischer Eliten ab, wie einzelne Autoren behaupten (Brass 1991). Die Existenz ethnischer Eliten als gegeben vorauszusetzen, ist oftmals schon eine ideologische Annahme. In vielen Fällen (z.B. bei akephalen, egalitären Gesellschaften) bestehen gar keine Eliten. Die Betonung der Eliten führt generell zu einer Vernachlässigung der dynamischen Beziehung von Eliten und Massen.

[42]Eine (strukturalistische) Semanalyse konkurrierender Bezeichnungen (wie Ethnie, Volk, Nationalität, Nation) kann, wie Zimmermann (a.a.O. 1992, 98) feststellt, für die Ethnologie nicht genügen, da sie gesellschaftliche Bewertungen, Adäquanz und politische Machtfaktoren außer acht läßt. Die 6-Punkte-Definition eines indigenen Volkes durch Burger (1987, op.cit. 9) berücksichtigt zwar den Eroberungs- und Dominanzaspekt, macht jedoch im Folgenden (Nomaden, Akephalität, wichtigste Charakteristika nationaler Minderheiten, "*different world-view*") einige unnötige und willkürliche Einschränkungen.

2. über eine mit ihr identifizierbare besondere **Produktions- und Lebensweise** verfügt,

3. eine wie immer geartete **sozio-politische Organisation** entwickelt,

4. ein angebbares Gebiet bzw. ein begrenztes **Territorium** besiedelt, und

5. **unverwechselbar** ist, d.h. ihre Mitglieder sich selbst identifizieren bzw. durch andere als Mitglieder dieser bestimmten Gemeinschaft identifiziert werden (daher eine Gemeinschaft bilden, die nicht mit anderen Gemeinschaften verwechselt werden kann).

Unser Definitionsversuch mit insgesamt zehn Kriterien (5 plus 5) stellt eine Verbindung von etwa je zur Hälfte (inter-) subjektiven und objektiven Merkmalen dar. Die Streitfrage ist bei einigen dieser Nennungen, ob sie als "objektive" bezeichnet werden sollen.[43]

Eine ethno-nationale Gemeinschaft, welche über einige zentrale oder alle dieser Attribute verfügt, entwickelt eine unverwechselbare kollektive Identität; sie könnte das völkerrechtliche **Prinzip der Selbstbestimmung beanspruchen.**[44] Ob die Zugehörigkeit zu einer ethnischen Gemeinschaft politisiert wird und nationale Selbstbestimmung eingefordert wird, hängt von einer Vielzahl von Faktoren ab, die in den folgenden Kapiteln analysiert werden sollen. Das Grundrecht der

---

[43] Dies kann zumindest für die Namengebung, einige kulturelle Aspekte (v.a. für die Sprache), die Assoziation mit einem Territorium als Siedlungs- und Wirtschaftsgebiet (nicht mit einer mythischen Ur-Heimat), die Produktionsweise und den Grad der (zeitgenössischen) **politischen Organisiertheit** geltend gemacht werden. Der Begriff *homeland* (u.a. von Smith verwendet) scheint mir unglücklich, weil er diffus ist und ein mythisches Gebiet benennt, auf das eine ethnische Gruppe Anspruch erheben kann, ohne es zu bewohnen und zu bearbeiten. Das Territorium als objektives Kriterium steht in unserer Definition im engen Zusammenhang mit der Produktions- und Lebensweise einer ethnischen Gruppe. Für Nomaden gelten evidenterweise andere Maßstäbe als für Ackerbauern.

[44] Gemeinschaften, die das Recht auf Selbstbestimmung beanspruchen können, verfügen nach Ibsen über: Ein Territorium als geschlossener Siedlungsraum, gemeinsames Bewußtsein ("we are different"), gemeinsame Sprache und kultureller Hintergrund, gemeinsame Geschichte (eine Form gemeinsamer Abstammung). (Vgl. Referat des Staatsrechtlers Knut Ibsen an einer Tagung der Stiftung Entwiclung und Frieden (SEF) in Bad Godesberg 11/1992 zum Thema "Auf dem Weg zur Weltinnenpolitik")

Selbstbestimmung (Self-Determination) verhält sich in der Praxis jedoch antagonistisch zur *"Unantastbarkeit der Grenzen"* bestehender Staatsgebilde. Das staatliche Territorium entspricht in der Dritten Welt aber nur in seltenen Fällen dem ethnischen. Staatliche, oft mit dem Lineal am grünen Tisch gezogene Grenzen durchschneiden gewachsene ethnische Grenzen.

Die **Politisierung des Ethnischen** (bzw. die Ethnizität) wird oft als eine Voraussetzung für konfliktuelle Prozesse zwischen Staaten und distinkten ethnischen Gruppen gesehen. Aus der Perspektive einer beliebigen ethno-nationalen Gemeinschaft ist diese Politisierung in der Regel nicht Voraussetzung sondern Resultat konfliktueller Prozesse. Die Politisierung des Ethnischen ist eine der möglichen Verlaufsformen makro-sozialer Prozesse, die sich als Reaktion auf Veränderung des sozialen Milieus (keineswegs als Automatismus) entwickeln können.

Diese Form der Politisierung ist also die nicht zwangsläufige Folge von äußeren Eingriffen, die sich entweder im Endeffekt destruktiv auswirken können (wie z.B. das Privilegieren einer bestimmten ethnischen Gruppe durch die Kolonialmacht) oder bereits als äußere Aggression destruktiv strukturiert sind (z.B. im Falle der Invasion eines ethnischen Territoriums zur Ausbeutung von Ressourcen oder im Falle der Vertreibung einer ethno-nationalen Gemeinschaft aus ihrem Gebiet).

Gibt es ethnische Konflikte an sich?

Das Leugnen des ethnischen Faktors scheint unsachlich und wird heute immer schwieriger. Das Umschreiben des Ethno-Nationalismus als Autonomie- oder Sezessionskriege hilft auch nicht weiter. Der Verweis auf wesentliche Konfliktgegenstände, wie schwierige Prozesse der Staatenbildung und auf den Kampf um knappe Ressourcen, genügt für sich genommen nicht.[45] Die Frage der Staatenbildung wirft gleichzeitig und von allem Anfang an die zentrale Frage der Kontrolle über den Staat als *neues* Herrschaftsinstrument.

Die im kolonialen Plan entschiedene Frage nach der staatstragenden Gruppe bzw. nach dem Staatsvolk, zu der es oft verschiedene Optionen gab, entschied über Leben und Tod. Die Fehlentscheidung des *colonial*

---

[45]Gantzel/Schlichte 1994, 13

office über die Zukunft des Südsudans beispielsweise, bei der die Option Eigenstaatlichkeit verworfen wurde und auch die Fusion mit Uganda schließlich der Anbindung an den arabisch-muslimischen Sudan vorgezogen wurde, kostete inzwischen drei Millionen Menschen das Leben. Weit über die häufigen Fälle eindeutig ethnokratischer Herrschaft hinaus wurde und wird die Staatenbildung ethnisiert und kann von ethnischen Kategorien nicht losgelöst werden. Dasselbe gilt für die Ressourcenverteilung, die sehr oft nach ethnischen Kriterien erfolgt.

Ursächliche Kernelemente ethnischer Konflikte sind die Eurozentriertheit bzw. Fremdbestimmtheit der *modernen* Nationalstaatlichkeit und die schwache Integriertheit der postkolonialen Staaten. Die Aneignung des Staates durch eine dominante ethnische Gruppe und die Verwendung des Staatsapparates als Instrument der Durchsetzung ethnischer Dominanz oder partikularer Interessen fordern nach einer unabweisbaren Logik Widerstand heraus, der oft wiederum entlang ethnischer Linien mobilisiert wird. Der *moderne* Staat entpuppte sich in der Dritten Welt selten als "ideeller Gesamtkapitalist", noch seltener als "legitime Ordnung" oder als "konfliktvermittelnde Institution".

Selbst wenn das Phänomen "politisierter Ethnizität" (wohl ein tautologischer Begriff) "nur" ein anderer Ausdruck der Fragmentierung in soziale Gruppen und der institutionellen Schwäche staatlicher politischer Systeme (welche sich unvermittelt gegenüber stehen) wäre, müßte es als solches trotzdem ernst genommen und untersucht werden. Eingehendere Forschungen könnten zeigen, von welcher Bedeutung die ethnische Differenz bei der Fragmentierung großer sozialer Gruppen (wie sozioökonomischer Klassen), abstrakter Kollektive und vorgestellter Gemeinschaften ist. Eigene Forschungen zu einer Reihe von Fallbeispielen haben gezeigt daß ethnische Differenz nicht nur "Ausdruck" sondern vielmehr Ursache konfliktueller Fragmentierungsprozesse sein kann.[46] Nur wer gesellschaftliche Differenzierung ausschließlich oder

---

[46]Vgl. Scherrer, Christian P.: Ethnicity and state in Burma: Ethno-nationalist guerrilla and the last teak forests. In: Caließ / Bächler (Eds.): Ecology and conflict. A global approach. Loccum (Protocols), in prep.
Ders.: Ethno-Nationalismus als globales Phänomen. INEF-Report 6. Duisburg (Univ. Duisburg) 3/94
Ders.: Ethnische Strukturierung und politische Mobilisierung in Äthiopien. In. Müller,

vorwiegend nach einer ökonomischen Skala bemißt, kann die Bedeutung und Schärfe ethnischer bzw. kultureller Differenz unterschätzen.[47]

Ethnische Identität - "Fiktion" und "falscher Schein"?

Von den europäischen Konfliktursachenforschern wurde das Ethnische bisher sträflich vernachlässigt. Um dies zu rechtfertigen, flüchten sich die einen in billige Schutzbehauptungen, wonach es keine wissenschaftlich brauchbare Definition des Ethnischen gebe; andere behaupten, daß dem Begriff des Ethnischen nur "eingeschränkte Erklärungskraft" zukomme. Begründet wird letzteres mit der angeblichen "Fiktion", dem "falschen Schein" und der "vermeintlichen Ursprünglichkeit" ethnischer Identität und ihrer Politisierung im Ethno-Nationalismus.[48]

Gerade dieser behauptete "falsche Schein", d.h. das *Fiktive*, Putative und vermeintlich Primordiale am Ethnischen, trägt wesentlich zu seiner materiellen Gewalt des ethnischen Faktors bei und vergrößert die Schubkraft ethnischer Mobilisierung. Deshalb muß der "falsche Schein" und sein komplexitätsreduzierender Mechanismus wissenschaftlich bis in die Einzelheiten untersucht werden, nicht im Sinne einer *Remythologisierung* der Welt, sondern gegenteilig als

---

H.-P. (Koord.): Ethnische Dynamik in der außereuropäischen Welt. Zürich (Argonaut-Verlag) 5/94, 133-205.

[47] Die These, wonach sich Konfliktparteien häufiger "entlang sprachlicher, konfessioneller und verwandtschaftlicher Bande" formieren, je geringer der "Grad der innergesellschaftlichen Differenzierungen" sei, hat kaum Bestand (vgl.: Gantzel/Schlichte 1994, 14). Konfessionelle bzw. religiöse Konflikte brechen gerade dann aus, wenn sich soziale und ökonomische Ungleichheiten verschärfen. Sprache und Verwandtschaft sind zwar wichtige Attribute des Ethnischen, haben aber isoliert für sich genommen für die Formierung von bewaffneten Konflikten sekundäre Bedeutung.
Die Autoren übersehen zudem, daß sich in der Dritten Welt Gesellschaften nicht entlang der Staatsgrenzen in innen/außen trennen lassen.

Zum Beispiel im Falle der Jumma der Chittagong Hill Tracts, wo die ethnische Differenz zu den eindringenden bengalischen Siedlern unleugbar ist, die brutale Politik des bengalischen Staates (Bangla Desh) dokumentiert ist und massive Umsiedlungsprogramme auf Kosten der indigenen Bergvölker realisiert werden, sprechen Gantzel / Schlichte 1994 nebulös von "anderen Faktoren" und von "ökonomischen Interessengegensätzen".

[48] Trotz der marxistischen Sprache der Autoren verkennen sie die Macht des "falschen Scheins" (a.a.O.). Mit der Trennung in das Klassenbewußtsein an und für sich problematisierte Marx die Differenz zwischen objektiven (Klassen-) Interessen und (kollektiver) inadäquater subjektiver Wahrnehmung.

entmythologisierendes Vorhaben. Wenn von der Scheinhaftigkeit, Abstraktheit und Unappetitlichkeit europäischer Nationalismen (welche Europa zum historischen Hauptkriegsschauplatz machten) extrapolierend und verallgemeinernd jede ethnische Identität schlechthin als "Fiktion" bezeichnet wird, dann sollte dies als eurozentrische Anmaßung und grobes Unverständnis zurückgewiesen werden.

Die Suche nach der *eigentlichen* Ursache

Ein oft gehörter Einwand gegen den Begriff des ethnischen Konfliktes beruht auf der undialektischen Trennung von Form und Inhalt. Danach sei das Ethnische nicht die *eigentliche* Ursache des jeweiligen Konfliktes, sondern "lediglich" die *Form* seiner Erscheinung. Entweder werden politische, ökonomische oder (neuerdings) ökologische Ursachen am Werk gesehen, die als "eigentliche" Ursache den Beteiligten *leider* verborgen blieben, oder ethnische, ethnozentrische Interpretation, die für die Beteiligten relevant ist, wird "versachlicht".[49] Ein anderer Einwand sieht Ethnizität nicht als (falsche) "Ursprünglichkeit", sondern banal als "Resultat eines vorangegangenen Prozesses", also gewissermaßen als Sekundärphänomen. Dies ließe sich gewiß auch auf andere Konfliktursachen bzw. -formen anwenden, entwickelt sich doch jede Konfliktursache als Resultat eines geschichtlichen Prozesses.

Die Frage Resultat oder Implikation sollte zugunsten der Analyse der dominanten Elemente einer Konfliktformation zurückgestellt werden. Fast jeder Konflikt besteht aus einer Komposition verschiedener Ursachenstränge. Die Frage wäre dann, welche Elemente von primärer, sekundärer etc. Dominanz sind, nicht aus der Perspektive des Außenstehenden, des quasi objektiven Beobachters, sondern unter Berücksichtigung der Erfahrungen der Konfliktakteure.

Die Perzeption der Konfliktbeteiligten (nicht die Zurechnung durch die Konfliktforschung) ist letztlich ausschlaggebend. Für den Forscher mag dabei die Analyse der Kriegspropaganda ein Betätigungsfeld sein, im

---

[49]Für Günther Bächler und Kurt Spillmann (ETH, Zürich) ist das Demozid in Rwanda weder ein staatlich geplantes und organisiertes Massaker noch ein ethnischer Konflikt, sondern ein ökologisch "induzierter" Konflikt, der aufgrund der Knappheit des Bodens (eher ein ökonomisches Kriterium) und der hohen Bevölkerungsdichte ausgebrochen sei.

wesentlichen geht es aber um die empirische Tatsachenerkennung vor Ort. Angeblich objektive Konfliktursachen sind von geringer Relevanz solange sie nicht sozial vermittelt und von den Betroffenen als solche wahrgenommen werden.[50] Die Abkoppelung der ursächlichen Erklärung eines Konfliktes vom Bewußtsein der Akteure ist anmaßend und irreführend. Ethnische Konfliktgegenstände und solche, die der ethnozentrischen Interpretation unterliegen (und wir Europäer sind Meister dieser Disziplin), gehen ineinander über und bilden eine komplexe, oft verworrene *Gemengelage*. Ethnizität ist daher notwendigerweise ein "unscharfer Begriff". Wer Ethnizität lediglich als eine Sammelbezeichnung für alle möglichen Zugehörigkeitsvorstellungen bezeichnet, dem wird die spezifisch ethnische Form der Vergesellschaftung ein Geheimnis bleiben.

Teil IV: Was tun?

Angesichts der beklagenswerten Tatsache der Brutalisierung vieler ethno-nationaler Konflikte und der bloßen Aufrechterhaltung von einheitsstaatlichen Strukturen mittels Gewalt sollte Formen der Konfliktbearbeitung weiterentwickelt werden, von Minderheitenrechten bis zur geregelten Sezession.

Das Völker- und Internationale Recht gab bisher dem Existenzrecht bestehender Staaten den Vorzug gegenüber dem Selbstbestimmungsrecht, welches ein Recht auf Sezession beanspruchte.

Verschiedenartige Autonomieforderungen von ethnischen Minderheiten und indigenen bzw. bedrohten Völkern bleiben jedoch unterhalb der Schwelle der Sezession. Solche Regelungsmechanismen reichen von Kulturautonomie (Minderheitenrechte) über regionale Selbstverwaltung bis zur *de-facto*-Eigenstaatlichkeit.

---

[50]Bisweilen sind die Interpretationen der Konfliktforscher extrem partikularistisch (durch das Betonen einzelner isolierter Elemente) und abgehoben (ohne Anbindung an die Perzeption der Konfliktbeteiligten bzw. mit der Behauptung der "Unbewußtheit der wahren Ursachen").

Vorschläge zu einem Sezessionsregime

Über Alternativen in Form "eigentliche(r) Sezessionsregime" nachgedacht haben Ropers und Schlotter (1993, 870). Statt bestehenden Staaten stillschweigend das de-facto Recht auf Gewalt gegen nicht-dominante Minderheiten zuzugestehen, sollten die UNO, die KSZE und andere Regionalorganisationen Verfahrensregeln für legitime Sezessionen vereinbaren.[51] Eine Sezession wäre in drei Fällen gerechtfertigt,

- wenn die Menschenrechte "massiv und dauerhaft verletzt werden", ohne Aussicht auf Veränderung,
- bei groben strukturellen "Asymmetrien im Lebensstandard", welche auf ethnischer Diskriminierung beruhen, oder
- wenn ein Staat von einem anderen annektiert wurde und dies rückgängig gemacht werden soll, also ein Dekolonisierungskonflikt wie in Timor oder Eritrea.

Zu letzterem bestehen im Rahmen des internationalen Systems bereits rechtliche Garantien im Rahmen des Selbstbestimmungsrechtes kolonisierter Völker. Die ersteren Begründungen legitimer Sezessionen, nämlich massive Menschenrechtsverstöße und grobe sozio-ökonomische Asymmetrien, treffen auf die meisten ethno-nationalen Konfliktgebiete in der Dritten Welt zu.

Analog müßte auch ein Anerkennungsregime für neue Staaten entwickelt werden, das ähnliche Bestimmungen wie die oben ausgeführten enthält. Der wirksame Schutz von (neuen) Minderheiten in den neuen Staaten sollte garantiert werden und zur "unabdingbaren Voraussetzung" (Hofmann 1992, 2) bei der Anerkennung neuer Staaten (in Osteuropa und der ex-UdSSR) gemacht werden. Die Außenminister der Europäischen Union beschlossen dies Ende 1991 bezüglich der jugoslawischen Teilrepubliken. In der Praxis blieben die beschlossenen Bedingungen zur Anerkennung staatlicher Eigenständigkeit allerdings ohne Folgen.[52]

---

[51]Ropers, Norbert / Schlotter, Peter. 1993. Minderheitenschutz und Staatszerfall: Normbildungen im KSZE-Prozeß. In: Blätter" 38, Bonn, S. 870

[52]Die EU forderte die Achtung von Rechtsstaatlichkeit, Demokratie und Menschenrechte, sowie Garantien für die Rechte der Minderheiten gemäß den im Rahmen der KSZE eingegangenen Verpflichtungen. Bei der im Eilverfahren auf Betreiben der deutschen Bundesregierung durchgepeitschten Anerkennung von Kroatien und Slowenien, bereits 1/1992 bzw. nur einen Monat später, hatte die

Autonomieregelungen in Europa

UN-Generalsekretär Boutros-Ghali befand anfangs 1993, daß es einfacher und billiger sei, Kriege präventiv zu bearbeiten und zu verhindern anstatt bereits ausgebrochene Feindseligkeiten oder Kriege beenden zu wollen. Diese Einsicht ist auch ein Reflex des Befundes, wonach *"ethnische Gewalt"* keine zweitrangige Bedrohung der Weltordnung mehr ist.[53] In seiner *Agenda für den Frieden* hatte Boutros-Ghali noch etwas zweideutig von einer neuen Bedrohung der Staaten durch die Ethnien gesprochen.[54]

Den Charakteristika unterschiedlicher Gesellschaftstypen entsprechen verschiedenartige Autonomieforderungen bzw. Varianten von Regelungsmechanismen, von Kulturautonomie über regionale Selbstverwaltung bis zu einer *de-facto*-Eigenstaatlichkeit. Der Schutz ethnischer *Minderheiten* durch Autonomieregelungen aller Art begann in Europa erst im 20. Jahrhundert, ausgelöst durch Revolutionen und Umschichtungen im Gefolge der Weltkriege.[55]

Badinter-Kommission zuvor Kroatien einen *Persilschein* ausgestellt (Hofmann 1992, 2, auch Anm. 2). Die Rechte der serbischen Minderheit (600'000 in Kroatien) waren aber keineswegs garantiert. Die UNO mußte Pufferzonen zwischen den Kroaten und der ihrerseits unabhängig erklärten serbischen *"Republik"* Kraina (und in Slawonien) einrichten; die UNO-Blauhelme befinden sich bis heute vor Ort. Der Monate später ausgebrochene Krieg in Bosnien wurde vom US-Außenminister als direkte Folge der übereilten Anerkennung der Sezession Kroatiens eingeschätzt.

[53] Die präventive Kapazität basiere größtenteils auf der zu intensivierenden Forschung und dem Zugang zu Informationen, die es ermöglichen, Konflikte zu antizipieren. Aus diesem Grund solle so bald wie möglich unter der Schirmherrschaft der Universität der Vereinten Nationen (UNU) ein Programm für Konfliktlösungen in ethnisch geteilten Gesellschaften anlaufen. Vgl.: INCORE prospectus, Belfast 1993.

[54] Boutros-Ghali sprach in seiner "Agenda for Peace" (UN-Doc. S/24111, § 11) von "brutalem ethnischen Streit" ("brutal ethnic ... strife"), welcher die Staaten bedrohe. Oft verhält es sich umgekehrt. Der Ausdruck "strife" ist zudem abwertend, von Berufsmilitärs zur Charakterisierung von nicht-professionellen Akteuren gebräuchlich, d.h. ethnische Akteure werden nicht als gleich- oder vollwertige Kriegspartei erkannt.

[55] Autonomierechte gab es in vielfältiger Form zu verschiedenen Zeiten und in den unterschiedlichsten Gesellschaften. In Europa sind Autonomierechte seit dem Mittelalter bekannt (z.B. für Adelige, Kirchen, Städte, Universitäten, etc.; erstere wurden meist beseitigt, letztere haben sich z.T. erhalten). Im Pariser Frieden 1918/19 wurde der ethnische Faktor stark betont (Smith 1991, 154). Brennpunkte der Minderheitenfrage in Europa waren das europäische Judentum, Elsaß-Lothringen, Schleswig-Holstein, Friesland, Oberschlesien, Ukrainer im Polen der

In Europa wurden seit 1921 einige "Autonomie-Modelle" geschaffen:

- Autonomie der schwedischen Åland Inseln in Finnland 1921[56],
- Südtirol als eine von fünf autonomen Regionen in Italien 1947,
- Selbstverwaltung für die Färöer im Dänischen Reich ab 1948,
- Regionalisierung und Autonomisierung für Basken, Katalanen, Andalusier und Galizier im nachfrankistischen Spanien.

Schutzbestimmungen für die Dänen in der BRD und die Sorben in der DDR, nach der Wiedervereinigung in die Verfassung übernommen, haben ebenfalls eine territoriale Komponente.[57] Vorbildcharakter kommt der bereits 1948 geschaffenen Selbstregierung (*Home Rule*) für die **Färöer** zu. Die bekanntere *Home Rule* in Grönland wurde zuerst auf den Färöer-Inseln ausprobiert. Als Teil des Königreichs Dänemark bekamen die Färöer ein Autonomiestatut, das nur Justizwesen, Finanzen, Verteidigung und Außenpolitik ausschließt. Die 47'000 Färöer sind kulturell eigenständig und sprechen die färöische Sprache, die mit dem Norwegischen verwandt ist; sie verfügen über alle Symbole eines unabhängigen Staates, wie eine eigene Flagge, Paß, Briefmarken, Geldscheine und ein Parlament als Forum für das Gezänk von sieben Parteien. Die Selbstverwaltung der Färöer ist fast unbekannt und wird in der Debatte über Selbstregierung bisher übersehen, obwohl sie sich seit langer Zeit bewährt hat. Das färöische *Modell* könnte für (post-) koloniale

---

Zwischenkriegszeit und die Stellung einer Vielzahl von Minderheiten im Balkan. In der Regel als Resultat von Kriegen wurden Siedlungsgebiete von *ethnischen Minderheiten* erst ab Anfang dieses Jahrhunderts zu offiziellen Gebietseinheiten mit begrenzter Autonomie erklärt. Die bereits von der Sozialistischen Internationale in London 1896 verabschiedete und von Lenin 1914 übernommene fortschrittliche Nationalitätenpolitik kam in der Sowjetunion nur teilweise zur Anwendung. Die föderative Struktur der UdSSR stand im Gegensatz zur Entwicklung, die in Westeuropa zu ethnisch einheitlicheren Staaten und zum Aufsprengen der imperialen Vielvölkerstaaten geführt hatte (Osmanisches Reich ab 1824; Österreich-Ungarn ab 1914. In der UdSSR zeigte sich die "imperiale Überdehnung" ab 1985 immer dramatischer.

[56]Der Åland Islands Autonomy Act von 1921 zwischen Finnland und Schweden (und den Bewohnern von Åland), unter der Ägide des Völkerbundes, wurde in seiner Zeit als *modellhaft* gesehen, da er ein sehr weitgehendes Autonomiestatut beinhaltete und zur erfolgreichen Aussöhnung der beteiligten Akteure führte. Vgl. Modeen, Tore: The Åland Islands question; in: Smith, Paul 1991. 153-168.

[57]Diese Sonderbestimmungen gelten nicht für die Ostfriesen, Cinti und Roma, Juden und andere Minderheiten. Die Friesen sind ebenso wie die Sorben ein indigenes Volk.

Überseegebiete Frankreichs, Großbritanniens, der Niederlande und der USA zur breiten Anwendung weiterempfohlen werden.

Freie Assoziation und Selbstverwaltung

Territoriale *Integrität* und nationale *Souveränität* als normative Prinzipien zwischenstaatlicher Beziehungen lassen diejenigen Regelungsmechanismen als realistisch und erfolgversprechend erscheinen, welche unterhalb des Strebens nach staatlicher Unabhängigkeit und Eigenstaatlichkeit ansetzen. Für einige Kategorien ethnisch-nationaler Konflikte (für etwa 20% aller Gewaltkonflikte) ist eine realistische Konfliktlösung nur die Schaffung eines Staates bzw. einer Staaten(kon)föderation möglich.[58]

Das Grundrecht der Selbstbestimmung wird von einigen Staaten zunehmend als eine die überkommene staatliche Struktur nicht zwangsläufig in Frage stellende Forderung begriffen (sog. interne *Self-Determination*). Betont werden Zurechnungs- und Zuständigkeitsforderungen an Drittweltstaaten (accountability of states) und die Schaffung neuer internationaler Prozeduren.[59] Von Seiten indianischer Nationen wird das Selbstbestimmungsrecht der Völker vermehrt im Sinne einer *freien Assoziation* von indigenen Völkern mit ehemaligen Siedlerstaaten verstanden.[60] Dies steht in einem gewissen Widerspruch zur Rechtslage und zum Festhalten der meisten indigenen Organisationen am Selbstbestimmungsrecht.[61]

---

[58]Die gilt v.a. für nachkoloniale Okkupation (FSO), für ethnisch einheitliche Großvölker in mehreren Staaten (MSvN; z.B. Kurden, Oromo im Horn Afrikas, Türken in Zentralasien) und einige überdeterminierte Konflikte innerhaib des Typus Staat-versus-Nation (SvN); vgl.: Scherrer 1994a.

[59]"Voices of the earth" congress recommendations (ebd.,) verlangen von der Europäischen Union (EG/EU) und der niederländischen Regierung die Schaffung von Prozeduren, die es ermöglichen, den Internationalen Gerichtshof in Den Haag anzurufen. Vgl.: Dutch Government Policy, in: NCIV 1993.

[60]Vgl.: Sills/Morris 1993 und Assies 1993. Der Anspruch nach voller nationaler Souveränität indigener Völker kontrastiert mit ihrer angeblich frei gewählten Assoziation mit den Siedlerstaaten.

[61]Was auch in jüngster Zeit wiederholt bestätigt wurde; in repräsentativer Weise in Präambel und 109 Artikeln der Kari-Oca Deklaration 25-30 May 1992; sowie in den von 1987 bis 1993 entstandenen Entwürfen zu einer Deklaration der Rechte indigener Völker im Rahmen der UNO-Kommission für Menschenrechte. United Nations 1993 (E/CN.4/Sub.2/1993/29), 50-60.

Im Entwurf zu einer *Deklaration der Rechte indigener Völker* wird das Recht auf Selbstbestimmung klar als das Recht, ihre eigenen Angelegenheiten selbst zu regeln, verstanden.[62] Vorzuziehen wäre allerdings die Form einer Konvention, weil damit die Durchsetzung der geforderten Rechte besser geschützt wäre.[63] Es dürfte aber schwierig sein, wieder hinter die Standards, die von der ILO-Konvention 169 gesetzt wurden, zurück zu gehen.[64] Die Konvention 169 der Internationalen Arbeitsorganisation (ILO) von 1989, welche das erste Instrument des Internationalen Rechtes ist, das nicht von indigenen "Bevölkerungen" spricht, sondern von Völkern.[65] Die Konvention schuf eine Reihe von Prozeduren, die vom Prinzip des dauerhaften Daseins indigener Völker (nicht von ihrer Integration und Assimilation) ausgehen und eine Reihe von Rechten festschreiben. Diese betreffen die Teilhabe am Nutzen aus ökonomischer Entwicklung unter den Bedingungen des Schutzes und Respektes kultureller Andersartigkeit.

Die Begriffe der Autonomie und Selbstverwaltung werden heute eher in den Zusammenhang staatlicher Konzessionen gestellt als in jenen der Realisierung eines legitimen Rechtsanspruches, der international anerkannt würde. Im Falle der lateinamerikanischen Staaten, die nach

---

[62]Draft Declaration, § 3: "Indigenous peoples have the right to self-determination... they have the right, inter alia, to negotiate and agree upon their role in the conduct of public affairs, their distinct responsibilities and the means by which they manage their own interests". (vgl.: E/CN.4/Sub.2/1993/26/Add.1, p. 3)

[63]Vgl.: Beitrag des Indian Law Resource Center, in: E/CN.4/Sub.2/AC.4/1990/3/Add.2, p 5. Das ILRC schlägt u.a. vor, das "Recht in Ruhe gelassen zu werden" einzuführen.

[64]Diese Konvention der Internationalen Arbeitsorganisation stellt, trotz einiger störender und verwirrender Aspekte, die bisher ausführlichste Anerkennung des Selbstbestimmungsrechtes indigener Völker im internationalen Recht dar. Eine verbindliche Art und Weise, die Belange einzelner indigener und nicht-dominanter Nationen zu kodifizieren, wäre v.a. auf dem Weg bilateraler Verträge zwischen Staaten und Nationen zu erzielen; dazu gibt es jedoch in diesem Jahrhundert noch keinen eindeutigen Präzedenzfall. Die drei "modernen Verträge" in Kanada sind keine eindeutig als Verträge festmachbare Übereinkünfte. Es fehlt der internationale Aspekt und es dominiert der interne sozialpolitische.

[65]Die Verwendung des Begriffs "Volk" ermöglicht allerdings nicht automatisch einen Rechtsanspruch nach internationalem Recht (v.a. das Selbstbestimmungsrecht); dies wurde in der ILO-Konvention ausdrücklich erwähnt. Vgl.: International Labour Organization (ILO): Convention concerning indigenous and tribal peoples in independent countries. Geneva 1989

1840 entstanden, dauerte es 140 Jahre bis in ihren Verfassungen die Rede von distinkten, indigenen Völkern innerhalb ihrer Staatsgebiete in Rede war.[66] Sonderrechte sollten die bisherigen staatlichen Politiken der Assimilation, Segregation und Integration nicht-dominanter Ethnien durch die Politik der garantierten Koexistenz ersetzen.

Das Problem interner Kolonisation und die komplexe Realität ethnisch-nationaler Zugehörigkeit wird zunehmend ernster genommen. Die in der Dritten Welt und seit 1990 im Osten offenbar gewordene Sprengkraft der Ethnizität macht die Notwendigkeit der Differenzierung des Rechts auf Selbstbestimmung und des Ausbaus von autonomen Systemen der Selbstverwaltung deutlich.

Lösungen mit vollständig entwickelten Selbstverwaltungsstrukturen (wie schon früh in der UdSSR und heute in Euskadi und Katalanien) sprengen im Prinzip den Rahmen von klassischen Maßnahmen zum Minderheitenschutz und stellen bereits Maßnahmen im Rahmen weiterreichender Autonomie- und Nationalitätenpolitiken unterschiedlichen Charakters dar. Wichtige instrumentelle Elemente, die für die Qualität einer Vereinbarung zur Selbstregierung nicht-dominanter Nation(alität)en ausschlaggebend sind:

- Selbstverwaltung mit legislativen, exekutiven und juridischen Instanzen
- Existenz einer gemischten judizial-politischen Körperschaft als Schiedsgericht
- Kontrolle des Territoriums und der natürlichen Ressourcen durch die vertragsgebundene Nation(alität)
- Festlegung von Ressourcenhoheit,[67] Management und Ertragsverteilung zwischen Regional- und Zentralregierung

---

[66] Die neuen Verfassungen von Nicaragua 1987, Brasilien 1988 (Kapitel VII) und Mexiko 1991 (Revision von Art. 4) erwähnen erstmals indigene Völker.

[67] Im Idealfall durch das Recht einer Nation(alität) bei der Ausbeutung ihrer natürlichen Ressourcen eigenständig Verträge eingehen zu können; dies ist z.B. im unabhängigen Expertenentwurf für ein Gesetz, das die Beziehungen der Russischen Föderation mit den indigenen Völker des Nordens regeln und deren Rechtsstatus festschreiben soll (vgl.: Hoekema 1994, 11), vorgesehen. Berman (in: Scherrer 1993c, 6) hält den Vertragsprozeß für ein "sehr gutes Modell" wichtige Vereinbarungen einzugehen und zu verregeln.

- regionale Steuerhoheit der autonomen Regierung: autonome Steuerrechtsbarkeit, eigene Einkünfte, eigenes Budget und eigene Finanzadministration
- Entwicklungsanstrengungen des Zentralstaates in autonomen Territorien nur in Konsultation mit den autonomen regionalen bzw. lokalen Autoritäten (ev. Vetorecht)
- Schutz und Förderung aller Ausdrücke der eigenen Kultur und eigene Kommunikationsmittel (v.a. Radio und Presse)
- faire Repräsentation in zentralstaatlichen Institutionen (zentrales Parlament, Ministerien, etc.).

Vier von acht Elementen betreffen die wirtschaftliche Basis der Selbstregierbarkeit ("keine Autonomie ohne Ökonomie"). Leitende Bewertungskriterien und Prinzipien von allgemeiner Gültigkeit für Vereinbarungen zur Selbstregierung wären:

- kein Paternalismus in Entscheidungsprozessen, sondern Anerkennung nationaler Eigenverantwortung
- kein Überstülpen fremder (eurozentristischer) Denkformen und Staatskonzepte, sondern Respekt für anders strukturiertes Denken, indigene Institutionen und traditionelle Prozeduren
- klare Regelungen, Überprüfbarkeit und Kontrollmechanismen zwecks Ausschluß von Nichttätigkeit oder Obstruktion seitens der Vertragspartner.

Die obigen instrumentellen Elemente und Bewertungskriterien sollen verhindern, daß sich die Zentralstaaten weiterhin die einseitige Entscheidungsgewalt in einigen Schlüsselbereichen sichern, sondern diese partnerschaftlich teilen müssen. Die Bereiche, die das Leben einer Nation(alität) entscheidend beeinflussen, sind die Landfrage und die Verwaltung der natürlichen Ressourcen. Die Anzahl vorgesehener Instrumente und Elemente der Selbstverwaltung und der Grad ihrer Realisierung ließen Aussagen über die Qualität von Vereinbarungen zur Selbstregierung zu.

Von hoher Relevanz für internationale Rechtsstandards bezüglich der indigenen und bedrohten Völker wäre der Versuch eines Vergleiches der Nationalitätenpolitiken der volkreichsten Staaten der Erde, d.h. der asiatischen Vielvölkerstaaten China und Indien, sowie der GUS, mit den

Minderheitenpolitiken in den ehemaligen Siedlerkolonien Nordamerikas, den USA und Kanada.

Schlußfolgerungen

Der globale Trend zum Ethno-Nationalismus verstärkte sich in den letzten Jahrzehnten kontinuierlich. Ethnizität ist aber weder ein Erklärungsgrund noch ein Feigenblatt, wenn andere Deutungen versagen. Der Ethno-Nationalismus ist eine Antwort auf schwere, anhaltende Krisen. Angesichts der zu beobachtenden gegenläufigen Regionalisierungstendenzen im Rahmen der "neuen Weltordnung" sollte das Phänomen des Ethno-Nationalismus im globalen Zusammenhang gesehen werden. In den einzelnen Weltregionen zeigen sich unterschiedliche Konfliktniveaus. Die Struktur und die Dynamiken des Auflösungsprozesses im Osten folgen, wie am Beispiel der GUS gezeigt werden könnte, ihren eigenen Gesetzen und zeigt signifikante Unterschiede zur Situation im Süden. Gewaltförmige ethno-nationale Konflikte sind sowohl Produkte wie Ursachen der kolonialen Kreation und der inhärent instabilen Existenz peripherer Staaten.

Bewaffnete Konflikte in der Dritten Welt haben vielfältige Ursachen. Dringender Forschungsbedarf kann bei allen Unterarten ethnisch interpretierbarer Konflikte ausgemacht werden, und das sind etwa drei Viertel aller kriegerischen Konflikte. Die Ansprüche falscher Nationalstaaten, die in Wirklichkeit Ethnokratien sind, gegenüber distinkten, nicht-dominanten Nationalitäten erwiesen sich als Quelle von Gewaltkonflikten.

Eine Reihe von Interaktionsformen zwischen Staaten und Nation(alität)en mit äußerst destruktiven Verlaufsformen wurde bisher weder systematisch untersucht noch gibt es dazu eine berechenbare Politik der internationalen Gemeinschaft. Dies zeigte sich erneut mit erschütternder Deutlichkeit im Falle des Völkermordes in Rwanda 1994.

Das politisch-humänitäre Anliegen, nach Möglichkeiten zur Vermeidung gewaltsamer Formen des Ethno-Nationalismus zu suchen, führt zu den Fragen, wie ethnisch-kulturelle Differenz verstanden und anerkannt werden soll, und wie durch geeignete politische und rechtliche Schritte präventiv verhindert werden kann, daß es zu destruktiven Interaktionsformen zwischen Staaten und Nationen bzw. Nationalitäten kommt. Überlegungen zur Klärung und Lösung ethno-nationaler Konflikte steht die Feststellung voran, daß existentielle Fragen des Überlebens einer ethnischen Gruppe nicht verhandelbar sind, sondern elementare Grundvoraussetzungen des Dialogs darstellen.

Auf der Ebene des inter-nationalen Systems findet die gegenwärtige Vermehrung der Staaten "unkontrolliert" statt. In 20 Jahren könnte sich so die Anzahl der Staaten zwar nicht verdoppelt (wie einige *Experten* zu wissen glauben) aber um 50 erhöht haben. Die Untersuchung, ob überhaupt oder unter welchen Umständen die bisherige Vermehrung der Staaten zu einer Lösung langwieriger Konflikte beigetragen hat, führt zu einer entscheidenden Beobachtung: Während im Laufe des Prozesses der Auflösung der Sowjetunion in einer ersten Phase auf erstaunlich friedliche Weise und in sehr kurzer Zeit eine Reihe neuer Staaten entstand, führte dies in einer zweiten Phase zu zahlreichen kriegerischen Nachfolgekonflikten in einigen der Nachfolgestaaten der UdSSR und Jugoslawiens. In der Dritten Welt war die Vermehrung der Staaten oft unumgänglich, um jahrzehntelange kriegerische Konflikte zu beenden. An deren "Rändern" wurden längst Formen einer de-facto-Autonomie erkämpft, z.B. in *befreiten*, von Rebellen kontrollierten Gebieten. Die Liste potentieller neuer Staaten ist lang und fast identisch mit der Liste kriegerischer Konflikte.

Bemühungen der Staatengemeinschaft einerseits und nicht-staatlicher Organisationen andererseits, zur ethno-nationalen Frage international verbindliche Standards zu erarbeiten, sind noch nicht weit gekommen. Um der ethnischen Herausforderung gerecht zu werden muß die klassische Minderheitenpolitik reformiert und zur Sache des Internationalen Rechts und regionaler multilateraler Regime (wie im Falle der KSZE und Europarates) gemacht werden.

Eine Systematisierung des Minderheitenschutzes sollte zur zentralen Aufgabe der UNO gemacht werden. Der Beitrag zwischen- und überstaatlicher Regime zur Lösung ethno-nationaler Konflikte ist heute noch bescheiden, könnte jedoch im Rahmen der UNO, der KSZE und weiterer regionaler Organisationen künftig bedeutsam werden. Das Geltendmachen von Menschen- und Minderheitenrechten im Rahmen multilateraler Körperschaften und internationaler Regime (wie z.B. der

KSZE) kann künftig nicht mehr als Einmischung in die inneren Angelegenheiten von Staaten zurückgewiesen werden.

Autonomieregelungen vielfältiger Art haben in Europa seit den 20-er Jahren und erneut seit dem Zweiten Weltkrieg zur Lösung ethno-nationaler Konfliktlagen beigetragen. Die Forderung vieler Nationalitäten nach Selbstverwaltung führte außerhalb Europas zur Ausweitung und Vertiefung des klassischen Minderheitenschutzes. Die Vereinten Nationen stehen vor dem Dilemma, sich zwischen dem Grundprinzip des Selbstbestimmungsrechtes der Völker und dem Souveränitätsanspruch der Staaten zu entscheiden.

Die UNO schuf sich erst vor einem Jahrzehnt ein Forum, in dem Vertreter indigener und bedrohter Völkern selbst zu Wort kommen. Prävention und Prophylaxe durch geeignete Autonomieregelungen und großzügige Nationalitätenpolitiken sind (nach den Worten von Boutros-Ghali) nicht nur billiger als Interventionen, sondern sie sind der eigentliche "Königsweg" im konstruktiven Umgang mit dem Problem der ethno-nationalen Differenz.

Kurzbibliographie: Ethnizität und Staat

Anderson, Benedikt
1988 Die Erfindung der Nation. Zur Karriere eines erfolgreichen Konzepts. Frankfurt (Syndikat)

Bächler, Günther et al (Eds.)
1993 Umweltzerstörung: Krieg oder Kooperation? Ökologische Konflikte. Münster (agenda global 1)

Barth, Frederik (Ed.)
1969 Ethnic groups and boundaries. Boston

Boutros-Ghali. Boutros / Deutsche Gesellschaft für die Vereinten Nationen (DGVN)
1992 Agenda für den Frieden. DGVN-Dokumentation 43. Bonn 7/92

Burger, Julian
1987   Report from the frontier. The state of the world's indigenous peoples. London (Zed Books)

Evers, Hans-Dieter / Schiel, Tilman
1988.   Strategische Gruppen. Vergl. Studien zu Staat, Bürokratie und Klassenbildung.Berlin (Reimer)

Gantzel, K.J. et al / Arbeitsgemeinschaft Konfliktursachenforschung (AKUF)
1992 Kriege der Welt. Ein systematisches Register der kriegerischen Konflikte 1985 bis 1992. Bonn
1994 Das Kriegsgeschehen 1993. Daten und Tendenzen. Bonn (SEF; Interdependenz 16)

Gellner, Ernest
1983   Nation and nationalism. Oxford (Blackwell)

Horowitz, Donald L.
1985   Ethnic groups in conflict. Berkeley, Los Angeles (Univ. of California Press)

International Work Group for Indigenous Affairs (IWGIA), Copenhagen
div.   Documentations (77 doc. 1971-93 on the situation of indigenous peoples) / Newsletters
1994   IWGIA Document No.76: Indigenous peoples experiences with Self-Government. Copenhagen

1989   IWGIA Document No.63: Indigenous self-government in the
Americas. Copenhagen 7/89

Kidron, Michael und Ronald Segal
 1992 Der politische Weltatlas. Bonn (Dietz)

Koch, Christine (Ed.)
 1992 Schöne neue Weltordnung. Zürich (Rotpunktverlag)

Laffin, John / War Annuals
 div.   The world in conflict. Contemporary warfare analysed. London
(Brassey's UK). 89-93

Martinez Cobo, José R. / United Nations
 1986   Study of the problem of discrimination against indigenous
populations.Vol. I-V. New York

Martinez, Miguel Alfonso / United Nations' Commission on Human Rights
 1993   Discrimination against Indigenous peoples. Study on treaties.
Geneva/N.Y. UN-WGIP
Minugh, Carol J / Morris, Glen T. / Ryser, Rudolph C. / Center for World
Indigenous Studies
 1989 Indian Self-Governance. Perspectives on the political status of Indian
nations in USA. Kenmore

Müller, Hans-Peter (Koord.)
 1994 Ethnische Dynamik in der aussereuropäischen Welt. Zürich (Argonaut)

Nietschmann, Bernard
 1987   Militarization and indigenous peoples. In: Cultural Survival
Quarterly Vol. 11. Nr. 3. Cambridge
Nohlen, Dieter / Nuscheler, Franz
 92/93   Handbuch der Dritten Welt. (HDW III, 3. Aufl.; 8 Bände) Bonn
(Dietz)
 1992 "Ende der Dritten Welt?". In: HDW III, 1, Grundprobleme, Theorien,
Strategien. Bonn. 14-30

Ryan, Stephen
 1990 Ethnic conflict and international relations. Aldershot (Dartmouth Publ.)
Scherrer, Christian P.
 1994a   Ethno-Nationalismus als globales Phänomen. INEF-Report 6.
Duisburg (Univ. Duisburg) 3/94
 1994b   Ethnische Strukturierung und politische Mobilisierung in
Äthiopien. In: Müller 1994. 133-205
 1994c   Ethno-Nationalismus als Interventionsfall? In: Bächler (Ed.) 1994,

149-164
1994d   Regional Autonomy in Eastern Nicaragua (1990-94), in: Assies/Hoekema (IWGIA), 11/94
1993a   Recognizing multiplicity: Conflict resolution in Eastern Nicaragua. In: Caließ/Merkel, 209-280
1993b   Der Dritte Weltkrieg. In: "der überblick" no. 3, Hamburg 9/93. 29-33.
1991a   Dialektik zwischen Orient und Okzident. Thesen von J. Galtung. In: Dritte Welt 4, Marburg. 10-12
1991b   Selbstbestimmung für indigene Nationalitäten. In: Widerspruch 22. Zürich 12/91. 41-50

Scherrer, Christian P. / Buvollen, Hans Petter
1994 Nicaragua: Indians and new alliances; in: Indigenous Affairs, no. 1, Kopenhagen 3/94, 22-35

Senghaas, Dieter
..1993 Ethnische Konflikte oder die Wiederkehr der Nationalismen. In: Calließ/Merkel 1993, 61-81
1992 Weltinnenpolitik - was könnte das sein? In: Stiftung Entwick'g und Frieden (SEF) Bonn 11/92
1992 Vom Nutzen und Elend der Nationalismen im Leben von Völkern. In: Calließ/Moltmann 1992

Seton-Watson, Said (Ed.)
1977   Nation and states. An enquiry into the origins of nations and the politics of nationalism. London
Sills, Marc A. / Morris, Glenn T. / Fourth World Center for the Study of Indigenous Law and Politics
1993 Indigenous peoples' politics: An introduction. Vol. 1. Denver (Univ. of Colorado) 7/93

Sivard, Ruth L. (Ed.) / Eckhardt, William
1992 Warfar's toll; in: World military & social expenditures 91. Washington (World Priorities)

Smith, Anthony David
1991 National identity. London (Penguin Books). Darin: The ethnic basis of national identity. 19-42

Suny, Ronald
1991 Sozialismus und Nationalitätenkonflikt in Transkaukasien. In: Das Argument 186. Berlin. 213-226.

Tetzlaff, Rainer et al / Hamburger Institut für Afrika-Kunde
  1992 Politicized Ethnicity. In: Institut für wissenschaftl. Zusammenarbeit. Law
and State, 24-53

United Nations (ECOSOC)
  div. Reports of the Working Group on Indigenous Populations. Annual
Sessions, July/Aug. in Geneva. (Commission on Human Rights; Sub-
Commission on Prevention of Discrimination and Protection of   Minorities;
rapporteur: Ms. Erica-Irene A. Daes
  1992 Declaration on the rights of persons belonging to national or ethnic,
religious and linguistic   minorities. (General Assembly, 47th session,
1.12.92)
  1980   The right to self-determination. New York (CHR/SC-PDPM;
rapporteur: Héctor Gros Espiell)

Berichte aus den

Arbeitsgruppen

Gabriele Yonan und Shlemon Yonan

Menschenrechte und Minderheiten im Nahen Osten

Einleitung

Die Region, die heute als 'Naher Osten' bezeichnet wird, umfaßt verschiedene Staatsterritorien, die in besonderem Maße dadurch gekennzeichnet sind, daß die ethnische und religiöse Zusammensetzung der hier lebenden Bevölkerung eine außerordentliche Vielfalt aufweist.

Das nahöstliche Kerngebiet Mesopotamien, auf dem der heutige Irak , Teile Syriens und der Türkei liegen, gilt in der Kulturgeschichte als "Wiege der Menschheit".

Hier haben sich die ersten Hochkulturen der Menschheit entwickelt, der erste verbindliche Rechtskodex, der auch allgemeine Menschenrechte enthielt, wurde im Altbabylonischen Reich unter dem Herrscher Hamurabi (1792-1750) geschaffen. In Stein und Ton wurden diese Richtlinien der Menschenrechte vor fast viertausend Jahren eingemeißelt.:

"Die Götter haben mich gerufen und haben mich beauftragt, darauf zu achten, daß die Stärkeren die Schwachen nicht unterdrücken sollen und daß die Menschen das Gute miteinander ausüben müssen..."

Seit dem Altertum wurde die gesamte Region im Laufe der Jahrtausende von den verschiedensten Kulturen und Religionen geprägt. Die altorientalischen Reiche der Sumerer, Assyrer, Babylonier, Meder, Perser, Hettiter, Churriter, Mitanni verloren sich als politische Gebilde und gingen in anderen Reichen auf.

Über Palästina, Syrien und Mesopotamien breitete sich in den ersten Jahrhunderten unserer Zeitrechnung das Christentum aus.

Seit dem 7.Jahrhundert n.Chr. siegte in wenigen Jahrzehnten die neue Religion des Islam und drängte allmählich das Christentum zurück. Die Araber gründeten Reiche, die weit über die Kernregion des heutigen Nahen Ostens nach Asien und Afrika, ja teilweise bis an Europa heranreichten.

Die im 10. Jahrhundert aus Zentralasien eindringenden islamisierten Türken übernahmen die politische Macht, und gründeten schließlich das

Osmanische Reiche, das den Balkan, Ägypten, Kleinasien, Syrien, Arabien und Mesopotamien umfaßte.

Mit dem Untergang dieses Vielvölkerreiches am Ende des Ersten Weltkrieges begann die Epoche der Nationalstaaten im Nahen Osten.

Noch weniger als in Europa konnten die Probleme der nationalen, ethnischen und religiösen Vielfalt in den neuen nahöstlichen Nationalstaaten gelöst werden. Am Anfang ihrer Geschichte stand die Befreiung von den westlichen Kolonialmächten, deren Erbe, die Übernahme von Verfassung und Recht, einen starken Gegensatz zum Islam darstellt, der Religion, die in allen Nahoststaaten und in der Türkei, der Brücke zwischen Orient und Okzident, Staatsreligion ist.

Auch der Islam äußert sich in seiner heiligen Schrift, dem Koran, zum Thema Menschenrechte, die aber nur verbindlichen Charakter für die 'Umma, die islamische Gemeinschaft, haben. Dem zweiten Kalifen Omar ibn al-Khatab wird das folgende Zitat zugeschrieben, aus dem die ursprünglich tolerante Haltung des Islam hervorgeht:

"Wie könnt ihr die Menschen unterdrücken und versklaven , die doch von ihren Müttern als freie Menschen geboren wurden."

Staaten-Minderheiten - Menschenrechtsverletzungen -Fallbeispiele

Fast alle Regierungen des Nahen Ostens haben die Beschlüsse des Internationalen Kongresses der Menschenrechte unterschrieben, der im Juni 1993 in Wien stattfand. Dennoch bleibt die Tatsache bestehen, daß kein Staat in der Welt existiert, in dem nicht direkte oder indirekte Menschenrechtsverletzungen vorkommen.

Dies geschieht einmal auf direkte Weise, indem der Staat selbst Menschen diskriminiert und verfolgt, oder nicht vor Übergriffen zu schützen bereit ist.

Zum anderen dadurch, daß Staaten mit demokratischen Strukturen andere Staaten unterstützen, deren Regierungen gegen ihre eigenen religiösen und ethnischen Minderheiten vorgehen, bis hin zu Vertreibung und Völkermord.

Dafür gibt es weltweit viele Beispiele:

Afrika: Der Sudan, wo im Süden des Landes fast 1,5 Millionen Menschen Opfer der Vernichtung und Vertreibung geworden sind.

Europa: Am spektakulärsten ist der Völkermord, der sich seit drei Jahren mitten in Europa, in Bosnien-Herzegowina vor den Augen der Weltöffentlichkeit abspielt und trotz aller verbaler Bekundungen des Abscheus und der Verurteilung dieser gegenwärtig beispiellosen Menschenrechtsverletzungen nicht zum Stillstand gebracht werden kann.

Nahost: Die Türkei als Brücke nach Europa und der Irak sind typische Beispiele für die eingangs dargestellte Situation eines stark heterogenen Bevölkerungsgefüges, dem weder in den Verfassungen noch im Rechtsbereich dieser Staaten Rechnung getragen wird. Stattdessen herrscht ein aggressiver Nationalchauvinismus, der allein die Rechte des die Macht ausübenden Mehrheitsvolkes (Türken und Araber) berücksichtigt und alle anderen Volks-, Sprach- und nicht-isalamische Religionsminderheiten durch totale Assimilation auszuschalten versucht.

Assyrer

Die christlichen Assyrer gehören in Mesopotamien (heute die Staatsgebiete Nordirak und Südosttürkei) zu den ältesten semitischen Bevölkerungsgruppen . Sie führen ihre Existenz auf die altorientalischen Völkerschaften der Assyrer, Babylonier und Aramäer zurück, die seit der zweiten Hälfte des dritten Jahrtausends v.Chr. in Syrien und Mesopotamien ansässig waren. Ihre Siedlungsgebiete waren im Laufe der Jahrtausende wechselnden Großreichen einverleibt worden, Römer, persische Sasaniden, Byzanz und Osmanen assimilierten einen großen Teil dieser Bevölkerung und hinterließen ihre kulturellen Spuren in der gesamten Region.

Als eines der ersten Völker nahmen die Assyrer das Christentum an, ihre Muttersprache, das Aramäische, das auch die Sprache Jesu war, haben sie bis heute als Kirchensprache und als moderne Literatur- und Umgangssprache behalten. Trotz der historisch bedingten Einschmelzungs- und Assimilationsprozesse konnten die Assyrer als Minderheit besonders in Obermesopotamien ihr kulturelles Erbe bewahren.

Bereits im 19.Jahrhundert entwickelte sich eine eigenständige assyrische Nationalbewegung, die vor allem kulturelle Rechte forderte.

Als sich nach 1918 die neue Staatenwelt im Nahen Osten bildete, deren Grenzen recht willkürlich von den europäischen Großmächten gezogen wurden, waren die Assyrer in vier Staaten als Minderheit vertreten: Türkei, Irak, Iran, Syrien.

Kurden

Sie gehören zu den indogermanischen Völkern und sind mit 25-30 Millionen Menschen in der Nahostregion das größte Volk ohne Staat. Wie die Assyrer leben sie heute aufgeteilt in verschiedene Nahoststaaten: Türkei, Syrien, Irak und Iran, abgesehen von einer kleineren kurdischen Bevölkerungsgruppe in Rußland, Aserbeidschan, Armenien.

Die Ursprünge der Kurden vermutet man im westlichen Iran, Schriftliche Zeugnisse zur frühen Geschichte existieren nicht und die vorwiegend nomadisierende Lebensweise bis in die Neuzeit hinein erschwert die historische Forschungen.

Die Annahme des Islams erfolgte frühzeitig, in der Mehrheit gehören die Kurden der sunnitischen Richtung an. Über Jahrhunderte haben sie sich als unduldsam und intolerant gegenüber ihren nicht-muslimischen Nachbarn, Christen, Juden, Jesiden, erwiesen. An der Vernichtung der Armenier und Assyrer während des Ersten Weltkrieges durch die Jugtürkenregierung waren die Kurden stark beteiligt.

Feudale Stammes- und Clanstrukturen prägen das soziale Leben der Kurden bis in die Gegenwart.

Erst im 20. Jahrhundert entwickelte sich unter dem Einfluß der neuen Nationalstaaten Irak und Türkei ein kurdisches Nationalgefühl, jedoch weit entfernt von einheitlichen nationalen Forderungen durch die Stammes- und Clans-Verhältnisse, die bis in die Gegenwart die nationalen Bestrebungen nach Autonomie und einem eigenen Staat immer wieder zurückwerfen, wie dies auch gerade in den letzten Monaten in den Auseinandersetzungen im Irak zwischen den Barzani- und Talabani-Fraktionen sichtbar wird.

In der modernen Geschichte der Kurden kam es in den verschiedenen Staaten immer wieder zu Aufständen und Erhebungen, jedoch niemals zu einer mehrheitlich getragenen politischen Bewegung.

Die Lage in derTürkei

Um die Lage der Assyrer und Kurden in der heutigen Türkei verstehen zu können, muß man zu den Anfängen der Gründungsgeschichte der modernen Türkei nach 1918 zurückgehen.

Als Bündnispartner des kaiserlichen Deutschlands gehörte die Türkei zu den Verlierern des Weltkriegs. Das Osmanische Reich war endgültig auseinandergebrochen und die europäischen Großmächte England und Frankreich (Rußland war durch die Revolution ausgeschieden) als Kriegsgewinner begannen mit der Aufteilung des riesigen Gebietes im Sinne ihrer eigenen Interessen. Sie waren auch die Architekten der arabischen Nahoststaaten Irak und Syrien.

Dagegen gelang es dem Staatsgründer der modernen Türkei, Mustapha Kemal, der später den Ehrennamen Atatürk ("Vater der Türken") erhielt, sich dem Einfluß der Siegermächte zu entziehen und einen türkischen Nationalstaat zu errichten. Darin war für nationale und ethnische Minderheiten kein Platz vorgesehen. Bei den Nachkriegsverhandlungen gelang es zwar unter dem Druck der Siegermächte eine Minderheitenklausel im Vertrag von Lausanne (1923) einzubringen, die als religiöse Minderheiten die Armenier, Griechen und Juden anerkannten und ihnen ihr religiöses Überleben garantierte.

In diese Gruppe der religiösen Minderheiten wurden die Assyrer nicht aufgenommen und berücksichtigt.

Kurden in der Türkei

Die große Volksgruppe der Kurden, aber auch Lasen, Tscherkessen, Kizilbaschi und andere Ethnien, die islamisch sind, wurden automatisch als Türken angesehen. Zu den sechs Kemalistischen Prinzipien gehört auch der weitgefaßte Begriff der Unteilbarkeit des Staatsvolkes und Staatsgebietes, auf der Grundlage einer Gleichberechtigung aller Bürger.

Nach offizieller Version gab es bis zum Golfkrieg 1991 in der Türkei keine Kurden. Als am 24.Juli 1994 an den 71.Jahrestag des Vertrags von Lausanne erinnert wurde, erklärte der türkische Präsident vor der Öffentlichkeit, daß es außer den darin erwähnten religiösen Minderheiten in der Türkei keine weitere gäbe, sondern daß alle Staatsbürger Teil des türkischen Volkes sind.

Diese übertriebene nationalistische Haltung hat seit dem Bestehen der modernen Türkei versucht, das millionenstarke Volk der Kurden durch Assimilation in allen Bereichen zu eliminieren. Selbst das Wort 'Kurde' wurde aus den Schulbüchern und Nachschlagewerken getilgt, die Sprache verboten, kurdische Familien- und Ortsnamen türkisiert. Ein Gesetz von 1934 erlaubt Deportation und Umsiedlung ganzer Bevölkerungsgruppen, die "nicht mit der nationalen Kultur verbunden sind."

In den zwanziger und dreißiger Jahren kam es zu regionalen Kurden-Aufständen, die von der türkischen Armee brutal niedergeschlagen wurden. Bei einer stärkeren kurdischen Einheitsfront hätte es schon vor Jahrzehnten zu bewaffneten Auseinandersetzungen kommen müssen, die erst Ende der siebziger Jahre begannen, als das türkische Militär seinen Druck auf kurdische Regionen besonders im Osten der Türkei verstärkte.

Seit 1984 führt die "Arbeiterpartei Kurdistans" (PKK) einen bewaffneten Guerillakrieg gegen militärische und zivile staatliche Einrichtungen. Dabei kann sie sich inzwischen auf weite Teile innerhalb der kurdischen Bevölkerung stützen. Dabei übt die PKK aber einen starken Druck auf die gesamte Zivilbevölkerung aus und fordert mit brutalen Mitteln die Unterstützung ihres Kampfes. Die türkische Regierung weitet ihrerseits den Kampf gegen die Kurden aus, indem auch kurdische Parlamentarier der Partei der Demokratie und kurdische Journalisten verhaftet und zu hohen Gefängnisstrafen verurteilt werden. Der Krieg hat bis jetzt Tausende von Opfern gefordert.

Jedoch gibt es auch andere kurdische Fraktionen, die eine politische Lösung durch Verhandlungen suchen. Ein anderer Teil ist loyal zum türkischen Staat und bekämpft als "Dorfschützer" die PKK. Ein nicht zu unterschätzender Teil der kurdischen Bevölkerung, besonders in der Osttürkei, dem Türkisch-Kurdistan, ist islamisch-konservativ eingestellt und weder für den Anschluß einer laizistischen Türkei an Europa noch für die marxistisch-atheistische PKK oder andere kurdische Linksparteien zu gewinnen.

In dreizehn kurdischen Provinzen hat die türkische Regierung inzwischen das Ausnahmerecht verhängt. Ein regelrechter Bürgerkrieg zwischen PKK und türkischen Regierungstruppen ist in den letzten Jahren entbrannt, in den die Zivilbevölkerung von beiden Seiten hineingezogen wurde. Zwischen 1992 und 1994 wurde 1341 namentlich belegte Dörfer zwangsgeräumt, bombardiert, dem Erdboden gleichgemacht. Tausende von Kurden sind in den Süden nach Irakisch-Kurdistan oder in den Westen an die Peripherien der großen türkischen Städte geflohen.

Die starken regionalen Unterschiede, der durch Stämme und Clans bestimmte soziale Zusammenhalt, Einfluß des Islams, das Fehlen einer gemeinsamen kulturellen Grundlage in einer durch Schulen verbreiteten Schriftsprache, machen deutlich, wie kompliziert die Kurdenproblematik alleine in der Türkei ist.

Erst recht gibt es keine Einheit mit den Kurden im Irak, Iran und Syrien.

Asssyrer in der Türkei

Seit Jahren versucht die Türkei , EU-Partner und Mitglied zu werden, das heißt, sich an Europa, dessen kulturelle Wurzeln christlich sind, anzuschließen. Die Bewertung der Menschenrechte wird hier mit europäischen Maßstäben gemessen. Mehrere Millionen Türken leben und arbeiten in Westeuropa, davon 2,5 Millionen in Deutschland. Ihnen werden uneingeschränkte Rechte auf ihre Muttersprache und die Ausübung der ihrer Religion, des Islam, gewährt.

Demgegenüber ist die Haltung der Türkei zu ihren eigenen christlichen Minderheiten unverständlich. Trotz der Anerkennung von Armeniern und Griechen durch den genannten Vertrag von Lausanne (1923) waren diese Minderheiten in den letzten Jahrzehnten starken Restriktionen und Einschränkungen ihrer zugesagten Religionsfreiheit - die die Muttersprache einschließt - ausgesetzt, so daß sich ihre Zahl selbst in Istanbul drastisch auf wenige tausend verringert hat.

Wesentlich dramatischer war die Lage für die im Osten der Türkei lebenden Assyrer, die nicht unter diese rechtlich anerkannten Minderheiten fallen. Die türkische Regierung hat dieser Bevölkerungsgruppe keinen Schutz vor Verfolgung durch die muslimische Bevölkerung, hauptsächlich Kurden, gewährt. Sie hat selbst eine Politik der Vertreibung geführt. Ende der sechziger Jahre lebten im Tur Abdin etwa 180 000 Assyrer, heute sind es 2000 bis 3000, die noch in den entvölkerten Dörfern bei ihren alten Kirchen und Klöstern ausharren.

Der Hintergrund dieser Vertreibung einer alten christlich-assyrischen Bevölkerungsgruppe, die seit Tausenden von Jahren in diesem Gebiet ansässig war, lange bevor türkische Stämme aus Zentralasien einwanderten, ist gekennzeichnet durch den seit zwei Jahrzehnten ständig wachsenden Einfluß des Islams und seiner extremistischen Gruppierungen, der den Verfassungsmäßig garantierten Laizismus längst außer Kraft gesetzt hat.

Im kurdisch-türkischen Bürgerkrieg wurden die unbeteiligten Assyrer in den letzten Jahren Opfer auf beiden Seiten. Dies hat eine dramatische Fluchtbewegung ausgelöst, die von der Türkei eher mit Erleichterung aufgenommen zu sein scheint, denn alle Übergriffe bis hin zu brutalen Morden wurden weder juristisch verfolgt noch gab es bemerkbare Anstrengungen, den Assyrern staatlichen Schutz zu gewähren.

Menschenrechte in der Türkei

Die Darlegungen zeigen, daß die Menschenrechtslage in der Türkei bis heute katastrophal ist. Im Südosten findet seit Jahren ein Völkermord statt.

1800 Dörfer wurden zerstört

Deportation und Zwangsumsiedlung der Zivilbevölkerung

Zwangsräumung landwirtschaftlicher Nutzflächen

Hinrichtungen, Ermordungen von Intellektuellen und oppositionellen Kurden durch rechtsextremistische und islamistische Gruppen, die von Teilen der Regierung Unterstützung erhalten

Verbot der Sprache, Schulen, kultureller Aktivitäten.

Man kann gegen die terroristischen Methoden der PKK sein, jedoch kann das nicht ein Verzicht auf das Selbstbestimmungsrecht der Kurden bedeuten.

Der Bundesrepublik und den deutschen Politiker, die sich nach jahrelanger Rückendeckung der Türkei hinsichtlich der Kurden- und Minderheitenfrage erst in letzter Zeit zu einer Forderung der Einhaltung der Menschenrechte aufgerafft haben, muß der Vorwurf gemacht werden, dem NATO-Partner viel zu lange Hilfestellung bei der Unterdrückung seiner Minderheiten geleistet zu haben, indem sie die türkische Haltung unterstützt haben. Durch die Waffenlieferungen an die Türkei, die gegen die Kurden eingesetzt wurden, kann man von einer indirekten Beteiligung am Krieg gegen die Kurden sprechen.

Eine erstaunliche Haltung legte auch der bayerische Innenminister Beckstein an den Tag als er Ende 1994 nach nur zweitägigem Aufenthalt in Istanbul und Ankara kategorisch feststellte: "Eine generelle Verfolgung von Kurden oder christlichen Minderheiten gibt es nicht."

Beispiel Irak: Kurden und Assyrer

Seit 1972 wurden mehr als 3000 Dörfer zerstört, Vertreibung und Ermordung von Hunderttausenden von Kurden und Assyrern.

Einsatz von Giftgas und Chemiewaffen und Bombardierungen von Dörfern und Städten im Nordirak haben völkermordähnliche Folgen gehabt und der Weltöffentlichkeit schreckliche Bilder von verstümmelten Kindern vor Augen geführt.

Dennoch haben die deutschen Gerichte fast alle Asylanträge von Assyrern und Kurden aus dem Irak abgelehnt.

In ihren Begründungen stützten sie sich auf Berichte des Auswärtigen Amtes, die behaupten, der Irak sei demokratisch und die Tatsache, daß der irakische Außenminister selbst Assyro-Chaldäer is,t wäre Beweis dafür, daß eine Verfolgung der Assyrer im Irak nicht vorläge.

Beispiel Iran

Unter der Schahregierung bis 1978 wurden alle Oppositionellen im Iran verfolgt, vom Geheimdienst bespitzelt, ins Gefängnis geworfen, es gab auch zahlreiche Hinrichtungen. Die Verantwortung für diese Menschenrechtsverletzungen lagen bei der Regierung.

Nach der Revolution und Machtübernahme durch die schiitisch-islamischen Mollahs, an deren Spitze bis zu seinem Tode Ajatollah Chomeini stand, wurde der Islam persischer Prägung instrumentalisiert, um mit barbarischen Methoden, die hundertausende Opfer gefordert haben, die Macht der Theokraten zu festigen. Der islamische Fundamentalismus hat in weiten Teilen der persischen Bevölkerung Anhänger, die sich zum willigen Werkzeug von grausamen Menschenrechtsverletzungen machen lassen.

So wurden die öffentlichen Freitagsgebete dazu mißbraucht und pervertiert, die Gläubigen zur Gewalt gegen alle zu manipulieren, das "islamische Gesetz", die Schari'a, nicht einhalten.

Damit wird das gesamte Leben der Bevölkerung reglementiert, die Unterdrückung von Frauen, Verfolgung religiöser Minderheiten und politisch Andersdenkender legitimiert. Besonders betroffen sind die religiösen Minderheiten, die sich einer islamischen Kleiderordnung unterwerfen müssen - langer Mantel, Kopftuch - , die ihre Geschäfte durch erkennbare Aufschrift "Nicht-muslimisch" kennzeichnen müssen, damit nicht ein Muslim bei einem "Unreinen" einkauft.

Das schlimmste Los der Verfolgung haben dabei die 300 000 Anhänger des Baha'i-Glaubens, die als "Abtrünnige des Islam" sozusagen für "vogelfrei" erklärt wurden. In den achtziger Jahren wurden hunderte völlig willkürlich hingerichtet. Enteignungen, Verbot aller Aktivitäten, Zerstörung der Gemeinden haben schließlich zu weltweiten Protesten geführt, die aber nur wenig die Lage der Baha'i im Iran gebessert haben.

Für die im Iran lebenden Assyrer, die bis zur Machtübernahme der Mollahs eigene Schulen, Zeitungen, Clubs, Druckereien besaßen, verschlechterte sich die Lage trotz der in der iranischen Verfassung garantierten Rechte drastisch, so daß innerhalb der letzten Jahre über 80 000 Assyrer den Iran als Emigranten verlassen haben.

Zusammenfassung

Menschenrechtsverletzungen treten in folgender Form auf:

- Regierungen gehen gegen die eigene Bevölkerung vor
- Regierungen verfolgen religiöse und ethnische Minderheiten aus politischen Gründen
- Verfolgungen von nicht-regierende Parteien und Gruppierungen, die aber von der Regierung unterstützt werden, z.B. Revolutionswächter (Iran), Dorfschützer, Graue Wölfe (Türkei)
- Verfolgungen durch staatliche und nicht-staatliche Stellen gerichtet gegen Angehörige von Minderheiten z.B. Türkei in Zypern, Libanon-Bürgerkrieg, Irakisch-Kurdistan.
- Bürgerkriegssituationen, die auf dem Rücken von Minderheiten ausgetragen werden

Was tun?

1. Menschenrechte sind unteilbar und haben universalen Charakter. Sie dürfen keine einschränkende Interpretation erfahren.

2. Staaten, die sich für die Menschenrechte einsetzen und durch ihre starke wirtschaftliche Lage einflußreich sein können, dürfen nicht nur da Menschenrechtsverletzungen sehen, wo ein Eingreifen ihnen selbst wirtschaftliche oder strategische Vorteile bringen kann.

Beispiel: Türkei, Iran, Iran, Kuwait

3. Der Waffenexport an totalitäre Staaten und Regierung verhindert die Praktizierung von Menschenrechten.

4. Politiker sind bei uns demokratisch gewählt und sollten ihr politisches Mandat immer auch für die Einhaltung der Menschenrechte nutzen und

politischen Druck ausüben, damit diese erhalten bleiben oder wieder hergestellt werden.

5. Die Erhaltung und Bewahrung von Menschenrechten verhindert Verfolgung, Diskriminierung, Flucht, Bürgerkrieg und Rassismus.

Theodor Rathgeber

Autonomie, Menschenrechte und indianische Völker in Lateinamerika

In Lateinamerika leben fast 40 Millionen Angehörige indianischer Nationen mit jeweils eigener ethnisch-kultureller Identität. Indianische Völker
und Gemeinschaften stellen zwar bis auf Ausnahmen demographische
Minderheiten in den Nationalstaaten dar. Sie wehren sich jedoch vehement gegen den Begriff Minderheit. Sie bestehen auf der historischen
Tatsache, daß sie Ureinwohner mit spezifischen, kollektiven Rechten vor
allem auf ihr traditionelles Territorium sind. In Lateinamerika von
'Minderheiten' zu sprechen, meint in der Regel die Zuwanderer aus
Europa oder Asien, die sich sprachliche und kulturelle Eigenheiten be-
wahrt haben.

Der Begriff Selbstbestimmung bezeichnet im Kontext indianischer Nationen ein politisches Konzept, demgemäß soziale Kräfte und Bewegungen
den Anspruch erheben, ihr Leben nach eigenen Interessen und Bedürfnissen zu ordnen. Um nicht als Personen- oder Volksgruppe in der spezifischen Existenz behindert oder repressiv unterdrückt zu werden, bedarf es
also eines wechselseitigen Prozesses der Strukturveränderung, des Herr-
schaftsabbaus, der Demokratisierung von Entscheidungprozessen sowie
der Handlungsinitiativen der Betroffenen. Selbstbestimmung steht für das
politische und soziokulturelle Ringen um Emanzipation aus nationalen
Zwängen sowie für formale Garantien zur Partizipation an Entscheidungsprozessen und zur Kontrolle gesellschaftlicher Macht und Gewaltmittel.
Dazu gehört in Lateinamerika nicht zuletzt, die Doktrin der einen, nationalen Gesellschaft zugunsten einer - als Staatsziel formulierten - multikulturellen, ethnisch vielfältigen Nation aufzugeben.

Als völkerrechtlich definierter Anspruch, wie ihn die Befreiungsbewegungen Afrikas und Asiens in den 50er und 60er Jahren zur Legitimation
ihres antikolonialen Kampfes nutzten, tritt Selbstbestimmung bei den
indianischen Nationen, Völkern und Gemeinschaften in Lateinamerika
kaum auf. Im Gegensatz zu indianischen Stammesräten in Nordamerika,

die sich mit den Nachfolgern der Kolonialmächte um die völkerrechtliche Verbindlichkeit historischer Verträge aus dem letzten Jahrhundert streiten und die dort zugestandene, politische und territoriale Souveränität einfordern. In Lateinamerika repräsentiert Selbstbestimmung jedoch mindestens den Anspruch auf binnengesellschaftliche Handlungsoptionen, die die einzelnen indianischen Kollektive nach eigenen Maßstäben definieren wollen. Mit diesem Ansinnen konnten sie mittlerweile bis in internationale Einrichtungen wie die Vereinten Nationen oder die Internationale Arbeitsorganisation (International Labour Organization, ILO) vordringen. Seit Mitte der 70er Jahre versuchen indianische Interessenvertreter, dort positive Rechtsnormen zur Souveränität und Autonomie völkerrechtlich verbindlich zu verankern. Die seit 1982 in Genf tagende UN-Working Group on Indigenous Populations arbeitet an einer internationalen Charta zu den Rechten indigener Völker. Einen Rechtsanspruch bietet die ILO-Konvention Nr. 169 von 1989, die die Respektierung und Förderung der Ureinwohner-Rechte zum Inhalt hat.

Der Begriff Autonomie bezeichnet spezifischer die binnengesellschaftlichen Ansätze zur Selbstbestimmung, d.h. die Verbindung von Befreiung aus nationalstaatlichen Zwängen und neuer Bindung an die soziale Umgebung der nationalen Gesellschaft. Der Begriff Autonomie ruft die gesellschaftlichen Subjekte dazu auf, die 'Selbstgesetzgebung' zu organisieren; etwa einzelne Regionen politisch, rechtlich und sprachlich-kulturell nach jeweils eigenen Normen zu gestalten. Allerdings gehörte in Lateinamerika die indianische Bevölkerung bislang nur in Ausnahmefällen zu den gesellschaftlichen Subjekten, die ihre Ordnungsvorstellungen politisch wirkmächtig einsetzen konnten. Die bürgerlichen Gesellschaften Lateinamerikas erklären die Freiheit des Subjekts zwar zur - abstrakten - Grundlage der Gesellschaft und erfüllen dadurch eine wesentliche Voraussetzung für Autonomie. Die Kluft zwischen Anspruch und Realität könnte jedoch größer nicht sein. In Lateinamerika dürfen indigene Völker in keinem Staat auf die Garantierung ihrer physischen Integrität vertrauen, wenn sie ihre Rechte durchsetzen wollen. Häufiger als die Respektierung ihrer Rechte ist von Massakern, Attentaten, politischem Mord, vom Verschwindenlassen, von Folter, von Haft ohne Anklage, Zwangsarbeit und anderen Verletzungen ziviler und politischer Rechte die Rede.

Die Angehörigen indianischer Nationen gehören in der Regel den untersten sozialen Schichten an. Die gewaltige Anstrengung, sich unter diesen Bedingungen politisch-soziale Kompetenz für eine Selbstverwaltung anzueignen, ist damit nur angedeutet. Zum Mangel an materiellen Gütern für eine eigenbestimmte Entwicklung kommen die Hemmnisse, um Kultur, Sprache, Religion, soziale Organisationsformen u.a.m. nach eigenen Maßstäben zu entwickeln. An Stelle einer multikulturellen Gesellschaft herrscht in der Praxis oft genug die Haltung vor, alle Kulturen, die nicht dem Main Stream der Gesellschaft entsprechen, müssen sich anpassen. Die von allen Staaten Lateinamerikas zum Programm erhobene "Modernisierung" des Landes diskriminiert im Grunde alle Äußerungen der indianischen Kultur, des Landbaus, der traditionellen Medizin, ihres Wissens und ihrer Technologie. International renommierte Persönlichkeiten, wie der peruanische Schriftsteller Vargas Llosa oder der brasilianische Politologe Jaguaribe, sprechen in diesem Zusammenhang davon, daß es ihrer Meinung nach im Jahr 2000 keine "Indianer", d.h. keine 'vormodernen' Werte und Traditionen mehr geben dürfe. Die Nationalstaaten betreiben außerdem ihre klassische Siedlungspolitik, schaffen Naturparks oder richten Großprojekte ein und entziehen damit der traditionellen Lebensweise indianischer Völker die Basis. Ein kursorischer Überblick mag zur Untermauerung der Feststellungen genügen.

In Brasilien ist trotz Verfassungsauftrag immer noch über ein Drittel der indianischen Territorien nicht demarkiert. So sind elf Jahre seit der Unterzeichnung eines Übereinkommens zwischen der brasilianischen Indianerbehörde FUNAI und der staatlichen Bergbaugesellschaft CVRD vergangen, das die Demarkierung der indianischen Territorien - der Awa Guajá und Krikati - vorsah, ohne daß die Landrechte übertragen wurden. Die Awa Guajá und Krikati werden mit Gewalt von der Durchsetzung ihres Anspruchs abgehalten. Der westliche Teil des Awa-Territoriums wurde außerdem von Tausenden von Siedlern in Beschlag genommen. Der Korridor, den die Eisenbahn des Carajás-Projektes in den Regenwald schneidet, ist zum Einfallstor für die entwurzelten Armen aus anderen Landesteilen Brasiliens geworden. Die Awa Guajás fallen seit zwei Jahrzehnten Massakern zum Opfer.

In Bolivien beklagen Coca-Bauern aus der Provinz Chapare viele Tote im Zuge des "Anti-Drogenkriegs". Die indianischen Coca-Pflanzer beharren auf dem Anspruch, die traditionelle Medizin- und Zeremonial-Pflanze weiter anzubauen und zu verwenden. Man könne nicht ihnen die Verantwortung dafür zuschieben, daß Länder wie die USA nicht in der Lage sind, zwischen der traditionellen Nutzung der Coca-Pflanze und dem Mißbrauch von Kokain zu unterscheiden. Zudem hätten auch jene, die Coca aus kommerziellen Gründen anbauen, derzeit keine andere Möglichkeit zum Überleben. Die zugesagten Hilfen zum Anbau und zur Vermarktung alternativer Produkte, die Überwindung der Transportschwierigkeiten und andere Dienstleistungen fehlten oder seien mangelhaft. Die Aymara, Quechua, Yuracarés und Trinitarios fordern die Entkriminalisierung der Coca-Anbauer sowie die Einrichtung von Menschenrechtskomitees, die das Vorgehen der staatlichen Behörden in ihrem Gebiet überwachen sollen.

In Chile wurden Repräsentanten der Mapuche-Organisation CONSEJO DE TODAS LAS TIERRAS 1992 wegen Landbesetzungen verhaftet und verurteilt. Wenngleich die radikale Praxis der Organisation nicht von allen Mapuche in Chile mitgetragen wird, ließen andere Mapuche keinen Zweifel daran, daß sie die Forderungen nach Selbstbestimmung und die Rückgabe ihrer Territorien uneingeschränkt unterstützen. Die Bewegung AYMAR MARKAS aus dem Norden Chiles fordert die Regierung auf, die Aymara nicht länger in allen Formen ihres Daseins an den Rand zu drängen und insbesondere die Wasserreservoirs für die Aymaras - wieder - zugänglich zu machen, die bisher exklusiv durch Bergbaugesellschaften genutzt werden. Die chilenische Regierung antwortet darauf eher lakonisch, daß der Fortschritt eben Opfer fordert. Ungebrochen der nationalstaatlichen Tradition Lateinamerikas folgend, wird die Gefahr für die Sicherheit des Staates beschworen, würde man sich auf die Selbstbestimmung der indianischen Völker, hier der Mapuche, einlassen.

In Ecuador bedrohen die Pläne der Regierung des Präsidenten Sixto Durán Ballén zur Modernisierung der Landwirtschaft den traditionellen Lebenszusammenhang der indianischen Nationen. Modernisierung heißt etwa, der kommerziellen Produktion mit cash-crops den Vorrang vor der traditionellen Eigenversorgung einzuräumen. In der Amazonasregion ver-

letzen Transnationale Konzerne im Verein mit staatlichen Sicherheits-
kräften unbehelligt Landrechte der indianischen Völker. Für den Bau einer
Versorgungsstraße zum Beispiel zerstörte das Militär ein komplettes Dorf
und vertrieb die Bewohner. Umgekehrt scheiterte der Versuch, dem Parlament in Quito einen Alternativentwurf der indianischen Organisationen
zu überreichen. Im Juni 1993 vereitelten staatliche Sicherheitskräfte unter
Einsatz von Schlagstöcken und Tränengas die Übergabe. Dieser Entwurf
sprach sich für eine gerechtere Verteilung des Landes und eine Verbesserung der Anbaubedingungen aus.

Trotz der neuen Verfassung von 1991 riß die lange Kette von Menschenrechtsverletzungen in Kolumbien auch in jüngerer Zeit nicht ab. So
wurden 1993 Führer der Arhuacos (aus der Sierra de Santa Marta an der
Atlantikküste) ermordet. Mehrere Indizien wiesen auf eine Beteiligung des
Militärs an diesem Überfall hin, ohne daß eine Strafverfolgung einsetzte.
Die im Chocó, eine Region am Pazifik, lebenden Embera, Wounaan und
Kuna beklagen die Absicht der Regierung, ein Mega-Infrastrukturprojekt
durchführen zu wollen. Die gesamte bisherige Lebensweise und das ökologische Umfeld würden zerstört. Dem Bau der Transportschneisen durch
den Urwald müßten ganze Siedlungen weichen, mit allen Konsequenzen,
die dies für die kulturelle und religiöse, ortsgebundene Lebensweise bedeutet.

Peru gehört zu den Ländern Lateinamerikas mit den massivsten
Menschenrechtsverletzungen, wobei die Exzesse sowohl auf das Konto
der staatlichen Sicherheitskräfte als auch der Guerrilla Leuchtender Pfad
gehen. Mit besonderer Sorge beobachten die indianischen Vertreter aus
Peru die Wiedereinführung der Todesstrafe. Sie befürchten, daß unter
dem Vorwand der Terrorismusbekämpfung auch führende Persönlichkeiten der erstarkenden Indianerbewegung liquidiert werden könnten. So
müssen sich bereits heute viele in Gewerkschaften oder anderen Inter-
essenvertretungen organisierte Bewohner des Hochlandes allein aufgrund
der Tatsache, daß sie aus den Anden kommen, des Vorwurfs erwehren,
einer terroristischen Gruppe anzugehören. Allein dieser Vorwurf reicht
aus, um die Rechte der Verteidigung einzuschränken. Mit Vehemenz wird
auch die Verfassungsänderung zurückgewiesen, die das Recht der relati-
ven territorialen Selbstverwaltung aushebelt. Im Unterschied zu den

Regelungen der Artikel 161, 162 und 163 in der Verfassung von 1979 behält sich der Staat in den neuen Artikeln 100 und 101 unmittelbar das Recht vor, "verlassene Ländereien" einer angemessenen Nutzung zuzuführen, ohne die indianischen Gemeinschaften zu fragen. Die Diskussionen und Konflikte um solches Brachland haben in der Vergangenheit zur Genüge gezeigt, daß mit dem juristischen Kunstgriff der "tierras abandonadas" staatlichem Gutdünken Tür und Tor geöffnet sind. In Peru ist dadurch die absurde Situation eingetreten, daß die Autonomie der indianischen Völker verfassungsrechtlich anerkannt, aber die zentrale Grundlage dafür entzogen wird.

Was kursorisch für einzelne Länder angedeutet wurde, läßt sich am Beispiel Guatemalas mit einigen Details vertiefen. In Guatemala leben heute 23 indianische Völker, darunter die Akateko, Awakateko, Ch'orti', Chui, Itza', Ixil, Kaqchikel, K'iché, Mam, Mopan, Popti', Poqomchi, Poqomam, Q'anjob'al, Q'eqchi, Sakapulteko, Sipakapense, Tektikeko und Uspanteko. Diese Völker sprechen ihre eigenen Sprachen, die offiziell nicht anerkannt sind. Die Nachfahren der Mayas stellen zwar die Bevölkerungsmehrheit im Land (61%), sind aber kaum aktiv an politischen Entscheidungsprozesen beteiligt. Nur sieben der aktuell 116 Parlamentsabgeordneten gehören einer indianischen Gemeinschaft an.

Die Diktatoren und Regierungen Guatemala unterzeichneten fast alle wichtigen Menschen- und Bürgerrechtskonventionen: die UN-Konventionen über wirtschaftliche, soziale und kulturelle Rechte, über bürgerliche und politische Rechte, zur Eliminierung rassischer Diskriminierung, zur Verhinderung und Strafverfolgung von Genozid, gegen Folter und andere inhumane Behandlungsformen während der Haft oder zum Status von Flüchtlingen. All diese Konventionen haben für die indianische Bevölkerung jedoch wenig praktische Bedeutung erlangt. Für sie besteht damals wie heute der Alltag aus Armut, Diskriminierung und staatlichem Terror.

Wenn rund hundert Familien über 90% des Reichtums in Guatemala verfügen, wenn 2% der Grundbesitzer 68% des Landes in Beschlag halten, sind soziale Voraussetzungen nicht gegeben, damit die Betroffenen überhaupt in der Lage sind, politische und bürgerliche Rechte ausüben zu können. Artikel 6 der internationalen Konvention über bürgerliche und politische Rechte spricht vom Recht auf Leben. Wo beginnt dieses Recht? Die Kindersterblichkeit in den indianischen Gemeinschaften ist doppelt so hoch wie im nationalen Durchschnitt; von Tausend indianischen Kindern sterben 147. Die Ausbildung wird nur einer Minderheit gewährleistet. Die - indianische - Mehrheit kann kein Antragsformular ausfüllen, keinen Gesetzestext oder die Beschriftung von Medikamentenpackungen lesen. Der Staat bietet keinerlei Möglichkeit, daß die Maya-Nachfahren in ihrer Muttersprache ausgebildet werden. Die Gründung einer Maya-Universität, um die indianische Kultur zu erforschen und der Öffentlichkeit vorzustellen, wurde jahrelang, bis November 1990, hinausgezögert.

Seit Beginn der 80er Jahre vertrieb die staatliche Repression eine Million Angehörige indianischer Gemeinschaften. Mehrere 100.000 flohen in die Elendsviertel von Guatemala-Stadt, etwa 20.000 verbargen sich in unwegsamen Bergregionen und gründeten im Norden des Departements Quiché Widerstandsdörfer. Weitere 200.000 flüchteten nach Mexico, wobei in den 136 Lagern in den Bundesstaaten Chiapas, Campeche und Quintana Roo bis Ende 1993 nur 50.000 Anerkennung fanden . Selbstverständlich hatte Guatemala zu dieser Zeit die internationalen Konventionen "zur Verhinderung und Strafverfolgung von Genozid", "gegen Folter und andere inhumane Behandlungsformen während der Haft" sowie "zum Status von Flüchtlingen" unterzeichnet und als rechtsverbindlich anerkannt. Ebenso selbstverständlich hatten die Militärs die Menschenrechte dem Rahmen der Nationalen Sicherheit 'angepaßt' und rechneten der Einfachheit halber alles Inkonforme der Guerrilla zu, so daß per Definition fast keine Zivilbevölkerung mehr übrig blieb, die die Bürgerrechte in Anspruch nehmen konnte. Artikel 4.1. der "internationalen Konvention der bürgerlichen und politischen Rechte" läßt zwar im Falle eines öffentlichen Notstandes Einschränkungen der Rechte zu, spricht aber deutlich das fortbestehende Verbot der ethnischen Diskriminierung aus und weist auf die Unantastbarkeit der Artikel 6 (Recht auf Leben), 7 (Verbot der Folter), 8 (Verbot der Sklaverei) oder 18 (Gedanken-, Gewissens- und Religionsfreiheit) hin.

Darüberhinaus errichteten die Militärstrategen für die Hauptkonfliktzonen Modelldörfer, in die sie die traditionell in Streusiedlungen lebenden indianischen Gemeinschaften deportierten und traditionelle Dorfstrukturen vernichteten. Die Bewohner dürfen diese Modelldörfer nur mit Passierschein verlassen, Produktion und Vermarktung unterliegen einer strengen Kontrolle. Mit Bedacht brachte das Militär Personen aus verschiedenen Orten, Ethnien und Religionen zusammen, um keine homogene oder authentische Gemeinschaft entstehen zu lassen. In einem dieser Dörfer mit 117 Familien gibt es vier unterschiedliche Glaubensgemeinschaften und werden fünf Sprachen gesprochen. Wer sich der zwangsweisen Integration widersetzt, wird als "subversiv" eingestuft. Die Folgen: Vernichtung der Ernte, Zerstörung der Häuser, Überfälle, Verschleppungen, Folterungen, Mord oder Verschwindenlassen. Die Modelldörfer gleichen den historischen "Reducciones", in denen die Spanier die indianischen Bewohner in Lagern konzentrierten, um eine Kontrolle über alle Lebensbereiche - militärisch, politisch, ökonomisch, kulturell und religiös - und die umstandslose Verfügung über Arbeitskräfte zu haben. Der wesentliche Unterschied zu den Reducciones besteht darin, daß die heutigen Unterdrücker die nationale Armee ist. Für einige dieser 'Infrastrukturmaßnahmen' ist Entwicklungshilfe gezahlt worden.

Die von Guatemala unterzeichnete "internationale Konvention über wirtschaftliche, soziale und kulturelle Rechte" enthält neben dem Diskriminierungsverbot in Artikel 2.2. vor allem das in Artikel 8 niedergelegte Recht auf gewerkschaftliche Organisierung und Streik. Die Organisation eigener Interessen durch die Betroffenen ist in Guatemala allerdings lebensgefährlich. Indianische Organisationen werden mit Folter, Verschwindenlassen und Mord überzogen. Der CERJ, Consejo de Comunidades Etnicas 'Runujel Junam' (Rat der indianischen Gemeinschaften 'Wir sind alle gleich') hat seit seiner Gründung 1988 17 Mitglieder durch Mord verloren. Ebenso bedroht sind Organisationen wie die Witwenorganisation CONAVIGUA oder die Koordination der Widerstandsdörfer. Wer eine indianische Tracht trägt, macht sich verdächtig und wird etwa bei Demonstrationen herausgegriffen und beschuldigt, aufgrund der traditionellen Kleidung der Guerrilla anzugehören.

Das US-amerikanische Außenministerium legte einen Bericht zum Jahr 1992 vor, wonach es u.a. 60 außergerichtliche Hinrichtungen und unzählige Drohungen gegen Aktive in Sachen Menschenrechte gegeben hatte.

Die Mitgliedsländer der UNO lehnten 1992 eine Kandidatur Guatemalas für den Wirtschafts- und Sozialrat (ECOSOC) ab und verhinderten, daß das Land Mitglied der Menschenrechtskommission wurde. Im November 1992 besuchte die Menschenrechtskommission der OAS, der Organisation der amerikanischen Staaten, Guatemala. Die Kommission drückte ihre Besorgnis über die "komplexe und delikate Situation" der Menschenrechte aus, wofür sie, wie die Katholische Kirche, die Streitkräfte verantwortlich machte. An dieser Situation hat sich bis Mitte 1994 nichts Grundsätzliches geändert.

Dieser Überblick verdeutlicht zur Genüge die tiefe Kluft zwischen den Ansprüchen auf Kollektiv- und Individualrechten sowie sozialer Wirklichkeit. Die geheuchelten, rethorischen Verbeugungen der Herrschenden vor den Menschenrechten lassen sich nicht vermeiden. Und daß die Bezeichnung "Indio" immer noch eine Beleidigung darstellt, zeigt den langen Atem, den die Betroffenen benötigen, um über ihr Leben selbst bestimmen zu können. Andererseits, das wäre ein eigenes Thema, sähe die Situation ohne internationale und nationale Normen zum Schutz der Menschenrechte weitaus schlechter aus. An wen und auf welcher Grundlage sollten die Betroffenen appellieren oder gegen Verbrechen protestieren, wenn nicht im Namen der Menschenrechte?

Felicitas Rohder

Völkermord in Bosnien-Herzegowina
Europa hat aus dem Holocaust nichts gelernt

Seit April 1992 führt Serbien-Montenegro Krieg zur Eroberung von Gebieten in Bosnien-Herzegowina, die von serbischen Nationalisten als Bestandteile von "Großserbien" angesehen werden. Über vier Millionen Menschen sind durch den Krieg heimatlos geworden, ca. 300.000 Menschen in Bosnien und 20.000 in Kroatien sind ums Leben gekommen, viele davon wurden auf bestialische Weise gefoltert und umgebracht.

Zwei Drittel bosnischen Territoriums und ein Drittel Kroatiens sind von serbischen Truppen besetzt. Diese Gebiete sind "ethnisch gesäubert" worden, das bedeutet: die nicht-serbische Bevölkerung ist vertrieben worden oder ermordet worden. Die letzten Muslime in den Gebieten unter Kontrolle der serbischen Karadzic-Truppen leben unter Bedingungen, die an die Zeit nach den Nürnberger Gesetzen der Nazis erinnern.

Für die Bestrafung der Verbrechen, die serbische Truppen dabei begangen haben, sollte die UN-Völkermord-Konvention von 1948 herangezogen werden, so die Empfehlung im Abschlußbericht der von Boutros Ghali eingesetzten Expertenkommission zur Vorbereitung des UN-Tribunals in Den Haag.

Erstmals seit den vierziger Jahren wird in einem europäischen Land das Verbrechen des Völkermords begangen. Die Vorgehensweise war dabei in allen Teilen Bosniens die folgende:

(1) Die restjugoslawische Armee führte militärische Aktionen gegen meist unbewaffnete Städte und Dörfer in Bosnien durch. Sie arbeitete dabei mit paramilitärischen serbischen Banden, den sogenannten "Tschetniks", zusammen. Fanatische serbische Nationalisten wurden bewaffnet und gegen die nicht-serbische Zivilbevölkerung eingesetzt. Die einheimische serbische Bevölkerung wurde vor dem Angriff rechtzeitig evakuiert. Eine aus diesen militärischen Formationen entstandene "serbisch-bosnische" Armee, die bis heute zwei Drittel Bosniens besetzt hält, wurde kontinuierlich von Serbien-

Montenegro mit Nachschub von Kriegsgütern und Truppen unterstützt.

(2) Spezialeinheiten drangen nach dem Beschuß ein und verüben an Ort und Stelle Massaker, bevorzugt an den Angehörigen der religiösen, politischen und akademischen Eliten. Die männliche Bevölkerung wurde, häufig anhand vorbereiteter Namenslisten, in Internierungs- und Konzentrationslagern inhaftiert.

(3) In mehreren zehntausend Fällen wurden Häftlinge in den Lagern liquidiert (u.a. in Omarska, Keraterm, Luka Brcko, Foca). Die verbliebene Bevölkerung wurde gezwungen, Betriebe, Wohnhäuser und Land mittels "Abtretungserklärungen" an die serbischen Einwohner zu übereignen. Frauen, Kinder und Alte wurden in geschlossenen Güterwaggons oder Lastwagenkonvois deportiert.

(4) Mit der Vertreibung der muslimischen Bevölkerung wurden alle Spuren des 500 Jahre alten mitteleuropäischen Islam beseitigt. Dem Erdboden gleichgemacht wurden Baudenkmäler osmanischen oder islamischen Ursprungs wie türkische Bäder, Rast- und Bethäuser sowie Koranschulen. So sind in der bosnischen Krajina 260 der 261 Moscheen gesprengt, die Ruinen und zugehörigen Friedhöfe mit Bulldozern planiert worden.

(5) Die nicht-serbische Bevölkerung wurde vertrieben. Repräsentativ ist das Beispiel des Bezirks Prijedor. Hier lebten früher 120.000 Menschen: 44 Prozent davon Moslems, 42 Prozent Serben, 5 Prozent Kroaten und 5 Prozent bi- und multinationale Familien. Von rund 60.000 Nicht-Serben sind 3.000 übriggeblieben. 15.000 bis 20.000 Menschen sind auf der Flucht umgekommen. Ein großer Teil der Bevölkerung wurde in Lagern interniert. Die elf moslemischen Bethäuser, 25 Moscheen, und 36 Pfarrhäuser der Hodschas wurden bis auf eine Moschee dem Erdboden gleichgemacht. Hodscha Sulejman Dizdarevic aus Carabovo wurde mit dreißig Mitgliedern seiner Gemeinde in der Moschee verbrannt.

(6) Die noch verbliebene muslimische Bevölkerung untersteht Sonderregelungen. In einzelnen Regionen mußten Muslime besondere Armbinden tragen. Die muslimische Bevölkerung ist zur Zwangsarbeit verpflichtet und ist Mordanschlägen, Vergewaltigungen und Raubüberfällen ausgesetzt. Bis

heute existieren offensichtlich noch unzugängliche Internierungs- und Zwangsarbeitslager für muslimische Bosnier. Straßen-, Fluß- und Ortsnamen wurden serbisiert.

Die letzte Vertreibungswelle fand im Sommer 1994 statt. Opfer waren die letzten verbliebenen Muslime, überwiegend ältere Menschen. Der Gesellschaft für bedrohte Völker liegen mehrere Berichte über die Deportationen im nordostbosnischen Bijeljina vor. Bijeljina liegt nahe an der serbischen Grenze. Die Stadt ist schon 1992 "ethnisch gesäubert" worden. Die Vertreibungen von 1994 geschahen auf zweierlei Weise:

1. Einheimische Muslime wurden durch Brandanschläge und Attentate solange terrorisiert, bis sie sich mit ihrer "Ausreise" einverstanden erklärten und sich bei einem stadtbekannten "Reisevermittler" gegen Devisenbeträge um dessen "Vermittlungsdienste" bemühten.

2. Die einheimische muslimische Bevölkerung wurde von Militär aus den Häusern getrieben, hatte fünf Minuten, um einige Sachen zusammenzupacken, wurde mit LKWs in Sammellager deportiert, geplündert und dann über die Frontlinien hinweg auf Territorium unter Kontrolle der bosnischen Regierungstruppen getrieben.

Der "Reisevermittler" V.D. ist nach Angaben der unabhängigen Belgrader Menschenrechtsorganisation "Fond für humanitäres Recht" der Hauptverantwortliche für die organisierten Massendeportationen im Bezirk Bijeljina. V.D. ist Generalsekretär der lokalen Sektion der "Partei der serbischen Einheit", die in Serbien von dem mutmaßlichen Kriegsverbrecher und "Tschetnik"-Führer Zeljko Raznjatovic "Arkan" angeführt wird. V.D. ist Vorsitzender des "Komitees für die Bewegungsfreiheit der Zivilbevölkerung" in Semberija, Majevica und der bosnischen Posavina. Offiziell arrangiert er "Auslandsreisen" "ausreisewilliger" Personen. Die Belgrader Menschenrechtler nennen ihn als den Verantwortlichen der Massendeportationen von Muslimen aus Bijeljina im September 1993, die nach demselben Schema wie die im Sommer 1994 abliefen.

Als Organisator der Deportationen wird von der Belgrader Menschenrechtsorganisation außerdem P.B. genannt. Er soll sich an der Massendeportation von 135 Muslimen aus Bijeljina und Janja am 16.07.94 beteiligt haben. P.B. soll Angehöriger des Innenministeriums der selbsternannten "Serbischen

Republik Bosnien-Herzegowina" sein.

Der Gesellschaft für bedrohte Völker liegt die Zeugenaussage eines muslimischen Ehepaares vor, das im August 1994 deportiert wurde. Frau S. ist 51
Jahre, Herr S. 62 Jahre alt. Frau S. war Hausfrau, Herr S. Fahrer. Beide sind
Zivilisten. Sie sind in Bijeljina geboren und haben das ganze Leben dort ver-
bracht.

Herr S. hat im Januar 1994 die Ermordung zweier muslimischer Zwangsar-
beiter aus dem Lager Batkovic auf dem Gelände der Firma Zitopromet be-
obachtet. Soldaten der Serbischen Brigade Krajiska hätten dem Mujkic Fuad
aus Bos. Samac und einem zweiten Mann, den Herr S. nicht kannte, die
Kehle durchgeschnitten, dem Fuad wurde der Kopf mit einer zerbrochene-
nen Flasche abgeschnitten, einer der Soldaten habe dann gegen den Kopf
getreten wie gegen einen Fußball. Die Zivilpolizei sei benachrichtigt worden,
habe sich aber nicht blicken lassen.
Herr S. berichtet von mehreren Morden, von denen er indirekt erfahren hat:
die 82-jährige Hatidza Pjanic sei in ihrem Haus von ihrem früheren Unter-
mieter, dem serbischen Soldaten Aco aus Zemun, mit einer Säure über-
schüttet worden. Er sei nach zwei Tagen aus der U-Haft entlassen worden.
Im Juni 1994 sei Rasim Djogo, Schreiner aus Bijeljina, in seiner Wohnung in
der Nova-Mahala-Straße ermordet aufgefunden worden. Er sei mit Draht an
Händen und Beinen gefesselt gewesen. Seine Frau sei spurlos verschwun-
den. Im selben Monat seien außerdem fünf Menschen aus der Firma Zitopromet abgeführt worden und nicht zurückgekommen: Hatic Zaim, Gutic
Hakija, Smajic Sefik, Meskovic Amir, und ein fünfter, der Herrn S. nicht namentlich bekannt war. Das IKRK habe erfolglos nach ihnen gesucht.
Mitte Juni 1994 besuchte "Tschetnik"-Führer "Arkan" Bijeljina, zusammen
mit Biljana Plavsic, einer hochrangigen Funktionärin in der "Serbischen Republik Bosnien-Herzegowina". Danach begannen die Deportationen. Innerhalb von 15 Tagen wurden etwa 550 bis 600 Menschen abgeführt, jeden Tag
eine Gruppe von 50 bis 60 Menschen, berichtet Herr S., "Bekannte und
Nachbarn von uns". Im Juli 1994 wurde Herr S. Zeuge, wie sein Nachbar
Nijazim Hujdurovic von Soldaten mit Abzeichen der serbischen Armee, der
weiß-blau-roten Fahne, unter ihnen V.D., abgeholt wurde. Herr S. beobach-
tete durch das Fenster seiner Veranda, daß Hujdurovic geschlagen und ab-
transportiert wurde. Das Ehepaar S. konnte später in Erfahrung bringen, daß

der Nachbar und andere Verhaftete sich im Arbeitslager Lopare auf dem Berg Majevica befanden, wo sie Holz hacken mußten. Eine zweite Gruppe sei in das Dorf Koralj gebracht worden, aus dem bereits alle Moslems vertrieben worden waren. Dort hätten die Verhafteten für serbische Neusiedler verlassene muslimische Häuser renovieren müssen. Eine dritte Gruppe sei für Schanzarbeiten an der Front sowie für den Munitions- und Nahrungsnachschub für die serbische Soldaten an der Front eingesetzt worden.

Am 2. August 1994 gegen Mitternacht kamen die Soldaten wieder. Sie beschlagnahmten die Ausweise des Ehepaars S. sowie den Hausschlüssel. Das Ehepaar S. bekam fünf Minuten, um zu packen. Man sagte ihnen, sie würden "ausgetauscht". Unter den Soldaten befand sich wiederum V.D. Das Ehepaar S. nahm zwei Taschen mit einigen Habseligkeiten, die es vorbereitet hatte, seit der Nachbar mitgenommen worden war. Dann wurde es auf einen Militär-LKW geladen, in dem sich etwa 17 Personen befanden. Herr und Frau S. erkannten Nachbarn: Satka Hamidovic und ihre Tochter, sowie Hana Hujdurovic. Die anderen saßen im Dunkeln, so daß Ehepaar S. sie nicht erkennen konnte.

Sie wurden in unbekannte Richtung gefahren. Sie konnten unter der Plane nicht ausmachen, wohin. Nach dreißig Minuten Fahrt hielt der Transport in einem Wald an. Dort erkannte Herr S. das Dorf Suho Polje, etwa zwölf Kilometer von Bijeljina entfernt. Es war früher ein bekannter Ausflugsort gewesen.

Die Insassen wurden aus dem LKW herausgetrieben. Sie mußten nacheinander ein Gebäude betreten und ihre Sachen ablegen. V.D. hatte dort ein Büro. Als Herr S. es betrat, traf er auch P.B. V.D. forderte ihn auf, Geld und Wertsachen, die Herr S. noch bei sich hätte, abzugeben, er wisse, was ihm sonst blühe. Herr S. gab ihm sein letztes Geld, 200 DM, die er im Schuh versteckt hatte.

Sie durchsuchten sein Gepäck und nahmen Socken, Hosen, Hemden, Portemonnaie, Führerschein sowie eine Goldmedaille an sich, die Herr S. als Fußballspieler gewonnen hatte.

Auch Frau S. mußte Geld und Schmuck abgeben. P.B., dem sie das Geld gab, befahl ihr, sich auszuziehen. Sie begann zu weinen und flehte ihn an, sie in Ruhe zu lassen, sie habe doch Enkelkinder. Er befahl ihr, die Unterhose auszuziehen, und beschimpfte sie: "Tochter einer türkischen Mutter, du wirst noch Kinder für Alija gebären".

Das Ehepaar S. wurde dann in einen vier mal vier Meter großen Raum geführt, der voller Menschen war. Sie trafen viele Nachbarn wieder. Sie mußten vier Tage und Nächte in dem Raum verbringen, in dem sich 72 Menschen aufhielten. Am fünften Tag wurden sie wieder auf einen LKW geladen. Acht junge Männer wurden gesondert auf einen anderen LKW verladen. Ehepaar S. und die anderen fuhren in Richtung Brcko. Die Fahrt dauerte 48 Stunden. Es war sehr heiß unter der Plane, Frauen und Kinder fielen in Ohnmacht. Am achten Tag erreichten sie das moslemische Dorf Satorovic. Dort wurden sie freigelassen und in Richtung auf die Frontlinien getrieben. Sie gingen sieben Kilometer zu Fuß über Minenfelder. Die alten Frauen sind hingefallen, die anderen wickelten sie in Decken und trugen sie. Hinter der Front wurden sie vom Roten Kreuz Tuzla und der bosnischen Armee aufgenommen.

Berichte dieser Art werden im Westen gerne relativiert, mit dem Hinweis, "alle Kriegsparteien" begingen Verbrechen. Der Belgrader "Fond für humanitäres Recht" ist Fernsehberichten über Greueltaten an serbischen Flüchtlinge durch die bosnische Armee nachgegangen und kommt zu dem Ergebnis, die Flüchtlinge hätten unter Druck ausgesagt. Der Abschlußbericht der UN-Kommission zur Vorbereitung des Den Haager Tribunals unterstreicht, daß systematische Massendeportationen durch die bosnische "Kriegspartei" nicht bekannt sind.

Zur Relativierung und Rechtfertigung der serbischen Kriegsverbrechen wird auch gerne der Zweite Weltkrieg bemüht, d.h. die Besetzung Jugoslawiens durch die deutschen Nationalsozialisten, sowie die von den Deutschen und ihren Satelliten in Kroatien (Ustascha) und Serbien (Nedic-Regime) begangenen Kriegs- und Völkermordverbrechen.

Doch Völkermordverbrechen der Gegenwart lassen sich niemals durch die Vergangenheit entschuldigen und rechtfertigen. Wer die Deportation von Kindern, Frauen und Alten in geschlossenen LKWs heute allen Ernstes mit dem Terror der Nazis in Jugoslawien vor fünfzig Jahren entschuldigt, ist aufgefordert, sich von einem Psychologen untersuchen zu lassen. "Europa hat aus dem Holocaust nichts gelernt", sagte der überlebende Kommandierende der jüdischen Aufständischen des Warschauer Ghettos, Marek Edelman, anläßlich einer Bosnien-Trauerkundgebung der Gesellschaft für bedrohte Völker in der Gedenkstätte des ehemaligen Konzentrationslagers Buchenwald im November 1993. Die europäische Politik, die immer wieder die aus dem Holocaust erwachsenden Verpflichtungen für die Gegenwart beschwört, beweist in Bosnien, daß sie die Judenvernichtung ins Museum verbannt hat. Zu befürchten ist, daß Bosnien lediglich die Generalprobe war. Fünfzig Jahre nach Hitler dürfen in Europa aggressive Regime wieder das Verbrechen des Völkermords begehen, um territoriale Gewinne zu erzielen. Die Demokratien des Westens werden nichts unternehmen, um den Mördern in den Arm zu fallen.

Jean Kachiga

Gruppenkonflikte als Krisenherde und ihre Wurzeln

Soziokulturelle und politische Ursachen

AFRIKA

Konflikte sind gesellschaftsimmanent, das heißt sie entstehen aus der Gesellschaft und durch die Gesellschaft werden sie getragen.

Der Konfliktlösungsmechanismus gehört deshalb zu jeder Gesellschaft, denn die Konflikte müssen immer wieder lösbar sein für die Erhaltung und die Fortexistenz der Gesellschaft.

Dieser Konfliktlösungsmechanismus ist gesellschaftsspezifisch, das heißt eine kulturelle Realität. Die Kultur, sofern sie als Manifestation der Weltbilder einer Gesellschaft definiert wird, stellt die Rahmenbedingungen, in denen Konflikte ausgetragen werden. Das westliche formale Recht ist so gesehen eine Manifestation der Rahmenbedingungen der westlichen Kultur.

In Gesellschaften Afrikas sind Konflikte auch gesellschaftsimmanent.

Für Gruppenkonflikte ist Afrika theoretisch anfällig aufgrund der Strukturen der sozialen Gruppen. Es koexistieren mehrere Ethnien, was Heterogenität und Diversität mit sich bringt. Die Diversität von identitätsbestimmenden Faktoren manifestiert sich durch die Elemente wie unterschiedliche Sprache, Gebräuche, Glaube und Gebietsansprüche.

Im traditionellen Afrika, zu der Zeit als die Gesellschaften sich gemeinschaftlich organisierten, waren diese Elemente Faktoren der soziokulturellen Identifikation.

Im modernen Afrika sind diese Elemente der ethnischen Identität durch die Kolonialisierung relativiert worden. Wenn also durch Kolonialismus die traditionelle Struktur sich verändert, so verändert sich auch die Grundlage der gemeinschaftlichen Organisation.

Die veränderte Grundlage der Gemeinschaftlichkeit der traditionellen afrikanischen Gesellschaften findet statt durch die Einführung des modernen Staates sowie der Rationalität als Prinzip der Vergesellschaftung. Mit der Einführung der rationellen Funktionalität der Institutionen des gesellschaftlichen Systems der Moderne als Prinzip in Afrika veränderte sich die Dynamik der sozialen Prozesse, der hier andere Prinzipien zugrunde liegen.

Durch die Zwänge der Moderne entwickelt sich die rationale Lebensführung. Die Subsistenzwirtschaft wird verdrängt und wird marktorientiert. Ein politischer Überbau sowie die Verwaltung und formales Recht fördern eine "bürgerliche Lebensführung". Die Kultur wird rationalisiert.

Es fand eine Vermischung von Ethnien in den Städten statt, eine Vermischung von Sprachen, Gebietsbesiedlung, Gebräuchen, Glauben... In dieser Vermischung verbirgt sich ein Potential an Konfliktursachen, denn der Identitikationszwang mit seiner sozialen Gruppe und ihre Erhaltung aus instinktiven Selbsterhaltungsgründen kann zu einem abgrenzenden, einem präferenziellen Verhalten eines Individuums (bzw. einer sozialen Gruppe) gegenüber anderen führen und somit zu einem konfliktfördernden Handeln. Afrika wäre also theoretisch anfällig für Gruppenkonflikte, aber allein aus diesen sozio-kulturellen Gründen kann in Afrika nicht von Krisenherden die Rede sein. Denn in der Praxis basiert in schwarz-afrikanischen Bantou-Gesellschaften die kosmogonische Interpretation der sozialen Ordnung auf einer Norm und Wertvorstellung, die diese verschiedenen Gesellschaften gemeinsam haben, sofern sie den Bantou-Völkern angehören.

Es handelt sich zum Beispiel um die Erhaltung des Bestehenden sowohl von natürlichen Ressourcen wie auch vom Leben. In diesem Leben ist der Mensch "Primus inter pares". Es handelt sich auch um die "Gerontokratie", das heißt um die Oktroyierung von Rechten und Pflichten sowie Verantwortung nach Alter. Die soziale Ordnung findet ihre Legitimation dadurch, daß sie erdacht und vorgelebt wird durch unsere Vorfahren, denen wir aus Altersgründen Respekt zu schenken haben. Die Geschlechterarbeitsteilung, die religiöse metaphysische Vorstellung, die die Magnitude Gottes als unbegreiflich für uns Menschen ansieht, von der wir nur durch Bruchstücke in Form von Naturphänomenen die Kraft vermitteln können ..., sind einige Momente dieser Kosmogonie.

Diese gemeinsame Kosmogonie der sozialen Welt im Fall Afrika hat den Vorteil, die divergierenden Idologien, Interessen, Identitäten..., die beim Auseinandertreffen zweier oder mehrerer sozialer Gruppen zum Konfliktpotential werden können, zu entschärfen. Dieser Geist findet sich überall in sozialen Gruppen der Bantou-Kultur, was auch dem Zusammenleben verschiedener Ethnien zugute kommt. In Kinshasa (Zaire) sowie anderswo in großen Städten Afrikas leben die Menschen zusammen, ohne daß dies in sich ein Problem wird.

Die sozio-kulturellen Gegebenheiten sind in sich weder Wurzeln noch Ursachen für Gruppenkonflikte in Afrika. Sie stellen für den Fall Afrikas keinen hinreichenden Grund für Gruppenkonflikte dar. Die Verknüpfung der Diversität afrikanischer Gesellschaftsstrukturen und die Zwänge der modernen politischen Ziele wird erst zur Problemursache. Die sozio-kulturellen Gegebenheiten werden instrumentalisiert für politische Zielsetzungen und Ambitionen.

Konflikte, die in Afrika zu beobachten sind, sind politischer Natur. Die primär politischen Ursachen der Konflikte werden schnell und bewußt verdrängt zugunsten einer sozio-kulturellen Argumentation sowohl von den Protagonisten als auch von einer vereinfachten publizistischen bzw. journalistischen Darstellung.

In der Tat läßt eine nähere Betrachtung überall in Afrika, wo es Gruppenkonflikte gibt, folgendes bemerken:

Es handelt sich um Konflikte, die alle erst unter der Voraussetzung der Existenz eines Rechtsstaates entstehen, d.h.: nicht unter der Bedingung der traditionellen Gesellschaftsstruktur, d.h.: mit der Entstehung des kolonialen Rechtsstaates und nach der Unabhängigkeit bis heute sind die Krisen, die in Afrika entstehen, Krisen, die mit der Unzulänglichkeit afrikanischer Staaten begründbar sind und nicht aus den sozio-kulturellen Gegebenheiten.

Die Rasse, die Religion sowie der Glaube, die Ideologie, die Ethnien, die Sprache... werden zweckrationell eingesetzt für politische Ziele wie Macht und Einflußnahme...

Dies zwingt uns kasuistisch vorzugehen und festzustellen, daß Fälle wie die Apartheid in Südafrika ein politischer Konflikt waren. In Mauretanien findet eine Unterjochung der negroiden Rasse für eine Alleinherrschaft der Hellhäutigen statt. Im Fall Sudan wird der Glaube eingesetzt für die Legitimierung, den Erhalt der Macht, auch wenn das Ziel hier heißen soll, den Islamstaat gründen zu wollen. Dies ist eine Variation des Willens zu politischer Einflußnahme. D. h.: Nicht der Staat soll islamisch werden, sondern die politische Macht soll in islamischen Händen sein. Im Fall Mozambik und Angola; hier ist die Konfliktursache die Übernahme der fremden Ideologie des Marxismus (man spricht von Afro-Marxismus). In Angola kämpt ein Teil der "Elite" für eine westlich orientierte Gesellschaft. Beide Seiten haben zum Ziel die Übernahme der politische Macht.

Dadurch entsteht der Konflikt, was an sich nichts Ungewöhnliches ist. Ungewöhnlich dagegen ist, wenn für die Erreichung und Übernahme der politischen Macht die Protagonisten ihre jeweilige ethnische Region und ihre ethnischen Gleichgesinnten mobilisieren. Das gilt in Angola sowohl für die UNITA als auch für die FNLA und MPLA.

Gruppenkonflikte haben ihre Ursache eher auf dem Gebiet der Politik. Darin sehe ich das Charakteristikum der politischen Konflikte in Afrika, nämlich die Benutzung sozio-kultureller Realität für die Realisierung politischer Ziele. Somalia ist ein Musterbeispiel für diese These. Dasselbe gilt für den etwas jüngeren Konflikt in Ruanda.

Die Benutzung sozio-kultureller Realität für die Realisierung politischer Ziele gelingt immer mehr in Afrika aus dem Grund, daß die Entstehung des kolonialen Staates nicht aus der historischen Organität kultureller Prozesse entsprungen ist, sondern in einem historischen Kontext der Dominanz und Unterjochung vollzogen wurde, was die quasi Inexistenz von Identifikation mit dem modernen Staat zur Konsequenz hat.

An Stelle einer Identifikation mit dem Staat findet die historische und kulturelle Identifikation mit der eigenen Ethnie statt. Die Identifikation mit dem modernen Staat ist ein Prozeß, der in Afrika andauert. Dies macht es den handelnden Politikern leicht, sich im Fall eines politischen Konflikts Gefolge und Anhänger durch Appell an ethnische Loyalität zu besorgen.

Nadir Bekir

SELF-DETERMINATION OF INDIGENOUS PEOPLE: PARADOXES OF DEMOCRACY AND GAPS IN THE INTERNATIONAL LAW (THE CASE OF CRIMEAN TATAR PEOPLE)

Principle of equal rights and self-determination of peoples and nations is recognized now by the absolute majority of members of international community. But in 40-es and 50-es, when this principle has been formulated and included into the basic international documents, theoretical model of self-determinational looked rather simple, like: there is some country populated by some people (or nation, because the difference between these definitions was not yet decided by the international law). This country is under the jurisdiction of foreign colonial administration which is located somewhere else, in other country populated by other people. Therefore, after expression of its will by free elections, the people earlier exploited by the metropoly has now the right to create the state of its own, and shouldn't be prevented of doing so.

Indeed, this situation was common in the near past. So, the whole process of the so-called decolonisation was run according to this scheme. The people realizing its right for self-determination, and the population of the colonial territory presumed to be the same entity, and there were valid reasons for such a perception. As a rule, colonizers were significantly outnumbered by the indigenous population, and the decisions adopted by simple majority of voters seemed quite natural way of political decision-making. Essentially the same way was adopted for the political reformation of South Africa.

But later, numerous situations arised for which those schemes were not applicable to resolve actual problems; sometimes, they undermined the very principle of the equality of peoples and human rights observance. The model presented above fit only those countries and regions which were subjected to only "mild" colonisation. (This term addresses not the methods of colonisation, because the methods might have been rather hard like e.g. in India or South Africa. but the actual purposes and the results of colonisation). "Mild" colonisation just implies that imposing its power over some colonial territory, the metropoly aimed predominantly at exploiting it economically, mostly by using its natural resources for the own (metropoly) advantages. Settlement of colonizers and displacement of indigenous population was limited so far as the task of gaining administrative and military control was fulfilled.

But apart from "mild", there is a model of "rough" colonisation, which aims at the very territory populated by the indigenous people, when just this land is percepted as a main wealth and main resource. If this is the case, the process of colonisation has led to mass displacement, extermination, and deportation of native residents. In such a way, over several centuries, sometimes even in shorther time, the demografic situation has subjected to radical changes: as a result of continual violence and direct genocide, decision-making by the majority of voters has become quite acceptable for colonizers, because they already constitute the absolute majority of the population of captured land. Just this development can be illustrated by the case of Crimea.

After the Russian annexation of Crimea in 1783, the number of Crimean Tatars has dropped from 2,5 - 3 million to 130.000 in 1921 as a result of endless repressions and displacements. In 1944, all Crimean Tatars still remaining in Crimea, were deported by Soviet regime to Central Asia, Ural, and Sybiria. Over the same times, the number of Russians and "Russian speaking" residents of Crimea has reached, due to planned resettlements, 1,5 million in 80-s of XX-th century. Up to date, after more than half a century fight for repatriation and restoration of their rights, only 250.000 of Crimean Tatars have managed to come back to their motherland, and nearly the same number are still living in the exile. So, even if their repatriation would be completed, the percentage of the indigenous people will reach no more than 20% of the entire population (now 2,5 million).

Throughout more than two hundred years, Russian (and Soviet) politics, while persecuting and exterminating the indigenous people, has never addressed such issues as democracy, human rights, and observance of the international law regulations. But now, the main arguments against the recognition of the right for self-determination of the Crimean Tatars recall the rules of democracy: how non democratic would it look to provide some special rights for such a negligible minority, not to mention of doing so because of their ethnicity! The leaders of Russian chauvinistic organizations of Crimea and local administration are ready to decide the question of selfdetermination of Crimean Tatars by voting, but under the obligatory condition that all residents of Crimea, of which 90 % arrived only after deportation of indigenous people, will participate in the voting process. The most stunning fact is that to substantiate their positions, they refer to the democratic principle "one individual-one voice", and to the right of Crimean people" for selfdetermination.

Crimean realities already demonstrated the fruits of such an approach. Local state institutions and the Supreme Council of Crimea many times rejected or blocked the issues of reparation, restitution, implementation of Crimean Tatar language into the state and political life of Crimea, restoration of historical names for settlements and geographic objects etc. And all this was done according to quite "democratic" procedure - by the majority of voices. The same majority decided that Crimean Tatars were prohibited to settle in certain regions of Crimea, it refused to recognize the representative bodies of Crimean Tatar people - Kurultai (national congress) and Milli Mejlis (national assembly), rejected the establishment of Crimean Tatar schools and so on.

Pro-emperial attitude of political parties and organizations of Russian speaking majority determines its position towards Ukraine, the latter being constantly pressed by the threat of the all-Crimea referendum on the secession from Ukraine and joining Russia. Political and ideological leaders of these organizations are well aware that if such a referendum will be run, they have a good chances to succeed, because the colonizers are going to recognize neither the territorial integrity of Ukraine, nor the rights of indigenous peoples.

It may seem reasonable to accept current reality, and proceed by assuming that all those actions are indeed in line with democracy and human rights protection. But I think that history is a process which comprises past, as well as present and future, and that the absolutization of the current realities is not the best way of solving the problems accumulated during the past ages. Logical continuation of such an approach would be to justify all crimes against humanity, and to accept all the consequences of such crimes. Or it would mean that there are first rate and second rate peoples, with different rights to be exercised. But it is easy to predict what response could come from "second rate" peoples if their equal rights are not be recognized for too long...

Therefore, what could and should be done to combine general principles of democracy with the necessity to ensure the rights of minorities? What mechanisms can be proposed to protect the rights of indigenous people whose status has been reduced to that of just "minority" on its own land? What is the meaning of the term "selldetermination" in this particular case?

To try to find the answers, theoretical as well as practical approaches should be used. We propose for further discussion several points of crucial importance:

1. It is necessary to recognize that for a number of situations, conventional perception of democracy as of power of a majority is not suitable. In the increasingly heterogenous societies democracy should be conceived rather like a balance of interests of different groups

2. When the majority enjoys its dominance over minority, this shouldn't be considered the matter of the majority itself, especially when interethnic and interconfessional relations are regarded, and in particular, when the relationship between the indigenous people and colonizers are discussed. Those cases do need involvement of international mediation and international arbitrage.

3. It should be recognized that equal rights of individuals of different ethnic origin is not the same as equal rights of peoples to whom those individuals may belong. Individual and collective human rights are not contradictory, but mutually supplementing notions, and often violation of one of them results inevitably in a violation of other. In some spheres (political representation, decision-making, self-government, protection from discrimination), the links between both levels of human rights seem rather confused, and mechanical equality of individuals means actual inequality between peoples or communities.

4. A model for the self-determination of indigenous people should foresee a situation when this people resides on the territory and shares it with a majority which was constituted due to the past processes of repressions, discrimination, and deportation.

Mejlis of Crimean Tatar people proposed such a model in the Draft Constitution of Crimea, whose central idea was the Parliament consisting of the two chambers. One of them was to be elected by the indigenous people, another by the other residents. Decisions of the Parliament would become laws if approved by both chambers. This might hinder adoption of some decisions, but neither of sides would feel offended or discriminsted.

But quite illustratively, this project was rejected without even being discussed.

Some other mechanisms seem possible to operate, for instance:

- implementation of quotas within parliament and other ruling

bodies, to ensure efficient participation in the decision-making processes;

- the rule of veto for the most important questions whose volume is determined beforehand;

- participation of some institutions of self-government not included into the system of state powers, in the decision-making processes and their implementation in the cases directly concerning the rights of indigenous people;

- special constitutional provisions regulating the relationship between the different communities;

- environmental issues shouldn't be decided without the participation of the indigenous people for whom just this environment is the only one ensuring its sustainability;

- cultural issues of the indigenous people should be decided by himself, and be supported by the state budget.

Some of the foregoing considerations resulted not only from the experience of Crimea, but from the numerous discussions and presentations taking place during the 12 Session of the Working Group on Indigenous Peoples of the Sub-Commission on Prevention of Discrimination and Protection of Minorities of the UN. Tens of separate cases of indigenous peoples were submitted to that session, and my proposals have been met with understanding and sympathy, though Mejlis of Crimean Tatar people was represented at such a forum for the first time. It shows that those problems and proposed ways of their resolution can proved to be of more general significance than if they were a concern of only this particular region.

Natalie Belitser

PEOPLES, NATIONS, NATIONAL MINORITIES, ETHNIC GROUPS, AND THE RIGHT FOR SELF-DETERMINATION (THE CASE OF UKRAINE AND CRIMEA)

The very title proposed for this presentation suggests the necessity to reach consensus when dealing with delinitions,- if only to escape misunderstanding at a starting step of all further discussions on the issues. For nowadays, a crucial point of most hot arguments seems focused at the concept of "people" as of subject of international law suggesting its right for the so-called external self-determination (1). In spite of the lack of generally accepted and unambiguous concept of "peoples", in this context explicitly distinguished from national minorities, population, residents etc., certain criteria have been elaborated which seem valid enough to be used whenever the question of self-determintation arises. These criteria, as listed in (1), include:

1. A group of individual human beings who enjoy some or all of the following common features: a) a common historical tradition, b) racial or ethnic identity ,c) cultural homogeneity, d) linguistic unity, e) religious or ideological affinity, f) territorial connection, g) common economic life;

2. The group must be of a certain number who need not be large (e.g. the people of microstates) but must be more than a mere association of individuals within a state;

3. The group as a whole must have the will to be identifled as a people or the consciousness of being a people - allowing that groups or some members of such groups, though sharing the foregoing characteristics, may not have the will or consciousness; and

4. Possibly, the group must have institutions or other means of expressing its common characteristics and will for identity.

Sharing with many colleagues, including human right activists and scholars, just this trend to define peoples as coherent entities possessing the right of self-determination, we share also the next strong assertion stressing that: "In respect of indigenous peoples (2), the consensus was that they were unquestionably peoples in every social, cultural, and ethnological sense of the term" (1) .

Being applied to ethnic, political, and social situation within the borders of contemporary Ukraine, the compliance with the foregoing criteria would mean that multiethnic, multicultural, and multireligious society of Ukraine consists of the two indigenous peoples, namely, Ukrainians and Crimean Tatars (who conform to all the criteria listed above), and of a number of other groups to be recognized as either national minorities or ethnic groups (depending mainly on the size of the group). Members of all those groups, without any discrimination, share a citizenship of Ukraine thus comprising what is assumed by the term "political nation", or "Ukrainian people". (It should be emphasized that at the level of individuals, affiliation to a certain group or to neither of them must be conceived as a personal, his or her free choice of selfidentity, and be recognized as an entirely private matter).

If this general approach would be accepted, then at least some of the current controversies and disputes might be resolved by the opposing parties much easier than it has occurring today. For instance, the shared perception of the definitions would have eliminated some misundestanding with respect to a position of the members of Moscow Helsinki Group, whose Appeal to all citizens of the ex-USSR proposes some general principles of interethnic relations (3). Without clear distinction made of the terms "people" and "national minority", some points of this Appeal look rather contradictory, since the first principle declares that "the right for self-determination is natural and unalienable right of all peoples... including national minorities", whereras the fifth principle addresses "all peoples a n d national minorities..." (calling them to respect the existing state borders).

Though national minorities in all countries should certainly enjoy a wide range of special rights aimed at protecting their cultural, religious, linguistic etc. identities, the assumed distinction between national (ethnic) minorities and the peoples should be recognized, if only as an inevitable consequence of the well-established and yet developing system of the European nation states. (Nation state by no means implies "monoethnic" or even "ethnic" state; this term could be taken as an indication of the indigenous peoples that usually served a main moving force for a stalebuilding process, and whose names were often reflected by the names of the respective countries. It can be added that these considerations seem relevant rather to the European historical experience, since e.g. the North American experience of establishing their contemporary states was quite different).

Therefore, as far as nation states continue to exist, Ukrainians will have a status of national minority wherever in the world except Ukraine; the same understanding of the distinction between peoples and national minorities, if applied to Russians, Serbs, Croats, Hungarians, Armenians, Moidovans etc., would provide a comprehensive and nondiscriminative framework for post-imperial interethnic relations, including relations within and between the modern multiethnic states appeared as a result of collapsed empires.

The perception of "people" as of subject of the international law enjoying the right for self-determintation, is yet far from being universally accepted. Among the policymakers, prominent public figures, and independent experts of the ex-USSR, the most strong opposition to this view constitute our colleagues representing the views of the political elite of Russia (views of the extreme Russian chauvinists are not regarded here). This becomes evident especially when the case of the Crimea is under discussion. With respect to this particular case, the firm believes have been expressed like: "The residents of the Crinlea, by all means, have the right for self-determination" (Galina Starovoitova, see rel: 4); or: "Not nation, but people (of the Crimea) has the right for selfdetermination" (Vitaliyi Korotich), or: "Vox Populi - Vox Dei" suggesting such a "Vox" to be expressed by referendum, and the will of "Crimean people" to be imposed by a mechanical majority of voters (Mr. Konstantin Zatulin, Member of State Duma); or: "The people of Crimea should decide their own fate, including the problems of polity and statehoood, by local referendum" (Mr. Yevgeniyi Saburov, resigned Vice-Premier of the Crimean government who had been invited from Moscow by Mr. Meshkov, the President of the Crimea).*

To my mind, though such statements may seem appealing to the intuitive "sense of justice", they certainly shouldn't be practiced as means to resolve any territorial disputes because of several reasons. First, they bear a potential to violate the rights of indigenous peoples often not reaching a quantitative majority on their historical lands. Second, they enhance the probability of endless revision of the existing state borders thus leading to a long-lasted chaos and increased destability. And finally, alleged right of national minorities to secede from one state and join the other threatens to inflame separatist tendencies to a point of violent armed conflicts thus undermining any hopes for peaceful political negotiations aimed at compromising between the sides involved in a potential conflict. (Separatist passions are often premised on the anticipated or actually given support from the "kin states", and they would be severely aggravated if perceived like being quite legitimate and in compliance with the international law).

It is worth mentioning that the dangers of extending the right for self determination to all groups of population seem well comprehended by the same politicians and public figures whenever it concerns the situation not outside, but within the RF (e.g., the case of self-proclaimed Ural Republic, the idea having been utterly rejected by state authorities of the RF).

But of course, this perception of only "peoples" as the subjects of the right for external self-determination, cannot be taken as universal: certain exceptions should foresee this right to be provided tor national minorities subjected to mass discrimination or suffering from the direct threat to their sustainability. However, such extreme situations should be regarded individually, with the involvement of international bodies and institutions looking for optimal solutions. At least one positive example of such international intervention can be drawn from the history of Europe after the World War I, namely, the solution having been found for the highly disputable case of the Aland Islands. As is known, this territory populated by ethnic Swedes and located near Sweden, happened to become a part of Finland after the latter had gained the state independence in 1917. Resulting territorial disputes between Sweden and Finland were gradually resolved due to energetic endeavours exerted by the League of Nations. Numerous legislative acts and regulations determining just and fair distribution of powers between central Finland authorities and local self-government bodies representing the Swedish minority (which was the overwhelming majority of the residents of the islands), proved to satisfy all the sides involved, and in such a way, the problem was resolved peacefully and without the revision of state borders (5).

Coming back to the case of the Crimea whose population consists of 639 ethnic Russians, 249 Ukrainians, 10% Crimean Tatars, and over a hundred of other ethnoses, including small groups of indigenous Crimchaks and Karaims, the situation which is additionally complicated by the repatriation of Crimean Tatars and other deported minorities and ethnic groups, seems extremely tensed and difficult to be resolved. No wonder that a number of quite different approaches were proposed to settle the Crimean crisis. One of them, backed by rather moderate Russian policymakers (like Mr. Shakhrayi), suggests for the Ukraine - Crimea situation the same model as adopted for the Russia - Tatarstan relationship. Proceeding from the distinction between "people" and "population", it seems obvious that the latter case was dealing with the indigenous Kazan Tatar people (in full meaning of the word), that have made their claims for national autonomy or other degree of selfdetermination within the borders of the RF wellsubstantiated and quite legitimate. Whereas in the former case, the same model would be justified only if there were Crimean Tatar Autonomic Republic at the peninsula, which is not so. Therefore, this example exposes the two different meanings of the term "people" which have been used depending on the context, one of them accepting the notion of people as a coherent entity in line with the abovementioned criteria, whereas the other implies that "people" is just a population (residents) of the given region. Regretfully, some of the Ukrainian proponents of the same model don't seem to recognize this difference, too (6).

The problem of group rights, the right of peoples for selfdetermination included, acquires a special meaning if concerns those indigenous peoples whose historical background links them to the land of their contemporary settlement, but who have neither statehood of their own on this land, nor any other territory to exercise their national life. If those peoples, apart from having no "kin states", are also denied of some special status assuming either a possibility to build a polity according to their requirements, or providing a kind of autonomy to satisfy their needs within the existing state, then the probability of interethnic tensions coming to overt violence, or acts of terrorism, or civil war, seems increased dramatically. (The cases of Palestinians, of Kurds in Turkey and Irak, of Basks in Spain, are all the convincing illustration of such a thesis. And not yet violent behaviour of Crimean Tatars gives no guarantees that those tragic scenarios are excluded as a prospect). But for the group which has such explicit self-perception of being a people as demonstrated by Crimean Tatars; for those who not only share common culture, traditions, language, religion etc., but possess already a mature political elite, elected bodies of self-government etc., the most reasonable solution to their problems seems be found in a peaceful and evolutionary movement towards realization of their right for selfdetermination. And widespread stereotypes and fears of "strengthening the Muslim factor" by no means should be used to reject such a solution

Taking into account that Crimean Tatars are yet significantly outnumbered by the more recent residents of the peninsula, who have settled here following the horrible events of deportation and genocide; considering also the two sad legacies - of imperialism and totalitarianism - inherited by all post-Soviet societies (7), the prospects to fulfill this task seem doubtful indeed. Nevertheless, inherent and historically determined ability of indigenous peoples of the Crimea to live peacefully within multicultiral, multiethnical, and multireligous environments makes this problem not so utterly unsolvable as it may seem at the first regard. But even if seen as a remote perspective, this decision demands a lot of endeavours to be started immediately in order to overcome many kinds of obstacles rooted in politics, economics, and social psycology. The more institutions and individuals support this idea, the better odds lor a success. And the success would mean that humankind might be eventually rewarded by the reappearance at this beautiful land of a society as richly multicoloured and multicultural, as highly civilized, peaceful and tolerant (8), as had created the glorious Tavria of the ancient past.

* The last two quotations referred to the speeches presented at the International Conference on: Developments in Crimea: Challenges for Ukraine and Imolications for Rezional Securitv. Kiev. 23-25 October 1994.

REFERENCES

1. Self-Determination: Report on the Martin Ennals Memorial Symposium on Self-Determintation, Saskatoon, Canada, March 3-ó, 1993 (publication by International Alert)

2. The Rights of Indigenous Peoples: Fact Sheet N 9, United Nations Office in Geneva, Centre for Human Rights, 1992

3. On Principles of the International Relations (Appeal of the Moscow Helsinki Group, Moscow, 1994, in Russian)

4. "Not to create the image of enemy but to know each other" (interview with Galina Starovoitova), Observer, N 4, May 1994, pp. 20 - 27 (in Ukrainian)

5. Aland Islands - An Example of Territorial Autonomy. Constitutional Herald, Supplement I, Moscow, 1990 (in Russian)

6. S. Bazovkin: Crimea and Ukraine - the aspects of the European security. Hot Line, N 1, 1994 (in Ukrainian)

7. A.J. Motyl: Dilemmas of Independence - Ukraine after Totalitarianism. Council on Foreign Relation Press, New York, 1993

8. V.Ye. Vozgrin: Empire and the Crimea - A Long Way to Genocide. Backchesarayi, 1994 (in Russian)

Christian P. Scherrer / Ethnic Conflicts Research Project (ECOR)[1]

Korrelation der Kolonialpolitiken mit der postkolonialen ethno-nationalistischen Konflikthaftigkeit

Ein systematischer Vergleich der Kolonialpolitiken und ihrer ethno-nationalistischen Konflikthaftigkeit bzw. Konflikthäufigkeit ist immer noch ausstehend.[2] Eine Korrelation der Zugehörigkeit kolonialen Territorien (inkl. ihrer jeweilige Größe und geographische Verteilung) mit der Konflikthäufigkeit verdeutlicht die besonderen Auswirkungen der britischen *Divide and Rule* Politik im kolonialen Plan verglichen mit den Kolonialpolitiken von Frankreich, Rußland, Portugal, Spanien und anderen Kolonial- bzw. Regionalmächten.

Die folgende Aufstellung beruht auf Daten des PIOOM für 1993:[3]

Kolonialmacht bzw. Regionalmacht	26 opferreichste Kriege (kumulativ)	22 Kriege mit 1993 mehr als 1'000 Opfer	84 Kriege niedrigerer Intensität 1993
Großbritannien	9 + 1	7 + 1	30 + 1
Frankreich	4	3	16
Rußland / USSR	3 + 1	3	9
Portugal	2	1	5 + 1
Spanien	2	2	8
Türkei / Osman	2	2	2 + 1
USA	1	1	2 ÷ 2
andere	1 + 1	2	8

Fazit: Unter den 22 Kriegen die 1993 mehr als tausend Kriegstote forderten fand etwa ein Drittel (7) in britischen Ex-Kolonien statt, darunter zwei der opferreichsten ethno-nationalen Bürgerkriege in Sudan und Afghanistan mit jeweils etwa 1,5 Millionen Kriegstoten; sie zählen mit Kambodscha (1975-79: 2 Millionen Opfer der Khmer Rouge) zu den drei Ländern mit der höchsten Opferzahl seit dem Vietnamkrieg. Unter den 84 Kriegen niedrigerer Intensität ist der Anteil ehemaliger britischer Kolonialgebiete mit 31 ebenfalls sehr hoch. Konflikte in ehemaligen britischen Kolonialgebieten sind mehr als doppelt so häufig wie in den Ex-Kolonien Frankreichs, gefolgt von früheren Herrschaftsgebieten Rußlands, Portugals und Spaniens.[4]

Die Kolonisierung und ihre Schaffung staatlicher Strukturen als universales Raster sowie die Staatlichkeit selbst, als Inkarnation von Hierarchie, behinderten oder verunmöglichten das horizontale Nebeneinander ethnischer Entitäten. Als für den Bestand der *neuen Staaten* gefährlichste Bestandteile des kolonialen Erbes erwiesen sich, neben der ökonomischen Abhängigkeit und Unterentwicklung, die Ansprüche von ethnischen, staatlicherseits als Minderheiten definierten Nationalitäten, welche oft von den Kolonialmächten (v.a. im *British Empire*) aus taktischen, herrschaftstechnischen Gründen privilegiert worden waren.[5]

Von den Briten und auch von den Portugiesen (nur die *assimilados*) wurden Minderheiten gegenüber Mehrheiten aus durchsichtigen Gründen systematisch bevorzugt, ebenfalls von den Holländern aus den gleichen Gründen (in *Oost-Indie* als Gegengewicht zu den volkreichen Javaner). Diese Politiken mit ihrer ethno-chauvinistischen und rassistischen Tendenz hatte bis heute verheerende Wirkungen in den jeweiligen Kolonien dieser europäischen Mächte.[6] Die Spanische Krone betrieb erst eine Ausrottungspolitik, dann die Versklavung und schließlich die Marginalisierung der Indigenen Amerikas. Bei den Franzosen, teilweise bei Spaniern und Russen (Sibirien, Zentralasien), spielten Minderheiten nicht im gleichen Ausmaß eine herrschaftstechnische Rolle, u.a. weil ihre Kolonialideologien (Assimilation, Integration, *Entwicklung, Zivilisierung*) dagegen standen.[7] Das Deutsche Reich (bis 1918) und Belgien (Kongo) wandten gleichfalls destruktive Taktiken an; das Element der Segregation (wie im *British Emire*, in *Oost-Indie* und im Lusitanischen Afrika) war ebenfalls ausgeprägt, hatte jedoch aufgrund der zeitlichen oder räumlichen Beschränkungen geringere Einflüsse.

Der Ethno-Nationalismus löst den Entwicklungsnationalismus ab

Ethnische, distinkte Nationalitäten aber auch religiöse Minderheiten stellten die national-staatliche Idee im Rahmen von Vielvölkerstaaten überall dort von allem Anfang an (seit 1945) in Frage, wo die Herrschaft der Europäer durch jene einer bestimmten Ethnie ersetzt wurde. Der Zusammenprall von Staat und Gesellschaft in der Dritten Welt bekam auf diese Weise eine ausgeprägte ethnische, ethno-nationalistische Dimension.

In chronologischer Weise müßten wir, nach dem europäischen Nationalismus und dem (sekundären) Entwicklungs-Nationalismus, vom Ethno-Nationalismus als tertiärem Nationalismus sprechen.[8] Dieser verspätete Nationalismus ist angetreten, die Hinterlassenschaft der kolonialen Weltordnung zu revidieren.

---

[1]ECOR, Brachterhof 38, NL-5932 XM Tegelen, Fax +31 77 740 290

[2]Albertini, Rudolf von: Europäische Kolonialherrschaft 1880-1940. Stuttgart (Steiner); 1. Aufl. 1976
Das Buch enthält eine Fülle von Hinweisen zum Thema koloniale Herrschaftstechniken als Ursache ethno-nationalistischer Konflikte, ohne daß dieses Thema eingehend behandelt würde.

[3]Die Aufstellung beruht auf neuem Datenmaterial des *Interdiziplinären Forschungsprogramms über die Verursachung von Menschenrechtsverletzungen* (PIOOM) des *Zentrums für Studien sozialer Konflikte* (COMT) der Universität Leiden und *Amnesty International;* vgl. dazu: Jongman/Schmid 6/94 (PIOOM); up-date von: Colijin, Ko / Rusman, Paul: PIOOM Working Paper I. Leiden 1993 (COMT)

[4]Die Bürgerkriege in Mocambique und Angola, die als anti-koloniale Befreiungskriege in den 60er Jahren begannen und nach der portugiesischen Nelkenrevolution (und dem Rückzug Portugals) von 1974 bis heute als Bürgerkriege weiter ausgetragen werden gehören ebenfalls zu den fünf opferreichsten Kriegen seit Vietnam. Zusammengenommen starben im ehemaligen Portugiesischen Afrika 1.5 Millionen Afrikaner; dies ist neben internen Widersprüchen auch die Folge der Regionalmacht-Ansprüche des südafrikanischen Apartheidregimes 1974-1994.

[5]Die britischen Kolonialgebiete sind die flächenmäßig größten und volkreichsten; sie umspannen den Globus: Britisch-Indien, Britisch SO-Asien (Burma, Ceylon, Malaya), Protektorat Ägypten, Britisch Westafrika (Nigeria und Goldküste), Britische Siedlerkolonien in Zentral- und Ostafrika (Kenya, Uganda, Tanganyika, Rhodesien, Nordrhodesien). Spanische Kolonialgebiete wurden mehrheitlich zwischen 1840-70 unabhängig. Die Briten werden gefolgt von den Franzosen in Vietnam, im Maghreb (Algerien, Tunesien und Marokko), in West- und Äquadorialafrika (Sahel und entlang Küste von Senegal bis Kongo-Brazaville). Es folgen Holländisch-Indien, die deutschen Kolonien in Afrika; Portugal in Afrika und Timor, sowie Belgisch Kongo.

[6]Albertini (1976/87) behandelte in seinem vergleichenden Buch "Europäische Kolonialherrschaft 1880-1940" die Epoche der Dekolonisation der afro-asiatischen Länder nicht. Nach Regionen und Ländern gegliedert, gibt Albertini einen Überblick zur Kolonialadministration, zur kolonialen Wirtschaft (v.a. die Landwirtschaft) und Wirtschaftspolitik, die Auswirkungen der europäischen Fremdherrschaft auf die Sozialstrukturen der kolonisierten Völker, die Elitebildung und erwähnt erste Etappen der beginnenden nationalistischen Emanzipationsbewegungen.

[7]Die Portugiesen bevorzugten ausschließlich die *asimilados* (Assimilierte, tatsächlich Mestizen), die in den herrschenden Eliten weit überproportional vertreten sind.

[8]Vgl. Senghaas: Vom Nutzen und Elend der Nationalismen im Leben von Völkern. In: Calließ, Jörg / Moltmann, Bernhard: Jenseits der Bipolarität: Aufbruch in eine "Neue Weltordnung". Loccum 4/92

Register der 101 Kriege in den letzten zehn Jahren (1985 - 1994)

Staaten	vs.	Nation(alität)en / Akteure	Kriegstypen	Zeitraum / Kriegsphasen

Zentralamerika/Karibik

1. Guatemala	Maya-Kiché, Ixil, EGP u.a.	BA	1954 - ...
2. Guatemala	URNG	AB	1960 / 1980 - 1992 (?)
3. Nicaragua	FDN-Contras / Re-Contras	A+ / AF	April 1981 - 1990 / ...
4. Nicaragua	Miskitu / Sumu, Rama	B+ / B	20. Feb. 1981 - 1987/1990
5. El Salvador	FMLN, Pipil	AB	1980/81 - Feb. 1992 (?)
6. USA	Panama (LD-RP)	C	20. - 24. Dez. 1989
7. Haiti	Tonton Macoutes, FRAPH; US	FA / FA+	Sept. 1991 / Sept. 94 - ...

Südamerika

8. Brasilien	Goldsucher vs. Yanomami	FE	1986 (?) - ...
9. Kolumbien	FARC, EPL; ELN; M-19	AB; A; A	1964/65/Jan 74/ - März 90/...
10. Kolumbien	Drogensyndikate, Todesschw.	AF	1970 (?) - ...
11. Kolumbien	Guajiro	BA	1975 (?) - ...
12. Surinam	Busi Nengee/Kalinja, Lokono	BA / B	21. Juni 1986 - 7. Juni 1989
13. Peru	Sendero Luminoso, Milizen	ABF	Mai 1980 - ...
14. Peru	Aymara, Quichua, MRTA	BA	Nov. 1987 - ...

Nordafrika

15. Marokko	Westsahara: Sahrawi	DB	18. Nov. 1975 - 1992 (?)
16. Sudan	Südsudan: SPLA	BA	Sept. 1983 - ...
17. Sudan	SPLA-Dinka, SPLA-Nuer	BE+	Aug. 1991 - ...
18. Algerien	FIS	A	1991 - ...
19. Ägypten	Fundamentalisten	AF	1992 - ...

Westafrika

20. Senegal	Diola, MFDC	BA	April 1990 - ...
21. Liberia	NPFL, INPFL	EA / EA+	Dez. 1989 /Aug. 1990 - ...
22. Sierra Leone	RUF, NPFL, ULIMO	AEC	Jan. 1991 - ...
23. Mali	Burkina Faso	C	21. - 31. Dez. 1985
24. Mali/Niger	Tuareg: MFUA, MPA, FIAA	BCE / BC	Mai 90 - 1992 / Juni 94 - ...

Zentralafrika

25. Tschad	FAN, FAP, MPS	E/BAC+/BA+/B	Juni 1966 /1979/1990/91-...
26. Ruanda	Bahutu, Tutsi, FPR	BA+	Okt. 90 / Okt. 92 - Juli 1994
27. Ruanda	Interahamwe, Paremuhutu	BEA	6. April 94 - Juli 1994 (?)
28. Burundi	Tutsi, Bahutu	EAC	August 1993 - ...
29. Zaire	Luba; Hunde, Nyanga, Hutu	EA	Aug. 1992 / März 93 - ...

Ostafrika

30. Äthiopien	Eritrea: ELF, EPLF	DB / DAB	1962 / 1976 - Mai 1991
31. Äthiopien	Tigrai, TLF, TPLF, EPRDF	B / BA	1975 - Mai 1991
32. Äthiopien	Oromo: OLF, IFLO, UOPL	BAD / BDA	1976 / Mai 1991 - ...
33. Äthiopien	Gojjam, Gondar: EPRP, EDU	A / AB / BA	März 74 /Dez. 75/ Mai 91²...
34. Äthiopien	EPRDF: EPDM, OPDO, u.a.	AB	Jan 1989 ... Mai 1991
35. Djibouti	Afar (FRUD u.a.)	BEA / BAE	1981 / Okt. 1991 - ...
36. Eritrea	ELF-Idriss, Jihad, ELF-GC	EA+	1993 (?) - ...
37. Somalia	Nord: Isaaq, SNM	BA+ / BA	1980 / 1990 - Mai 1991
38. Somalia	Marehan, SSDF, SDM, USC	EA / E / E+	1988 / Jan 91 / Dez. 92 - ...
39. Uganda	NRM, Acholi, Langi, Bari	AB / EA	Feb. 1981 / Feb. 86 / - ...

Südliches Afrika

40. Angola	MPLA; FLNA, UNITA	D/BAC+/ BAE	1961-75 / 20. Juni 1991 - ...
41. Namibia	SWAPO, Herero, !Khoi; TA	BD	1966 - 22. Dez. 1988
42. Zimbabwe	ZANU, Ndebele-ZAPU	AB / EA	Jan. 1983 / 1987 - Mai 1988
43. Mosambik	FRELIMO; RENAMO	D / AC / AE+	1991 / 1975 - Okt. 1992 (?)
44. Südafrika	ANC, PAC / Inkatha, Buren	DA/DAE/EAD	1962 / 1976 / 1990 - ...

Register der Kriege von 1985 bis 1994:

Staaten vs.	Nation(alität)en / Akteure	Kriegstypen	Zeitraum / Kriegsphasen
Westeuropa			
45. Spanien	Euskadi, ETA, HB	BA	1937 - ...
46. Frankreich	Korsen, FLNC	BA	1950 - ...
47. Nordirland	IRA, UVF, UFF	DB / DEA /EDA	1961-1969 / 1986 - 10/94 (?)
Osteuropa			
48. Jugoslawien	Slowenen / Kroaten	AB / CB	Juni 1991 - Juli 91 / Okt. 91
49. Kroatien	Serben (Krajina, Slavonien) ... -	BF+	Juli 1991 - 1993 (?)
50. Bosnien:	Tschetniks, Muslime, HVG, u.a.	EFB+	März 1992 -...
51. Moldawien	Russen, Ukrainer, Kosaken	EF+	März - Aug. 1992
52. Rumänien	Securitate, Timisoara Magyaren	AE	17. - 28. Dez. 1989
Südosteuropa			
53. Georgien	Gamsachurdia Rebellen	A / AEF	Sept. 91/Jan. 92 - Nov 1993
54. Georgien	Südossetien	B	Dez. 1990 - Juli 1992
55. Georgien	Abchasen	BC / BC+	Aug. 92 / Juli 93 - Dez 1993
56. Chechenia	Inguschen	BE	Dez. 1991 - März 1992
57. Azerbaijan	Berg-Karabach	BE / CBE	88-90 / 1992 - Mai 1994 (?)
58. Armenien	Südwest-Azerbaijan	CBEF	März 1993 - Mai 1994
Vorderer Orient			
59. Libanon	Maroniten/Drusen, Shiiten/Hesb	AE/CEA/EAC	April 75 / 78 / 82 - 1993 (?)
60. Israel	Palästina: PLO/Hamas; Drusen	DB	1968 - ...
61. S-Jemen	Tribes, Clans, JSP	AEF	13. - 29. Jan. 1986
62. N-Jemen	Süd-Jemen	ABC / BAC	Dez. 91 / März 94 - Juli 94
63. Türkei	Kurden, PKK, HRK	B / BADF	1970 / 1984 - ...
64. Iran	Aseri, Kurden, Turkmenen	BA	Juli 1979 - 1988 / ...(?)
65. Irak	Kurden, PUK, KDP	BA / BAC /BA+	1976/Feb. 91/März 91 - ...
66. Irak	Iran (1. Golfkrieg), Kurden	CB	Sept. 1980 - 20. Aug. 1988
67. Irak	Kuwait	CD	2. - 4. Aug. 1990
68. USA/GB a.	Irak (2. Golfkrieg)	C	17. Jan. - 27. Febr. 1991/...
69. Irak	Schiiten	AB/CAB	1990/2. März 1991 - ...
Mittlerer Orient			
70. Tajikistan	KP, Clans, Russische Truppen	EAF+	Aug. 1992 - Juni 1993 (?)
71. Afghanistan	KP, Pathanen, Tajik, Usbek, a.	ABE/BAE+/EB	1973 / Okt. 78 / Apr. 92 - ...
72. Pakistan	Sindhi, SNA, Muhajir, Paschtun	BEF	Nov. 1986 - ...
Südasien			
73. Indien	Pakistan (Siachen)	C	April 1984 - 1989 (?)
74. Indien	Kaschmir: Muslim/Jamu/Ladakh	BE / BAE	1986 / 1990 - ...
75. Indien	Punjab: Sikhs, KLF, KCF	BAE	Juli 1982 - ...
76. Indien	Bihar: Naxaliten	A	1988 - ... (?)
77. Sri Lanka	LTTE, EPRLF, Tamil, Muslim	B/BA+/BAE+	Juli 83 /Sept 87 /März 90- ...
78. Sri Lanka	JVP, Singhalesische Jugend	AE	Juli 87 - Nov. 1989 (?)
79. Bangladesh	CHT-Tribes, Chakma, SB, a.	BAF	1973 - ...
80. NO-Indien	Tai-Asom, ULFA, Bodo	BEA	1990 - ...
81. NO-Indien	Westbegal/Himalaya: Gorkha	BA	1987 - 1988 (?)
Südostasien			
82. NO-Indien	Naga: RGN, NNC, NSCN	BD/BEA/AB/BA	1954/1963/1972/Nov 75 - ...
83. NO-Indien	Manipur: Kuki, NSCN, Meitei	BA / BEA / BAE	1960 (?) / 1975 / 1984- ...
84. NO-Indien	Mizo: MNF, u.a.	BAE	1966 - Juni 1986
85. Burma	Karen: KNDO, KNU	BEA / B / BA	1947 / 1950 / 1988 - ...
86. Burma	CPB (PVO, Red Flag), DPA	A / A+ / AB	1948 / 1962 / März 89 - ...
87. Burma	KIO, Mon; NDF; Pa-O, KNPP	B / BAE / BA	1962 / 1976 / Nov. 1988 - ..
88. Burma	Shan, Palaung, ALF, Wa, a, a.	EA / EBA	1970 (?) / 1988 - ...
89. Burma	DAB: NDF, ABSDF, PPP, a.	AB	Nov. 1988 - ...
90. Burma	Opiumguerilla: KKY, MTA, Wa	EA+/EFA/FE	1950 / 1976 /März 1989 - ...
91. Thailand	Laos	C	Nov. 1987 - Febr. 1988
92. Laos	Hmong, LLA, Drogenkrieg	FEC+ / FEA	1970 / 1975 - ...

Register der Kriege von 1985 bis 1994:

Staaten	vs. Nation(alität)en / Akteure	Kriegstypen	Zeitraum / Kriegsphasen

Südostasien (Forts.)
93. Kambodga   Khmer Rouge, ANS, Sihanouk   A/CA/AB+/A+   1968/70/75/1979 - ...
94. Vietnam   Montagnards, KPNLA, FULRO   B / BA+ / B   1964/1970/75- Okt. 1992 (?)

Ostasien
95. China   Vietnam   C   Febr./März 1979 - 1988

Inselasien und Ozeanien
96. Philippinen   NPA, Cordillera, CPA, Bontok   AB   1970 - ...
97. Philippinen   Mindanao: Moro, MNLF, MILF   BA+ / BA   1970 / 1989 - ...
98. Indonesien   Aceh u.a.   B   Mai 1990 - ...
99. Indonesien   Ost-Timor   DBA   Aug. 1975 - ...
100. Indonesien   West-Papua, OPM   DB   1965 - ...
101. Neuguinea   Bougainville   BAD   Febr. 1989 - ...

Die Zusammenstellung der Resultate nach Weltregionen und Typenkomposition:

Weltregionen   Anzahl Nennungen nach Kriegstyp

Region	A	B	C	D	E	F	Kriege
Lateinamerika 14%	**6--4--0**	**5--4--0**	**1--0--0**	**0--0--0**	**0--1--0**	**2--2--1**	**14**
Zentralamerika	3--2--0	2--2--0	1--0--0			1--1--0	7
Südamerika	3--2--0	3--2--0	0--0--0		0--1--0	1--1--1	7
Europa: 13 %	**2--2--1**	**6--2--1**	**2--1--0**	**0--1--0**	**3--3--1**	**0--3--1**	**13**
Westeuropa	0--2--1	2--0--0	0--0--0	0--1--0	1--0--0		3
Osteuropa	1--0--0	1--1--1	1--0--0	0--0--0	2--1--0	0--3--0	5
SO: Kaukasus	1--0--0	3--1--0	1--1--0	0--0--0	0--2--1	0--0--1	5
Afrika: 30 %	**5-16-2**	**14-2-1**	**1--1--2**	**2--2--1**	**8--4--2**	**0--1--0**	**30**
Nordafrika	2--1--0	2--1--0	0--0--0	1--0--0	0--1--0	0--1--0	5
Westafrika	1--2--0	2--0--0	1--1--1	0--0--0	1--1--0		5
Zentralafrika	0--3--0	3--0--0	0--0--1	0--0--0	2--1--0		5
Ostafrika	1--7--2	5--1--1	0--0--0	1--1--0	3--0--1		10
Südliches Afrika	1--3--0	2--0--0	0--0--0	0--1--1	2--1--1		5
Asien: 43 %	**7-19-4**	**20-9-1**	**7--0--2**	**3--1--2**	**4--6--5**	**2--0--4**	**43**
Vorderer Orient	1--6--0	4--2--1	4--0--2	1--1--1	1--1--0	0--0--1	11
Mittlerer Orient	0--1--0	1--1--0			2--1--0	0--0--2	3
Südasien	2--4--0	4--0--0	1--0--0		0--1--3	0--0--1	7
Südostasien	3--6--3	8--3--0	1--0--0		1--3--2	2--0--0	15
Ostasien	0--0--0	0--0--0	1--0--0				1
Inselasien/Ozeanien	1--2--1	3--3--0	0--0--0	2--0--1			6
Welt	**21-41-8**	**44-16-3**	**11--2-4**	**5--4--3**	**15-14-8**	**4--6--6**	**100**

Nennungen	70 A	63 B	17 C	12 D	37 E	16 F	215

Fazit:

In der letzten Dekade 1985-11/94 fanden weltweit 101 Kriege statt. Die Aufteilung nach Weltregionen, Anzahl und Charakter der Kriege zeigt folgendes: 13 % der Gewaltkonflikte entfallen auf Europa, 14 % auf Lateinamerika, 30 % auf Afrika und 43 % auf Asien (15 % auf Südostasien).

Der weitaus häufigste Kriegstypus ist der ethno-nationalistische (44 %), gefolgt von den Typen Anti-Regime-Kriege (21 %), (inter-) ethnisch-tribalistische (15 %), zwischenstaatliche (11 %), Dekolonisierungskriege (5 %) und Bandenkriege (4 %). Alle Kriege mit dominant ethnischem Charakter (Typen B, D und E) machen zusammen fast zwei Drittel (64 %) aller gegenwärtigen Kriege aus.

Zur Beschreibung des heterogen-dynamischen Charakters der gegenwärtigen Kriege dient die Anzahl der Nennungen pro Kriegstyp. Neben dem dominanten Typus ist auch die sekundäre bzw. tertiäre Zuweisung relevant. Bei den heutigen Kriegen ist die ethno-nationalistische Komponente (29,3 %) und die Anti-Regime-Komponente (32,5 %) am häufigsten, wobei signifikanterweise der ethno-nationalistische Charakter mehr als doppelt so häufig dominiert.

Erläuterungen:

Kriegstypen:
A Anti-Regime-Krieg
B ethno-nationalistischer Krieg
C zwischenstaatlicher Krieg
D Dekolonisationskrieg
E (inter-) ethnischer Krieg
F Bandenkrieg

Mischtypen:
AB, BA, BC, CB, AC, CA, AE, EA, ABC, BAC, etc.
zuerst genannte Typen in einem Zeitraum sind dominant, mit abnehmendem Einfluß (sekundäre und tertiäre Zuweisung)

Fremdbeteiligung: + unmittelbare Kampfbeteiligung einer dritten, ausländischen Macht

Kriegsphasen: / Schrägstrich(e) zwischen Typen und/oder Jahreszahlen verweist auf verschiedene Kriegsphasen bzw. paradigmatische Wechsel

Zeitraum:
... der Krieg dauert an (Stand: November 1993)
(?) unsicheres Datum oder Kriegsbeendung ist fraglich

Quellen:
Gantzel et al / AKUF 1992; Nietschmann /CSQ 1987; Wallensteen/Axeil 1993; Scherrer / ECOR 1988, 1989, 1991c, 1992.

Kriegstypen/Komposition: In der Auszählung nach Typenkomposition wurde, um die Mehrfachzählung eines Krieges auszuschließen, die jeweils letzte Kriegsphase berücksichtigt. Die Auszählung nach sechs Kriegstypen (A-F) weist nebst der dominanten Zuweisung auch die sekundäre und tertiäre aus.

Beglan TOGROL

BOSNIAN MUSLIMS AND TURKISH MUSLIMS IN BULGARIA AND THE PSYCHOLOGICAL FACTORS BEHIND THE ATTITUDES OF THE WEST TOWARDS THEM

The International Conference on the Balkans which took place this year (1994) between the 7th and 10th of April in Istanbul, Turkey, was well attended by guests from all over the world, and the papers were presented by speakers from a wide geographical range covering such far away places as South Africa or Malasia, or the United States of America and, of course, most of Europe and the Balkans. The reason why I mention this Conference here, was the emphasis and agreement of almost all of the speakers on the insensitivity and immobility of the Western World towards the sufferings of certain groups of people in the Balkans. Even speakers from England and senators from the United States were unanimous with those from the Balkans in criticizing the West especially for its attitude towards the tragedy in Bosnia. One can also discern these days a number of articles written in the West along the same vein by scholars, lawyers or political scientists.

Mr. Juan Goytisolo, the famous Spanish writer thus transfers the feelings of Sarajevans in the words of Imam Mustafa Ceric, in his Sarajevo Notebook (1993):"I *can no longer believe in European Humanism. The ideas worthy of respect in the Universal Declaration on Human Rights have died in Bosnia. Tens of thousands of men and women who also supported them are now stacked up on top of each other in the cemeteries of Sarajevo... They died in defending these ideas in the midst of the indifference or hypocritical compassion of European statesman and diplomats. " (p. 17).*

Prof. W.P. Nagan (1994) is no less pessimistic in his conclusions on the "War in Former Yugoslavia": "... *the continuing tragedy in former Yugoslavia -but also in Rwanda, Liberia, Afghanistan and other placescan ... be seen as an incipient, but not too distant vision of a new Dark Age ... "(p.* 11).

Since the majority sentiment was thus disposed at the Balkan Conference, I felt, I should like to introduce this theme of common frustration towards the West to the attention of this Conference on human rights by examining the situations concerning two recent examples from that region. But, before going any further on these new events, I would like to pause briefly and quote a short passage from Bruno Bettelheim's book "On surviving" (1979), to indicate that this apathy of the civilized West when confronting unpleasant situations is not a recently acquired habit but also has a history as well. Bettelheim was a victim of Hitler's concentration camp horrors. He was a psychologist in Vienna when arrested after the annexation of Austria by Hitler in 1938 and sent to Dachau and Buchenwald camps. After his release from these camps in 1939, he settled in the United States and earned considerable reputation in his field on child psychology. I quote:

"From the moment I arrived in the U.S.A. within weeks after liberation, I spoke of the camps to everybody willing to listen, and to many more unwilling to do so. Painful as this was because of what it brought back to mind, I did it because I was so full of the experience that it would not be contained. I did it also because I was anxious to force on the awareness of as many people as possible what was going on in Nazi Germany, and out of a feeling of obligation to those who still suffered in the camps. But I met with little success.

At that time, nothing was known in the U.S. about the camps, and my story was met with utter disbelief. Before the U.S. was drawn into the war, people did not wish to believe Germans could do such horrendous things. I was accused of being carried away by my hatred of the Nazis, by engaging in paranoid distortions. I was warned not to spread such lies. I was taken to task for opposite reasons at the same time: that I painted the SS much too black; and that I gave them much too much credit for being intelligent enough to devise and systematically execute such a diabolic system when everybody knew that they were but stupid madmen (p. 14-15).

This was in 1939. It must not to be forgotten that ten years later, in 1948, as a consequence of the horrors of the concentration camps, The Genocide Convention, and the Universal Declaration of Human Rights were accepted by the United Nations.

The case of Bosnia-Herzegovina (1992)

In the referendum held under the EC auspices, Bosnia had voted for independence from the rump Yugoslavia, and was recognized by the EC, the UN, the United States, Great Britain and 58 other countries on April 7, 1992. It was then an example of multi-ethnic state with a population of 44% Muslim, 17% Croatian Catholic, 31% Serbian Orthodox, with a democratically elected pluralistic parliament in Sarajevo. Its EC approved Constitution rendered discrimination on the grounds of ethnic affiliation a criminal offence.

Two months after the referendum, Bosnia-Herzegovina was attacked by the Serbs. Whipping up extreme nationalist feeling among the country's Serbs, armed gangs led by Radovan Karadzic of Montenegro started to fight to grab as much land as they can which will eventually be annexed to Greater Serbia. A fact that Mr. Milosevic and his colleagues have overtly confessed during their election campaigns. This aggression which would never have endured long if not backed up by units of regular Yugoslav army and the political, diplomatic and propaganda support of Serbia, is dubbed by Mr. Milosevic as "self-determination" or "ethnic conflict" of Serbian minorities within the concerned Republics. As a consequence of this presentation, Karadzic uses his monstrous tactic of "ethnic-cleansing" in 74% of Bosnia occupied by him. The Muslim population in these areas are killed in camps or deported. The women are systematically raped, Muslim homes are marked with a cross and then looted and burnt. The intention is to create facts on the ground which no international settlement could reverse. The human toll so far is approximately over 200 000 people killed, mostly civilian women and children, over 3 000 000 displaced people as refugees, over 60 000 women subjected to sexual abuse, over 200000 detainees in Serbian-Montenegro concentration camps. There are crucial contradictions in this picture that needs consideration:

1. If the War in Bosnia-Herzegovina is a civil war for self determination, what right do Milosevic and his colleagues have to supply Karadzic and his fellows with weapons from the former Yugoslavian army that they confiscated ? This fact alone illustrates that this war is a war of aggression of state against another state. The West is morally committed under existing treaties to intervene in this war of aggression just as it had done in the case of the Gulf War.

2. While the chetniks are supplied by weapons from Belgrade, a fact that the whole world knows, what right do the UN have to impose an arms embargo that leaves the multi-ethnic Bosnian government defenceless ? It must also be remembered that the UN Security Council Resolution 713 (The Arms Embargo) was actually secured through the skillful diplomatic endeavours of Belgrade. Thus, under the UN Charter Article 51, the right of the Bosnian Government to defend its people and its territory against this aggression, is being hindered by the same United Nations, which will eventually lead to the extermination of the remaining Muslims in Bosnia. At least the arms embargo against Bosnia should be lifted allowing them the right to defend themselves.

3. What does the newly coined word "ethnic-cleansing" mean ? Warren's Dictionary of Psychology, defines it as; *"ethnic = pertaining to racial groups, embracing both social and individual characteristics of races. "* Drever's A Dictionary of Psychology is even briefer; *"ethnic=tribal, relating to racial groups. "*. But, we all know that the people of former Yugoslavia are of the same South Slavian stock and speak the same language, Serbo-Croatian. Thus, the term "ethnic conflict" could not really be a fitting term for this aggression. Actually, it is religion that identifies the Serbs, the Croats and the Muslims of former Yugoslavia. The Serbs being Eastern Orthodox, Croats Roman Catholic, and the Bosnians Muslim. So, obviously this is not an "ethnic-conflict" but, most probably, another massacre based on differences of religion enacted again in Europe towards the beginning of the twenty-first century.

The Serbs really wish to establish a religious state in Europe. Is not this a pursuit that is extremely dangerous for a Europe filled with fuming mixtures of peoples of all sects and religions ? Before this cruel war, Bosnia was a model of multinational state, where different people could live in peace, where religious differences were accepted with tolerance and many families intermarried. But, now a state has defined itself in religious, ethnic or racial terms outwardly and has seized territory and cleared it by murdering or forcing its inhabitants who has not met its definition to leave it, yet, contrary to the expectations, The Western political powers; Europe and America, have chosen not to resist this dangerous turn of affairs but they have acquiesced to accept the division of that country along ethnoreligious lines. NATO is not taking any decisive action and British and French governments are adding to the pressure on the Muslims by threatening that they may withdraw their troops if no agreement is reached. The West has insisted the Bosnian government to accept a peace plan that would give it about a third of Bosnian territory, broken into fragments and dependent on the goodwill of Serbs and Croats for survival. But, the Serbs are not satisfied they demand that Sarajevo itself be divided as well.How can all these facts conform with the existing international legal and political instruments including those ofthe CSCE, anyway ?

4. Concentration Camps where all sorts of atrocities have occurred is certainly known in detail by the Western authorities. I quote two examples from the brochure " Never Again ?"(*):

KERATERM: "They were locked along with 200 - 300 men into a single room estimated to be about 80 square meters in size ... Prisoners received little water or food. The temperature in the room was stifling. On July 24th the soldiers opened fire with large machine guns ... an e.stimated 150 were killed or wounded ... "

(*) The brochure published by UK Friends of Bosnia, " Never Again ?"

The above are two summary excerpts in this brochure taken from the Third U.S.State Department Report on Atrocities in Bosnia-Herzegovina.

ZVORNIK : Serb soldiers moved through the paediatric centre breaking the necks and bones of the 27 remaining Muslim children. The oldest were about 5."

It is clear that the ugly word ethnic-cleansing is nothing but a surrogate term for hateful genocide, coined by Karadzic and his followers as a cover up for their murderous actions. According to the Genocide Convention of 1948 (Macropedia, 1973), *genocide is defined as any of several kinds of acts committed with intent to destroy, in whole or in part, a national, ethnic, racial or religious group as such, by "killing members of the group", "causing serious bodily or mental harm to members of the group", and "deliberately inflicting on the group conditions of life calculated to bring about its physical destruction in whole or in part". "Imposing measures intending to prevent births within the group" and "forcibly transferring the children of the group to another group" are also as punishable as genocide, as is conspiracy, direct and public incitement and attempt to commit genocide, and complicity in genocide. One of the significant results of the convention is that the contracting parties confirm that genocide, whether committed in time of peace or war was a crime under international law which they undertook to prevent and to punish, even if perpetrated by a government in its own territory against its own citizens, was not a matter within the domestic jurisdiction of states but a matter of international concern.* This recent genocide is not even taking place in the Serbian "heart-land" but in the territory of Bosnia-Herzegovina usurped from its owners.

What about the additional crimes of urbicide, and memoricide conducted by the Serbian gangs ? I quote from Juan Goytisolo (1993):

"The most desolate spectacle is the famous library of Sarajevo. On August 26, 1992, Serbian ultra-nationalists attacked it with incendiary rockets and reduced an entire cultural patrimony to ashes in a few hours. As the Press Office of the Government of Bosnia-Herzegovina points out, this act "constitutes the most barbarous attack on European culture since the Second World War." "The fact is that the band of mediocre novelists, poets and historians with a vocation as arsonists, whose Report on the

Belgrade Academy was the seed of Milosevic's rise to power and the subsequent dismemberment of Yugoslavia intended this; their crime can only be accurately described as a memoricide. Since every trace of Islam must be removed from the territory of Greater Serbia, the Library, the collective memory of the Bosnian Muslim people, was condemned a priori to disappear in the avenging purifying flames ... I pick up a piece of paper, ... and take it with me as a souvenir of this programmed barbarism, the purpose of which was to sweep away the historic substance of a land and mount in its place an edifice made of lies, legend and wilful amnesia (p.16).

If the Komites, Hayduks and Chetniks were able to go unpunished for their assaults on Muslims in the last two centuries, why should they be punished now by a European Community that is falling apart, victim of the contradictions and small-minded egoism of its own architects? (p.17)

To summarize; Bosnia-Herzegovina, an independent sovereign state is being destroyed by groups aided by a foreign power in a war of genocide. Yet, the governments of the West have refused to put their principles and avowals into practice. As Margaret Thatcher, the former Prime Minister of Britain says: *"We in the West have actually given comfort to the aggressor. We have continued to treat this war of aggression by Serbia as if it were a 'civil war'. We have accepted the flouting of successive UN Security Council resolutions by Serbia. To this extent, we have not been neutrals, we have been more like accomplices ..."* Why ?

The case of forced emigration of minority Bulgarian Turks in 1989

The most interesting development for the Turkish public opinion in the June, July, August of 1989 was the "compulsory emigration" applied to the Turkish minority in Bulgaria by the government of that country. While the iron curtains and the "walls of shame" that had been erected in Europe were being torn to pieces in those days, the Jivkov administration, not hesitating to add a new kind of oppression that it had been exerting on the Turkish minority of that country for the previous five years, began to tear those Turks away from their lands of 600 years, forcibly cram them into railroad wagons and dump them on the Turkish border. The result was over 300 000 "forced émigrées" within two and half months from Bulgaria to Turkey. Yet, of this horrible infringement of human rights, the Western public opinion was kept uninformed. In spite of the endeavours of Turkish politicians to bring the attention of the West to the plight of these unfortunate people, the political powers acted very sluggish and apathetic, and the media of the West always craving after any news was completely reluctant to report this crisis. I know, because I had a chance to study this event professionally and wrote three books about it. But when I visited England sometime afterwards, I found that many of my friends at the Cambridge University had not even heard of this incident ! And we also found from some visitors from France, that the public in France were as much uninformed about this event as our friends in England. The events leading up to the forced deportation of these Bulgarian minorities can thus be summarized in the following manner: On July 17, 1970, under the leadership of Todor Jivkov the Central Committee of the Bulgarian Communist Party and the Politbureau adopted Resolution No.549 of "Changing the national identity and religious faith of the Turkish minority by applying clandestine terror". With the adoption of that resolution Jivkov tried to point out that no other nation had a right to live in Bulgaria and ethnic minorities would not be able to continue their normal life in Bulgaria. He achieved the adoption of that resolution No.549 in total disregard of all the agreements that Bulgaria has signed with the West and Turkey since 1878 containing the commitments to respect the rights of its ethnic minorities.

The first application of the Resolution took place in 1972 in the Pirin Macedonia and Rodop regions where the Turks living there were left with only two choices, either to give up their ethnic identity together with their human dignity or to give up their lives. Upon the opposition among the Turks living in this pilot area, Jıvkov's soldiers committed barbarous crimes, thousands of ethnic Turks were murdered in that region. A thousand bodies were discovered in a mass at the reservoir of the dam on the Maritza river. Sarcastically, it was the Yugoslav television which then broadcast that unspeakable crime to the world public (I.Alp, p.184-193).

In spite of the fact that such an attempt was in stark violation of the rules of international law, the Universal Declaration of Human Rights as well as the Helsinki Final Chart and even their own constitution, the events of 1972 were never noticed either in the West or even in Turkey, so no reaction was shown, as if they had never happened. In view of that lack of reaction, the Central Committee of the Bulgarian Communist Party finally at its February meeting in 1984 adopted a resolution for completing the Bulgarization campaign in the whole of Bulgaria. With the use of all kinds of methods of humiliation and violence including murder, their "identities" were usurped and destroyed. More that a million Turks were turned into "Bulgars" in Southern and South-Eastern Bulgaria in late 1984 and more than two and a half million in North-Eastern Bulgaria in the first months of 1985 with false documents drawn for the purpose. An eye-witness to that barbarous operation relates the manner in which it was conducted, as follows:

"The name-changing operation was performed at the Tekkeler village in the following manner. The village was surrounded by soldiers with tanks. Two armed soldiers and a policeman with a kalashnikov gun knocked at the door of each house and took the family to the Town Hall. There the old identification certificates with Turkish names were confiscated, the Turks were made to sign certain forms and their new identification certificates bearing Bulgarian names were handed to them. The "name-changing" operation was completed throughout Bulgaria on the 27th of February, 1985 (Togrol, 1991, p.53).

1989 which was an unforgettable year for the peoples of Eastern Europe was equally memorable for the Turks of Bulgaria as well. First, the "Berlin Wall of Shame" was torn down amid songs and it was followed by the lifting of the iron curtains one by one. In the same days, the Turkish minority in Bulgaria also began their actions of civil protest such as hunger strikes or demonstrations with the aim of getting rid of the sickening state terror and getting back their names, in short, getting their share of the freedom breezes blowing in Europe. Many Turkish minorities were pitilessly killed during their peaceful protest demonstrations staged with such slogans as, "we demand our rights", "we demand our names", "we demand to live like human beings". Jivkov was furious. The demonstrators were dispersed by opening fire on them, or by canning them or by the use of police dogs, in contravention of human rights and international law,and in order to further punish the Turkish minorities he started to deport them at random to the Turkish border compelling them to leave their homes and all their belongings behind in the process. Between June 2, 1989 and August 22, 1989, a total of 311 862 Turkish minorities from Bulgaria were deported to Turkey in a miserable condition. The number of those killed is still unknown but it is said to be hundreds. On the obvious infringement of human rights of these minorities by Jivkov and his henchmen, the Western World preferred to look the other way and not to take any notice of what was happening to these minorities. It is true that Jivkov was then overthrown and was put under house arrest shortly afterwards, on 10th November, 1989. But neither he nor his colleagues have been punished for these atrocities, and the conditions of those people displaced from their homes by his singular caprice has not much improved to this day. Many of them have lost their homes, their possessions, properties, their work, their salaries, social securities, pension rights and their health and well-beings. But those who had refused to acknowledge their plight have continued to do so to this day. Why ?

Psychological factors behind Western attitudes

According to clinical psychologist Bruno Bettelheim (1979), human nature tends to as much avoid as he can coping with deeply disturbing instances. And this we accomplish denying some of its upsetting aspects or distorting others. According to Bettelheim, **denial** is the most primitive of psychological defense mechanisms. A small child, confronted with an unpleasant fact, will start to deny it. As we get older, this primitive defense mechanism is seldom used. But when anxiety becomes upsetting, even normal adults tend to use it. That is why Americans denied the reality of the extermination camps as the simplest way to avoid facing an unpleasant truth. Moreover, it is easier to deny reality when facing it would require taking unpleasant, difficult, or expensive actions. Not to take such actions out of self-interest would evoke guilt feelings. In order not to feel guilty for not acting, one denies (or distorts) the facts. Thus, life becomes easier, at least for the moment (Bettelheim, 1979, p.84-96).

That this denial and distortion mechanism which keeps at bay our innermost guilt feelings may account, at least partly, for the immobility of the Western political powers who have so far, in spite of all those stark facts concerning the Bosnian situation discussed above and in contradiction to the evidence, have chosen to behave as though this were merely a civil-war, and the atrocities conducted by the Serbs, in the occupied territories have not been proven yet. But besides this attitude of forced denial which may somewhat be protecting them from guilt feelings, there may also be some other more complex motives behind.

Mr Juan Goytisolo hints at such possibilities in his Sarajevo Notebook (1993, p.17):
"Through the television propaganda from Belgrade and Pale intercepted by satellite dish on the Dalmatian coast carries images of an unforgetteable lyric frankness; a blond, healthy girl, decked out in traditional Serbian costume, surprisingly similar to the Young Valkyries on Hitler's massive processions, bows graciously to kiss the mortar that disgorges its grenades on the "Turks" of Sarajevo. In a tryptic of warning to our European "friends", the first figure shows the fluttering Community flag; the second, the flag splashed with runny green lines; the third totally green flag and a caption bleating: "This is the future". Green represents Islam and the message from Milosevic and Karadzic -reiterated by Franco Tudjman, as clumsy and underhand as ever- is more than transparent: that Serb soldiers are fighting to defend Europeans against the tide of infidel invasion. Serbian mythology has resurrected the glorious epoch of the Crusades: The day of my departure, General Radko Mladic, the leader of Karadzic's chetniks, had this comment to make as he launched the offensive against the last defences of the Bosnian loyalists on Mounts Bielasnika and Ingman: From now on my army controls the way to Allah"...
"The former Russian dissident Edward Limonov, supporter of national Communism and close to the ideas of Le Pen, waxes ecstatically over "the extraordinary sense of power that the feel of a sub-machine-gun inspires",

and takes up the words of the besiegers of Sarajevo in a ... report published in France: "This is the Third World War, the struggle between Christianity and Islam".

Mr. Mustafa Ceric, the Imam of Bosnia also insists on this theme:

"That is the heart of the problem. Many Europeans are locked in the formula of the historic confrontation of Christianity with Islam. The spectres from the past weigh like a nightmare on their subconscious. The chetniks use that, whip up atavistic frenzies, perpetuate the crusading spirit and proclaim themselves as championing Europe against Turks. This would be laughable if it weren't a question of life and death for us."

Yet those who have known the Bosnians as I have (and also the Bulgarian Turkish minority) know them as actually Europeans, all of them lay Muslims, with not a single fundamentalist among them.

But the deceptive propaganda of the Serbs that they are shedding their own blood in order to keep Europe from being occupied by the infidel, must have probably hit home with many people including those at the decision-making positions which may account for the reluctance of those authorities in taking the necessary steps that they have vowed to take by international treaties against aggressors. Why ?

The theory of "social justice" and the important influence of "stereotypes" in our attitudes and intergroup relations can explain from the socio-psychological point of view the hesitation of the West in taking the necessary measures towards the aggressors both in the tragedy of Bosnian Muslims and the Bulgarian Ethnic Turkish minorities. The contradictions that is frequently encountered in people's reactions to the sufferings of his fellows in some instances with deep compassion and understanding, and in some others with indifference, is explained by Lerner (1977) to depend on whether that person is perceived as "deserving" his fate or not. According to Lerner:

"... *undeserved suffering elicits compassion and help; but people react with indifference or satisfaction to "deserved" suffering, depending upon whether the suffering was caused by the victim's blameworthy act or was the "deserved" fate meted out to a villain by the agents of goodness and truth"* (p.112).

Lerner (1977), who, describes the world as being divided into people who are perceived as "bad" and as "good", also acknowledges that:

"There is at least one additional way of viewing other people and that is either as 'not people' or as irrelevant to one's world -they are complete aliens who belong to some strange land. In other words, they are out of the system of one's needs, goals and values (p.39).

Tajfel (1984), another social psychologist, maintains that the notions applied to the issues of "justice" in the world of large-scale social groups and categories, are mainly due to social myths or social stereotypes created by the social, historical, economic and cultural determinants of a society, and which, in turn, plays a crucial role affecting the collective aspects of social behaviour of masses of individuals. The variety of culturally embedded myths can be transmitted through numerous channels of social influences, to those individuals perceiving themselves as sharing a common social affiliation. Once this has occurred, an individual has no need to construct his own justification of inequity or injustice, so long as acts which are oppressive, exploiting, cruel, unjust or generally "inhuman" are committed against certain groups whose members are socially and culturally characterized as being beyond the range within which apply certain principles (whatever they may be) of interpersonal conduct (p.698).

"The nature and contents of the myths (stereotypes) accepted as 'true' or 'valid' by people belonging, or seeing themselves as belonging, to different social categories are strongly affected by the individual's location within wider social system. And finally, this complex ensemble of interdependent 'variables' powerfully affects people's notions about 'justice' " (p.69).

There is a good deal of empirical evidence supporting the above mentioned processes explaining intergroup relations and the dynamics of social justice in social psychology. If we apply these facts tested out and reached through methods of social psychology to the problem of the Bosnian dilemma (or any other similar actuality), the puzzling immobility of the West can also be scientifically interpreted: The West has obviously been influenced through the Serbian propaganda that the Bosnian "are infidel aliens, out of the system of Western values". And this untrue social myth, most probably has brought about unjust feelings among the public opinion and the political personages of the West, that the (The Bosnians) are thus "deserving" their fate. After the bombing of the Market Place in Sarajevo by Serbs on the 5th of February 1994, killing sixty eight civilians, Lord Owen declared that, "*This is not our war*". This is an unfortunate revelation. What then must we do to change the lot of the victims (now the Bosnians, yesterday ethnic Turks in Bulgaria, and probably some other similar cases in the future), when the political powers, such as the EC, USA or NATO and such others, due to the effect of certain psychological processes prefer to be pitilessly indifferent, ineffective and unjust facing these inhuman tragedies ?

We have, of course, the non-governmental peace organizations and religious intitutions. Yet, in spite of their good-will and great help to heal the wounds of the injured, they have not been effective in saving people from being massacred, as in Bosnia. I think, it would make a great deal of difference, in case of emergencies, if, instead of working as individual organizations, a large number of them had united along with some religious intitutions, and used their strength to enlighten the public about certain realities, then, peaceful protests of the public against injustice and violence could effectively be organized and aggression stopped. If Gandhi had achieved it through his Satyagraha movement of the masses in the first half of this century, there is no reason why United NGO's and religious groups could not achieve it, now, to stop aggression.

Bettelheim (1979) by giving an example from the Nazi Germany, illustrated the power of determined public action, when that public chooses to face unpleasant facts squarely instead of denying them. He shows how in such an instance, even the most ruthless totalitarian régime was forced to back down. I quote:

"The first use of the gas chamber was not for the elimination of the Jews, but in the so-called euthanasia program, the elimination of those the Nazis considered misfits -mental defectives and inmates of psychiatric hospitals. This was the first group to be systematically killed off, quite a few of them in the first mobile gas chambers. ... There was such a strong reaction against this slaughter of mental patients among the religious leaders and the common people that despite massive propaganda and much against their desire, the Nazis had to discontinue this important part of their official eugenics program (Bettelheim, 1979, p.86).

I believe that when political insitutions failed to protect the Bosnians, if civil and religious societies had been organized enough to use the power of the public opinion in the West, then, through these determined protests, intergovernmental organizations would be encouraged to become more active and consistent in their resolutions and the Serbs would not have the courage to be so arrogant and aggressive against their neighbours. Instead, the conditions would be more suitable for peaceful negotiations, and so many young lives and human suffering would have been spared. The people of Sarajevo and Bosnian enclaves are bravely holding out somehow. Even now, there is still a part of us in some of us yearning and hoping that some decisive actions will be taken soon by the West against the aggressors, opening the way for the ideals of the Universal Declaration of Human Rights to be actually realized.

REFERENCES

ALP, İlker (1990), **Bulgarian Atrocities with Documents and Pictures 1878-1989**, (In Turkish) Trakya University Press 90/1, Ankara, 391 p.

BETTELHEIM, Bruno (1979), **Surviving and Other Essays,** Alfred A. Knopf, New York, 432 p.

DREVER, James (1960), **A Dictionary of Psychology**, Penguin Books Ltd.. Harmondsworth, Middlesex

GOYTISOLO, Juan (1993), "Sarajevo Notebook", **Times Literary Supplement**, No.4723, Oct.8, p.16-17.

LERNER, Melvin J. (1977), "The Justice Motive: Some Hypotheses as to its Origins and Forms", **Journal of Peronality**, 45, p.1-52.

MACROPEDIA, **The New Encyclopedia Britanica** (Willian Benton, publisher,1943-1973) The University of Chicago, Vol.8, p.1182

NAGAN, Winston P. (1994), "War in Former Yugoslavia: Ethnic Conflict or War of Genocide ?" **Pioom Report**, Vol.6, No.1, p.6-11.

TAJFEL, Henry (1984), "Intergroup Relations, Social Myths and Social Justice in Social Psychology" *in* **The Social Dimension Vol.2** (Edited by Henry Tajfel), Cambridge University Press, p.695-715

TOĞROL, Beglan (1989), **112 Years of Emigration** (In Turkish), Boğaziçi University Press, Istanbul, 103 pp.

TOĞROL, Beglan (1990), **A Psychological Study of the Ethnic Turks subjected to Compulsory Emigration in Bulgaria in the Summer of 1989** (In Turkish), Research Report. Istanbul, 95 pp.

TOĞROL, Beglan (1991), **Resistance** (In Turkish), Boğaziçi University Press, Istanbul, 147 pp.

WARREN, Howard C. (1934), **Dictionary of Psychology,** Houghton Mifflin Co., The Riverside Press, Cambridge, Massachusetts.

Alexander Gerard Attwood

SDLP Analysis of Nature of Problem in Ireland

I. Introduction

1. This paper sets out the SDLP's analysis of the nature of the Northern Ireland problem from its historical origins to the realtitis to which those origins give rise today.

2. In our view - and we have said so many times in public - it is essential that before we seek solutions to the Northern Ireland problem we ensure that we understand what the nature of that problem is and, just as importantly, that to the greatest extent possible we understand each other's perception of what it is. The analysis should be followed by the setting out of the requirements or criteria which, based on the analysis, would be necessary in any realistic attempt to resolve the problem. Only then should we - or indeed can we - move on to a discussion of the institutions and structure which could be devised to give expresson to those requirement.

3. This approach is no more than common sense. It has been sixteen years since we last sat around a table for discussions such as these. Much has changed in the interim. It is owed to our communities and to the peoples of Ireland and Britian to make maximum use of the opportunity that has been presented to us by these talks.

II. Origins

4. The origins of the Northern Ireland problem lie directly in the wider historical relationship between the two islands cf Ireland and Britain. For centuries this was a relationship characterised by conflict and instability; over recent decades it has evolved into a more positive interaction.

5. The Northern Ireland conflicts is the last negative legacy of the ancient quarrel between the peoples of Ireland and Britian. It is clear that the ultimate resolution of that conflict can only come about within the context and framework of the wider Anglo-Irish process. That is the enduring lesson of the last seventy years.

6. It is equally a lesson of the last seventy years that once a relationship of mutual respect has been established, the Irish and British peoples have shown themselves capable of working together to heal old wounds and hurts. There is every reason to believe, therefore, that if in this current process we can succeed in establishing a new basis of mutual trust between the two traditions on the island of Ireland, then the healing process on this island also would be both rapid and irreversible.

III. Identities

7. The SDLP believes that in its contemporary manifestation the Northern Ireland problem is in essence a conflict between two identities - or, more precisely, the failure to devise political structures which accommodate the differences between, and allow full and mutual expression to, those two identities.

8. The <u>Nationalist</u> community in Northern Ireland sees its identity as essentially Irish and part of the wider Irish family on the island of Ireland. Its vision an aspiration are the creation of a new and tolerant society that unites and accommodates all traditions in a new Ireland, where Nationalists an Unionists can co-exist in harmony and mutual respect. Some Irish Nationalists have not always found it easy to accommodate this central aspect of the problem. The New Ireland Forum commented "for historical reasons, Irish nationalism may have tended to define itself in terms of separation from Britain and opposition to British domination of Ireland". In fact, the experience of other newly independent countries reveals it is common for new states to emphasise their singularity.

9. However, the mainstream of Irish nationalism today seeks a more comprehensive understanding of its identity. The Forum report in this regard noted that "the tragedy of Northern Ireland and the suffering of the people there has stimulated a new consciousness of the urgent need for accommodation ... The new Ireland must be a society within which, subject only to public order, all cultural, political and religious belief can be freely expressed and practised. Fundamental to such a society are freedom of conscience, social and communal harmony, reconciliation and the cherishing of the diversity of all traditions ... The implementation of these principles calls for deepening and broadening of the sense of Irish identity".

10. From the inception of Northern Ireland until the signing of the Anglo-Irish Agreement in 1985, the Nationalist identity was denied political expression and validity, and Nationalists were excluded from effective participation in the institutions of Government. The particular significance of the Anglo-Irish Agreement was the acknowledgement - first sign-posted at Sunningdale - by the British Government of the legitimacy and validity of the Irish identity of Northern Nationalists, and that any way forward in Northern Ireland had to incorporate a formal "Irish dimension". For the Nationalist community that dimension must be a fundamental element of whatever new arrangements might emerge from the current process.

11. The Unionist community, on the other hand, perceives itself as British. The majority of Unionists are also Prostestant and, as such, are strengthened in their allegiance to the British Crown by the latter's essential Protestantism. They regard the Nationalist aspiration to a united Ireland as representing a fundamental threat to their own sense of identity; furthermore, they see the Nationalist ethos as pervasively Catholic and incapable of tolerance and respect of the Unionist heritage, tradition, rights and civil liberties. At the same time, it can also be said that many Unionists feel some affinity for aspects of Irish life and culture and would regard themselves also as Irish. To protect their identity, the primary means that they have used or sought to use has been the exclusive exercise of power.

12. From a Unionist perspective, therefore, whatever may emerge from the current process will have to be such as to guarantee their sense of identity and to assuage their fears in terms of the perceived threat posed by Irish Nationalism to their ethos and way of life.

13. The problem of identities and their expression has been greatly exacerbated by the violence which has plagued Northern Ireland, particularly during the last two decades and from which both communities have suffered so deeply. For its part, the SDLP wishes to avail of this opportunity to repeat, as it has done many time before, its unequivocal and total denunciation of violence, from whatever source, as a means of achieving political ends. We have many problems in Northern Ireland. Our

task in trying to resolve them is made immeasuably more difficult by the actions of those few who choose for their tools the weapons of destruction and death - at this time of such precious opportunity, we appeal once more for an unconditional and permanent end to campaigns of violence waged on all sides.

IV. Current realities

14. The foregoing represents an outline of the historical basis of the Northern Ireland conflict and the essential core elements which underpin it today. The remainder of the paper looks in more detail at the implications of those elements in terms of the realities which they have given rise to. We begin with the political realities, moving on to human rights realities and concluding with a look at some social and economic realities. We will be tabling more detailed papers on these issues as the negotiations proceed.

Political realities

IV. A. Political realities (1): The political process alone can lay the foundations for political progress

15. The people of Northern Ireland are deeply divided. The only consequence of violence is a more deeply divided people. We, by contrast, believe that the political process is the only means through which the commitment to peace and justice that exists in both communities can be channelled to create the conditions for an agreed future, which protects the identities and promotes the interests of both communities and traditions.

IV. B. Political reality (2): The problem must be addressed and resolved within the context of the three central relationships

16. As we made clear earlier in this paper, the Unionist and Nationalist traditions define themselves in terms of aspirations and loyalties which transcend the confines of Northern Ireland. There is, therefore, widespread acceptance - including among Unionists politicians - that the Northern Ireland conflict must be addressed and can only be resolved in the context of the totality of Anglo-Irish relations. At the heart of these are the three central relationships - within Northern Ireland, within the island of Ireland and between Britain and Ireland.

17. These relationships are inter-locking and inter-dependent. No single relationship can be addressed in isolation from the others. This inter-action and inter-dependency must be reflected in any institutions which may be devised to give expression to those relationships. While all three relationships are crucial to the overall totality, it is, in the view of the SDLP, that set of relationships within the island of Ireland which goes most centrally to the heart of the problem and we elaborate on the reasons why in the next section.

18. The complexity of the mosaic of interrelationships is highlighted by the fact that each of the two communities in Northern Ireland constitutes at once a majority and a minority within the island of Ireland. Against that background, it is clear that the majoritarian forms of democracy which work adequately in relativley cohesive societies are hardly applicable in the particular circumstances of Northern Ireland.

19. The keys, therefore, are accommodation of differences, and consent. The reality is that government which does not accommodate fundamental differences of aspiration among a divided people will not have the consent of those excluded and is ultimately bad government. That is why we have agreed that whatever comes out of this current process must enjoy consent across all three relationships. That is the only way that old fears and mutual mistrust can finally be laid to rest.

IV. C. Political reality (3): The two traditions must aim to reach agreement on how best to share the island of Ireland

20. In the discussions the SDLP held with Sinn Fein in 1988, we stated "It seems to us to reveal a deep misunderstanding of the Ulster Prostestant tradition to suggest that it is largely the British influence and not their own reasons that make (the Unionist traditions) wish to live apart from the rest of the people of Ireland". We also stated: "the harsh realitiy is that whether or not (Unionists) have the academic right to a veto on Irish unity, they have it as a matter of fact based on numbers, geography and history and

they have it in the exact same way as Greek or Turkish Cypriots have a factual veto on the exercise of self-determination on the island of Cyprus".

21. We stand behind this analysis. It must be clear to everyone that the arrangements to date for sharing the island among the two traditions have manifestly failed to bring peace and stability.

22. A major factor in this failure has been Unionist distrust of the rest of the people of the island. That was the reason why they rejected Home Rule with all the consequences of that rejection. That was why they excluded the Nationalist population from any say whatsoever at any level under Stormont down and was the beginning of the present phase of the crisis. That was why they opposed power-sharing and the Sunningdale Agreement and that is why they are opposed to the Anglo-Irish Agreement.

23. It therefore seems logical to us that until that relationship is settled, to Unionist satisfaction as well as to everyone else's, there can be no progress towards a satisfactory resolution of the conflict.

24. The lesson to be drawn is a clear and simple one - we need to reach a new level of political consensus which allows the positive interaction of the Unionist and Nationalist viewpoints in an new, enriching and sustaining arrangement.

IV. D. Political reality (4): The Anglo-Irish Agreement represents an irreversible breakthrough in understanding and tackling the underlying causes of Anglo-Irish conflict

25. Notwithstanding difficult beginnings, considerable progress has already been achieved with respect to one strand of these relationships. Since 1980, relations between the two Government have been developing to a point where there now exists - the Anglo-Irish Agreement - a permanent mechanism for consultation and inter-action.

26. The abiding reality, recognised by the Anglo-Irish Agreement, is the right of the Irish Government to involvement in the affairs of Northern Ireland. This right is explicitly embodied in the Agreement which has been logded formally with the United Nations on behalf of both Britian and Ireland.

27. The Agreement encompasses the hard won wisdom of both Government regarding the necessity of seeing the Northern Ireland situation in the context of overall Anglo-Irish relations. The Agreement also symbolises and attempts to make real the acceptance by both Governments of the need for a joint approach to achieving lasting political progress.

28. The Agreement has had major implications for both communities in Northern Ireland. For Nationalists, the Agreement has gone some way in promoting a sense of fair and just treatment and a diminution of their sense of isolation. The impact of this overall recognition of the equal validity of the nationalist tradition is pervasive, and in a sense constitutes the main achievement of the Agreement. The Agreement has however also registered important tangible progress in areas such as fair employment legislation, the status of the Irish language, the repeal of the Flags and Emblems Act and the establishment of the International Fund for Ireland.

29. For Unionists, the Agreement required a reevaluation of their relationships with the British Government, because it represented the formal recognition by the British Government of the validity of the Irish Government's involvement in the affairs of Northern Ireland. In this way, it is acknowledged that the political union of Northern Ireland with Britain is different from, say, the participation of Yorkshire in the Union. Nonetheless, the Agreement (Article 1) does make clear that any change in the status of Northern Ireland would only come about with the consent of a majority of the people of Northern Ireland.

30. In addition, Article 1 of the Agreement represents the commitment of the British Government to introduce legislation in support of a united Ireland if that is the wish of a majority in Northern Ireland. This declaration has been developed and elaborated in subsequent statements by British politicans. On 9 November 1990, Mr. Brooke stated that "the British Government has no selfish strategic or economic interest in Northern Ireland" and that "it is not the aspiration to a sovereign, united Ireland against which we set our face, but its violent expression":

31. These developments, taken together, mean that the task of Irish nationalism must be to seek to persuade the Unionist tradition in Northern Ireland that their interest lies in reaching an encompassing and mutually enriching accommodation with political nationalism on the island. The SDLP has, throughout the twenty one years of its existence, believed that such an accommodation, endorsed by both Governments, offers the best and indeed the only prospect for achieving lasting progress.

32. The politics of exclusion have clearly failed the people of Northern Ireland. A major objective for the SDLP will continue to be to seek ways to convince all nationalists that only a policy based on dialogue and consensus can ever succeed. The SDLP will continue efforts to convince supporters of violence that their approach is itself wrong and cannot be justified or defended. We will argue further that the approach is also entirely futile and counterproductive given the realities of the situation.

IV. E. Political Reality (5): Changes in Europe and beyond have profound implications for Northern Ireland

33. New factors and new understandings are constantly entering into the political calculus for tackling the problems within Northern Ireland and within the wider relationships of the two islands of Ireland and Britian. In this regard, changes in the relationship between the two countries which have been occurring in the context of the European Community are of particular significance. The EC is undergoing a vibrant debate as to the form and substance of political authortiy which, whatever the eventual outcome, will profoundly affect the nature of life in these islands and in the Community at large in the twenty first century. We are all aware of the discussion regarding the degree to which the evolving Community will require the pooling of sovereignty by the member States so as to meet the common tasks. Clearly these developments have the most profound implications for our relationships on this island.

34. The brief history of the European Community has been an abiding lesson in conflict resolution and in the settling of ancient quarrels. In this regard, it is surely significant that Franco-German reconciliation needed to find a wider forum to bring about the more lasting changes in their respective approaches. The sheer intensity and enormity of the historical pressures towards division were transformed in the broader context of the original Community.

35. It is also significant that the Community came into being in limited areas which went to the heart of the relationship between the founding countries. They began with their common ground. They began with coal and steel, the critical products for waging war in Europe and sovereignty was pooled in these areas.

36. The lesson of the European experience is obvious. If countries and people that slaughtered one another in millions, twice in this century alone, can lay aside their past can build institutions which respect their differences, which allow them to work their common ground together and to grow together at their own speed towards a unity that respects...[1] surely we on this small island can do likewise.

37. Indeed, as it is, both parts of this island have already voted for that European process and have agreed to the pooling of sovereignty and new relations with Greeks, French, Germans, Spanish, Dutch and Danes. The lessons for us as we seek to establish new relationships with one another are clear.

38. The current European debate is to a large extent about how to avoid a handed down system of government, where power is bestowed almost as some form of arbitrary favour on smaller units. Instead, in the new approach evolving in the Community, the interaction of the regional unit and of the new European level institutions is crucial in sustaining and developing both forms of organisation in a mutually enriching and empowering relationship. Again, the message for us in Northern Ireland is a compelling an irrefutable one.

39. The same themes of accommodation and consensus are evident in the searches for new political structures in Eastern Europe, the Middle East, South Africa and elsewhere. We cannot insulate ourselves from the changes taking place beyond our shores and indeed what we are about in these negotiations is part of that wider search for more enduring and just structures of government.

---

[1] Zeile im Original nicht entzifferbar.

Human Rights Realities: Legal, Security and Policing Issues

40. The Northern Ireland problem has had the most profound implications for the whole issue of human rights, particulary in the legal, security and policing areas. Much of the analysis of the New Ireland Forum in this regard remains as valid today as it was in 1984. The following extract from paragraph 4.4 of the Report defines the problem particularly well, in our view:

"Law and order in democratic countries and, in particular, the introduction of emergency measures depend on a basic consensus about society itself and its institutions. Present security policy has arisen from the absence of political consensus. In Northern Ireland extraordinary security actions have taken place that call into question the effectiveness of the normal safeguards of the legal process. This has led to harassment of the ....[1] power of arrest and detention, exercised not for the purpose of bringing suspects before a court of justice and making them amenable to a process of law but for the purpose of gathering informtion and unjustifiably invading the privacy of a person's life: eg. between 1978 and 1982 more than 22.000 people were arrested and interrogated, the vast majority being released without charge. This has the consequence that the availability of the legal remedy of habeas corpus in Northern Ireland is in practice extremely limited. It has also at different periods led to the use of internment without trial combined with inhuman interrogation methods that have been found to be in breach of the European Convention on Human Rights; the trial and conviction of people on evidence of paid informers; the use of plastic bullets; and killings by some members of the security forces in doubtful circumstances. The various measures were introduced on the basis that they were essential to defeat terrorism and violent subversion, but they have failed to address the causes of violence and have often produced further violence".

41. Since 1984, there has undoubtedly been some progress in some of these areas. But the basic analysis remains valid and will do so as long as the key issue of political consensus, remains unresolved.

---

[1] Zeile im Original nicht entzifferbar.

42. Every society is entitled to introduce special emergency measures to protect itself in times of perceived acute danger. In a cohesive society the definition - flowing from the basic consensus within itself - of what constitutes acute danger is essentially self-evident.

The problem in a divided society like Northern Ireland is profoundly more complex: indeed it is the very division within itself which constitutes to the greatest extent the "acute danger", with all the consequences that flow from that. One of these consequences is that the emergency becomes the norm. This is why emergency legislation has been at the heart of the Northern Ireland legal structure since partition. Clearly such a situation is ultimately unsustainable. Again, the lesson is clear: a basis for political consensus must be found.

43. The abuses of human rights on the part of the paramilitaries have been direct and horrific throughout the past twenty years. Over recent months these organisations have set new lows in the despicable nature of their crimes. Their murders display a level of callousness and viciousness which indicate a comprehensive erosion of basic human values. It is also clear that a pervasive element of gangsterism has entered into the activities of many of the paramilitaries - protection rackets, gambling, drugs ect.

44. The unpalatable reality must however be faced that, as the Forum Report points out, the activities of the security forces themselves often contribute to the problem. Too many people in Northern Ireland have experienced the realitiy of the power of the state primarily through arbitrary, often gratuitously intimidating and insulting, searches of their person or property. For many years, the British authorities have accepted that there can be no solution in security terms alone to the violence in Northern Ireland. It is then one of the bitter ironies of the Northern situation that the activities of the security forces have in fact at times contributed to the perpetuation of the violence they seek to prevent.

45. The policing issue is of crucial significance. Impartial policing which commands support and confidence is essential to the well-being of any society. Despite the many reforms which have taken place within the police service in Northern Ireland, it is still the case that the present service does not command the necessary support and confidence that exists in a normal society within large sections of the community.

Fundamental changes in policing will be crucial in any new wider arrangements which may emerge from the current process.

The social and Economic Realities

46. The following section of the paper outlines some of the social and economic realities confronting Northern Ireland, which, though to a large extent flowing from the political realitities, have their own profound impact and consequences.

IV. F. Human costs

47. The cycle of violence in Northern Ireland since 1969 is the longest running and most serious civil disturbance in Western Europe since the end of the Second World War. Nearly three thousand people have died - in percentage terms, a figure greater than the total killed in the American Civil War. More than thirty thousand people have been injured. Over thirty two thousand shooting incidents, almost nine thousand explosions and fourteen thousand armed robberiers occurred in the period 1970 to 1988. No one can calculate the cost in human misery inflicted on the victims of violence and their families. No less victims are those in both communities who have been caught up in all forms of violence, their lives and the lives of their families blighted by imprisonment and injustice.

IV. G. Economic costs: Direct

48. The monetary cost of the physical destruction and extra security since 1969 is enormous. The Report of the New Ireland Forum estimated that up to 1982 the combined cost of the violence arising from the Northern Ireland crisis to both the UK and Ireland was over ST£11 billion. The Irish Government calculates that the additional costs of security from 1969 to end -1989 (in the latter year's prices) was IR£2.5 billion. The British Ministry of Defence estimates the cost of maintaining the army in Northern Ireland at ST£200 million (approx) per year. Over three thousand five hundred awards attributable to terrorist offences have been made since 1985 alone. For this year alone, the overall cost of the Government's compensation scheme will amount to ST£39 million. The current annual cost of the prison service is ST£135 million - much of this cost is directly due to prisoners incarcerated as a result of the "troubles" who are in general detained in high security and very costly detention facilities. Excluding the cost of maintaining the Army here, the Goverment's law and order bill for the current year is estimated to be ST£762 million; this represents an annual charge of ST£482 for every man, woman and child living in Northern Ireland.

IV. H. Economic costs: Indirect

49. During the period of the current troubles, the Northern Ireland economy has performed poorly. Unemployment is over twice the overall British rate. Manufacturing productivity is less than 80% of the rate in Britian as a whole.

Furthermore, over the past twenty years, many of the staple industries crucial to the Northern Ireland economy have become obsolescent. While the level of grant aid available for new industry in Northern Ireland is high by British and European standards, industrial development has been hampered by low investment. The failure of Northern Ireland to attract multi-national companies to locate in the area has been crucial in this context. Surveys have indicated that the main reservation of these companies about locating in the North is concern over political stability; they see the risk of investing in Northern Ireland as too great.

50. The tourism industry, for instance, has been severely hampered as a direct consequence of the continuing instability. While tourism has, internationally, been the major growth industry of the past two decades, real 1988 tourism revenue for Northern Ireland was only 83% of the 1967 figure. The number of "pure holiday visitors" in 1989 was only 14% of the total tourist figures for the year - a very small proportion in international terms. Revenue figures for the industry in the South were also depressed, although less seriously.

51. Any calculation of indirect costs must take account of the fact that Northern Ireland has not fared as well in its dealings with the European Community as it might have done. This is largely the consequence of our being represented by a Government whose priorities in many respects differ radically. In the agriculture sector, for exemple, the commonality of interests between North and South is clearly far greater than with Britain.

A further graphic illustration of how Northern Ireland has failed to benefit fully from EC membership was the manner in which our case was handled in regard to the reform and enlargement of the Structural Funds.

IV. I. Economic costs - Deprivation and Marginalisation

52. One of the tragic legacies of a system of government which, for over 50 years, effectively denied one community an equality of social and economic opportunity has been the creation of severely marginalised and disadvantaged areas within the Nationalist community. The deprivation is, however, not confined to the Nationalist Community alone; as a result of the contraction of Northern Ireland's traditional industrial base in the late 1960's/early 1970's, a generation of workers from the Unionist community was reduced to a similar status of socio-economic marginalisation. More recently, the decline of the man-made fibre, tobacco and engineering industries in parts of Northern - Ireland have had further severe repercussions in Unionist areas.

53. It is scarcely surprising - although no less of a tragedy for that - that it is from these areas that the paramilitaries (and/or their political wings) draw some of their strongest support, with the sense of economic exclusion both contributing to and exacerbating the violence and instability. Moreover, the vicious circle of cause and effect has become so mutually reenforcing that it is practically impossible to disentangle the tentacles of political alienation from those of economic and social marginalisation. There has in the past been a tendency to regard these areas of urban deprivation as "no-go" zones - not just in security terms but also when it came to the provision of basic economic and social services. We must reject such an approach. The vicious circle of political alienation and economic deprivation must be broken. We must seek to give every citizen a sense of having an economic stake in this society: if they do not have such s sense, how can we expect them to identify with the structures of government?

54. We readily acknowledge that a significant amount of work has already been done in this area by the Government, by various community development groups and by the International Fund for Ireland. Economic regeneration schemes in many areas are giving a new sense of hope and

optimism in areas which had previously been totally neglected. A few more years may have to elapse before we can fully assess the long-term economic results of these various urban and community renewal initiatives. One conclusion which has already been drawn from such schemes, however, is that the people of these disadvantaged areas clearly possess considerable skills and development potential and only require a fair opportunity for their talents to be deployed for the good of our society. In terms of natural justice, as well as the general interest, it is essential that they be given this opportunity. Failure to provide them with such an opportunity, will indirectly contribute to the problem, and we will all therefore have to share the blame for the perpetuation of that appalling cycle of economic deprivation and political alienation.

55. These economic costs are added to the wider costs resulting from political division in Ireland, an issue which has been well documented in the Forum Report and elsewhere. The effects of this division have been most evident in border areas where trade, commerce and infra-structural developments have been impeded and, at times, seriously distorted.

V. Conclusion

56. The foregoing is by no means an exhaustive outline of the nature of the Northern Ireland problem; it serves, however, to identify the main elements as the SDLP sees them. We look forward to a dialogue with the other parties on our analysis and to a full exchange on how they perceive the situation. As we said at the beginning, such an exchange is essential if we are to move constructively, and with some prospect of success, to the even more difficult challenge of devising structures which will bring an equitable and enduring settlement.

DIMA NOGGO SARBO[1]

MODELS OF CO-EXISTENCE IN A MULTI-NATION STATE: THE CASE OF ETHIOPIA

I. Introduction

The topic I have been given to speak on is rather a difficult one. It says models of coexistence in a multi nation state. In the first place there are not models to look into. Each state, country and society or community of peoples is a product of its own historical evolution and circumstances. Secondly it also presupposes the existence of separate entities or communities or at least interests. In the case of Ethiopia there is no consensus among the contending forces on the nature of Ethiopia and its constituents. There are those who adamantly speak of Ethiopia being one people, one nation, while others say that Ethiopia is a prison of nations, with several nations and peoples inhabiting distinct territories, with their own distinct languages, culture and history. There are a few who claim to be neutral.

I can not escape being partisan on this. I start from the premise that Ethiopia is indeed a multi national state. It is also in a state of transition in the real sense of the word. Hence there is a need to redefine the modalities of their co-existence among the various communities. Before going into the case of Ethiopia let us see briefly the issue itself in historical perspecitve.

II. State Formation, Nation states and multi Nation states

Historically states have been formed in two main ways. One has been through wars of conquest by one dominant group, mainly before the modern era began. The other way has been as the result of the break up of empires, and the liberation of many nations and territories. Historically the former constituted within their boundaries several nations and community of peoples. The modern era is reminiscent of the latter and many nation states were formed as the result of the break up of empires, colonial possessions and the like. This process is still going on in several parts of the world. Of course when we speak of nation states, we speak of its dominant features.

Otherwise many of them do include substantial minorities within their boarders.

The emergence of nation states is inextricably linked with the decline of feudalism and the emergence of capitalism. That is why both phenomenon began in western Europe. In eastern Europe, the process of the formation of the nation states was delayed because of the level of development and the process is still going on.

Historically speaking, nation states are the more modern forms of state formation whereas multi-nation states have been the dominant form of states in the pre-capitalist and feudal era. Nation states have also shown a remarkable degree of stability and high level of economic, social and political development. Nation states have provided the stability cohesiveness and the drive needed for progress and development. This is particularly true for most states in western Europe and Japan as well.

On the other hand, multi nation states which have existed in history have invariably been a function of force and domination. History has not recorded many cases where states and nations have come together of their own free will to dissolve their existence and sovereignty into multi-nation states. Multi-national states have always been a product of the balance of forces rather than mutual accommodation. Their co-existence have been mostly a result of forceful integration and domination. The degree of the force and domination and the methods used to keep such a state together have varied from one case to the other. Hence there is no permanent stability in multi-national states even when the state is a democratic one. This always changes with the relative change in the balance of forces. It is natural that every nation would always want to form its own state, if circumstances allow it to do so, even under conditions of democracy and other devourable circumstances, be it in an exclusive state of its own or a multi-national state in which it dominates.

Nevertheless nations and states may come together and form common institutions, including a common government to defend their common interests if they feel they have one and pursue common positions on various issues of concern to them. This usually happens when and if there is a threat to their interest or even existence which they may not be able to defend separately by themselves. The modalities of their coexistence in a multi-national state, their common institutions and those separate, etc. are normally negotiated in a long process. This may be put in a series, of documents and or a constitution, charter, or covenent.

III. The Ethiopia state

The Ethiopian state has been constituted into a multi-national state in a long process of conquests, originally in the northern regions of today's Ethiopia. This area was originally inhabited by Cushetic speaking peoples, who are indigenous to the region. Most notable of these are the Agaw, who formed the core of the Ethiopian state in ancient times particularly during the pre Christian era. According to history, and partly legend, about two thousand years ago southern Arabian immigrants arrived in Ethiopia from across the Red Sea, intermingled with the indigenous population and created the Habasha - the Tigrean and Amhara ethnic groups. This mixed race replaced the Agaw and dominated the Axum kingdom from the beginning of the Christian era. Axum's heyday was between about 500 BC and 500 AD.

Axum weakened with the take over of the port of Adulis by the Ottomans around the eighth and ninth centuries. At this time the Agaw rose up and reclaimed their lost power in Ethiopia. They ruled until 1270, when the Abyssinians (Habasha) came back to power in what they call the restoration of the Solomonian Dynasty, this time with the Amhara as the leading or core group. During all these periods the Ethiopian state remained a multi-national one, wich included mainly the Agaw, Amhara and Tigreans. However since the central state was always weak the various groups enjoyed varying degrees of autonomy and independence, depending on the power and force the central ruler could master at any one time.

After the thirteenth century the Agaw were slowly eliminated from any claim to political power and declined as a nation. The majority were slowly and systematically assimilated by the Amhara. Today, in what used to be their historic homeland, and where they constituted the majority in the past, only scattered pockets of Agaw settlements remain in various provinces in northern Ethiopia.

During the late nineteenth century the Ethiopian state constituted in today's northern provinces expanded and incorporated its southern and eastern neighbours, the Oromo, Afar, Sidama, Walayita, Kaficho, Somali, and many others. It became an extremely complex multi-national empire. The conquered out numbered the conquerors by an overwhelming majority and the Abyssinians became a small minority in the new Empire. European support and intervention played a decisive role in favour of the Abyssinians. The process was a brutal one and the Oromo population is said to have been reduced from about ten million around 1870 to five million by 1900[2]. The population of Kafa was reduced drastically. So was that of Walayita. The conquest was followed by slavely, serfdom, the confiscation of land, property and social, cultural and political oppression. Alien rule, culture, language was imposed forcefully on the conquered peoples. The memory of this experience is bitter and alive today. Naturally this bred resistance. In mid twenteeths century, the Ethiopian state further expanded by incorporating Eritrea, a former Italian colony curved out in late nineteenth century, by laying historical claims as well as economic and strategic necessity of having access to the sea.

Now nationalism is threatening the survival of this Empire. Already, in the process of suppressing opposition and nationalist movements hundreds of thousands have perished during the past century, particularly since the end of the Second World War. The rule of the military regime between 1974 and 1991 was especially very brutal, and tens of thousands were killed and maimed from all sides. Eritrea, the last to be incorporated into the Ethiopian state, and the one with the closest ethnic, cultural and historical links with the ancient Ethiopian state, has gone first and formed an independent state. Eritrea itself is the mirror image of Ethiopia with nine nationalities inhabiting it, almost all straddling both sides of the border with Ethiopia.

The claim to Eritrean statehood of course is European colonialism. The independence was accomplished by the military victory in 1991. The present states of Africa are almost all created artificially by European colonialism. Africa did not get the opportunity to evolve by itself, and the natural forms of state formation could not take place on the continent. In fact the boundaries of the present states of Africa were determined by the possessions of the various European powers, who at the Berlin conference of December to January 1884/5 agreed to divide up the continent among themselves peacefully and not to fight each other. Some African boundaries were made literally using rulers on the drawing board. These boundaries split communities and ethnic groups into several units under the jurisdiction of various powers. That is why most African states have remained fragile and unstable with loyalties criss-crossing borders.

The Ethiopian state has also been not unique in a sense, and was created by the same historical forces that created the other African states at the close of the last century, even though it was spared direct European colonisation. Its boundaries were more or less determined by the possessions of France, Britain and Italy. Today, after the independence of Eritrea the rest is in turmoil. The Tigrinya speaking elite, after winning the independence of Eritrea, promoting Tigrinya nationalism, is desperately trying to keep together a complex multi-national Empire by holding the other nations under its grip and for the benefit of Tigrinya dominations. When Eritrea became independent tens of thousands of Ethiopians were expelled from Eritrea, while tens of thousands, some say upto a million Eritreans live in Ethiopia. Many are wealthier than the average Ethiopians and some hold key positions in the government, civil service, the military, police and security apparatus. It is now too obvious that while jealously guarding its newly won independence, it is maintaining considerable influence in Ethiopia through a number of mechanisms.

Meanwhile there is considerable opposition to the regime in Ethiopia, and the regime has followed heavy handed policies against its opposition. During the past three and a half years thousands of Oromos were killed, tens *of thousands* incarcerated in various prisons and concentration camps for resisting domination and demanding the same right that Tigreans have in their own country. At the same time armed and other forms of resistance is going on and mounting through out Oromia and elsewhere as well.

IV. The current situation in Ethiopia

Ethiopia has been cursed to be ruled by feudal landlords, aristocrats, clergy, bureaucrats, soldiers, bandit leaders, party functionaries and the like, for all of its existence. It has never been able to be ruled by elected officials. The hopes engendered by the 1974 uprising against feudal autocracy and the collapse of the military regime of the Derque in 1991 were all quashed by power hungry individuals and cliques. The consequences have been and continue to be disastrous.

Of course Abyssinian (Northern Ethiopian) tradition does not know any sense of democratic values and principles. Throughout the history of the north political power has never been maintained or transferred peacefully. In Abyssinian tradition even the monarchy did not provide room for peaceful transfer of power. It was an exception when power passed from one morarch to the next peacefully. When the Ethiopian state with such a violent political tradition expanded to large areas to its south, incorporating democratic, peaceful and independent communities, its first act was to destroy, abolish and outlaw their democratic institutions and practices. The well known and sophisticated Gada system of the Oromo people, which allowed for various parties on an age grade system and the transfer of power every eight years, was officially banned and ruthlessly surprised by the Emperor Menilik.

All Ethiopian governments thought they could rule the peoples for ever. The Emperor Haile Selassie proclaimed openly that he was ordained by god. The military regime of Mengistu claimed it was given special responsibility by history. The transitional period under Mangistu lasted thirteen years (1974-1987). The supposedly permanent structures that were meticulously prepared before hand lasted only three years. By 1989 there was already a rebellion of the entire top brass of the armed forces, as the attempted coup d'état demonstrated. By 1990 Mangistu had already suspended some of the provisions of the constitution, replaced some of the structures with new ones and re-defined the ideology and power relations.

After the collapse of the Mengistu regime, a new structure was agreed upon by a conference of various parties pending the enactment of a new constitution by a directly elected body of the population. The charter of the transitional period set the transition for two years. We are now already in the fourth year. The majority of the parties who approved the charter and established the Transitional Government in 1991 have either been forced out or expelled. Now it is the TPLF and the TPLF alone, and Melles at that who call the shots. Opposition has been virtually incarcerated, even within the TPLF, hundreds of militants who hold views deferent from Melles are languishing in prison. Others have fled into exile. Wide spread and systematic violations of human rights and abuse of authority are the order of the day. So called elections have been manipulated, rigged and even independents, not to talk of opposition harassed. Tens of thousands of Oromoes and others are kiled arbitrarily, and imprisoned without charge, in scores of concentration camps and prisons throughout the country. Oromos have been specifically targeted for arbitrary killings and imprisonment, because of their demography and resources. The TPLF is scared of the demographic weight of the Oromo people if free and fair elections were held and they want to exploit Oromo resources and manpower alone for the benefit of the Tigrinya elite. Many OLF supporters were herded in concentration camps. Hundreds died in these camps as the result of arbitrary killings, and deliberate denials of food and medical attention as a form of punishment.

The current problem in Ethiopia emanates partly from the problems of the Tigrean elite and the nature of the TPLF. The TPEF thinks that only by clinging to power at all costs which it gained by default, can it serve the interests of the Tigrean people. Tigreans being a numerical minority, the only way they can cling to power is through deceit, dictatorship and force of arms. Hence their refusal to talk to, let alone negotiate with, the OLF and opposition parties on peaceful political competition, on the modalities and system, processes and mechanisms of election, as well as defence and security issues.

This infatuation with central power has always been the dilema of the Tigrean elite since they lost power in the ancient Ethiopian state at the fall of the kingdom of Axum. After the Tigreans lost central power, and the centre of the Ethiopian state moved more and more to the South, Tigray became increasingly marginalized. In order to reverse this situation the Tigrean elite went as far as betraying their Amhara brothers by allying with their enemies several times, in order to weaken the Amhara and reconquer central power. For example they collaborated with the British expedition against Emperor Tewdros in mid 19th century, and again with the Italians during 19th and 20th centuries.

The Tigringa speaking elite have been working from the 1940s to set up a separate state in Eritrea. But because Eritrea is also inhabited by moslems, and the fear that an independent Eritea would be dominated by them with links to the Arab and Muslim world, the Tigrean elite decided to federate with Ethiopia. Since then particularly since the 1960s, they have been working to establish a Tigray-Tigrinyi state with Eritrea and Tigray merged into one. This idea was already there in the 1940s and 1950s.

When the EPLF was formed out of the ELF and emerged as the dominant Eritrean movement and the one favoured by the West, its agenda was already to establish a Tigrinya dominated Eritrea, with the Hamasein at the top in particular. The Tigrinya joined the movement mainly after the 1974 Ehiopian Revolution, and in 1975 it engineered the establishment of the TPLF in Tigray. Together, they liquidated the Ethiopian opposition to the military regime in northern Ethiopia and also finally the ELF itself in Eritrea.

Taking advantage of the shift that the Amhara regime made in foreign alliance from the West to the former Soviet Union, using it for their own advantage, and with the decline of the Eastern block the West increasingly favoured the Eritrea-Tigray axis in Ethiopian politics. The West poured massive aid in the form of humanitarian assistance through a number of NGOs and church organizations, using Sudan as conduit. Some NGOs were specifically set up for this purpose. The frequent outbreaks of famine in northern Ethiopia provided the easy excuse. Thus with the support of Western NGOs, the Tigrinya elite not only managed to set up an independent state in Eritea, but also took power in Ethiopia.

In the new state of Eritrea the Tigrinya dominated EPLF is the dominant force and all other Organizations including the original liberation movement, the ELF, and others particularly with substantial moslem support have been excluded from the political process. Eritrea itself is a multi-national state, but it looks as if it belongs only to the Tigrinya. In Ethiopia the TPLF/EPRDF is more or less the state. Now the original agenda of the Tigrinya elite must take into account the new reality after their conquest of power and territory. They have to hold on to both states. One can not survive without the other. The inter-dependence that they built in the years fighting the Dergue regime is now even more crucial. Therefore, they are already inter locked and so are their problems. Their position more secure in Eritrea, at least for the moment but if the situation in Ethiopia is reversed, which they fear most, their position is not tenable. The TPLFs position is fragide. They can not hold such a vast complex country with Tigrinya manpower and skills alone. For now they depend on the EPLF, but even then it is not enough. Therefore, they must be contemplating other options for the future. Hence the return to the original agenda is still taken as an option.

A former sinior adviser to the TPLF regime says:

"At this point in time ... both president Melles and EPRDF have lost tremendous political support in Amhara, Oromo and to some extent Somali and Afar regions. In point of fact at this point in time president Melles and EPRDF's political future is very much in the air. Unless president Melles chooses to stay in power as a dictator recent political developments all over the country tend to support the idea that any free national election would result in the creation of a feeble political coalition against EPRDF, and such a coalition would be the likely winner in a freely held election... Putting in mind the background of president Melles and the events that took place in the last three years in Ethiopia and Eritrea, it is not inconceivable to imagine that if president Melles loses power throuth election he might declare a republic of Tigray and may even form a loose federation with Eritrea..."3

V. Obstacles to co-existance in Ethiopia:

Let us summarise the current reality in Ethiopia. In 1989 the EPRDF was deliberately created and crafted, with the advice of the US to conceal its ethno-centric nature, after it took control of the whole of the Tigray, when the Dergue withdrew its forces. Then the independence of Tigray was more or less virtually assured. After the fall of the military regime in May 1991 and the collapse of the old structures built by the Amhara for over one century, Eritrea became independent and the victorious TPLF and EPLF armies, not only replaced the colonial army in Oromia and the South, but also took over the full functions of the repressive practices of the former state apparatus. Far from creating a peaceful condition for a democratic transition, the TPLF became instrumental in the growth of ethnic strife, by continuos supply of potentially flammable raw material for the conflict, in a deliberate policy of divide and rule. Today the internal unrests in Ethiopia are more than ever deep and divisive, persistent and impoverishing and tend to attract external predators and opportunists from near and far, who for reasons of their own exploit the rifts adding fuel to fire.

Though the danger of Oromo extermination is a matter of remote possibility, there can not be any doubt about the potential of the present conflict to engulf entire regions threatening peace and security of the Horn of Africa. The previous Ethiopian regimes (i.e. the Amhara) followed a policy of assimilation and impoverishment towards the Oromo. The Tigrean regime has not yet come up with such a policy, but seems content with dividing, impoverishing and subduing the Oromo and maintaining political and economic control. They must draw up a policy of exterminating the Oromo to achieve this.

The continued violence, abuse of authority, violation of human rights, sabotaging democracy have underlying causes. The objectives are one of having free, unhindered and privileged access to Oromia's strategic resources and commodities such as coffee, gold, and other mineral resources, hydro power, etc.. Thus it assumes a board economic, social, and political perspective. In fact the TPEF in 1989, after assuring the liberation of Tigray, as a matter of convenience started advocating Ethiopian unity for the first time, the principal objective of which targeted appropriating new entitlement instead of merely defending existing interests and its organization. In the course of time the issue of transformation of self interest brought about new political agenda of unity for TPLF. Thus, the present destruction of life and property in Oromia is intended to force free, unhindered and privileged access to the Tigray that may not be achieved by non violent means.

On the other hand the Oromo struggle to defend their entitlement, that is, their natural rights and resources, while the Tigray aim at appropriating new entitlement which they have not previously enjoyed. The Oromo agenda aims at major structural transformation of prevailing power relations and institutions and more concerned with the strategy of durable peace. While the TPLP's aim is deceptive conflict solution, political engineering and non structural non historical solution to national conflict. The TPLF from its commanding tower aims to systematically suppress the national factor by known manipulation of political tactics and by means avoidable to state authority.

Under the circumstances, the alternative available at the disposal of the Oromo is to form a viable national state because of its in built capacity of favourable demography, endowment of abundant agricultural potential, vital mineral resources, water, hydro power and other economic resources.

The position of the Amhara elite now in opposition to Tigrean hegemony is to return to the past, where they can once again dominate the political, social and economic life of the Empire they created. Thus, they look at the Tigrean elite as usupers of power and Empire that they think rightfully belongs to them. They are adamant that Ethiopia is one nation, that all countries are created by force and Ethiopia is not an exception, that there are only regions, and no nations in Ethiopia. Overwhelmingly they believe in unitary state under their domination.

The century old fight for "Ethiopian unity" by successive Ethiopian regimes is nothing but to cover up their inability to form a viable state in the absence of the Oromo nation's actual and potential resources. Thus the Oromo have been reduced to the position of a hostage for the survival of a meaningful state for the Abyssinians (Habasha). For now over a century, democratic alternatives have never been given the chance other than naked force of holding together the Empire state. In line with its predecessors, so also, the unsecured position of the TPLF as a government of Ethiopia, led first to the creation of EPRDF and then to the fear and distrust of the Oromo and the OLF and a fabrication that the OLF has a hidden agenda. This is in fact to hide the real hidden agenda of the TPLF.

VI. Condition and pre-requests for co-existence in Ethiopia

The fundamental obstacles to co-existence among the various communities in the Ethiopian state is the diametrically opposite objectives and agenda of the elites, and leadership of the various communities as we have briefly indicated above. In order to bridge the respective objectives and positions of various parties, a process must be put in motion, which guarantees the participation of all in finding solutions to the problems and develop common positions. Any solution or perceived solution by one party or group would be looked at as an imposition of the wishes of that group and hence rejected by all at the out set, however beautiful the suggested solution may be. This is how the TPLF's attempts to dectate a constitution fashioned to suit its own agenda is being looked at today.

The secret of solving the perennial problems of Ethiopia is to open the power structure to the people in a way that allows them to determine the creation and organization of their own political structures and election of their leaders, not by manipulating or preventing their participation

The new draft constitution of the TPLF is specifically tailor made for Mr. Melles to hold supreme power and continue the present structures and status quo set up during the last three years, with out the need for him to face the electorate. The current arrangements will only entrench the domination of one party, and nationality over the country. Thus the present trend is an invitation for further civil war and anarchy.

The modalities of co-existence can only be negotiated among the parties concerned. The arrangements must be worked out among all. If through arduous negotiation they agree to co-exist within a multi-national state, there must be negotiations, agreement and concensus in four main areas. These are, a) the nature of the state, b) the system of government, c) the economic system and who controls what, as well as d) the legal system, i.e. human rights, the rule of law, etc.. A document, it can be a constitution must be worked out which enshrines in it the concensus positions of the parties and then approved either directly by the population or through their freely elected representatives. This might include: (1) separation of the powers of the government and in built checks and balance at all levels, vertically and horizontally, i.e. among the executive, legislative and judiciary as well as among the central government, federal states and local governments. Power must be defined and shared. (2) The country must be governed by elected officials. Therefore direct elections by the population of the national, federal state, regional and local government leaders. (3) The role, nature and composition of vital organs of state power like the armed forces, police, other security organs and the civil service must be clearly defined and agreed upon. (4) Procedures for redressing grievances as well as for opting out of the association.

In short democratization of the entire, social, economic, politcal and cultural life of the country is a pre-requisite.

VII. The Role of the West

As the dominant force in the world, the West has a historical and crucial role to play in promoting democratization and hence peaceful co-existence of peoples. In the case of Ethiopia, in the past the west has played a negative role for the co-existence of peoples. They supported minority dictatorship and domination by one community and regious group over all others. The US and the West in general supported the regime of Emperor Haile Sillase until the last minute. Their support for the military regime that replaced it was withdrawn only after the latter felt this support was not enough and shifted to the Soviet Union. The US and western European support for the present dictatorship does not augur well for peaceful co-existence of the peoples in Ethiopia. The advice and other support from external powers has always been crucial for the survival of Ethiopian regimes. It is also now clear that the TPLF regime now ruling Ethiopia is doing what it is doing with the advice and consent of its western advisors.

Some Western experts like professor Samuel Hantington of Harvard university have advised the TPLE leadership that for Ethiopia the best option is a peasant based (sic) dominant part dictatorship[4]. This American academic suggested to the Melles regime;

"All in all how ever, the making of adominant party system appear to exist in Ethiopia, and such a system could have many advantages for the country. In a dominant - party system there is one broad based party which has wide appeal to a number of groups, regularly wins elections and more or less continuously controls the government. There are also smaller parties which are anable individually or collectively to control the legislature or form a Government"[5].

The report of this professor was prepared only after a few days in Ethiopia for USAID, who are funding so called democracy and governance projects, in effect under writing the TPLF's one party dictatorship.

VIII. Conclusion:

In conclusion let us summarize the fundamental problem between the Oromo, the largest single nationality in Ethiopia, and the TPLF regime. The TPLF in addition to liberating Tigray, it has been consolidating, its dominant position in the Ethiopian Government, making it impossible even the marginal participation of the OLF in the transitional Government which hardly lasted a few months during 1991/92. The TPLF opposes the liberation of Oromia and its right to self determination, because of its fear that a liberated Oromia on its own free will, would not accept Tigrean or any other domination, and hence may not opt for Ethiopian unity under terms other than its own. This will deny the Tigrean elite access to vital Oromo resources. At the same time, the TPLF will not accept free and democratic election process to take place in Ethiopia because of its fear of the heavy weight of the Oromo population in the event of a one person one vote, in which case it will not be elected. This is a dilemma and hence the TPLF can not hold power with out violence and dictatorship. US and Western pressure for democratization is not forthcoming in the case of Ethiopia, as they did in many countries even in Africa. US and Western support for the regimes in Ethiopia in the past and present seems to be based on certain attitudes toward the various peoples in Ethiopia. Their support for the ruling elites seems to weigh over justice and democratic values which the West tells us it promotes. For the Oromo there seems to be no choice but to resist. No people will simply accept arbitrary rule, violations of its fundamental rights and freedoms, and repression. People will naturally resist. Widespread resistance, including armed resistance is now going on throughout Ethiopia against TPLF rule and occupation. At present no one can predict the consequences. But one thing is certain. It leads to more suffering, civil war, famine, economic and environmental decline as well as social and political crisis.

NOTES

1. The author is a founding member of as well as a member of the executive comittee of the Oromo Liberabon Front (OLE). He was also Minister of Information and a member of the Council of Representatives in the Transnational Government of Ethiopia from 1991 - 1992. The views expressed in this paper however do not necessarily reflect those of the OLF.

2. Martial d' Salviac, "...Les Gallas ", Paris, 1905

3. Hagos, Democracy in Ethiopia?", Boston, Phineaus St. Claire, 1994, pp, 39-40

4. Huntington S., "Political Development in Ethiopia: A Peasant Based Dominant Party Democracy, Report to USAiD Ethiopia", May 17, 1994, pp. 36-37

5. *Ibid.*

Fritz Erich Anhelm

CIVIL SOCIETY
Third Party Intervention and Citizen Peacemaking

Das wohl am besten belegte und bekannteste Beispiel der Third Party Intervention bei gewalthaltigen Konflikte der jüngsten Zeit ist die Vorgeschichte der isrealisch-palästinensichen Annäherung. Was darüber zu lesen war, hat den Charakter eines positiven Krimis hinter den Kulissen. Die Geschichte bewegte sich von Geheimtreff zu Geheimtreff, angestoßen von einem norwegischen Engagement, das neben den offiziellen Kanälen begann, sich dann die diplomatischen Instrumente zunutze machte und schließlich in offiziellen Verhandlungen mündete. Manches in dieser Geschichte erscheint als geplanter Zufall. Die zwischen den handelnden Personen geknüpften Beziehungen machen nach allen Schilderungen das Geheimnis des Erfolges aus..

Es gibt weniger spektakuläre Beispiele. Eines, das ich näher kenne, liegt im Vorfeld der Arias-Initiative zum Frieden in Zentralamerika. Die Vesper Society, eine amerikanische Stiftung in der Bay Area aus San Leandro, und die Evangelischen Akademie hatten zu einer Konsultation nach Costa Rica eingeladen. Fast alle Präsidenten der zentralamerikanischen Universitäten - viele davon frühere Politiker - waren vertreten, aber auch Mitglieder aus Parlamenten, Repräsentanten von Befreiungsbewegungen, Indiginous-Organisationen und Bürgerrechtsgruppen. Worauf sie sich verständigten, liest sich wie der Vorentwurf zur wenige Wochen später veröffentlichten Arias-Erklärung.

Was aber wichtiger ist, waren die praktischen Folgen dieses Treffens, die erst Jahre später, nun jenseits der bipolaren Weltordnung auf den geknüpften Kontakten aufbauten. Arias und die Vesper Society organisierten das erste Zusammentreffen von Rebellenorganisationen, Militärs und Politikern in El Salvador. Und kürzlich fand in San Francisco eine Konsultation zwischen Militärs, Kirchen, Vertretern aus der Privatwirtschaft, von Indiginous Organisationen und den militanten Gruppen der Opposition aus Guatemala statt, die auch Regierungsvertreter einbezog, die sich ähnlichen Versuchen in Washington und Oslo bisher verweigert hatten. Dies gelang trotz des gleichzeitigen Stockens der offiziellen Friedensgespräche.

Weniger offensichtlich sind die Auswirkungen von Third Party Intervention im Fall Südafrikas. Als der Weltkirchenrat im Januar dieses Jahres zum ersten Mal in seiner Geschichte mit seinem Zentralkomitee in Johannesburg tagte, wurde das Ereignis zu einem überwältigenden Dankgottesdienst für seine jahrzehntelangen Bemühungen um die Überwindung der Apartheid. Die aus aller Welt Angereisten waren überrascht davon, wie stark ihnen da ein Bewußtsein entgegenkam, das ihnen bedeutenden Anteil an den gesellschaftlichen Veränderungen zuschrieb.

Ein letztes Beispiel: In Nordirland existiert seit vielen Jahren eine Vereinigung von protestantischen und katholischen Bürgerinnen und Bürgern, die nicht nur neben den offiziellen Kirchen ein Tagungszentrum in Corrymeela unterhält, sondern auch in Belfast interkonfessionelle Versöhnungsarbeit betreibt. Ihr Zentrum ist einer der wenigen Orte, an denen sich ganze Klassen aus konfessionell getrennten Schulen zur Bearbeitung der dem Konflikt zugrundeliegenden kulturell und religiös verankerten Vorurteilsstrukturen treffen können.

Solche Beispiele lassen sich unbegrenzt fortsetzen. Manche sind dicht an den offiziellen Politikebenen. Andere haben keinen Zugang dazu oder meiden sie, um nicht instrumentalisiert zu werden und dadurch ihre Arbeit zu gefährden.

Die Fülle der Beispiele ist kein Gradmesser für ihre allgemeine Akzeptanz. Friedliche Streitbeilegung, die auf der Initiative und freien Assoziation von Einzelnen und engagierten Gruppen beruht, wird zwar zumeist begrüßt und auch bewundert. Daß ihr entscheidender Einfluß auf das friedliche Zusammenleben innerhalb von Gesellschaften und zwischen den Völkern zugemessen würde, läßt sich - von spektakulären Ausnahmen abgesehen - kaum feststellen.

Nach wie vor sind die im allgemeinen Bewußtsein verankerten Instrumente der Konfliktbearbeitung in erster Linie Rechtsprechung, Diplomatie, Sanktionen und polizeiliche wie militärische Gewalt. Zivilgesellschaftliche Initiativen erscheinen ihnen gegenüber bestenfalls komplementär. Dies entspricht einem Gesellschaftsverständnis, das regulative Kompetenz vor allem dem Staat zuschreibt. Freie Assoziatonen in der Gesellschaft, auch wo sie sich der Erhaltung und Wiederherstellung des Friedens verschreiben, werden gemeinhin eher mit Mißtrauen betrachtet. Die Geschichte lehrt, daß dies nicht in jedem Fall unberechtigt ist. Ebenso wie der Staat ohne demokratische Kontrolle zum Unrechtsstaat werden kann, können Gruppeninteressen selbst im Namen des Friedens gewalthaltige Konflikte produzieren.

Die politische Philosophie Europas im 19. Jh. setzte deshalb den Nationalstaat als Schiedsrichter über die Zivilgesellschaft. Dies ließ sich nach der faschistischen Desavouierung des Staates so allgemein nicht länger aufrechterhalten und wurde durch das Konzept des Rechtsstaates abgelöst. Es bindet sich an Grundsätze, die einerseits die individuelle Freiheitssphäre schützen, andererseits zugleich eine gewaltsame Durchsetzung von Gruppeninteressen verhindern sollen. Auch dieses Konzept vertraut keinesfalls darauf, daß sich aus freier gesellschaftlicher Assoziation automatisch friedliche Streitbeilegung ergibt. Aber es gäbe dieser Möglichkeit größeren Raum, würde das Bemühen Einzelner und Gruppen nicht nur in den Bereich von peace-building, also in das sogenannte übergeordnete Umfeld sozialer, ökonomischer, kultureller und psychologischer Faktoren der Konfliktursachen verwiesen, sondern auch im Bereich von peace-keeping and peace-making ernster genommen. Folgen wir der gängigen Definition, so ist das eine den Diplomaten, das andere den Blauhelmen vorbehalten.

Wenn die Beobachtung stimmt, daß gewalthaltige Konflikte jenseits der Bipolarität sich in der Tendenz eher an ethnischen und kulturellen Mustern, an Verteilungs- und Minderheitsproblemen, an ökonomischen und ökologischen Ungleichgewichten entzünden und weniger an ideologischen Antagonismen oder der Staatsräson, und daß sie mehr innenpolitisch als außenpolitisch motiviert sind, dann gewinnt die Frage nach ihrer zivilgesellschaftlichen Bearbeitung neben den herkömmlichen diplomatischen und militärischen Optionen zunehmend an Relevanz. Das zeigt auch die wachsende Rolle an, die Nichtregierungsorganisationen in globalen wie lokalen Versuchen zukommt, Verständigung an die Stelle von Konfrontation zu setzen.

Der Paradigmenwechsel, der sich gegenüber den antagonistischen polarisierten Denkstrukturen des West-Ost-Konfliktes nun in der zivilgesellschaftlichen Diskussion ankündigt, geht von "confrontation" zu "negotiation". Die vielen Beispiele, die dies von Zentralamerika über Nordirland bis zum Nahen Osten und dem afrikanischen Kontinent wie in Asien belegen, werden von den akuten Eruptionen der Gewalt zu schnell überdeckt.

Der enorme Einfluß zivilgesellschaftlicher Gruppen in Südkorea auf das öffentliche Leben, der Beitrag solcher Organisationen im Prozeß der Reorganisation der südafrikanischen Gesellschaft, das Entstehen einer breiten, schichtenüberschreitenden Anti-Hunger-Kampagne in Brasilien verdienten als exemplarische - wenngleich auch immer kontextuelle - Verschiebungen bipolarer Konfrontationsmuster zu multipolaren Verständigungsbewegungen große Aufmerksamkeit. Ich will hier keinen Enthusiasmus predigen. Es geht mir eher darum, daß wir die täglichen Nachrichten vom Scheitern friedlicher Streitbeilegung nicht für das letzte Wort halten. Und es geht mir darum, die Möglichkeiten zivilgesellschaftlichen Engagements nicht nur als ideelles Gesamtkunstwerk einer imaginären Friedenskultur stehen zu lassen, sondern den Blick auf reale Prozesse zu lenken, in denen sich längst bewährt, was eine traditionelle Sicherheitsphilosophie kaum für verläßlich hält. Erschiene ihr selbstorganisiertes zivilgesellschaftliches Engagement als politische Option, müßte sie es als Investition in die Zukunft begreifen. Das wäre dann mit der Schaffung von Rahmenbedingungen verbunden, die über Verfassungsgarantien bis zu Mitwirkungsregelungen auf nationaler wie internationaler Ebene reichten, von kollektiven Minderheitenrechten bis zu Informationspflichten.

Peacekeeping, peacemaking und peacebuilding in zivilgesellschaftlichen Inititativen werden im wesentlichen über drei Zugänge zu Konflikten wirksam: über das Feststellen und Verfügbarmachen von Fakten (fact finding), über Mediation und über das Initiieren von Lernprozessen, die den Konfliktbeteiligten ermöglichen, akzeptable Lösungen selbst zu erarbeiten (empowerment). Alle drei Zugänge verlangen durchaus Professionalität, wenn nicht der Gang des Geschehens allein dem guten Willen ausgesetzt werden soll.

Gerade im Bereich von Menschenrechtsverletzungen und des Minderheitenschutzes ist fact-finding durch Dritte ein wesentliches Mittel zur Mobilisierung internationaler Öffentlichkeit. Die in diesem Bereich arbeitenden NGO's haben sich die Möglichkeiten moderner Kommunikationstechnologie zunutze gemacht und verfügen inzwischen über weltweite Netzwerke. Early warning systems, Human Rights watch groups und viele andere Gruppen bis hin zu Monitoring Prozessen etwa bei der Überwachung von Wahlen stellen eine breite Kommunikationslandschaft dar, die der Unterdrückung von Informationen entgegenwirkt und Protest mobilisieren kann. Ohne solche Informationen ist das gezielte internationale Engagement für Menschen- und Minderheitenrechte kaum noch denkbar. Aber auch umgekehrt werden betroffene Gesellschaften und Menschenrechtsorganisationen wie andere zivile Initiativen durch solche Netzwerke mit Informationen versorgt, die sie vor Ort benötigen. Eines der vielen Beispiele ist etwa die Vermittlung von länderspezifischen Expertisen zur Schuldenkrise an afrikanische NGO's durch das alternative Netzwerk zum Bretton Woods System.

"Mediation als politischer und sozialer Prozeß" - so der Titel einer Tagung vom November 93 in Loccum - bezieht sich sowohl auf Situationen, in denen zwei Partner Vorteile aus einer Vermittlung durch Dritte ziehen können, aber auch auf Verteilungskonflikte und Wertkonflikte. Die erwähnte Tagung bezog sich auf den Umweltbereich, wo Mediation besonders in den USA als Verfahren entwickelt wurde, um Konflikte zwischen zwei und mehr Parteien unter Hinzuziehung eines neutralen Dritten unterhalb gerichtlicher Klärung beizulegen. Das Design solcher Verhandlungsprozesse für friedliche Streitbeilegung auch in anderen Feldern zu nutzen, steckt noch in den Kinderschuhen, zumal es für jeden einzelnen Konflikt eines kontextuellen Zuschnitts bedürfte. Eine systematische Friedensforschung, die sich darauf richtete, existiert noch kaum, ebensowenig wie eine Ausbildung für Mediatoren. Beides wäre aber eine Voraussetzung dafür, das Vertrauen in solche Mediationsprozesse zu erhöhen und sie als echte Möglichkeit für Konfliktparteien zu etablieren. Sicher sind der Mediation dort Grenzen gesetzt, wo das Aufrechterhalten und Verschärfen von Konflikten als Element politischer Strategie eingesetzt wird. Aber dies ist kein Argument gegen solche Verfahren in Situationen, wo sie nur deshalb nicht zum Tragen kommen, weil das know how und die Rahmenbedingungen fehlen. Wenn Mediation in der Breite wirksam werden soll, müßte sie den Rang einer allgemein akzeptierten Kulturtechnik erhalten. Daß dies nicht unmöglich ist, zeigen bestimmte durchaus akzeptierte Schlichtungsverfahren wie sie etwa zwischen Tarifparteien funktionieren, wenn die entsprechenden rechtlichen Regeln vorhanden sind und auf Konsens rechnen können. Selbst in eskalierten Konflikten, die dazu noch ethnisch aufgeladen sind, kann Mediation dann eine Rolle spielen, wenn die in diesen Konflikten enthaltenen Machpotentiale keine Aussicht auf Durchsetzbarkeit haben.

Sicher ist die Mediation kein Allheilmittel. Aber die oft beklagte Schwäche dieses Instruments hängt auch an der ihm fehlenden Stützung durch öffentliche Akzeptanz und rechtliche Vereinbarungen.

Mediation sollte nicht mit Diplomatie verwechselt werden. Mediative Verfahren gewinnen ihre Wirksamkeit gerade aus der Verlagerung der Streitbeilegung von der offiziellen auf die informelle Ebene. Auch sie sind auf Verbindlichkeit angewiesen. Aber die läßt Raum für Optionen, die quer zu den beteiligten Interessen liegen und daher ein höheres Maß an kreativer Konfliktbearbeitung enthalten können.

Schwer zu fassen ist der dritte Aspekt des "empowerments". Aber gerade er enthält die größte Chance, den Konflikursachen möglichst nahe zu kommen und sie für die Betroffenen bearbeitbar zu machen. Hier geht es um Prozesse sozialen Lernens, die Feindbilder relativieren oder sogar überflüssig machen. Solche sozialpsychologischen Vorgänge können, wo sie in Gang kommen, kaum überschätzt werden. Die Aussage Arbatovs, daß Gorbatschow dem Westen das Feindbild genommen habe, korrespondiert mit Diskussionen in Bundeswehr und Nato über neue strategische Ausrichtungen, die eben vom Verlust des Feindbildes ausgelöst wurden.

Daß ein Feindbild, das sich an antagonistischen Ideologien orientierte, durch Feindbilder abgelöst wurde, die sich nun stärker auf innergesellschaftliche ethno-soziale und territoriale Konfliktlinien beziehen, mag zu den bitteren Lektionen dieser Geschichte zählen. Dies festzustellen, erfordert aber zugleich, darauf hinzuweisen, daß der Transformationsprozeß sich in diesen Fällen gleichsam jenseits aller regulativen Stützungen vollzog. Wo diese, wie etwa in Südafrika, weitgehend aufrechterhalten werden konnten, wurden ethnisch-soziale Konflikte zwar nicht aus der Welt geschafft, aber wohl doch durch eine übergreifende Idee der gesellschaftlichen Reorganisation relativiert. Gerade peacebuilding als empowerment der Betroffenen zur selbstorganisierten friedlichen Streitbeilegung scheint auf Rahmenbedingungen angewiesen, die auf der politischen Ebene gesetzt werden und das Klima dafür bereiten, in der Verständigung mehr Vorteile zu sehen als in der Konfrontation.

Diejenigen NGO's, die sich auf das breite Feld sozialen Lernens richten, das auch die interkulturelle, interethnische Dimension einschließt, orientieren sich zumeist an Konzepten der Versöhnung (reconciliation). Wo das nicht oberflächlich bleibt, stehen hier Strategien zur Aufklärung von Vorurteilsstrukturen im Mittelpunkt. Wunden der Geschichte können allerdings zu tiefsitzenden kulturellen Mustern werden, die dem vernünftigen Argument kaum zugänglich sind. Deshalb sind symbolische Versöhnungshandlungen, die neue Traditionen des Umgangs miteinander begründen, durchaus oft bedeutsamer als analytische Zugänge zum Konflikt.

Der wichtigste Beitrag zum Frieden in einer Gesellschaft ist jedoch die Existenz einer zivilen Kultur selbst. Die kann von Regierungen gestützt und gesichert, aber nicht geschaffen werden. Eine solche Kultur, die die Muster des Zusammenlebens im Alltag, des Umganges miteinander im Streitfall praktisch auslebt, beruht auf den "habits of the heart" (wie es der amerikanische Soziologe Robert Bellah formulierte). Die aber bilden sich an dem, was für erlaubt oder nicht erlaubt gehalten wird. Kollektive kulturelle Muster der friedlichen Streitbeilegung sind die wohl wichtigste Garantie gegen Gewalt. Daß die verschiedensten Interessen, die sich in der Civil Society begegnen, darin ihr gemeinsames Gut entdecken, d.h. lernen, sich selbst nicht absolut zu setzen, allen Versuchen und Versuchungen der gewaltsamen Zuspitzung von Konflikten eine gemeinsame öffentliche und demonstrative Absage erteilen, ist noch immer die beste Gewähr für eine friedliche Streitbeilegung. Das kann erlernt und erprobt werden, kann als generative Leitidee der Erziehung Gültigkeit einfordern. Erleichtert wird dies da, wo sich die aktiven Gruppen der Zivilgesellschaft über ihre jeweilige Identität hinaus vernetzen und so einen starken Rückhalt gegen totalitäre Fundamentalismen bilden.

Lassen Sie mich zum Schluß auf ein Programm hinweisen, das derzeit vom Weltrat der Kirchen entwickelt wird und in den nächsten Jahren entsprechende Prozesse der Vernetzung initiieren soll. Es trägt den Titel "Programm zur Überwindung der Gewalt". Kernstück ist ein Paradigmenwechsel von der "Lehre des gerechten Krieges" zu einer "Lehre gerechten Friedens". Dies kann mehr sein als ein Wortspiel, wenn es an die "habits of the heart" heranreicht und sozialer Kompetenz zur friedlichen Streitbeilegung im öffentlichen Bewußtsein größere Beachtung verschafft. Ein Weg dahin soll die Vernetzung und Förderung ökumenischer Dienste für

Frieden, Gerechtigkeit und Versöhnung sein. Für ihre internationale Wirksamkeit und ihren Einsatz wie für ähnlicher säkularer NGO's gilt es, auf UN-Ebene Rahmenbedingungen zu schaffen, die von den Mitgliedsstaaten anerkannt werden. Neben weltweit akzeptiertem militärischen Training soll ein Training von Friedensdiensten in friedlicher Streitbeilegung etabliert werden. Der Weg dahin mag noch lang sein. Er verdient aber durchaus das Attribut einer wirklichen strategischen Umorientierung.

Ludwig Elle

Autonomie von Ethien innerhalb von Staaten: Minderheitenrechte im nationalen und Völkerrecht

Ethnisch-kulturelle, sprachliche und religiöse Vielfalt nehmen wir in Berichten des Fernsehens und der Presse aus Afrika, Asien oder Lateinamerika zumeist mit großem Interesse zur Kenntnis. Dies sollte uns jedoch nicht übersehen lassen, daß auch Europa durch das Zusammenleben einer Vielzahl von Ethnien, Kulturen und Religionen bestimmt ist. Die ethnokulturelle Vielfalt Europas kommt im Vorhandensein von ca. 70 Sprachen mit den dazugehörigen Völkern bzw. Volksgruppen zum Ausdruck. Rund 650 Millionen Europäer, das sind etwa 87 Prozent, 33 bilden "nationale Mehrheiten", schätzungsweise 100 Millionen Europäer gehören über 200 nationale Minderheiten an. Gerade die Hälfte der 70 Sprachen der europäischen Völker besitzen den Status einer "Nationalsprache". Nur in wenigen Ländern (Belgien, Finnland, Schweiz) haben mehrere Sprachen diesen Status. Die meisten Minderheitensprachen, vor allem die kleiner Völker und von Volksgruppen, die in großer Entfernung von einem gleichsprachigen "Mutterstaat" liegen, können nur im privaten Lebensbereichen genutzt werden und haben nur geringen Zugang zu Medien, Schulen und in öffentliche Bereiche. Gleiches gilt für die traditionelle Kultur dieser Minderheiten.

Die Berücksichtigung der ethnischen Minderheiten im nationalen Recht in Europa ist außerordentlich differenziert und eine generelle Wertung kaum möglich, zumal in vielen Ländern, vor allem - aber nicht nur - in Osteuropa, auch noch eine Kluft zwischen rechtlichen Bestimmungen und Realität klafft. Für Deutschland kann festgestellt werden, daß die Sorben, Dänen und Friesen als nationale Minderheiten anerkannt sind und Schutz und Förderung genießen. Dies ist sowohl in den Landesverfassungen Sachsens, Brandenburgs und Schleswig-Holsteins wie auch in weiteren Gesetzen und Verordnungen fixiert. In Sachsen nehmen beispielsweise neben der Landesverfassung 12 weitere Gesetze und Verordnungen im Bereich Bildung, Kultur, kommunale Verwaltung, Wahlrecht, Hochschulwesen, Wissenschaft und Verkehr direkten bezug zur sorbischen Problematik. Mit bedauern haben jedoch alle Minderheiten in Deutschland zur

Kenntnis nehmen müssen, daß die Anerkennung der Minderheiten im Grundgesetz der Bundesrepublik nicht erreicht werden konnte. Ebenso ist auch die Tatsache, daß die deutschen Sinti und Roma als Volksgruppe nicht anerkannt und geschützt sind, nicht zu akzeptieren.

Eine zunehmende Zahl von europäischen Minderheiten und Volksgruppen - die größtenteils in Ost- und Südosteuropa ansässig sind - hat sich seit 1990 der 1949 gegründeten Föderalistischen Union Europäischer Volksgruppen (FUEV) angeschlossen[1] bereits 1949 in Paris zeitgleich mit dem Europarat gegründet und knüpft an die demokratischen Traditionen der Nationalitätenkongresse von 1925 bis 1938 an.

Schwerpunkte der Tätigkeit der Union sind einerseits die Sensibilisierung der Politik für die Minderheitenfragen um die Erhaltung der Eigenarten, Sprachen und Kulturen der Volksgruppen zu gewährleisten, andererseits setzt sich die FUEV für die Schaffung eines international anerkannten Volksgruppenrechts ein. Es ist ja leider Tatsache, daß in der Regel die Mehrheitsvertreter unter sich
Zu den wichtigsten Vorschlägen der FUEV in den Bestrebungen um ein europäisches Volksgruppenrecht gehören Konventionsentwürfe die auf dem Jahreskongreß 1992 in Cottbus angenommen und 1994 in Gda_sk unter Berücksichtigung der Ergebnisse des Wiener Gipfeltreffens von Oktober 1993 ergänzt und den aktuellen Entwicklungen angepaßt wurde. Die Vorschläge der FUEV für ein europäisches Volksgruppenrecht beruhen auf zwei Säulen:

1. Die Gewährung von Grundrechten der Angehörigen von Volksgruppen im Rahmen eines Zusatzprotokolls zu Europäischen Menschenrechtskonvention.
2. Die Gewährung von Autonomierechten im Rahmen einer Sonderkonvention des Europarates (Dabei sind die in über 60 Dokumenten der verschiedensten Art bereits durch die KSZE, den Europarat, die EU die UNO usw. dargebotenene Erklärungen und Standpunkte berücksichtigt.)

---

[1] Diese europäischen Dachorganisation der Minderheiten und Volksgruppen wurde bereits 1949 in Paris zeitgleich mit dem Europarat gegründet und knüpft an die demokratischen Traditionen der Nationalitätenkongresse von 1925 bis 1938 an.

Der Gipfel des Europarates von Wien im Oktober 1993 hat die Aufgabe gestellt, die Europäische Menschenrechtskonvention um Minderheiten- rechte im Bereich der Kultur (Rahmenabkommen bzw. Zusatzprotokoll) zu erweitern. Diese Entscheidung ist generell zu begrüßen, weil sie die individuellen Menschenrechte in einem wesentlichen Bereich für die Angehörigen ethnischer Minderheiten präzisiert, gehört doch die Kultur, darin eingeschlossen auch die Sprache, zu einem entscheidenden Faktor der spezifischen Identität von Minderheitenangehörigen. Aus der Sicht der ethnischen Gruppenschutzes nach wie vor für notwendig. Die Meinung, ausreichender Minderheitenschutz sei bereits auf individualrechtlicher Grundlage möglich, berücksichtigt nicht, daß das Ganze mehr ist, als die Summe seiner Teile und die Gewährleistung der Teile nicht unbedingt ausreicht, um auch das Ganze zu erhalten. Worum es aber geht, ist doch gerade, daß ein die spezifische Identität der Minderheitenangehörigen konstituierendes geistiges Substrat eines Volkes/ einer Volksgruppe ge- schützt werden sollte.

2. Das Verweigern der Gruppenrechte bedingt auch den zweiten Kritik- punkt an der bisherigen Entwicklung. Auch wenn man den Kulturbegriff sehr weit auslegt gewährt er nicht umfassend den besonderen Schutz, den Minderheiten brauchen, um bestehen zu können. Dies betrifft nach- folgende Grundrechte der Minderheitenangehörigen:

1. Recht auf Achtung, Schutz und Entwicklung ihrer Identität. Darin sind unter anderem einzuschließen das Recht auf Heimat, auf Bewahrung des angestammten Siedlungsgebietes, der Schutz vor Assimilation, Schutz vor Vertreibung.

2. Recht Gleichbehandlung und Chancengleichheit
Über die formale Gleichbehandlung soll den Minderheitenangehörigen eine faktische Rechtsgleichheit und Chancengleicheit gewährt werden.

Besondere Ausgleichsrechte als Teil der anerkannten Menschenrechte sollen den Minderheitenangehörigen vor allem hinsichtlich
der Sprache,
des Schulwesens,
der Bildung eigener Organisationen,

des ungehinderten Kontaktes einschließlich grenzüberschreitende Zusammenarbeit,
der Medien und Information,
des Zugangs zum öffentlichen Dienst
und der politischen Vertretung die sich aus der Minderheitenlage objektiv ergebenden Nachteile kompensieren.

Die FUEV geht davon aus, daß die Gewährung von Volksgruppenschutz und damit die Sicherung der Existenz der nationalen Minderheiten in Europa nur gewährleistet werden kann, wenn dieser durch Selbstbestimmungsrechte der Volksgruppen untermauert ist, das heißt, den Volksgruppen und kleinen Völkern Autonomierechte gewährt werden. Diese Forderung erweckt möglicherweise den Anschein, daß Konflikte vorprogrammiert sind, denn Gewährung von Autonomie ist irgendwie immer als Umverteilung von Macht auszulegen und scheint solche nationalen Schutzgüter wie "Sicherheit" und "territoriale Unversehrtheit" anzutasten. Autonomie wird so als Vorstufe der Sezession angesehen.

Unsere Auffassung dazu ist eine andere: Wir gehen davon aus, daß die Gewährung von Autonomie für nationale Minderheiten kein einseitiger Umverteilungsprozeß von Macht zugunsten einer Minderheit darstellt, sondern Machtstrukturen so regelt, daß Grundlagen für ethnische Konflikte - und damit Bestrebungen nach gewaltsamer Umverteilung von Macht - paralysiert werden. Wir verstehen Autonomie also nicht als Vorstufe sondern als Prophylaxe der Sezession. Insofern stellt Autonomie einerseits ein Maximum an Selbstbestimmung und andererseits ein Minimum an Fremdbestimmung dar und garantiert so am besten die Integrität des Staates. Nur die Verweigerung von Rechten der Volksgruppen, über ihre Angelegen nach extremen Selbstbestimmungsrechten auslösen. Im Parlamentarischen Forum der NATO wurde 1992 festgestellt: "... eine Autonomie welcher Form auch immer wird allgemein für alle Parteien die beste Möglichkeit sein, umso mehr, als die Forderung nach Unabhängigkeit oft aus der Unfähigkeit der Zentralmacht erwächst, sich mit dem Wunsch nach Autonomie zu gegebener Zeit auseinanderzusetzen."[2]

---

2 Inoffizielle Übersetzung in Pan, Christoph: Volksgruppenschutz in Europa ohne Antastung der Staatsgrenzen. Manuskript beim Verfasser.

Die Vorschläge der FUEV hinsichtlich einer europäischen Sonderkonvention für Autonomierechte gehen davon aus, daß die Autonomie als Instrument des Volksgruppenschutzes die Aufgabe hat, die Angehörigen einer Volksgruppe vor Majorisierung durch Mehrheitsentscheidungen in solchen, ihre Lebensverhältnisse unmittelbar betreffenden Fragen wie Sprache, Unterrichtswesen, Kultur, öffentliche Medien, Gebietskörperschaften/öffentlicher Dienst/Sozialwesen und regionale Wirtschaftsstruktur/Verkehr/Abbau natürlicher Reichtümer, zu schützen, ihre bürgerlichen und politischen Rechte und Grundfreiheiten zu sichern, ohne die territoriale Integrität des Staates zu verletzen. Dabei ist bei der Gewährung der Minderheitenrechte im einzelnen von den jeweiligen besonderen Ausgangsbedingungen der Volksgruppe auszugehen. So leben Volksgruppen sowohl in Siedlungsgebieten wo sie entweder die Mehrheit der Bevölkerung stellen oder einen erheblichen Anteil der Bevölkerung des Territoriums aufbringen als auch in Streulage mit der Mehrheitsbevölke verschiedene Formen der Autonomie, die auch noch variieren können.

Der klassischen Vorstellung von Autonomie entspricht die Gewährung von Territorialautonomie in solchen Gebieten, in denen die Minderheit eine regionale Mehrheit bildet. Dies ist beispielsweise für die Deutschsprachige Gemeinschaft in Belgien, die Südtiroler Volksgruppe in Italien und die Basken in Spanien der Fall. In diesen Minderheitenregionen ist in den letzten Jahren bzw. Jahrzehnten ein umfassendes System der Autonomie eingerichtet worden und es bewährt sich, wie sowohl von staatlicher Seite wie auch von den Minderheiten selbst eingeschätzt wird.

Eine andere Form der Autonomie stellt die Kulturautonomie dar. Sie ist für Volksgruppen vorgeschlagen, die in ihrem Siedlungsgebiet nicht die Bevölkerungsmehrheit bilden bzw. aus anderen Gründen eine Territorialautonomie nicht für zweckmäßig erachten. Die Kulturautonomie soll von demokratisch gewählten Organen der betreffenden Volksgruppe wahrgenommen werden. Die Wirkungsfelder der Kulturautonomie können sein:
Kultur
Unterrichtswesen
Medien
gegebenenfalls ein Mitspracherecht bei zweiter Staatsbürgerschaft
sonstige, im spezifischen Interesse der Volksgruppen liegende Sachbe-

reiche, einschl. Institutionen, eigene Symbole usw.Elemente der Kulturautonomie weisen zahlreiche Minderheiten in die Sorben, Dänen und Friesen. Das Mitspracherecht ist - zumindest aus der Sicht der Sorben jedoch durch ökonomische Sachlagen und der bisher fehlenden rechtlichen Selbständigkeit der Stiftung für das sorbische Volk, in der Realität begrenzt.

Für solche ethnischen Minderheiten, die in Streulagen leben und die Voraussetzungen einer Territorial- oder Kulturautonomie nicht erfüllen, schlägt die FUEV ein Recht auf lokale Autonomie in den jeweiligen Verwaltungseinheiten vor, in welchem diese Minderheit eine lokale Bevölkerungsmehrheit bildet. In solchen Verwaltungseinheiten wären dann minderheitenspezifische Interessen wie Zweisprachigkeit im Rahmen der örtlichen Verwaltungen, Verwendung von Namen und Symbolen, Bewahrung von Traditionen und Brauchtum usw. zu gewährleisten. Darüber hinaus soll den Minderheitenangehörigen das Recht zustehen, Einrichtungen - z.B. im Schulwesen, Medien, Kulturpflege - zu unterhalten. Für diese Form der Autonomie liegen derzeit kaum praktische Beispiele vor. Jedoch finden sich vor allem im ungarischen Nationalitätenrecht interessante Ansätze. So ermöglicht das ungarische Wahlsystem die Bildung von Selbstverwaltungsgremien der Minderheiten bei erleichterten Nominierungsvoraussetzungen.

Ich möchte abschließend nochmals unterstreichen, daß die hier vorgestellten Vorschläge der FUEV auf den sehr vielfältigen Erfahrungen der Minderheiten beruhen und zumeist ihre Basis in bereits praktizierten nationalen Rechtsvorschriften bzw. von europäischen Gremien gemachten Vorschlägen beruhen. Insofern geht weiterzuvermitteln und Bedenken hinsichtlich der Gestaltung von Minderheitenrechten abzubauen. Als unabdingbare Erfordernisse hierbei sehen wir:

Das auf der Grundlage genereller demokratischer Rechtsverhältnisse die autorisierten Vertreter der Minderheiten bei der Gestaltung des Minderheitenrechts mitwirken können. Rechte der Mehrheitsbevölkerung sollen nicht beeinträchtigen werden, das friedliche von Achtung und Toleranz geprägte gedeihliche Zusammenleben der Bevölkerung ist zu fördern.

Die erforderlichen finanziellen Grundlagen sind, erforderlichenfalls durch Finanzausgleich, zu sichern.

Hans de Jonge

A European Legal Instrument on the Protection of Minorities

Before speaking about the protection of minorities by the Council of Europe, I would like to say a few words about the Council of Europe.

The Council is an organisation of 33[1] member States all of which are democratic countries. It is the oldest European organisation which works for European unity through co-operation between its members in all fields with the exception of defence and security issues.

A country must fulfill three fundamental requirements to become a member of the Council of Europe. Firstly, it must have a pluralist parliamentary form of government. Secondly, such a country must respect human rights and fundamental freedoms as they are protected under the European Convention on Human Rights and Fundamental Freedoms, and thirdly, it must respect the principle of the Rule of Law. Only when these conditions are satisfied, can a country be invited to join the Council of Europe. I would also like to emphasise the important role of the Parliamentary Assembly within the Council of Europe, because in many respects it is the driving force of the Organisation. The Assembly has made great efforts to ensure that the Council's statutory obligations and main legal instruments are being adhered to by the member States.

In the framework of the procedure for the accession of new member States, the Parliamentary Assembly decided in 1993 that the new member States must respect the rights of minorities in accordance with a draft protocol to the Human Rights Convention[2] which the Assembly itself had drawn up. This Assembly decision entailed a very important obligation on the applicant States to protect minorities. At the time there was also question in the Assembly of giving the Council of Europe a mediating role in the case of conflicts over minorities, but since the CSCE had already

---

[1] Now 34, since Latvia's accession on 10 February 1995.

[2] Cf. Recommendation 1201 (1993) and Order 484 (1993), on an additional protocol on the rights of national minorities to the European Convention on Human Rights

created the post of a High Commissioner of Minorities, the Council refrained from pursuing this idea so as to avoid duplication of work.

In 1993 the Parliamentary Assembly adopted another text of relevance to the protection of minorities, i.e. Order N° 488, which is also referred to as the "Halonen Order"[3], named after the Finnish member who introduced it. In this Order the Assembly decided, through its competent committees, to monitor closely the honouring of commitments entered into by new member States and to report at regular six months' intervals until all undertakings have been honoured. This Order had been prompted by the non-respect of certain new member States for the commitments they had accepted upon their accession to the Council. The Halonen Order opens up the possibility for a debate in the Parliamentary Assembly if a new member State does not honour its undertakings. Such a debate could ultimately lead to a proposal for the expulsion of the country in question. The purpose of this procedure is, of course, to avoid such eventualities. Again, I believe this is a very important aspect of the Assembly's role in preventing the violation of the rights of minorities as well as other democratic principles.

The work in favour of minorities is strongly related to the other wide-ranging activities of the Council of Europe in the fields of human rights and democracy promotion. Fresh impetus to this role was given when, in October 1993, the Vienna Summit of Heads of State and Government of the Council of Europe decided to strengthen the Organisation's role in ensuring democratic security. It was decided, inter alia, to improve the effectiveness of the European Convention on Human Rights by establishing a single court, to implement a European plan of action against racism, xenophobia, anti-semitism and intolerance, and to draft with a minimum of delay a framework convention on the protection of national minorities as well as to begin work on drafting a protocol complementing the European Convention on Human Rights in the cultural field.

---

[3] Order 488 (1993), on the honouring of commitments entered into by member States

The Heads of State and Government also decided to draw up measures designed to accompany the standard-setting process by changing people's mentalities and their approaches to "others", such changes being difficult to achieve through laws. For this purpose the projects are to be carried out at grass-roots level, in situations chosen for specific reasons, with the participation of those concerned and on the basis of a precise request. These confidence-building measures comprise the drafting of inter-State treaties between countries, for example Romania and Hungary, and secondly, the implementation of pilot projects in the fields of education, culture, media, legal, political and social questions, youth and local democracy, aimed at increasing tolerance and understanding among the peoples concerned. An example is the creation of a Euroregion of the Carpathians and the Tisza basin.

After the Vienna Summit, the Assembly expressed its regrets that the Heads of State and Government had not accepted the Assembly's proposal for a single additional protocol to the European Convention on Human Rights on the protection of national minorities[4]. The advantage of such a protocol is that such protection would have become an individual right, and that persons could benefit from the remedies offered by the Convention, particularly the right to submit applications to the European Commission and Court of Human Rights.

Work on the framework Convention on the protection of national minorities was completed by an ad hoc committee of experts within a year after the Vienna Summit and the text was approved by the Committee of Ministers on 10 November 1994. This Convention is the first legally binding multilateral instrument, devoted to the protection of national minorities. Its aim is, "to specify the legal principles which States undertake to respect in order to ensure the protection of national minorities". The Convention does not define a national minority, contrary to the draft additional protocol proposed by our Parliamentary Assembly which does so[5] It

---

[4] Cf. Recommendation 1231 (1994), on the follow-up to the Council of Europe Vienna Summit

[5] The Parliamentary Assembly's text defines such a minority as as a group of persons in a State, "who reside on the territory of that State and are citizens thereof, maintain long-standing, firm and lasting ties with that State, display distinctive ethnic, cultural, religious or linguistic characteristics, are sufficiently

appears that the majority of States could have accepted a definition referring to a minority as a group of persons possessing distinct features, such as religion, language or culture, with long-lasting ties to the country of residence and possessing the nationality of that country. A small minority of States would have liked to include so called "new minorities", such as asylum-seekers and migrant workers, who do not possess the nationality of the country of residence. The existing international texts on the protection of minorities do not include an agreed definition of a national minority.

The framework Convention is a compromise between those countries which were of the opinion that there was no need for a convention because the Human Rights Convention offers sufficient protection and also because the rights of all citizens should be equal, and the countries that have traditionally protected certain parts of their population by what may be referred to as positively discriminative measures. One of the features of the new convention is precisely that it contains principles aimed at protecting national minorities and gives specific rights to certain groups while it also says that these rights cannot be regarded by the others as a form of discrimination.

The term "framework Convention" means that it sets out the legal principles which States undertake to guarantee through national legislation and appropriate administrative practice. The Convention does not recognise any collective rights. It protects minorities by helping them to exercise, or by guaranteeing them that they can exercise their rights individually in community with others. This implies, for instance, the right of association. It is a legally binding instrument under international law. The Convention translates the political commitments relating to the protection of minorities, contained in the texts of, *inter alia*, the Parliamentary Assembly of the Council of Europe, the United Nations and the CSCE, into legal obligations. The convention is open to non-member

---

representative, although smaller in number than the rest of the population of that state or of a region of that state, and are motivated by a concern to preserve together that which constitutes their common identity, including their culture, their traditions, their religion or their language".

States and the idea is that the CSCE countries which are not (yet) members of the Council of Europe can accede to it.

There is some overlap between the new Convention and the European Convention on Human Rights[6]. The latter contains four articles that protect rights relevant to the protection of minorities and which are protected by the Convention's control system. These are the right of everyone to freedom of thought, conscience and religion (article 9), the right of everyone to freedom of expression (article 10), the right of everyone to freedom of peaceful assembly and freedom of association with others (article 11), and the right to education in conformity with the religious and philosophical convictions of the parents (Additional Protocol, article 2). The Human Rights Convention does not comprise specific rights for minorities. Only Article 14 on non-discrimination mentions "association with a national minority":

> "The enjoyment of the rights and freedoms set forth in the Convention shall be secured without discrimination on any ground such as sex, race, colour, language, religion, political or other opinion, association with a national minority, property, birth or other status".

Article 14 does not define the principle of non-discrimination in absolute terms, but only in connection with the enjoyment of the rights and freedoms enshrined in the Convention.

However, in so far as the countries that accede to the new framework Convention are also parties to the Human Rights Convention, the articles in the Human Rights Convention will prevail.

Another very important aspect of the Convention is that the protection of minorities should be ensured in full respect of the principle of the Rule of Law and the territorial integrity and national sovereignty of States.

---

[6] This overlap, however, is motivated by the fact that the framework Convention is open for signature also to non-member States of the Council of Europe, which can not be parties to the European Convention on Human Rights.

The Convention consists of five sections. The first section sets out the general principles that the protection of national minorities and of persons belonging to national minorities are part of the international protection of human rights. It also establishes that every person belonging to a national minority is free to choose to be treated or not to be treated as such, with no disadvantage arising from the choice.

Section two contains the key part of the Convention. It is a catalogue of specific principles. They pertain to non-discrimination, promotion of full and effective equality, promotion of the conditions necessary to preserve and develop the culture and safeguard the identity of national minorities, the freedom of peaceful assembly of persons belonging to national minorities, freedom of association, freedom of expression and freedom of thought, conscience and religion, the right to and use of the media as well as a number of linguistic freedoms, e.g. the use of the minority language in private and in public, as well as in dealings with the public authorities. The Convention also provides for opportunities for learning minority languages and for receiving instruction in these languages and the creation of educational establishments.

Section three concerns the interpretation and application of the convention. It contains a provision that minorities must respect the national constitution and other legislation of the country they live in and the rights of others.

The fourth section provides for a supervisory procedure under which the States must submit information of relevance to the implementation of the Convention to the Committee of Ministers of the Council of Europe. This Committee will evaluate the adequacy of the implementation measures. In this task the Committee will be assisted by an advisory committee.

And finally section five stipulates that the Convention is open to non-member States of the Council of Europe. However, it is understood that only CSCE countries can adhere to the instrument.

The Convention will be opened for signature on 1 February 1995[7]. Hopefully many countries will accede to it. In this connection I would like to underline again the important role the Parliamentary Assembly can play by bringing pressure to bear on governments who are reluctant to sign and ratify.

It should also be recalled here that in 1992 the Council of Europe also adopted the European Charter for regional or minority languages. The prime objective of the Charter is to protect and preserve regional or minority languages as an essential part of the European heritage. This Charter is also open to accession by non-member States. However, until now only two countries have ratified it: Norway and Finland[8].

I would like to conclude by a word of caution. The protection of minorities is, of course, a necessary and laudable measure but there are no unlimited rights for minorities. There should be no striving towards ethnic purity. The new Convention creates a political order for the protection of the freedoms and rights of every person belonging to a minority and living in a multi-cultural constitutional State, which again is part of an international community, which shares the same values of freedom and human rights. The Council of Europe is the pan-European organisation par excellence in which the protection of human rights and minorities is based on such overriding principles.

However, in the future the protection of human and minority rights cannot be secured by conventions only but also requires the strengthening of the European institutions that are charged with the implementation of these instruments and of pluralist parliamentary democracy in general. Only in that way can Europe prevent or solve conflicts. We have learned from history that this task cannot be left to individual States alone. And it is noteworthy that since the existence of the Council of Europe, there has never been a war between any of our member States. This is a very

---

[7] At the opening for signature 22 of the Council of Europe's member States signed the Convention.

[8] To date it has been signed by 13 States

important lesson at a time when some unfortunate resurgence of nationalist tendencies can be noticed in certain countries.

The role of the Council of Europe is to maintain and improve standards of democracy and human rights. The adequate protection of minorities has now become a well-established precondition for membership of the Council of Europe. The substantive legal principles established by the Council of Europe and its increasing involvement with the monitoring of the compliance with commitments undertaken by member States under the Council's various instruments, are essential for the establishment and consolidation of a democratic Europe.

Michael R. Lucas

Minority Rights and Consensual Intervention:
Developments in the OSCE and their Inter-Organizational Context

Introduction

The violation of human rights and the violent conflicts that have issued from such violations in post-Cold War Europe have been a major focus of the OSCE.[1] In my presentation I will survey the OSCE's role in the protection of human rights, in particular, the rights of individuals belonging to minorities and the relationship between this activity and OSCE efforts to develop more effective instruments for dealing with conflicts at the inter-state and sub-state level.[2]

In Part 1 I will take up the human dimension, including the problem of defining minorities and the relationship between human-rights protection and security. Also discussed are the OSCE human-dimension mechanisms, their relationship to different OSCE institutions, Non-Governmental Organizations (NGOs), and the OSCE instruments of peaceful dispute settlement. In Part 2, I review the different types of OSCE missions and give several examples. The missions of High Commissioner on National Minorities (HCNM) and OSCE cooperation with the UN are also taken up. This is followed by a brief review of recent modifications of OSCE's organizational structure followed in Part 3 by a discussion of OSCE efforts to develop a more effective internal division of labor among its main executive and administrative bodies and to improve its working relationships with other international organizations. My conclusions are contained in Part 4.

Part 1
The OSCE Human Dimension
1.1 Definitional and conceptual difficulties related to minorities and the OSCE

When we speak of "conflict management" or "conflict transformation" in relation to national minorities we are dealing with a variety of phenomena and processes that include the prevention, regulation, and resolution of inter-ethnic tensions and conflicts. OSCE activity to deal with conflicts covers virtually the entire range of OSCE activity in the human dimension and political, security-related and economic cooperation. In all these areas the problems of minorities in the new Eastern democracries have become an unmistakable focus. With this in mind, I will try to place the question of minority-rights issues and conflicts involving minorities in the larger context of the broadening range of OSCE activities. My intention is to capture the multi-sided, inter-disciplinary and inter-organizational approach of the OSCE to a problem that is really a Gordian knot of interwined problems within problems that are now first being politically and scientifically understood and differentiated.

Not surprisingly there are a number of definitional conundrums one confronts when dealing with minorities and the OSCE. These have to do with the following factors:

1) There is no clear, generally accepted definition of a "minority."[3] This terminological and conceptual vacuum has been filled with an abundance of disagreement among experts. There are linquistic, political, territorial, ethno-cultural, gender-based, quanititative and qualitative definitions, all of which reflect the many different kinds of groups that bear this ambiguous appellation. Neither international politics nor the scholarly world has been able to reduce the variety of "minorities" to a definitional unity. This state of affairs suggests that when we speak of "minorities," we are actually dealing with different kinds of social and political groups and phenomena which have been neglected, or more precisely, virtually excluded from the world of postwar international politics by the ideological mind-set of the national-state and inter-state relations.[4]

2) When dealing with the OSCE, it is important to keep in mind that terms and concepts in OSCE documents and in what might be called "OSCE jargon" are often imprecisely, if at all, defined.[5] As a political and consultation process with a highly heterogenuous group of member-states, many of the terms in OSCE official documents often have ambiguous meanings and are subject to change as a result of international and OSCE-internal developments.

3) On the positive side, it can be argued that the definitional fuzziness of many OSCE terms and concepts reflect the OSCE's flexibility and its attempt to capture in its decisions and in the final documents of its major conferences new political developments, in particular, those that have followed in the wake of the end of the East-West conflict. As a political

consultation process the OSCE has striven with mixed results to home in on the "moving targets" of Europe's post-communist development, including the tragic furies of inter-ethnic conflict and the eruption of minority-state relations as a critical 'domestic-global' security problem.[6]

1.2 Human Rights and Security

Because human rights violations within states are often at the root of serious political instability and inter-ethnic conflict, as in former Yugoslavia and the the New Independent States (NIS) of the former Soviet Union, protecting human rights, including the rights of individual belonging to minorities, has been placed in closer relationship with OSCE concern with the prevention, management and resolution of conflicts. This shift, which represents a deliberate weakening of Principle VI of the Helsinki Final Act of 1975 prohibiting interference in the internal affairs of states, was underlined in the 1992 Helsinki Summit Declaration which states that "commitments undertaken in the field of the human dimension of the OSCE are matters of direct and legitimate concern of all participating States and do not belong exclusively to the internal affairs of the State concerned."[7] On the practical level there are many areas in which this relationship could be further strengthened. At the 1993 CSCE Implementation Review Meeting on Human Dimension Issues it was emphasized that the human dimension should be better integrated into the overall work of the OSCE, particularly because observance of human-dimension commitments represent "a basic element in early warning and conflict prevention."[8] Reflecting this recommendation it was agreed at the Budapest Review Meeting (October 10 - December 6, 1994) that "human dimension issues will be regularly dealt with by the Permanent Council"[9] and the Chair-in-Office would be encouraged to inform the Permanent Council of serious cases of alleged non-implementation of human-dimension commitments.

1.3 The Evolution of the OSCE Human Dimension Mechanism
The Vienna Mechanism
The OSCE has steadily expanded its codex of individual and minority rights and its machinery for monitoring their implementation. A major step was taken at the Vienna Follow-up Review Meeting (1986-1989) with the most detailed and comprehensive review of human rights abuses since

the creation of the OSCE in 1975. The OSCE human rights catalogue was further elaborated and the "Vienna Human Dimension Mechanism" was set up in order to monitor compliance with OSCE commitments in the area of human rights and human contacts.[10]

The Concluding Document of the Vienna meeting formally introduced the term human dimension to refer to all human rights and fundamental freedoms, human contacts and related humanitarian issues.[11] Since Vienna the human dimension in OSCE usage also includes rule of law and democratization. The Vienna Human Dimension Mechanism consists of the following four separate procedures:

1) members states can exchange information on the OSCE human dimension in the framework of the OSCE and respond to requests for information by other participating member-states;

2) bilateral meetings with other member-states can be requested in order to examine questions relating to the human dimension, including individual cases of abuses, with the aim of rectifying them;

3) any member-state can bring cases concerning the human dimension to the attention of other member-states through diplomatic channels; and

4) any member-state can bring the results of the bilateral meetings to the attention of subsequent OSCE meetings on the human dimension and to OSCE follow-up conferences.

These four different complaint procedures have had the effect of expanding the OSCE's ability to intervene in OSCE states if and when human-dimension violations occur, including those involving individuals belonging to minorities. The Vienna Mechanism also created for the first time in the OSCE a system of supervision that can be set in motion at any time and is non-voluntary, that is, member-states must comply with requests made within its framework.[12]

1.4 The Copenhagen Document
The Final Document of the Copenhagen Conference on the Human Dimension marked a qualitative advance in cataloging rights of minorities. The OSCE recognized for the first time the need to adopt "special measures for the purpose of ensuring to persons belonging to national minorities full equality" in the exercise and enjoyment of human rights and

fundamental freedoms.[13] The document deals with the problem of who decides who belongs to which minority by adopting the principle that "to belong to a national minority is a matter of a person's individual choice."[14] Persons belonging to a national minority should be assured basic guarantees including the right [15]

- to freely express, preserve and develop their ethnic, cultural, linguistic or religious identity and to maintain and develop their culture in all its aspects, free of any attempts at assimilation against their will

- to use their mother tongue in private and in public

- to establish and maintain their own educational, cultural, and religious institutions, and organizations

- to maintain unimpeded contacts among themselves within their country and across frontiers with citizens of other states with whom they share a common ethnic or national origin, cultural heritage or religious belief

- to diseminate and exchange information in their mother tongue

- to participate in international NGOs.

In addition to these rights the Copenhagen Document expressly spells out the obligations of OSCE member-states to create conditions for guaranteeing their full and faithful implementation.

1.5 The Moscow Mechanism

The Moscow Conference on the Human Dimension (September 10 - October 3, 1991) further strengthened the Vienna Mechanism.[16] The so-called Moscow Mechanism consists of five procedures that can be used to launch rapporteur or expert missions within the OSCE region. Following procedure 1 or 2 of the Vienna Mechanism, the requesting state can propose that the reqested state invite a mission of experts. If this state fails to comply with stage 1 or 2 of the Vienna Mechanism, i.e., to respond to a request for information or for a bilateral meeting, the requesting state, with the support of five other states, can set in motion the establishment of a rapporteur mission to the recalcitrant state.

The Moscow Mechanism, which became officially operational in May, 1992, also contains a number of other procedures not directly linked to the Vienna Mechanism:

- a member-state can voluntarily invite an expert mission to its territory
- the OSCE Senior Council, the executive organ of the OSCE Ministerial Council, can envoy a mission of experts or rapporteurs to an OSCE member-state
- in cases of a serious threat or suspected grave violation of OSCE human-dimension principles, an "emergency mission" of rapporteurs can be set up

1.6 Improving the Human Dimension Mechanism

At the 1993 CSCE Implementation Meeting on Human Dimension Issues already mentioned and in subsequent OSCE meetings, a major focus was evaluating the procedures for monitoring compliance with OSCE human-dimension commitments and discussing proposals for streamlining existing implementation mechanisms. It was noted by participants that OSCE human-dimension instruments had not been sufficiently used.

Reasons for this state of affairs that were discussed included the complexity of the mechanisms and the financial burden placed on a state requesting a human-dimension mission; lack of political will on the part of participating states to use the Human Dimension Mechanism; and overlap with other OSCE instruments, such as long-term missions, which also involve supervision of implementation similar to procedures of the Moscow Mechanism.[17]

Suggestions for streamlining the Moscow Mechanism that were discussed at the Implementation Review Meeting [18] and subsequently accepted by the Ministerial Council in Rome (November 30 - December 1, 1993) concerned the term of office of eminent persons and experts appointed for missions launched under the Moscow Mechanism; shortening the time-limit for missions to submit their reports to the states receiving such missions; reducing the time within which the inviting state must formally respond to the mission's report; and shortening the period within which the mission has to transmit its report, including its recommendations, to the Permanent Council and to the Senior Council.[19] The Rome Council decisions also stressed the importance of further developing the use of OSCE human-dimension instruments to promote open and diverse press and information media and the use of such media for achieving human-dimension goals.

1.7 The Office of Democratic Insitutions and Human Rights (ODIHR)

The ODIHR carries out a number of activities in the human dimension, including conflict-management tasks. The ODIHR supports OSCE missions and in this capacity keeps a register of experts available for this work. The ODIHR responds to requests by states wanting special OSCE missions and disseminates information on the human dimension, including international humanitarian law. When the Russian Federation requested that a OSCE mission be envoyed to Estonia, which I will return to later, the request was made through the ODIHR.

Other ODIHR activities include organizing seminars and training courses in areas related to the human dimension, such as international law, reform of legal and public administration systems, and democratic reform. The ODIHR also functions as a liaison and partner of NGOs working in the human dimension, conducts election monitoring, and acts as a clearing house for information provided by participating states in accordance with OSCE commitments. All of these activities are relevant for creating conditions for effective implementation of the rights of individuals belonging to national minorities and developing domestic environments conducive to non-violent resolution of inter-ethnic conflicts.[20]

1.8 NGOs

The history of the OSCE has been characterized by increasing involvement of NGOs at OSCE meetings and cooperation with the OSCE, particularly in the human dimension.[21] The Helsinki Follow-up Meeting in 1992 significantly upgraded NGO participation at all levels of OSCE activity and paved the way for further advances. Both international and local NGOs have become increasingly important as informal cooperation partners in countries hosting OSCE long-term missions. At the Budapest Review Meeting the participating states agreed to "search for ways in which the CSCE can best make use of the work and information provided by NGOs."[22] The Secretary General was mandated to make a study on how participation of NGOs can be further enhanced. The Budapest Document positively assesses the role that NGOs played at the Budapest Review Meeting by contributing ideas, airing issues of concern to member-states and reporting on their activities in the areas of conflict prevention and resolution.[23] Despite such laudatory remarks, it should be noted that the results of the Budapest meeting did not match the more far-reaching proposals of NGO organizations, who had called for direct NGO participation in the main executive organs of the OSCE. Instead, as already noted, such participation was only indirectly increased by the decision to link the ODIHR, the main organ of the OSCE dealing in the human dimension, more closely to the main OSCE executive bodies. [24] A number of important decisions to strengthen the OSCE's authority to deal more effectively with human-dimension violations were also taken. These included the decision that the OSCE Chair-in-Office, in his or her responsibility as the political authority guiding OSCE institutions, should inform the Permanent Council of cases of alleged non-implementation of OSCE commitments. These reports could be based on information from the ODIHR, reports and recommendations of the HCNM or reports of OSCE missions and individual states.[25] The role of the ODIHR was also strengthened along with the indirect role of those NGOs that provide the ODIHR with information on human-rights abuses and recommendations for combating them.[26] In consultation with the Chair-in-Office, the ODIHR can now participate in discussions of the Senior Council and the Permanent Council, provide information for the OSCE annual review of implementation.[27] The ODIHR was also empowered to seek clarification of information received from a state whose implementation record is under examination; pass on such information from other sources to the Chair-in-Office; and to make recommendations that specific measures be taken by the Permanent Council.

Positive assessments of this strengthened organizational link between the ODIHR and the Chair-in-Office emphasize that it provides for more expeditious responses by OSCE's decision-making bodies to human-dimension violations and for more effective, continuous critical dialogue on the human dimension.[28]

1.9 The OSCE Emergency Mechanism

The OSCE's "Mechanism for Consultation and Co-operation in Emergency Situations" gives the OSCE's a capability to intervene in situations in which a participating state that believes that an OSCE principle has been violated or major incidents have occurred that could endanger peace, security, or stability. In such situations the OSCE can request clarification from that state. The latter must respond within 24 hours, and all member-states will be immediately informed of the communication. If the situation remains unresolved, either side can then request the Senior Council to summon an emergency meeting. The OSCE Secretariat will duly inform all member-states, and within 48 hours at least 12 states must declare their support for the request. The Senior Council's emergency meeting must take place no sooner than 48 hours and no later than three days after the initial request is received by the OSCE Secretariat. The meeting has a maximum duration of two days and can make recommendations for a solution to the problem on the basis of consensus.

The Berlin Emergency Mechanism thus authorizes a certain degree of intervention by the OSCE without the consent of the state or states perpetrating violations of OSCE principles. As a result, certain types of conflict within a state (including states in dissolution) could theoretically be subject to a number of OSCE decisions and procedures. This occurred for the first time when the Senior Council was called in several times to discuss the crisis in former Yugoslavia. The first test of the Emergency Mechanism came when the nations of the Western European Union (WEU), together with the United States, Austria, and Hungary formally requested the Senior Council to hold an emergency meeting on the actions of the Yugoslav federal army in Slovenia. The meeting, which took place July 3-4, 1991, in Prague decided to exclude rump Yugoslavia from all OSCE activities. At its meeting on December 13, 1992, the Senior Council renewed this decision. [29]

Despite the increased interventionary authority of the Emergency Mechanism, it nevertheless failed to overcome serious limitations of OSCE capabilities in crisis management and conflict prevention. The Soviet Union, Yugoslavia, and Turkey approved the Emergency Mechanism in early 1991 only after the general principle of non-intervention in internal affairs, explicitly stipulated in the 1975 Final Act, had been reaffirmed. This re-affirmation once again underlined the fundamental difficulties facing the OSCE in agreeing on questions involving national sovereignty, including, most importantly, crisis management and dispute settlement involving national minorities and inter-ethnic conflicts. In the case of Turkey, this difficulty was due in part to its unresolved dispute with Greece over Cyprus. There are also no provisions for sanctioning measures against a member-state that repeatedly violates OSCE principles. The Emergency Mechanism can therefore be viewed as an ambiguous mechanism that enshrined the principle of an emergency response to violations of OSCE principles, as in Yugoslavia, and weakened the OSCE rule of unanimous consensus that has often blocked such responses, but still did not provide genuinely effective sanctioning mechanisms to prevent or resolve conflicts.

It should be kept in mind, however, that "more effective sanctioning measures," however necessary they may be to curb and deter states from violating internationally accepted principles of behavior, can often have the effect of closing off dialogue between international bodies, including the OSCE, and a violating state. The suspension of rump Yugoslavia from the OSCE, which was implemented through the application of the Berlin Mechanism, had the consequence of suspending dialogue with Belgrade and the latter's decision to expel the OSCE Missions of Long-Duration from Kosovo, Sandjak, and Vojvodina. For this reason the decision and its results have remained controversial within the OSCE.

1.10 Peaceful Dispute Settlement (PDS)

The OSCE's Valletta Dispute Settlement Mechanism (VDSM) which was set up in early 1991, is based on the following procedures for the arbitration of disputes among OSCE member-states: [30]

- In the case of a dispute, the parties involved can seek to settle the dispute by means of direct consultation and negotiation, or through a mutually agreed alternative procedure

- Any party to a dispute can refer it to the Senior Council, if it threatens peace, security, or stability. The participating states can also activate the VDSM, if they are unable to settle a particular dispute in direct consultation or negotiation, or if no other procedure has been agreed upon

- Once activated, individual members of the VDSM, must be selected from a register of names created for this purpose. If the parties to a conflict cannot agree on the composition of the third-party group, designated as the "Mechanism," the CPC, in consultation with the states concerned, will select its members.[31] Although the parties to the conflict can object to the individuals selected and an appeal process is possible, the Senior Council has the final say. After the Mechanism has been established, it organizes separate and collective meetings with the states involved. Secrecy is maintained, if the parties to the conflict so desire.

If information and comments from the conflict parties are sufficient, the Mechanism will offer advice relating to the inception or resumption of negotiations, or to the adoption of any other dispute settlement procedure, such as fact-finding, conciliation, mediation, good offices, arbitration, or adjudication. If the states concerned fail to settle their conflict or fail to agree upon a settlement procedure, either side can notify the constituted VDSM or the Senior Council and can request the Mechanism to comment on the substance of the dispute in order to find an appropriate settlement procedure in accordance with international law and OSCE commitments.

The conflict parties can also modify the procedures of the VDSM according to mutual agreement. They can, for example, authorize the Mechanism to conduct a process of fact-finding, or entrust one or more persons, participating states, or any competent OSCE organs, or other institution with a fact-finding mission. The parties to a dispute may also request the constituted VDSM to undertake or organize any expert function in regard to the subject-matter of the dispute; they can also accept the VDSM's recommendations regarding the settlement of the dispute as binding.

The weaknesses of the Valletta Mechanism

Despite its apparent flexibility the VDSM's application restrictions have raised doubts about its potential as an effective crisis management instrument in general and regarding minority issues in particular.[32]

According to its controversial Section 12, a dispute Mechanism cannot be established to deal with questions related to territorial integrity, national defense, national sovereignty, or territorial claims. These are all areas, however, that are generally recognized to be at the heart of the most serious international conflicts and often involve states in conflicts concerning minority issues.[33]

The VDSM's non-compulsory character has also been the object of criticism. While arbitration and judicial procedures as general principles are included in the Valletta Report, which laid the initial basis for the VDSM, and the monitoring of binding decisions resulting from the procedures for PDS is recognized as "fundamental for every comprehensive system for the peaceful settlement of disputes,"[34] the VDSM procedures themselves were not binding. Furthermore, neither the settlement Mechanism nor the CPC, as the appointed institution to administrate the VDSM, can take action on their own initiative.

The OSCE's other PDS instruments

These weaknesses of the VDSM lead to its modification and the adoption of additional PDS instruments which, however, like the VDSM, failed to overcome disagreements among OSCE states on the basic questions of peacefully settling disputes.

With the adoption of the Convention on Conciliation and Arbitration at the Stockholm Ministerial Council meeting in December, 1993, the OSCE demonstrated its commitment to international juridical forms of dispute settlement. For the first time in its history the OSCE created for itself a legally (as opposed to a merely politically) binding instrument that, in addition, includes a procedure for mandatory arbitration between dispute parties. The Convention, together with the other PDS instruments also adopted (the Conciliation Commission and the procedure for "Directed Conciliation"), has placed the OSCE in a position to exert political, and, in certain cases, a degree of international legal pressure in its activity in settling disputes between OSCE states that are ready to make use of these instruments. Although this new *acquis juridique* is an important step forward for the OSCE and provides additional instruments to deal with conflicts within the OSCE region, it remains to be seen to what extent the OSCE PDS instruments will actually be invoked in practice to resolve conflicts between states or those involving national minorities. The instruments themselves, in particular, the Convention, remains controversial among OSCE states. The criticisms include the following:[35]

- in adopting the new PDS instruments discussed above the OSCE violated its declared commitment to avoid duplication in creating new institutions and organs whose functions are similar and overlap with those of other multilateral institutions, organizations and international courts (such as the International Court of Justice and the Permanant Court of Arbitration)

- the adoption of a set of PDS instruments was the result of the failure of the OSCE states to agree on a single instrument that would have satisfied all member-states. In effect, member-states "agreed to disagree" by approving three different procedures, each one of which was proposed to compensate for the weaknesses of the other two

- the Convention has not been signed by all OSCE member-states, and several states, including the United States, have made it clear that they will not become signatories because of what they view as the Treaty's shortcomings

- the relationship between the legal structures of the OSCE Court established under the Convention on Conciliation and Arbitration to the political processes and mechanisms of the OSCE are not sufficiently clarified. By introducing an international treaty, i.e., a legal instrument, into the OSCE's structure, the chemistry of the OSCE could be altered, resulting in a possible serious loss of flexibility and a narrowing of its highly malleable political mandate that is closely linked to its consensual, cooperative forms of acting as a third party in disputes involving states and sub-state actors.

As in the case of other new institutions, instruments and procedures that have been created in the OSCE since 1989, it is still too early to judge the full validity of the above points and to predict whether or not the OSCE PDS instruments will in fact be invoked and prove useful in solving disputes before they escalate into "hot spots" of tension and violence. So far, however, none of these instruments has been used.

It should also be noted that the COE also has machinery for the peaceful settlement of disputes and has expressed its interest in increasing its activity in this area. This raises the question of how COE machinery related to the protection of individual human rights and rights of persons belonging to national minorities might be linked to the OSCE human-dimension infra-structure and to the OSCE PDS instruments. If the COE at some point makes its conflict-resolution instruments genuinely operational, it would raise additional questions concerning the OSCE PDS instruments.

Part 2
OSCE Missions
2.1 Different types of missions

Most OSCE missions can be characterized as part of the on-going efforts on the part of the OSCE community of states to develop and apply cooperative instruments and procedures of "consensual intervention" to contain and prevent conflicts.[36]

Generally speaking, the missions monitor developments in conflict areas and report back to the OSCE, which can in turn consult with other international organizations and with NGOs also engaged in similar activities in the region. The flexible character and ad hoc elements of the OSCE missions allows for their trial-and-error improvement and for adjustments to highly diverse and changing local situations of tension and potential conflict. Because the missions are relatively new and operate in a volatile environment of on-going and potential conflict, it is still much too early to pass a definitive judgment on their effectiveness, which should be assessed both on their short- and middle-term ability to keep the peace by preventing and defusing hostilities and on their long-term contribution to building sustainable, peaceful, civil societies based on respect for human rights, including those of indviduals belonging to minority groups. OSCE missions have involved virtually all OSCE institutions, including the Senior Council, the Prague Secretariat, the Conflict Prevention Centre (CPC) in Vienna, and the ODIHR in Warsaw. Many of the OSCE missions were launched in response to violent conflicts in the former Yugoslavia, Central and Eastern Europe, and the former Soviet Union.[37] Since 1990-1991 the OSCE has significantly expanded its mission capabilities, broken new ground with rapporteur, election-observing, long-duration, "sanction-assistance" and varous other types of monitoring, consultation, and mediation missions to Central and Southeastern Europe, the Baltic republics, and the NIS. According to one US study, OSCE missions during the period 1991-1992 have involved more than eighty officials representing 18 countries and three international organizations and have traveled to a dozen countries.[38] In early 1995, the OSCE's active missions included those deployed in Estonia, Georgia, Moldova, Sarajevo, Skopje, Tajikistan, Ukraine.[39]

The OSCE *rapporteur missions* linked to the human dimension are concerned mainly with fact-finding and providing advice or proposals for resolving outstanding questions of the interested parties toward the mission is directed. The expert missions have greater authority and flexibility. They can gather information and "use their good offices and mediation services to promote dialogue and co-operation among interested parties."[40] They can also perform additional tasks on the basis of requests by the affected state. Such missions report back to the Senior Council, which can consider further measures.

Moldova

The expert mission to Moldova (January 31 to February 3, 1993) was set up on request of the Moldovan government to assess draft legislation related to minorities and to examine inter-ethnic relations. The mission met with all Moldovan political parties and with representatives of the self-proclaimed republics of Trans-Dniester and Gagauz and representatives of the Bulgarian minority of the Teraclia district of Moldova.[41] The mission's report contains recommendations on a variety of subjects, including the constitution and legal system and Moldovan legislation on language, citizenship, and religious freedom.

In February, 1993, the Senior Council established a long-term mission to Moldova that combined its main objective of conflict de-escalation and mediation with a strong human-dimension orientation.[42] The mission's aim was to "facilitate the achievement of a lasting, comprehensive political settlement of the conflict in all its aspects" based on a number of propositions agreed to by the conflict parties. These included consolidation of the independence of Moldova, an agreement on withdrawal of foreign troops, "observance of international obligations and commitments regarding human and minority rights," and "assistance in monitoring the implementation of agreements on a durable political settlement."[43]

A major result of these endeavors was the joint Declaration of April 28, 1994, signed by Moldovan President Mircea Snegur and the Transdnister leader, Igor Smirnov, that established the basis for negotiating an agreement to solve the dispute over Transdnister. The Declaration was counter-signed by the Head of the CSCE Mission to Moldova, Ambassador Richard Samuel, and the Special Envoy of President Yeltsin, Ambassador Vladlen Vasev.[44] The Declaration emphasizes the determination of the signatories to seek a comprehensive solution to outstanding problems, including the constitutional and legal status of Transdnister, through negotiations. The signing of the document resulted in the start-up of discussions by expert groups on economic development, social security, education, cultural affairs, and other issues.

Although the Declaration is more than simply a statement of intentions it remains significantly short of being a solution to the conflict. It is still too early to judge if the agreement will result in a durable peace. Nevertheless, OSCE efforts in Moldova have vitally contributed to the uneasy peace and setting up a conflict-resolution and peace-building framework, which is a pre-requisite to any long-term settlement.

In August, 1994, Moldova and Russia agreed on the withdrawal of foreign troops with a three-year period. The OSCE mission has been given special briefings following each round of bilateral negotiations on troop withdrawal.

Georgia

OSCE mission activity in Georgia has been expanded and includes mediation in the conflicts in South Ossetia, Abkhazia and the promotion of human rights and democratic institutions throughout Georgia.[45] To achieve these goals the OSCE is working with the UN and the COE. Notwithstanding the still unsettled problems in South Ossetia, the tri-institutional mission has contributed to a relatively stable situation since 1992.

Estonia

The expert mission to Estonia is an encouraging example of how tension and potential conflicts between two states (Estonia and Russia) can be reduced by bringing in an independent third party. In August, 1992, the Russian Federation, after invoking the Vienna Mechanism, requested that Estonia invite an OSCE mission to report on the situation of Russians in Estonia and the planned Estonian legislation affecting the Russian minority. Estonia initially rejected the request. Thereupon Russia, invoking the Moscow Mechanism, attempted and failed to win the support of five other states for an OSCE expert mission. Two months later, however, Estonia requested on its own initiative through the ODIHR an OSCE mission that would "compare and contrast the Estonian situation not only to OSCE standards, but also to universal standards." [46] The mission was established in December 1992 and arrived in February 1993. It examined a variety of issues, including the ethnic composition of Estonia; immigration and travel; economic, social, and cultural rights; and the legislation on linguistic and other requirements for citizenship demanded of foreigners living in Estonia. The legislation was intended to apply to the entire non-indigenous population and included, most importantly in political terms, the controversially debatted status of the Russian-speaking minority.

The mission continued in 1994 with a broad range of activities. While it did not find any pattern of human-rights violations, the mission assisted efforts to integrate the non-indigenous population, which included monitoring the implementation of the Estonian legislation on the non-citizen population.[47] The mission also coordinates its work with that of the HCNM and conducts on-going consultation with the COE in such fields as the setting up of a system of language training for aliens living in Estonia. As a result of the success of the mission, the OSCE was invited to participate in the Estonian government commission in charge of the implementation of the agreement between Estonia and Russia on the withdrawal of Russian troops.

Chechnya

With the support of OSCE states and under the OSCE Chair-in-Office an OSCE mission was envoyed to Chechnya (January 26-29, 1995) to gather on-site information and to seek ways for the OSCE to help restore peace.[48] The missions reported on the humanitarian crisis in Chechnya as a result of the war and, more importantly, laid the foundation for the subsequent agreement in early March between the OSCE and the Russian Federation to establish a permanent OSCE mission in Chechnya.

2.2 Enhancing OSCE's interventionary powers

Both the Vienna and the Moscow Mechanism enhanced the OSCE's interventionary powers. By setting up missions using independent experts they marked "a first major deviation from the hitherto strictly inter-governmental supervisory procedures." [49] The OSCE's effectiveness as an institution dealing with the human dimension and conflict management is often assessed in terms of 1) the incremental expansion of the OSCE's power to intervene in conflicts, including, most importantly, conflicts involving sub-state actors; and linked to such powers, 2) overcoming the limitations imposed on OSCE's decision-making due to its predominantly inter-governmental character, which, together with OSCE consensus rules, have traditionally allowed individual states to block collective OSCE action against their violations of OSCE human-dimension principles. Similarly, many states have exihibted a strong interest in blocking consensus on proposals for structurally expanding the OSCE interventionary authority. Only in the face of the grave security dangers of explosive, escalating conflicts involving minorities since 1990, have such nationally oriented states been relatively less resistant to enhancing the intrusive powers of the OSCE in the human dimension and in conflict management.

The limitations of consensus rules that allow states to veto decisions and actions must be juxtaposed to the negative and positive advantages of consensus in decision-making and international relations. Decisions among state or sub-state actors that are not made on the basis of consensus are by their very nature weaker and harder to sustain because the state on which a decision would be imposed may not accept the decision and, if it is able to, may seek ways of undermining, ignoring, or nullifying its effect. Consensual decisions, on the other hand, require the interested state and/or sub-state parties to dialogue and negotiate until a decision is made to which all parties agree and willingly sustain. The history of the OSCE is in a sense 1) a process of improving methods and instruments of reaching consensus among states (and more recently sub-state actors), introducing constructive procedures of criticism and intervention in order to cooperatively halt violations of OSCE commitments by member-state and sub-state actors.

While many of the OSCE missions have been highly innovative, they have also been deficient due initially in their early phases to a lack of OSCE experience and insufficient resources. The early OSCE rapporteur missions to the former Yugoslavia, for example, were criticized for the vagueness of their mandates, weak preparation, and their failure to produce a catalogue of practical recommendations.[50]

The results of OSCE missions were not sufficiently publicized, due in part to the policy of keeping mission reports confidential for a period of time before they are released. In many cases only selected portions of such reports were made public. This practice had the effect of hampering cooperation with other institutions engaged in similar activities.[51] It was noted by critics that a more open and active OSCE information policy would stimulate greater public policy debate on conflict prevention and increase awareness and support for the OSCE's efforts in this domain.[52] Throughout 1994 progress in the public relations outreach of the OSCE has considerably improved, although more work in this area is needed.[53]

2.3 Competition and Cooperation with the UN in mission activity

Many of the early OSCE rapporteur and expert missions in the former Soviet Union were launched without sufficient coordination with similar missions of the UN, despite overlapping objectives of both organizations. The OSCE and the UN often found themselves competing against each other in their efforts to mediate particular conflicts. This was initially the case in Nagorno-Karabakh, the rapporteur missions to the Baltics, and other missions to the NIS.[54] As a result, both organizations were criticized for sowing confusion among the conflict parties and fostering wasteful duplication of effort. By the end of 1992 and the beginning of 1993, this tendency to engage in organizational and bureaucratic competition gave way to a more cooperative endeavor to work out -- both conceptually and in the field -- a mutually beneficial division of labor in addressing long-duration conflicts. A mutually supportive relationship between the UN and the OSCE has been evident in cooperation in the former Yugoslav Republic of Macedonia, Latvia and elsewhere.[55] The UN has contributed to the OSCE missions in Sandjak, Kosovo, and Vojodina, while the OSCE has supported the UN sanctions in former Yugoslavia through the OSCE Sanction Assistance Missions in support of the UN and EU sanctions against Serbia. The UN High Commission on Human Rights maintains regular contacts with the ODIHR. In the OSCE Econcomic Forum the UN Economic Commission for Europe plays a major role.

In May, 1993, the UN and the OSCE concluded a formal exchange of letters on their relationship reflecting the lessons of their practical experience with each other in conflict areas.[56] Similarly, the OSCE decided to seek observer status at the UN, a move that has been viewed as a foundation for qualitatively new forms of OSCE cooperation with the world body.

The new UN-OSCE relationship had been advanced by number of factors, including UN Secretary-General Boutros Boutros-Ghali's repeated calls since 1992 for regional organizations to coordinate with the UN Security Council in order to ease the potentially exhausting financial and resource burden on the UN and to democratize international politics.[57]

Despite signs of progress in coordination and cooperation between the OSCE and the UN, there remains much to be done, particularly in the mission activity of both organizations in the NIS, where both organizations are active in conflict areas. At the Budapest Review Meeting an attempt was made to achieve a decisive step in cooperation in the area of conflict management. A joint Dutch-German proposal supported and presented by the EU called for a policy of 'OSCE first,' according to which participating states would be encouraged to peacefully settle disputes bilaterally and with the help of the OSCE. If they fail to settle a particular dispute, the latter would be referred to the UN Security Council, if necessary without the consent of the parties involved.[58] Although the proposal in its original form was rejected, the Budapest Doucument states that the participating states "may in exceptional circumstances jointly decide that a dispute will be referred to the United Nations Security Council on behalf of the CSCE."[59]

At the OSCE 1993 Implementation Meeting recommendations were tabled for improving cooperation between the OSCE and other international organizations.60 The different organs of the OSCE have since then extended and improved their everyday working procedures and inter-organizational structures with other international bodies. The ODIHR, for example, has increased its contacts with international organizations and agencies, notably the COE, the UN, the UN Centre for Human Rights, UN High Commissioner for Refugees, and UNESCO. Through these contacts the ODIHR has further built out its data banks on experts and NGOS that could cooperate with the ODIHR in its various activities. This cooperation has improved the information flow between the OSCE and other organizations, although there remains a great deal more to do in order to achieve the level of coordination necessary to eliminate wasteful competition and make better use of respective resources.

2.4 Mission Activity of the High Commissioner on National Minorities (HCNM)

The war and destruction that followed the breakup of former Yugoslavia brought home the lesson to the international community of the importance of intervening in situations of political tension before they erupt into open, violent conflict. The OSCE strengthened its capability for early warning in potential conflict situations by creating the post of the HCNM in December, 1992, and appointing Max van der Stoel, former foreign minister of the Netherlands, as the first OSCE High Commissioner. This development reflected the recognition that situations of tensions involving national minorities that could unleash conflicts must be considered a domestic-global security problem and, secondly, the notion that third-party involvement by "an independent, objective outsider who has both an international mandate and the confidence of all parties involved may be able to play a significant role in the early resolution of interethnic problems."61 The High Commissioner is mandated to provide "early warning" and, as appropriate, "early action" at the earliest possible stage in regard to tensions involving national minority issues which have not yet developed beyond an early warning state but which in the High Commissioner's judgement "have the potential to develop into a conflict."62 He can collect and receive information concerning minority issues, can visit in this capacity any OSCE member-state, and enter into direct communication with any party linked to the situation he is investigating. He can obtain an extended mandate from the Senior Council to enter into more detailed consultation with the parties concerned. Following a visit to a participating state, he reports to the Chair-in-Office of the Senior Council. The foremost aim of the HCNM's activities is to de-escalate and resolve tensions between potential conflict parties and thus obviate the need to issue an "early warning."[63]

The High Commissioner's activity began in January, 1993, with a series of visits to the Baltic states to assess the situation of their Russian-speaking minorities, followed by trips to Slovakia and Romania to investigate the situation of these countries' Hungarian communities, and to Macedonia regarding its ethnic Albanian minority.

The results of the High Commissioner's visits to the Baltic states are contained in official letters to the respective governments of Estonia, Latvia, and Lithuania.[64] These contain an overview of the situation of their respective minority communities and a catalogue of recommendations on how to reduce social and political tensions between the different social groups. The recommendations apply to inter-ethnic relations in general but are intended in the first place to address the problems of ethnic Russian minorities. Following independence of the Baltic states the Russian minorities lost their former privileged status and faced the propect of being politically and socially marginalized. As already mentioned, this prospect became a serious concern of the Russian government. One of the main issues the High Commission was mandated to investigate was proposed legislation on citizenship and the linguistic, economic, and political requirements demanded of Russians as pre-conditions of their naturalization. The recommendations contained in the letters advise the respective Baltic governments not to set citizenship requirements too high and thus to avoid marginalization of Russians, particularly those individuals in a socially disavantaged position due to age or physical, social, educational, or economic handicaps. Citizenship legislation, according to the recommendations, should aim to avoid creating large numbers of stateless persons (i.e., Russians who are neither citizens of Russia or the Baltic states). A large pool of stateless individuals would heighten domestic inter-ethnic tension and risk a sharp deterioration of relations with Russia. Commissioner van der Stoel advised granting automatic citizenship to children and a series of additional measures to foster relatively rapid integration. These include the setting up of a National Commissioner on Ethnic and Language Questions, who would function as an ombudsperson between the states and their respective ethnic minorities.[65]

The High Commissioner's visit to Albania

High Commissioner van der Stoel visited Albania in September, 1993, to report on the situation of the Greek minority. The mission's aims can be gleaned from his official letters to both the Albanian and the Greek governments, which contain his findings and recommendations.[66] In accordance with his mandate, the High Commissioner gathered information on the situation of the Greek minority in Albania and the Albanian minority in Greece, clarified the respective positions and policies of the Albanian and Greek governments concerning their outstanding problems, and informed them respectively of the position or complaints of the other in cases of misunderstanding or lack of information. He also recalled to both governments and other interested parties their responsibilities to respect and implement the principles, rights, and obligations contained in OSCE documents and international treaty instruments relevant to the questions at issue. Particularly important in this respect were the minority rights clauses of the OSCE Copenhagen Document and the various links that the document makes between the development of a fully democratic political framework and the protection of the rights of individuals belonging to minority groups.

The High Commissioner's letters to the Albanian and Greek governments also contained proposals to overcome their outstanding differences and prevent an escalation of tension into violent conflicts. It was proposed that the Albanian government create a special office for minority questions that would concentrate on finding solutions to outstanding problems, particularly in the areas of education policy. To accomplish this task, it was emphasized that the government should have regular consultations with the representatives of the Greek minority, implement Albania's official policy of non-discrimination, and make it clear that any member of a minority has the right to initiate complaints in accordance with par. 40.5 of the Copenhagen Document.[67]

The effectiveness of the office of High Commissioner in carrying out his mandate of early warning and defusing political tension has been hailed as an important success story of the post-Cold War OSCE and as a needed innovatory instrument in post-Cold War diplomacy. Building on this success in the future could depend, however, on a number of factors, including his expanding the HCNM's resources and trained personnel and, more importantly, obtaining the sustained, active support of national governments, the international community, and NGOs.[68] A problem that could arise is overlap of the High Commissioner's mission activity with other OSCE missions, such as the missions of the ODIHR and other OSCE organs. Whether or not such overlap is advisable or not will depend on the degree of coordination, economical use of resources and creating an effective division of labor among OSCE organs.

Part 3
Internal Reform and Cooperation with other International Organizations
3.1 Improving the Internal and External Division of Labor

The need for further internal restucturing of the OSCE was underlined in the period 1989-1991 when the OSCE's decisionmaking procedures and instruments of conflict management were proving ineffective in anticipating, preventing or resolving the violent conflicts and other crises which flared in the OSCE region. It was generally agreed that the OSCE needed more efficient structures and decision-making procedures to carry out both its day-to-day work and to respond in a more timely manner to crises. This consensus lead to a deepening and broadening of the OSCE's "institutionalization process" already underway in 1990, whereby the OSCE established additional organs and ad hoc instruments for the purpose of improving its internal division of labor. Additional "non-unanimous forms of consensus" have been introduced regarding the launching of missions and responding to grave violations of OSCE commitments and to crisis situations. These procedures have not prejudiced the general principle of consensus as the fundamental basis of OSCE decisionmaking. Another important step in streamlining the OSCE has been the establishment of a permanant staff of professional civil servants within the Secretariat and other OSCE organs under the gradually expanding authority of the OSCE Secretary General Wilhelm Hynck. While OSCE states do not want to introduce an extensive bureaucratic structure, the "professionalization" of the OSCE has significantly increased its capabilities to handle a larger range of more complex issues as well as mission logistics than was possible during the Cold War. Despite this jump in capabilities the overall budget of the OSCE remains modest by international standards, particularly in comparison with the UN, NATO and even the COE.[69]

The process of streamlining and improving the structure of the OSCE has gone hand-in-hand with centralizing its core administrative, decision-making and executive organs in Vienna, namely, the main OSCE Secretariat, the Ministerial Council, the Permanent Council, the Senior Council, the Forum for Security Cooperation (FCS) and the Conflict Prevention Centre (CPC). The introduction of a "single organizational structure"[70] has increased efficiency and reduced the somewhat cumbersome geographical dispersal of the key OSCE institutions, while leaving intact a good degree of decentralization of OSCE bodies in order to emphasize the OSCE's multi-national and pan-European aims and satisfy the desire of individual OSCE states to venue OSCE institutions. The second and smaller OSCE Secretariat is situated in Prague, the ODIHR in Warsaw, the HCNM in The Hague, and the Parliamentary Assembly in Copenhagen.

Deepening cooperation and forging a coherent and publically transparent division of labor with other multilateral institutions, including the UN, NATO, North Atlantic Cooperation Council (NACC), the WEU, and the EU in the area of policy coordination, expert meetings, and preventive diplomacy remains a central aim of the OSCE.

The current 'permanent revolution' of European organizations

The international organizations with which the OSCE cooperates have all had to deal with their respective legacies from the Cold War era. Like the OSCE, they are in the throes of on-going transformation. To relate to post-Cold War realities they are re-defining their functions and aims and in some cases trying to shed a number of familiar characteristics, which continue to hamstring effective inter-organizational cooperation. These include bureaucratic inertia and slowness to adapt to new circumstances; fears of losing authority to other organizations; the tendency to engage in costly inter-organizational rivalry; and allowing national interests, particularly of large member-states, to determine policy, although such interests often hamper or prevent common and collective action.

3.2 The Council of Europe (COE)

Since the end of the Cold War the COE has expanded its membership to 34 states. The acceptance of additional members and the establishment within its Parlamentary Assembly of a special guest status for nine non-member-states of Eastern Europe and the republics of the former Soviet Union has transformed the COE into a pan-European organization.[71] Cooperation between the OSCE and the COE has made notable advances in the period 1992-1994 and provides a positive example of European cooperation institutions working together to eliminate costly duplication of effort and making more efficient, economical use of scarce resources in responding to the reform needs of Eastern new democracies, particularly in the area of the human dimension, democratization, and transferring expert know-how in the fields of constitutional reform, legal training, migration, conflict management, displaced persons, environmental protection, and economic reform. COE representatives officially attend OSCE expert meetings and seminars on these subjects.[72] The different COE institutions and departments involved in the expanding cooperation with the OSCE include the COE Secretariat, the Parliamentary Assembly, the Congress of Local and Regional Authorities of Europe (CLRAE) and and its recently established Chamber of Regions, and the European Commission for Democracy through Law.[73] Other COE contributions to OSCE include working with the FSC; seconding officials for OSCE rapporteur, election-monitoring and fact-finding missions, including those to former Yugoslavia, Albania, Georgia, Ukraine, Moldova; contributing to the OSCE missions of long duration in Kosovo, Sandjak and Vojvodina; and contributing regularly to Senior Council meetings.

In the area of the minority rights, it is noteworthy that the OSCE Copenhagen Document served a basis for the COE Framework Convention for the Protection of National Minorities. As of February 1995, twenty-two states have signed this multilateral European instrument for the protection of national minorities.[74] The Framework Convention will re-enforce and make more effective the merely political commitments of the Copenhangen Document. Legally binding under international law, the Framework Convention contains principles which each respective state that signs the Convention must implement through national legislation and appropriate government policies. The Convention includes a monitoring system for overseeing the implementation of its provisions. The states that are party to the Convention must submit to the COE within a year a report on their legislative and other measures taken to give effect to the Convention.

Despite the advances in cooperation between the COE and OSCE, it has been noted that the complementarity of the COE and OSCE instruments for the protection of national minorities has not resulted in the optimal use of OSCE instruments by COE member-states.[75] In theory a COE member-state that would want to raise a human rights problem in another COE member-state must decide whether it will use either a COE or an OSCE instrument for this purpose. Practice has shown that COE states, with one or two exceptions, have not invoked OSCE nor COE mechanisms to bring other COE member-states to task for violations of their human rights commitments. The possibility exists that this situaton will change with the new COE Framework Convention on rights of persons belonging to national minorities and the commitment of the COE to establish a strong implementation and monitoring regime.

3.3 The Inter-Organizational Context

The OSCE's contribution to constructing durable peace and cooperation in Europe depends not merely on the effectiveness of the OSCE's activity in itself but on the future development of the OSCE's pan-European and global inter-organizational environment. The number of European multilateral institutions has increased significantly since the end of the Cold War. Figure 1 provides an schematic overview of their diversity and inter-locking memberships. Reflecting the states and societies they serve, these organizations, forums, and other types of groupings have also been subject to a process of radical transformation and are struggling to create an effective division of labor based on the mutual reinforcement of different types of security based on cooperation.

Many of the political and other tools and procedures that are being currently forged by NATO, EU [76] and the COE are also, like instruments of the OSCE, still in their research, development and testing stage. How these various instruments will gear into each other in a single European security and cooperation architecture remains the subject of much debate and controversy. While each of the different organizations has its respective role to play, they are often criticized, as already noted, for their overlapping functions, duplication of activity as well as costly and counter-productive inter-organizational competition.[77] These problems affect both the external and the internal effectiveness of the OSCE.

Part 4
Conclusions

An asssessment of the OSCE's effectiveness in preventing, managing, and resolving conflicts in post-Cold War Europe can only be tentative given the continued volatility of actual and potential violent conflicts to which the OSCE has directed its attention. With this caveat in mind we can distinguish between

1) conflicts, such as the war in Bosnia-Herzogovina, in which the OSCE, like other international organizations, has not been able to broker or impose a settlement;

2) the conflict areas in which the OSCE has played a vital role in easing tensions, and in a number of cases, such as the Baltic states, prevented existing tensions from escalating into open, violent conflict; and

3) Conflict situations, such as Moldova, Georgia, and Nagorno-Karabakh, in which the OSCE has actively participated in establishing what is often referred to as a "cold peace," a situation, in which a cease-fire reigns, although a genuine and durable peace has not been established. In Moldova, as already discussed, an agreement was possible in part as a result of OSCE engagement. The accord is more than a mere cease-fire but less than a full-fledged peace agreement. Although still tentative, a

political process of negotiation aiming at a more durable peace and post-conflict reconstruction has been put in place. In Nagorno-Karabakh the cease-fire, in part the result of the efforts of the OSCE Minsk Group since 1992, has been holding. At the Budapest Review Meeting the OSCE officially agreed to organize and deploy a peacekeeping mission to Nagorno-Karabakh. The decision opens a new chapter in the conflict management and resolution activities of the OSCE and reflects the growth of OSCE operational capabilities. The decision also reflects increased confidence on the part of the conflict parties directly involved in Nagorno-Karabakh (Azerbaijan and Armenia) and interested parties (including Russia) in making the OSCE into an organization capable of taking on such a politically delicate and logistically difficult operation.[78]

The successes of the OSCE in preventing and helping to broker peace accords should be seen as part of a progressive, cumulative learning curve in which the organization's capabilities to carry out different types conflict-preventing and -mediating missions has been steadilying growing. This growth, although not adequately reflected in the news media, has increased the OSCE's political and moral authority among the OSCE states, including those most prone to conflicts. As a result, these states are more willing than ever before to consider OSCE intervention on their territory.

The success of the OSCE in developing norms and procedures of consensual intervention in conflicts is inseparable from building out its human-dimension codexes, including those pertaining to the rights of individuals belonging to national minorities. The political and moral authority, the procedures, and the aims of OSCE missions relating to conflicts and areas of tension are rooted in the principle, now widely accepted in international politics, that the respect for human rights is a pan-European und universal sine qua non of genuine security and stability. The contribution of the OSCE since the end of the Cold War has been to build out the normative-political scope of the human dimension and to forge a set of the human dimension operational instruments to address conflicts and situations of tension that were largely closed off to the international community during the Cold War. The OSCE missions not only contribute to on-the-ground amelioration of crisis and real and potential human suffering stemmming from violation of human rights, but also create an access for other international organizations and NGOs, which can then also intervene to order to help bring about peace, restore human-rights protection, and foster social-political reform.

While the building out the human dimension pertaining to protection of individuals belonging to minorities has helped to give the OSCE a more effective handle on post-Cold War conflicts, it is by no means a panacea for conflicts involving minority issues. Like any human-dimension set of norms, OSCE and other international standards concerning minorities can be also be misused, turned into discriminatory slogans and pressed into the service of anti-democratic and nationalistic policies. In themselves, the overlapping codexes of minority rights that have been established since the end of the Cold War are thus no guarantee against the forces of nationalism, zenophobia, hate and disrimination. The history of minority rights during the 1930s, particularly the misuse of minority claims by the Nazi Germany in the service of aggressive nationalism, provide an important example of minority rights being harnassed to anti-democratic demagogy and totalitarianism.[79] Today, the efforts of the OSCE and the international community to protect the rights of individuals who belong to national and non-national minorities are inseparably linked to the international norms of democratic pluralism, the rule of law and a denser cooperation network of international organizations and NGOs sharing the same fundamental principles.

That Europe is, however, still far from this goal of universal human rights and that a great deal of work at the normative, implementation, and monitoring level remains to be done is reflected not only in the raging conflicts in former Yugoslavia, Chechnya, and elsewhere, but also in the examples of the misuse of the slogan of minority rights in order to pursue nationnalist interests. The Russia Federation in its dealing with other ex-Soviet republics has used the issue of protecting Russian ethnic groups to pursue neo-imperialist foreign policy aims.[80] Russia's behavior in this regard underscores the importance of the fact-finding and expert missions of the OSCE and other international organizations acting as independent, third-party fact-finders and mediators. An essential aspect of OSCE missions lies precisely in distinguishing between the just and unjustified or mistaken invocations of minority rights.

A comprehensive regime of minority protection

The still existing deficits in the structures, procedures, and performance of the OSCE cannot be overcome by the OSCE acting alone but only in concert with other multilateral organizations, individual national governments, and minority communities. To achieve a critical mass of cooperation presupposes a qualitative leap in national governments' recognition of the positive political and security role that minorities can play if individuals belonging to minorities are fully protected according to OSCE human-dimension and other international standards. OSCE High Commissioner on National Minorities Max von der Stoel succinctly put it as follows: "The protection of persons belonging to minorities has to be seen as essentially in the interest of the state. If the state shows loyalty to persons belonging to minorities, it can expect loyalty in return from those persons."[81]

A comprehensive regime of minority protection requires that the various multilateral institutions for their part continue to reform their structures, procedures, and goals -- thereby dealing with their own Cold War legacies -- in order to place themselves in a position to more closely cooperate with each other. The forging of a stonger "inter-organizational multilateralism" in the area of minority protection and conflict resolution is a priority of regional and global security. The OSCE must work more closely together with other international organizations and institutions (the UN, the EU, the COE, NATO, NACC, the WEU, etc.). Like the OSCE, these organizations cannot be effective in the post-Cold War environment without qualitatively deepening their cooperation with each other. In the human dimension, the OSCE Copenhagen Document has helped to point the way and has accordingly served as the basis for the 1992 UN Declaration on the Rights of Persons Belonging to National or Ethnic, Religious and Linguistic Minorities and the 1994 COE Framework Convention on the Protection of National Minorities.

Despite progress in official international political recognition of the rights of persons beonging to national minorities, a comprehensive system of protection is only slowly coming into existence at the level of norm-setting, political and legal mechanisms to implement these norms, and monitoring regimes.

By "comprehensive sytem" I mean an ensemble of codexes of minority rights that include political and internationally legal commitments of states and international bodies vis-a-vis minorities, on the one hand, and the rights of individuals belonging to minorities and their obligations vis-a-vis the national states in which they reside, on the other. Such a system would also have to include instruments and procedures that guarantee the implementation of such rights and obligations. Additional essential features are mechanisms of national and international monitoring of abuses; mediation between conflict parties linked to rights abuses; and authority residing in the international community to apply, when necessary as a last resort, international sanctions against individual states or non-state parties.

Such a system would be comprised of mutually reinforcing local, national, inter-governmental, and trans-national instruments and actors. The notion of inter-locking international organizations is relevant in this context. The different actors would have to include multilateral organizations, national states, and local governments, and be able to guarantee an expanding input and access of citizen groups and NGOs to the different institutional organs. Such a "system" would be a networked infra-structure of evolving norms and laws, political commitments and procedures, with graduated degrees of binding force that could be applied to different countries and sub-regions that find themselves at various stages of political, cultural, and economic development. It stands to reason that the highly developed states in the West must maintain the highest standards of minority protection if the less advantaged, Eastern new democracies are to accept the notion that the rights of persons belonging to minorities are an essential dimension of post-Cold War pan-European democracy and stability.

Current developments suggest that such a system is unevenly evolving in Europe under the pressure of the security dangers linked to ethnic conflicts and the awareness that the failure to protect the rights of persons belonging to minorities, if not overcome, could easily lead to additional armed conflicts similar to those still raging in former Yugoslavia and Chechnya. The question is not, however, if such a system is developing, but if it is developing at a sufficiently expeditious pace to counter the spread of inter-ethnic war and destruction now gripping the post-Communist world.

1　At the Budapest Review Meeting (October 10 - December 2, 1994), the Conference for Security and Co-operation in Europe (CSCE) was formally renamed the Organization for Security and Co-operation in Europe (OSCE). In my presentation I will generally refer to the OSCE, except in titles of documents or publications in which the abreviation "CSCE" appears. In the case of OSCE institutions whose names were also changed in Budapest I will also use the curent name except in cases of official documents, citations, or the titles of publications. In such cases, the former name and/or abbreviation will be retained. The changes of names of OSCE organs that were agreed on in Budapest were the following: the "Permanent Committee" was changed to the "Permanent Council" and the "Committee of Senior Officials" (CSO) was changed to the "Senior Council." It should also be noted that the "Council of Ministers" is referred to in the Budapest Document as the "Ministerial Council." On the basis of widely accepted, politically correct linguistic norms, I take the liberty in this presentation to refer to the official term, "OSCE Chairman-in-Office," as "OSCE Chair-in-Office."

2　Although the OSCE in the area of minority rights has mainly concerned itself with the rights of individuals belonging to national minorities, its human dimension norms, procedures and monitoring machinery provide protection for individuals belonging to groups that do not necessarily fall into the category of national minorities, including migrant workers and refugees. See in this context Julie Cator and Jan Niessen, eds., The Use of International Conventions to Protect the Rights of Migrants and Ethnic Minorities, Papers presented at Seminar in Strasbourg, November 8 and 9, 1993 (Strasbourg: Council of Europe, 1993).

3　On the problems of defining minorities, see John Packer, "On the Definition of Minorities," in: John Packer and Kristian Myntti, eds., The Protection of Ethnic and Linguistic Minorities (Abo/Turku: Abo University, Institute for Human Rights, 1993), pp. 23-65; Tadeusz Jasudowicz, "Some Legal Aspects of the Protection of Minority Rights in Europe," in: Arie Bloed and Wilco de Jonge, Legal Aspects of a New European Infrastructure (Utrecht: Europa Instituut and Netherlands Helsinki Committee, 1992), pp. 101-118. See also the other essays in these volumes. For additional analytical sources on the normative, historical, and political aspects of minority-rights issues, see Ian M. Cuthertson and Jane Leibowitz, Minorities: The New

Europe's Old Issue (Prague and New York: Institute for EastWest Studies, 1993).

4   The complexity of minority rights questions and their increasingly important place in international politics and diplomacy is reflected in the 1) growing number of international legal and political instruments that now exists in the field of minority protection; and 2) the view held by the majority of experts in the field that minority rights protection is inseparably linked to the progress of respective states, particularly ex-communist states, toward democratic forms of government and a democratic political culture. In this context and for a comprehensive analysis of the work of the Council of Europe (COE) in the field of minority protection, see Partrick Thornberry and Maria Amor Martin Estebanez, The Council of Europe and Minorities (Strasbourg: Council of Europe, 1994). On the expanding role of the United Nations in the field of minority protection, see Alan Phillips and Allan Rosas, The UN Minority Rights Declaration (Turku-Abo and London, Abo University, 1993).

5   Arie Bloed, "Monitoring the OSCE Human Dimension: in Search of its Effectiveness," in: Arie Bloed et. al., eds., Monitoring Human Rights in Europe, (Dordrecht, Netherlands: Kluwer, 1993) , pp. 45-91.6 On case studies of the security problems linked to minority protection issues, see Cuthbertson und Leibowitz, op. cit., particularly Part II, pp. 53-183. See also the case studies in Gerhard Seewann, ed., Minderheiten als Konfliktpotential in Ostmittel- und Südosteuropa, (Oldenburg and Munich: R. Oldenbourg Verlag and Südosteuropa-Gesellschaft, 1995).

7   OSCE Helsinki Document 1992: The Challenges of Change, reprinted in: Helsinki Monitor, Vol. 3, No. 3, 1992, pp. 59-99, par. 8.

8   OSCE Implementation Meeting on Human Dimension Issues, Warsaw, September 27 - October 15, 1993, reprinted in: Helsinki Monitor, Vol. 4, No. 4, 1993, pp. 83-87.

9   The OSCE Permanent Council meets on a regular weekly basis and is a decision-making executive body in which OSCE states can discuss all problems concerning security and cooperation within the OSCE area. The Permanent Council is subordinate to the Senior Council and the Ministerial Council.

10 On the significance of the Vienna Meeting in the OSCE process, see Part II
in: Michael R. Lucas, The Conference on Security and Co-operation in
Europe and the Post-Cold War Era, Hamburger Beiträge, No. 48,
September, 1990, Institut für Friedensforschung und Sicherheitspolitik an
der Universität Hamburg, Hamburg,, pp. 38-76. For a detailed study of the
Vienna meeting, see Stefan Lehne, The Vienna Meeting of the Conference
on Security and Cooperation, 1986-1989 (Boulder and Oxford: Westview,
1991). The Concluding Document of the Vienna Follow-up Meeting is
reprinted in Arie Bloed, ed.: From Helsinki to Vienna: Basic Documents of
the Helsinki Process, (Dordrecht, Boston, and London: Kluwer Academic
Publishers, 1993), henceforth Bloed, 1993a, pp. 181-264.

11 Vienna Concluding Document, ibid. See also Rachel Brett, "The Human
Dimension of the OSCE and the OSCE Response to Minorities," in:
Michael R. Lucas, ed., The OSCE in the 1990s: Constructing European
Security and Cooperation, Baden-Baden, 1993, pp. 143-59.

12 Bloed, Monitoring..., op. cit.

13 Document of the Second Meeting of the Conference on the Human
Dimension of the CSCE, Copenhagen, (1990) , reprinted in Bloed, 1993a,
pp. .439-465.

14 Ibid., par. 32.

15 Ibid.

16 Document of the Third Meeting of the Conference on the Human
Dimension of the CSCE, Moscow (October 3, 1991), reprinted in Bloed,
1993a, pp. 605-629.

17 CSCE Implementation Meeting on Human Dimension Issues, Warsaw, op.
cit.

18 Ibid.

19 CSCE Fourth Meeting of the Council, Decisions of the Rome Council
Meeting, Rome, November 30 - December 1, 1993, reprinted in Helsinki
Monitor, Vol. 5, No. 1, 1994, pp. 97-110. Other recommendations
concerning the human dimension taken up by the Rome Council meeting
concerned regional issues linked to conflicts in Bosnia-Herzegovina,
Croatia, and Yugoslavia (Serbia and Montenegro). The Ministers stressed
the importance of the OSCE's continued monitoring of compliance with

OSCE norms and principles throughout former Yugoslavia and called for the unconditional return of the Missions of Long Duration to Kosovo, Sandjak and Vojvodina, which had been expelled by the Serbian Government in Belgrade, "as part of the overall CSCE efforts to ease local tensions, guard against violations of human rights, encourage dialogue and reconciliation between the communities."(ibid.)

20 The OSCE's Programme for Co-ordinated Support for Newly Admitted Member-states has assisted the NIS in their reform programs and participation in the OSCE. Under the Programme's auspices the ODIHR has sponsored, for example, a conference on juridical reform in Moldova; co-sponsored -- in response to an invitation of Danish NGOs -- a seminar on citizenship and language law in Europe's new democracies; and organized, together with the COE's Venice Commission on Democracy Through Law, a seminar on constitutional law for the Central Asian states (For a description of the Programme of Co-ordinated Support, see the Helsinki Document 1992, the Challenges of Change, op. cit., Section XI; see also Programme of Co-ordinated Support for Recently Admitted CSCE States, CSCE Bulletin, Vol 1, No. 2, Spring 1993, p. 33.).

21 For a more detailed analysis of the role of NGOs in the CSCE, see Ritva Grönick, "The CSCE and Non-Governmental Organizations," in: Lucas ed., op. cit., pp. 227-248.

22 Budapest Decisions, Chap. VIII, par. 17.

23 Ibid., par. 3. For an example of NGO input to the Budapest Meeting, see International Helsinki Federation for Human Rights, Recommendations for the CSCE Budapest Review Meeting, Vienna, International Helsinki Federation for Human Rights, 1994.

24 see in this regard Martin Harris, "Human Rights Monitoring and the CSCE, A Perspective from Budapest," Helsinki Monitor, Volume 1, No. 1, 1995, pp. 18-22.

25 Budapest Decisions, Chapter VIII, par. 6.

26 Ibid.

27 Ibid., par. 8.

28 Harris, op. cit.

29 Eric Remacle, "The Yugoslav Crisis as a Test Case for CSCE's Role in Conflict Prevention and Crisis Management," in: Lucas, ed., op. cit., pp. 109-124.

30 Report of the CSCE Meeting of Experts on Peaceful Settlement of Disputes, Valletta, 1991, reprinted in: Helsinki Monitor, Vol. 2, No. 2, 1991.

31 This function was assigned to the CPC at the Berlin Foreign Minister Meeting in June,1991.

32 Michael. R. Lucas and Oliver Mietzsch, "Peaceful Dispute Settlement and the CSCE", in: Lucas, ed., op. cit., pp. 83-108.

33 Dieter Senghaas, "Friedliche Streitbeilegung und kollektive Sicherheit im neuen Europa," in: Europa-Archiv, Vol. 46, No. 10, 1991, pp. 311-317. See also Berthold Meyer and Peter Schlotter: Auf dem Weg zu einer europäischen Friedensordnung, in: Johannes Schwerdtfeger, Egon Bahr, and Gert Krell, eds., Friedensgutachten 1991, Münster, 1991, pp. 108-118.

34 Report of the CSCE Meeting of Experts on Peaceful Settlement..., op. cit.

35 United States Commission on Security and Cooperation in Europe: Update on Peaceful Settlements of Disputes in the CSCE Process, Staff Report of the U.S. Commission on Security and Cooperation in Europe, March 1993, p. 3-4.

36 OSCE missions generally presuppose the agreement of all states involved in the conflict.

37 For an overview of OSCE missions up to September 1992, see Commission on Security and Cooperation in Europe, CSCE Missions, Washington, September 1992.

38 Ibid.

39 "News from the Field," CSCE Newsletter, Vol. 2, No. 1, January 1995, p. 7.

40 Document of the Moscow Meeting..., op. cit., par. 5

41 Arie Bloed, "CSCE Process in Progress," Helsinki Monitor, Vol. 4, No. 2, 1993, pp. 43-48.

42 This mission was not launched under the aegis of the Vienna or Moscow Mechanisms but as a result of the recommendations of a mission to Moldova headed by Dr. Adam D. Rotfeld, in his capacity as Personal Representative of the Chair-in-Office. See Adam Rotfeld, "In Search of a

Political Settlement: The Case of the Conflict in Moldova," in: Staffan Carlsson, ed., The Challenge of Preventive Diplomacy: The Experience of the CSCE (Stockholm: Ministry of Foreign Affairs, 1994), pp. 100-137.

43 The official text of the CSO decision on the Moldovan mission is reprinted in: Excerpts of Journals of the 19th Meeting of the Committee of Senior Officials (CSO) in Prague from 2-4.2. 1993, in: Helsinki Monitor, Vol. 4, No. 1, 1993, pp. 90-93.

44 "A Breakthrough in Moldova," CSCE Newsletter, Vol 1, No. 5, May 19, 1994.

45 Fourth Meeting of the Council, CSCE and the New Europe - Our Security is Indivisible, Decisions of the Rome Council Meeting, Rome, 1993.

46 CSCE/19-CSO/Journal no. 3, Annex 3, February 4, 1993, reprinted as: Report of the OSCE ODIHR Mission on the Study of Estonian Legislation, in: Helsinki Monitor. ibid., pp. 63-75.

47 Conference on Security and Co-operation in Europe, Annual Report 1994, Vienna, November 14, 1994, p. 8.

48 "CSCE Sends Mission to Chechnya," OSCE Newsletter, Vol. 2, No.1, 1995, p. 1.

49 Bloed, Monitoring..., op. cit.

50 CSCE Missions, op. cit., p. 2.

51 Bloed, Monitoring..., op. cit.

52 John Mastrini, "Increasing the Openness of CSCE Activities: the Case for Better Public Relations," in: CSCE Bulletin, Vol. 1, No. 2, Spring 1993, pp. 12-15.

53 Examples of more effective OSCE public relations includes the improvements in its documentation service, the enlargement of its monthly newsletter, and occasional invitations to the press to accompany high-level OSCE officials on visits to mission areas, such as Secretary General Wilhelm Höynck's visit to Moldova in 1994. Although the OSCE's relations with the press have improved, OSCE resources for its media outreach have not kept pace with the growth and expanding activities of the organization. This was sadly evident at the Budapest Review Meeting, where the tiny number of OSCE press personnel proved understandably

unable to meet the challenge of over 1500 representatives of various news media. The media, for its part, in most cases completely overlooked in its reporting the substantial results of the two-month meeting. Instead, the concentrated merely on the two-day concluding summit and its failure to arrive at a declaration condemning Serbia in its role in the conflict in Bosnia-Herzogovina. The result was a pronouncedly negative public image of the entire Budapest Meeting.

54 Felice D. Gaer, " The United Nations and the OSCE, Cooperation, Competition, or Confusion," in: Lucas, ed., op. cit., pp. 161-205..

55 Walter Kemp, "The OSCE and the UN: A Closer Relationship," Helsinki Monitor, Vol. 6., No. 1, 1995, pp. 22-31.

56 The agreement, "The Framework for Cooperation and Coordination between the UN and the CSCE," laid the basis for regular consultations to exchange information and closer cooperation.

57 Boutros Boutros-Ghali, An Agenda for Peace, Peacemaking and Peace-Keeping (New York: United Nations, 1992); ibid.

58 For a more detailed discussion of this proposal which was formally presented at the Budapest Review Meeting in a EU proposal, see Kemp, op. cit.

59 CSCE Budapest Document 1994, Chapter 1, 26, reprinted in Helsinki Monitor, Vol. 6., No. 1 1995, pp. 79-106.

60 CSCE Implementation Meeting ..., op. cit.

61 Konrad J. Huber, "The CSCE and Ethnic conflict in the East," in: RFE/RL Research Report, Vol. 2, No. 31, 1993, pp. 30-36. High Commissioner van der Stoel has emphasized that the conflict parties in situations in which he intervenes should feel that his role is "non-coercive, exploratory and low-key." The goal is to start and enhance "a process of exchanges of views and cooperation between the parties, leading to concrete steps which would de-escalate tensions, and, if possible, address underlying issues" (Key-Note Address of Mr. Max von der Stoel, CSCE High Commissioner on National Minorities, in: CSCE ODHIR Bulletin, Vol. 1, No. 3, 1993, pp. 22-25).

62 CSCE Helsinki Document 1992, op. cit., Chapter II, par. 3.

63 Huber, op. cit.

64 The High Commissioner's letters and several replies of the respective Baltic states are reprinted as: Recommendations by the CSCE High Commissioner on National Minorities upon his visits to Estonia, Latvia and Lithuania, in: Helsinki Monitor, Vol. 4, No. 3, 1993, pp. 76-91

65 Ibid.

66 Letter of the CSCE High Commissioner on National Minorities to Mr. Alfred Serrqi, Minister for Foreign Affairs of Albania, The Hague, September 10, 1993.

67 Par. 40. 5 of the Document of the Copenhagen Meeting of the Conference on the Human Dimension of the CSCE affirms that "CSCE participating states ... recognize the right of the individual to effective remedies and endeavor to recognize, in conformity with national legislation, the right of interested persons and groups to initiate and support complaints against acts of discrimination, including racist and zenophobic acts" (reprinted in Bloed, 1993a, pp. 439-465).

68 North Atlantic Assembly, Civilian Affairs Committee: Visit to the High Commissioner on National Minorities, The Hague, 3.5. 1993, p. 6.

69 The consolidated budget of the OSCE in 1994 was roughly $26 million US. See Annual Report 1994, op. cit., p. 26.

70 Ibid., p.25.

71 Michael R. Lucas and Anna Kreikemeyer, "Pan-European Integration and European Institutions: The New Role of the Council of Europe," Journal of European Integration, Vol. XVI, No. I, Fall, 1992, pp. 89-107; Michael R.. Lucas: Churchill's Legacy and the Need for a New US Policy," in: John Mroz, Diana Pinto and Francois Rosenstiel, eds: Securing the Euro-Atlantic Bridge, Strasbourg, 1993, pp. 53-65..

72 See Thomas M. Buchsbaum, "The CSCE and International Organizations: Expanding Cooperation with the Council of Europe," in: Lucas, ed., op. cit., pp. 125-142.

73 On the different organs and activities of the COE, see Council of Europe, Der Europarat: Aufbau, Arbeit and Ergebnisse (Council of Europe, November 1994); Michael R. Lucas, "Der Europarat," in: Information zur politischen Bildung (No. 246): Internationale Beziehungen II: Frieden und

Sicherheit in den 90igen Jahren (Bonn: Bundeszentrale für politische Bildung, 1995), pp. 25-27.

74 "The Rights of Minorities" Press release of the Parliamentary Assembly of the Council of Europe, January 31, 1995.

75 Arie Bloed, "The CSCE and the Protection of National Minorities," in: Phillips and Rosas, op. cit., pp. 95-101.

76 On the role of the EU in the protection of national minorities, see Florence Beno(t-Rohmer and Hilde Hardeman, The Minority Question in Europe, Toward the Creation of a Coherent European Regime, Paper No. 55, Centre for European Policy Studies, 1994.

77 See in this context Gaer, op. cit., and Buchsbaum, op.cit.

78 Michael R. Lucas, "Peacekeeping in the CIS and International Organizations," Aussenpolitik, Spring, 1995, forthcoming.

79 Patrick Thornberry, "The UN Declaration on the Rights of Persons Belonging to National or Ehnic, Religious and Linguistic Minorities: Background, Analysis and Observations," in: Phillips and Rosas, op. cit., pp. 11-71.

80 Michael R. Lucas, "Russia and the Commonwealth of Independent States: The Role of the CSCE," Helsinki Monitor, Vol. 5, No. 4, 1995, pp. 5-37.

81 Max von der Stoel, Key-Note Address of Mr. Max von der Stoel, op. cit.

Organisationen für Europa

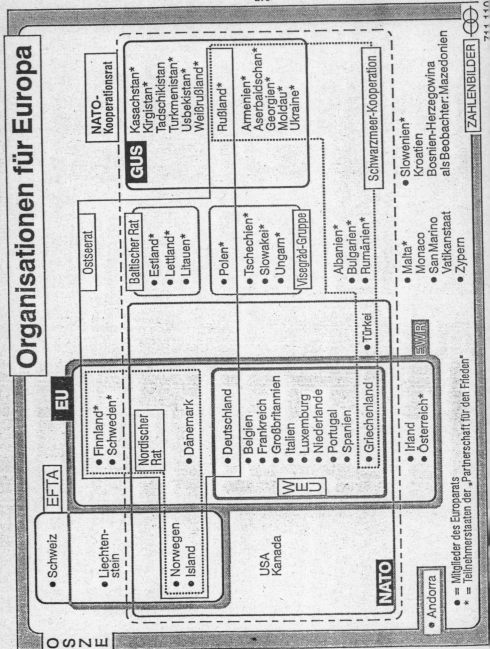

Dieter W. Bricke

Entwicklung einer Minderheitenpolitik für das östliche Mitteleuropa

Zu meiner Person: Ich bin Anfang der 70er Jahre in das Auswärtige Amt eingetreten, und zwar auf Vorschlag des Vorsitzenden des Deutschen Gewerkschaftsbundes. Vorher arbeitete ich 15 Jahre in der Entwicklungshilfe in verschiedenen Nicht-Regierungs-Organisationen. Der DGB machte dabei von einem Vorschlagsrecht Gebrauch, das zwischen Adenauer und Böckler, dem damaligen DGB-Vorsitzenden, ausgehandelt worden war. Der Gedanke war, man hat damals amerikanische Erfahrungen aufgenommen, Kräfte aus der Gesellschaft im Establishment der Regierung mitwirken zu lassen. Meine letzte Aufgabe war Generalkonsul, dann Geschäftsträger in der Slowakei. Ich habe mich aufgrund der aktuellen Probleme dort zum erstenmal intensiv mit Minderheitenfragen auseinandersetzen müssen. Und ich habe mich dann, als ich 1993 aus dem Auswärtigen Amt ausschied, entschlossen, eine Studie zu schreiben über Minderheitenpolitik im östlichen Mitteleuropa, und zwar unter europäischen Aspekten. Diese Studie liegt vor, und deswegen hat man mich wohl auch ausgewählt, hier diesen Vortrag zu halten.

Was hat die Staatengemeinschaft, das ist die Frage, die ich aufzuwerfen gedenke, aus der Katastrophe in Jugoslawien gelernt? Die Jugoslawienkrise hat vielen Regierungen die Augen geöffnet für die Brisanz des Minderheitenproblems. Ich zitiere dazu eine Erklärung der damaligen Europäischen Gemeinschaft aus dem Jahre 1991. Diese verlangt seitdem für die Anerkennung neuer Staaten, ich zitiere, "Garantien für die Rechte ethnischer und nationaler Gruppen und Minderheiten im Einklang mit den im Rahmen der KSZE eingegangenen Verpflichtungen". Also das ist, nachdem das Thema des Minderheitenschutzes vorher Jahrzehnte innerhalb der Vereinten Nationen, aber auch innerhalb des Europarats und der EG vor sich hindümpelte, ein Fortschritt. Dahinter steht ein Erkenntnisprozeß. Man hat begriffen, daß der Entwicklungsnationalismus in der Situation, die wir gerade im östlichen Europa antreffen, einerseits eine Gefahr, aber, wie das Senghaas definiert, auch ein unentrinnbarer Faktor der Entwicklung auf der anderen Seite ist. Senghaas geht davon aus, daß die Identitätssuche zur Förderung individueller wie kollektiver Entwicklungschancen auf nationaler Ebene unerläßlich ist. Er schildert, wie wir das in den Industriestaaten im 19. Jahrhundert gemacht haben. Die übereinstimmende Auffassung ist, man kann den neuen Staaten in Osteuropa nicht vorwerfen, wenn sie diese Identitätssuche fortsetzen. Die Gefahr ist, daß es dabei zu den gestern von mir erläuterten emotionalen Eskalationsspiralen kommt. Es kommt zu Ausgrenzungen von Fremden, von Anderen, von Minderheiten eben, und zur Blindheit gegenüber Kompromißmöglichkeiten. An die Stelle von Kommunikation und Miteinander tritt dann die Gewalt. Das ist die Eskalationsspirale, wie sie inzwischen von der Sozialwissenschaft ausreichend analysiert ist. Und diese steht leider in einem gefährlichen Zusammenhang mit dem durchaus zu verstehenden Verlangen von Staaten und Mehrheiten in diesen Staaten, zu nationaler Identität zu gelangen. Dieses Problem bedroht nicht nur den Einzelnen und seine Menschenrechte, es bedroht auch den Frieden insgesamt, das heißt, auch die Stabilität zwischen den Staaten. Das sind die zwei Punkte, die für Minderheitenpolitik ursächlich sind. Und an diesen Ursachen muß sich Minderheitenpolitik orientieren. Das muß zurückgehen bis in die Historie! Wir haben darüber im Fall Jugoslawien diskutiert. Wenn die Serben z.B. glauben, daß es für sie ein traumatisches Erlebnis gibt: die verlorene Schlacht auf dem Amselfeld und die Unterdrückung durch die Osmanen für viele Jahrhunderte. Dann können wir das nicht einfach abtun als eine spinnerte Idee. Politisch sind auch Mythen und Legenden als wirkende Faktoren zu betrachten. Das ist eine der Ursachen, die wir zu analysieren haben, mit denen wir uns auseinanderzusetzen haben. Also eine ursachenorientierte therapeutische Konfliktbearbeitung für Staaten, für Völker ist erforderlich.

Es ist für Diplomaten normalerweise nicht üblich, in diesen Kategorien zu denken. Herkömmliche Instrumente der Diplomatie versagen hier. Es ist Aufgabe von uns allen, hier weiterzudenken. Dabei müssen wir Irrtümer vermeiden, die schon auf diesem Weg gemacht worden sind. Wir müssen aus Erfahrungen lernen. Zum Beispiel aus den Erfahrungen des Völkerbundes. Der Völkerbund, das wissen wir, hat damals gedacht, er könne Minderheitenschutz den Völkern und Staaten in Mitteleuropa einfach oktroyieren. Das war ein Grundfehler. Auch heute besteht diese Gefahr sogenannter asymmetrischer Lösungen. Daß man sagt, wir machen das für die Mitteleuropäer oder Osteuropäer, aber wir in Westeuropa machen unsere Minderheitenpolitik weiter wie bisher. Das geht nicht, wir müssen uns an verbindlichen Regeln für ganz Europa orientieren. Das gilt für beide Seiten. Das unterstreiche ich. Wir sollten politisch nutzen, was wir völkerrechtlich erarbeitet haben, den gesamten Acquis von Individualrechten. Die Frage ist, sind Regierungen in der Lage, diese Aufgabe zu leisten? Regierungen sind nicht allein dazu in der Lage! Diplomaten z.B. sind so ausgebildet, normalerweise den Weg der Vorsicht, des geringsten Widerstandes zu gehen. Das ist eben so. Man sucht den kleinsten gemeinsamen Nenner. Konkret heißt das zum Beispiel, daß man versucht, vorhandene Interessenkonflikte und Widersprüche so weit wie möglich zu umgehen.

Hier einige Beispiele: Herr Lucas hat schon den eklatanten Widerspruch zwischen der Staatensouveränität, einem der Grundprinzipien des Völkerrechts und der humanitären oder menschenrechtlichen Intervention angesprochen. Man sagt heute "Konsens minus Eins", in der KSZE ist ein Schritt in die richtige Richtung: man muß Regierungen auch gegen ihren Willen ansprechen können auf Probleme in ihren Ländern. Das ist aber ein Punkt, wo alle Regierungen nur sehr zögerlich herangehen. Ob es die KSZE ist, ob es die Vereinten Nationen sind. Da muß von außen Druck gemacht werden. Das kann man nicht Beamten, das kann man nicht Staaten überlassen. Das müssen Gesellschaften in die Hand nehmen, NROs zum Beispiel. Ein anderes Beispiel: Das Problem der Kollektivrechte, zu denen das Selbstbestimmungsrecht gehört, aus denen es der einzige konkrete Fall der Normierung im völkerrechtlichen Sinne ist. Dieses Problem versuchen die Staaten jetzt beispielsweise dadurch zu regeln, daß sie Regeln zur Sicherung der Gruppenidentität von Minderheiten unterhalb der Schwelle der völkerrechtlichen Normierung lösen. Beispielsweise schlägt die deutsche Regierung vor, nicht über Kollektivrechte oder kulturelle bzw. territoriale Autonomien zu reden, sondern wenn überhaupt, über funktionelle Autonomie. Ich kann vielleicht nachher in der Diskussion sagen, was damit im einzelnen gemeint ist. In unserer Diskussion tauchte der Begriff kulturelle Autonomie auf. Zwischen Ungarn und der Slowakei spielte er eine ganz große Rolle. Der deutsche Bundeskanzler hat auf dem Europaratsgipfel in Wien und er hat nicht Unrecht dabei, hat in Wien sehr stark auf die Föderalisierung, auf die staatliche Dezentralisierung als Möglichkeit der Sicherung von Gruppenrechten hingewiesen. Also es gibt schon Versuche hier Kompromisse zu finden. Ich meine trotzdem, man sollte da etwas mutiger sein und zitiere hier eine der jüngsten Veröffentlichungen der deutschen Gesellschaft für Völkerrecht, wo der bekannte Marburger Professor Riedel den Versuch macht, zusammenzustellen, was wir inzwischen für Gruppenrechte auf dem Weg des pragmatischen Vorgehens in der Praxis entwickelt haben. Riedel zitiert den Katalog der Gruppenrechte, die inzwischen aufgrund internationaler Rechtsprechung (case-law), aber auch vorhandener Normen bereits praktiziert werden. Das Recht auf physische Existenz, das Recht auf effektive Gleichbehandlung, das Recht auf kulturelle Identität (zum Beispiel der Schutz gegen Assimilationsdruck), das Recht auf Kommunikationsfreiheit der Gruppe, das Recht auf Partizipation in Entscheidungsgremien (bis hin zu politischen Entscheidungsgremien), das Recht auf positive Diskriminierung (besser würde man sagen auf staatliche Förderungsmaßnahmen zur Gleichstellung), das Recht auf Selbstbestimmung der Gruppenzugehörigkeit, das Recht auf Errichtung und Unterhaltung eigener Institutionen, zum Beispiel Schulen. Schließlich das Recht, den eigenen Gruppenangehörigen Pflichten aufzuerlegen. Letztgenanntes ist ein ganz kompliziertes Recht. Man kann nämlich auch nach innen Intoleranz üben als Gruppe. Das sollte man dabei nicht unterschätzen. Und schließlich der Anspruch auf Rechtspersönlichkeit als Gruppe vor judiziären Institutionen. Also das ist Riedel, darüber kann man streiten. Ich will an dem Beispiel lediglich zeigen, die Völkerrechtswissenschaft wagt schon viel mehr als die Regierungen. Und das ist auch innerhalb unseres Seminars deutlich geworden.

Ein anderer Fall sind die Sonderregelungen für Wanderarbeitnehmer. Viele Regierungen neigen dazu, über bilaterale Verträge, aber auch Vereinte Nationen zu sagen, dieses Problem schalten wir aus der allgemeinen minderheitenpolitischen Diskussion aus. Das ist ein Sonderproblem, und wir behandeln es in gesonderten Konventionen. Die Gefahr besteht, daß man so den Schutz der sogenannten neuen Minderheiten, die rationale Beeinflussung von Wanderungsbewegungen auf den Sankt-Nimmerleins-Tag verschiebt, wenn man ihn nicht unter dem allgemeinen politischen Druck läßt. Dagegen müssen wir als Gesellschaft angehen. Ein weiterer Kritikpunkt ist der internationale Verzicht auf eine verbindliche Minderheitendefinition. Auch dieses haben Sie ja im Verlauf des Seminars gehört. Ich denke, aber das ist eine vernünftige Entscheidung. Der Versuch, sich hier festzubeißen, hat uns Jahrzehnte gekostet in der Diskussion der Vereinten Nationen. Was wir brauchen, sind vernünftige natio-

nale Minderheitendefinitionen, die sich in ein europäisches Minderheiten-
schutzkonzept einfügen lassen. Ich zitiere einmal was die deutsche Minderheitendefinition besagt, die stammt aus dem Innenministerium, man
höre, aus dem Innenministerium, und dient vorwiegend dazu, deutsche
Innenpolitik zu bestreiben. Zu einer Minderheit zählt danach, wer die
Staatsangehörigkeit des Aufenthaltsstaates hat, wer langdauernden Aufenthalt nachweisen kann und eine traditionelle Bindung an den Aufent-
haltsstaat besitzt. Das bedeutet, daß man die Roma als Minderheit damit
ausschließt. Es geht weiter um ein geschlossenes Siedlungsgebiet, wobei
staatliche Maßnahmen der Zwangsumsiedlung unschädlich sind. Das bezieht sich auf die deutschen Aussiedler, die inzwischen zum Teil aus ihren
geschlossenen Siedlungsgebieten aus- bzw. umgesiedelt wurden. Man
möchte die, die wir als Deutsche betrachten, in diese Minderheiten-Defi-
nition einbeziehen. Von der Mehrheit sollen sich Angehörige einer Minderheit unterscheiden, wörtlich zitiert: "in nationaler, volkstumsmäßiger,
herkunftsmäßiger Hinsicht von der weit überwiegenden Mehrheit des
Staatsvolkes". Diese offizielle deutsche Definition zwingt das Auswärtige
Amt beispielsweise Stimmerklärungen in internationalen Konferenzen abzugeben, wenn das Abstammungsprinzip unseres Staatsangehörigkeits-
rechtes verletzt wird. Also Sie merken, welche Bedeutung das hat, das
Zögern bei solchen Fragen. Ich bin der Meinung, wir müssen unsere
nationale Definition um jeden Preis weiterentwickeln. So kann das nicht
stehenbleiben. Es gibt inzwischen ernstzunehmende Meinungen von
Völkerrechtlern, Klaus Dicke und andere, die sagen, das ist ein Bruch des
Völkerrechts, was da gesagt wird. Denn Artikel 27 des internationalen
Bürgerrechtspaktes, der von uns ratifiziert ist, läßt sich mit diesen Einschränkungen nicht vereinbaren.

Die Staaten versuchen den Weg des kleinsten gemeinsamen Nenners zu
finden, auf möglichst niedriger Ebene. Wir haben gestern ein anderes
Beispiel dafür gehört. Herr De Jonge, Sie haben die Europäische
Rahmenkonvention angesprochen. Sie haben auch einige ihrer Probleme
kurz berührt. Ich will sie nicht vertiefen, Sie haben verdienstvollerweise
auch die Regionalsprachenkonvention angesprochen, das ist ein weiteres
Beispiel. Bei der Regionalsprachenkonvention haben die Regierungen die
Möglichkeit, sich nur das herauszuholen, was ihnen paßt. Und trotzdem
wird sie nicht ratifiziert. Das ist Staatenpraxis seit altersher. Ich kritisiere,

daß wir uns nicht mehr einmischen als Nicht-Regierungs-Organisationen, als Vertreter der Gesellschaft.

Dennoch suchen auch die Regierungen nach neuen Wegen. Beispielsweise, und das hat Herr Lucas angesprochen, indem sie nach internationalen Kooperationsformen suchen, die hinausgehen über das, was früher üblich war. Die KSZE ist so eine Einrichtung völlig neuer Art. In der KSZE sind Absprachen möglich, die nicht mehr rechtlich kodifiziert sein müssen. Hier gibt es tatsächlich ein Abgehen von der zu starken Verrechtlichung normaler Diplomatie und ein Sich-Hinwenden zum gesellschaftlichen Prozeß zur Bereitschaft, sich tatsächlich tragen zu lassen von den neu aufkommenden Kräften und Möglichkeiten. Dazu gehört, daß man auch bereit ist, die Unterschiedlichkeit von Interessen anzuerkennen und sie zu zivilisieren. Wir haben so viel von der zivilen Gesellschaft gesprochen. Hier ist tatsächlich Interessenorganisation auf zivile Weise gefragt. Und das ist eine schwierige Aufgabe. Und dies sowohl für die Gruppen der Gesellschaft, als auch für den Staat. Wir brauchen einen starken aber auch einen aufgeklärten Staat, um diese Aufgaben zu bewältigen. Auf der einenen Seite wird die Aufgabe der Identitätsfindung inzwischen von radikalen Gruppen der Gesellschaft, den fundamentalistischen Gruppen, ausgebeutet. Es gibt eine Art blutige nationale Identitätspolitik, wenn Sie sich anschauen, wie die fundamentalistischen Kräfte ihre Vorstellung von nationaler Identität betreiben. Hier muß der Staat sein Gewaltmonopol zur Aufrechterhaltung der Ordnung national wie international einsetzen. Gleichzeitig ist es notwendig, gegen die zu starken Einflüsse zerstörerischer Kräfte durch die Transnationalisierung im Wirtschaftsbereich einzuschreiten. Denken Sie nur einmal an das Problem der Spekulation im internationalen Finanz- und Warengeschäft. Das gerät aus der Kontrolle der Staaten. Hier ist es eine Aufgabe, daß der Staat erkennt, daß er nicht den Kräften des Marktes alles überlassen kann, daß eine gesunde Wirtschafts- und Sozialpolitik in regionalen Bezügen letztlich ebenfalls Teil einer vernünftigen Minderheitenpolitik ist.

Jetzt lassen Sie mich ganz kurz noch die Vernetzung der internationalen Instrumente, die Herr Lucas angesprochen hat, unterstreichen. Ich möchte ergänzend erwähnen, daß neue Initiativen ergriffen werden müssen. Man hat bei uns lange gezögert, ob die Initiative des französischen Ministerpräsidenten, der Stabilitätspakt in Europa, sinnvoll ist. Ich halte ihn für außerordentlich wichtig. Es wäre ein politischer Skandal, wenn wir dafür keine finanziellen Mittel finden würden,. In diesem Balladur-Pakt wird versucht, im östlichen Mitteleuropa regionale Verhandlungstische aufzubauen und alle Vereinbarungen bilateraler wie multilateraler Art einzubringen, die zum Schutz der Minderheiten bereits entwickelt wurden. Die Europäische Union hat die Mittel, solche Dinge dann auch finanziell abzusichern. Dagegen gibt es starke Widerstände, auch bei der Bundesregierung. Man muß das machen, und es ist eine gute Politik, wenn es im Endergebnis dann in die KSZE überführt wird. Ich bin auch der Meinung, daß der Europarat hier eine große Verantwortung hat. Ich denke zum Beispiel, daß es Aufgabe des Europarates sein sollte, Verletzungen des Artikels 14 der Europäischen Menschenrechtskonvention, nicht mehr wie bisher, in Camera zu behandeln, sondern sie der Öffentlichkeit vorzulegen. Ich bin der Meinung, daß NROs Rechtsverletzungen, die aus Staatenberichten erkennbar werden, von internationalen Expertenkommissionen öffentlich prüfen lassen und daraus Konsequenzen fordern sollten. Ich kann leider nicht im einzelnen auf KSZE-Probleme eingehen, die Herr Lucas nur angerissen hat. Ich bin gegen eine Verrechtlichung der KSZE; sie sollte weiterhin ein Forum mit offenem Dialog bleiben. Aber wir müssen innerhalb der einzelnen KSZE-Institutionen zu weiteren Verrechtlichungen kommen. Wenn wir z.B. bei der Verletzung von Minderheitenrechten auf gewaltsame Interventionen so weit wie möglich verzichten wollen, müssen wir den KSZE-Sanktionsmechanismus weiterentwickeln bis hin zu einem Sanktionsamt der KSZE, das Kontrollhoheit bekommt. Nur dann können wir vermeiden, daß am Schluß wieder Armeen die Schlichterrolle in Minderheitenkonflikten übernehmen.

Noch ein wichtiger Punkt, wir sollten ganz stark darauf sehen, was in Osteuropa an Minderheitenschutz seit hundert Jahren schon entwickelt worden ist. Es gibt in Osteuropa einen ganz wertvollen Bestand von Minderheitenabsprachen, von nationalen Minderheitenrechten: Verfassungsartikel über Minderheitenschutz, Minderheitengesetze, Minderheitenräte, Ombudsleute usf.

Schließlich unterstreiche ich noch einmal die Bedeutung der Nicht-Regierungs-Organisationen. Wir sollten uns als Nicht-Regierungs-Organisation am eigenen Pertepee fassen. Es gibt entsprechende Regeln für die Beteiligung von Nicht-Regierungs-Organisationen bei Minderheitentagungen sowohl bei den Vereinten Nationen als auch bei der KSZE. Die reichen nicht aus! Das Problem ist nur, oft gehen wir gar nicht hin. Mein Kollege aus dem Auswärtigen Amt sagte vorhin, beim KSZE-Treffen in Budapest ist so gut wie keine NRO dabei. Wir müssen da wirklich entsprechende Verantwortung übernehmen. Wir müssen auch unsere eigenen Organisationen umkrempeln, das gilt gerade für die internationalen NROs.

Meine letzte These: Jeder fange bei sich selbst zu Hause an. Das heißt mit anderen Worten: die Deutschen haben einen ganzen Packen von Aufgaben zu erfüllen, wenn es ihnen ernst ist mit dem Konzept einer Krisenprävention durch eine integrierte europäische Minderheitenpolitik. Wir sollten uns auch im eigenen Interesse als Vorreiter für den Ausbau der normativen Grundlagen des Minderheitenschutzes, die Überwindung der unzeitgemäßen Unterscheidung. Zwischen alten und neuen Minderheiten, eine Förderung der funktionellen Autonomie von Minderheiten durch die EU, einen offenen Erfahrungsaustausch zwischen Regierungen und NROs und schließlich um eine Aufwertung und Konzentration der staatlichen Minderheitenpolitik auf das Auswärtige Amt bemühen. Wenn wir nicht in der Lage sind, diese Reform zu leisten, wenn wir die Prävention als neues Mittel der Politik nicht wirklich realisieren, dann steht zu befürchten, daß wir zurückfallen in militärische Bündnispolitik, daß wieder Einflußzonenpolitik, der Großmächte - z.B. Amerikas und Rußlands, man kann das in Budapest bereits erkennen - in den Vordergrund rückt. Und was das bedeutet, da muß ich bloß die Jahreszahlen 1914 Sarajewo und 1938 München nennen. Eine Wiederholung ist nur zu verhindern, wenn wir unserer Verantworung gerecht werden, wenn wir uns einmischen, wenn wir Druck von unten ausüben.

Wolfgang S. Heinz

Politische Instrumente zur Durchsetzung von Individual- und Gruppenrechten und die Frage nach dem Völkerrecht

Die Rolle von Nichtregierungsorganisationen (NRO)

Mit dem Ende des Ost-West-Konfliktes war kein allgemeiner Rückgang innergesellschaftlicher und internationaler Konflikte verbunden. Weltweit gibt es zur Zeit fast 70 Bürgerkriege und bis zu 280 Volksgrupen melden ihren Anspruch auf einen eigenen Staat an.[1] Bisher konnten die Vereinten Nationen keinen effektiven Konfliktlösungsmechanismus geschaffen. Daher sind zunehmend gesellschaftliche Kräfte aufgerufen, Früherkennungsmechanismen aufzubauen und Möglichkeiten der Vermittlung bis hin zur Einleitung von Verhandlungen in die Hand zu nehmen.

Die besondere Bedeutung ethnischer Konflikte oder politischer Konflikte mit einer ethnischen Komponente liegt in dem Problem, daß die Befolgung demokratischer Prinzipien solange kaum einen Fortschritt bringen kann, wie diese nicht mit spezifischen Minderheitenschutzgarantien ausgestattet sind. Reine Mehrheitsentscheidungen können Konflikte nur noch verschärfen.

Für NRO lassen sich vor allem drei Aufgaben nennen:

- Beobachtung und Dokumentation von Menschenrechtsverletzungen mit dem Ziel das Verhalten der Konfliktparteien zu beeinflussen, ohne auf den Konflikt selbst einzugehen.
- Früherkennung und Vermittlung mit dem Ziel, den Ausbruch gewaltsamer Auseinandersetzungen zu verhindern, oder, falls es bereits hierzu gekommen ist, möglichst bald zu beenden (hier gehe ich auch auf Vermittlungsbemühungen ein, die Konflikte ohne starke ethnische Komponente betreffen) und
- NRO-Einflußnahme auf internationale Organisationen wie die Vereinten Nationen und regionale Organisationen.

---

1 Der Friedensforscher Prof. Ulrich Albrecht vor dem Auswärtigen Ausschuß des Bundestages (Der Tagesspiegel, 26.5.1994).

1. Beobachtung und Dokumentation von Menschenrechtsverletzungen

Menschenrechtsorganisationen kommt eine zentrale Rolle bei der Ermittlung und Dokumentation von Verletzungen der Menschenrechte und, bei bewaffneten Konflikten, des humanitären Völkerrechtes zu. Zu nennen sind hier u.a. Minority Rights Group, Anti-Slavery Society, Survival International, Gesellschaft für bedrohte Völker und, weniger spezialisiert, amnesty international und die Watch-Komitees in den USA (Africa, Asia, Middle East, Helsinki Watch) sowie nationale und lokale Menschenrechts-NRO.

Für diese NRO steht Ermittlung von Tatsachen, Täter und Täterstrukturen sowie die Formulierung spezifischer Forderungen zur Ahndung und Vorbeugung von Menschenrechtsverletzungen im Vordergrund. Sie sind und müssen "kritisch" sein. Positive Vorschläge sind eher selten. Es ist daher nicht erstaunlich, daß ihre praktische Rolle oder Konfliktvermittlung gering ist. Sie sind eher Zeugen, die dokumentieren, appellieren, als Institutionen die Konfliktpartner zusammenführen (können).

Gerade in Fällen ethnischen gewaltsamen Konfliktes ist eine qualifizierte, unabhängige Berichterstattung über Menschenrechtsverletzungen von überragender Bedeutung auch wenn sie "vor Ort" nur geringe praktische Bedeutung hat: Für die politischen Führer der Konfliktparteien und die breite Bevölkerung besteht in der Regel das Problem der selektiven Wahrnehmung, d.h. bestimmte Informationen werden einfach nicht ernst genommen und verdrängt, ein besonders gravierendes Problem in Gebieten, in der keine alternative, unabhängige Berichterstattung empfangen werden kann (oder aufgrund eines Krieges möglich ist).

2. Früherkennung und Vermittlung

NRO und Universitäten, die auf dem Gebiet der Konflikt- und Friedensforschung arbeiten, befassen sich zur Zeit vor allem mit der Früherkennung von gewaltsamen ethnischen Konflikten. In der Vermittlung ist die Londoner Organisation International Alert seit längerer Zeit aktiv.

In vielen Ländern gibt es aber auch vor Ort Kirchen, Bürgerinitiativen und einzelne Persönlichkeiten, die sich um Konfliktvermittlung bemühen. Hier sind die Coalition for Peace, Multisectoral Peace Advocats und die National Peace Conference in den Philippinen zu nennen. Sie setzen sich für Friedenszonen ein, in denen weder die Guerilla der Neuen Volksarmee (NPA) noch die Armee operieren sollen. Die Coalition for Peace übt seit 1987 politischen Druck auf Regierung und NPA aus, auf nationaler Ebene in ernsthafte Friedensgespräche einzutreten; andere Organisationen haben sich dieser Arbeit angeschlossen[2].

Unter den gesellschaftlichen Gruppen haben vor allem Kirchen eine herausragende Rolle gespielt, um zwischen Konfliktpartner zuerst Kontakt herzustellen und dann Verhandlungen in Gang zu bringen. Zu erinnern ist hier an die Arbeit der Kirchen im Horn von Afrika, Ruanda (All-Afrikanische Kirchenkonferenz), die Rolle der Katholischen Kirche in El Salvador, Guatemala und in jüngster Zeit in Kolumbien.

In Sincelejo (Kolumbien) fand z.B. in diesem Jahr ein Praxisseminar über die Einleitung von Friedensprozessen in Zusammenarbeit mit der NRO International Alert statt, zu dem sowohl katholische Bischöfe, der Friedenshochkommissar Holmes Trujillo und Praktiker aus Lateinamerika sowie anderen Ländern über ihre Erfahrungen berichteten. Obwohl es seit Jahren Politik kolumbianischer Regierungen ist, direkt mit der Guerillagruppen in einen Dialog einzutreten, hat die ursprünglich konservative Katholische Kirche des Landes zunehmend die Rolle eines Protagonisten im Friedensprozeß eingenommen. Zur Zeit sind Bischöfe in verschiedenen Regionen des Landes führend an den regionalen Friedensdialogen beteiligt. Diese werden von der Regierung mit Mißtrauen betrachtet, weil sie kaum eine Kontrolle über sie hat und bei Erfolg eine Verlagerung von Konfliktstrukturen in Nachbarregionen befürchtet wird. Immerhin gibt es jetzt erste Hinweise für einen Dialog zwischen Regierung und den Guerillagruppen FARC und ELN. Wie immer sich dieser gestalten wird, es ist in diesem von Regionen stark geprägten Land deutlich, daß nur mit Friedensprozessen "vor Ort" Chancen bestehen, zu dauerhaften Ergebnissen zu kommen.

Von außen können Vermittlungsbemühungen unterstützt werden, z.B. durch institutionelle Unterstützung von International Alert. In den letzten Jah-

---

2 Vgl. Ging Quintos-Deles, "Unarmed Forces" in the Philippines, in: Garcia, Ed (Hrsg.), *Pilgrims Voices. Citizens as Peacemakers,* Manila 1994, S. 51-66.

ren finanzierten kirchliche Hilfswerke und andere NRO eine Reihe von Projekten auf diesem Gebiet. Mit dem Ziel, unterlegene Konfliktpartner zu stärken, unterstützte z.B. das Menschenrechtsreferat des Diakonischen Werkes
- das Training von buddhistischen Mönchen aus Sri Lanka, Laos, Japan, Myanmar und Kambodscha in Konfliktvermittlung durch thailändische Mönche,
- das Training in diplomatischem Verhandeln für Mitarbeiter asiatischer Menschenrechts-NRO in Australien und das
- Training in der Arbeit auf internationalen Konferenzen für Vertreter ethnischer Minderheiten Myanmars.

In einer Analyse kirchlicher Vermittlungsbemühungen in El Salvador und Mozambique nennen Sabine Kurtenbach und Thania Paffenholz folgende "komparative" Vorteilen der Vermittler:

- Die großen Kirchen sind im gesamten Konfiktgebiet präsent und besitzen eine eigene, unabhängige Informationsstruktur.
- Sie haben eine klare Wertstruktur, die sie für die Opfer des Krieges Partei ergreifen läßt.
- Ihr Verhältnis zur Bevölkerung zeichnet sich durch ein besonderes Vertrauen aus, das auf Glaubwürdigkeit, Verläßlichkeit und nicht zuletzt Verschwiegenheit beruht und das für Vermittlung absolut notwendig ist.
- Die Kirchen leben nicht nur mit dem Ergebnis ihrer Vermittlungsbemühungen, sondern begleiten auch kritisch die Umsetzung der Abkommen.
- Ihre internatinalen Vernetzungen erlauben ihnen, weitere Akteure in de Schlichtungsprozesse einzubeziehen, falls dies notwendig werden sollte.
- Das ständige Gespräch in den eigenen Reihen kommt darüber hinaus einer "Supervision" des Vermittlers gleich, die anderen Vermittlern oft fehlt[3].

3. NRO-Einfluß auf internationale Organisationen

In vielen Teilen der Welt liegt die Aufgabe der Konfliktvermittlung in den Händen der Vereinten Nationen und anderer zwischenstaatlicher Organisationen. Die friedenserhaltenden Operationen der UN in zur Zeit 17 Ländern mit über 70.000 Blauhelmen haben eine Vielzahl von Fragen aufgeworfen:

---

[3] Sabine Kurtenbach/Thania Paffenholz, Kirchen können in Kriegen vermitteln, in: Der Überblick, 3/1994, S. 119.

wie die Fähigkeit zur Früherkennung und Vermittlung gestärkt werden kann und unter welchen Voraussetzungen eine Durchsetzung bestimmter Ziele auch mit militärischen Mitteln erfolgen sollte (Sanktionen nach Kapitel VII der UN-Satzung). Im Zusammenhang mit UN-Operationen sind in den letzten 40 Jahren über eintausend UN-Blauhelme ums Leben gekommen. Wie Untersuchungen in Kanada und Deutschland zeigen, haben auch Blauhelme in Einzelfällen Menschenrechtsverletzungen begangen.

amnesty international hat kürzlich in einer ausführlichen Studie ein 15-Punkte Programm zur Durchsetzung von Menscherechten während friedenserhaltender Operationen der UN aufgestellt. Zu den wichtigsten Punkten gehören:

- ein Menschenrechtsprogramm sollte Teil jeder UN-Einsatzes sein, auch für den Zeitraum nach dem Einsatz (einschließlich der Einrichtung nationaler Institutionen für den Menschenrechtsschutz). Bisher war dies eher die Ausnahme (El Salvador, Kambodscha).
- Friedensabkommen sollen eine detaillierte Liste von zu beachtenden Menschenrechtsabkommen enthalten.
- Personal in friedenssichernden Operationen muß sich strikt an Menschenrechte und humanitäres Völkerrecht halten.
- Frauen sollen durch spezifische Maßnahmen vor Menschenrechtsverletzungen geschützt werden.
- Konfliktvermittlung soll nicht zu einer automatischen Amnestie für die Täter, die Verantwortlichen für Kriegsverbrechen und Menschenrechtsverletzungen, führen.
- Das UN-Personal soll über Menschenrechtsverletzungen berichten, deren Zeuge es wird.

4. Schlußfolgerungen

Nachdem sich die großen, wahrscheinlich überzogenen Erwartungen an die Vereinten Nationen, eine zentrale Rolle bei der Lösung von gewaltsamen Konflikten zu spielen, nicht erfüllt haben, sind NRO weltweit aufgefordert, die Chancen bei der Durchsetzung von Menschenrechten, Früherkennung und Vermittlung von Konflikten besser zu nutzen. Dies erfordert eine sehr viel bessere Information über entstehende und andauernde Konflikte, eine verstärke Vernetzung unter NRO um Kräfte zu bündeln und die Unterstützung gesellschaftlicher Kräfte vor Ort, die zu Konfliktvermittlung in der Lage sind und von den Konfliktparteien akzeptiert werden.

Von außen können diese Prozesse unterstützt und manchmal auch angestoßen werden. Bei ethnischen Konflikten wird es in einigen, aber nicht in allen Fällen, eine gewisse Aussicht auf Erfolg geben; in anderen Fällen bleibt, zumindest für einen bestimmten Zeitraum, nur humanitäre Hilfsleistung. Hier muß beachtet werden, daß sich zunehmend ein Recht auf humanitäre Hilfsleistung der betroffenen Bevölkerung herausbildet, das die Zustimmung der betreffenden Regierung (und Konfliktpartei) zunehmend entbehrlich macht.

Schließlich muß auch beachtet werden, daß sich Konflikte zwischen unterschiedlichen Zielen - z.B. Konfliktvermittlung und Durchsetzung der Menschenrechte - ergeben können. Bei der Konfliktvermittlung müssen ja politische und militärische Führer der Konfliktparteien zusammengeführt werden, die häufig selbst für Menschenrechtsverletzungen und Kriegsverbrechen verantwortlich waren oder es immer noch sind. Sie werden durch die Verhandlungen nicht nur aufgewertet. Ein wichtiger Bestandteil fast aller Waffenstillstands- und Friedensverhandlungen ist eine Generalamnestie für beide Seiten. Im Ergebnis gehen die Täter fast immer straffrei aus, und eine auch nur halbwegs vollständige Aufarbeitung der Vergangenheit unterbleibt. Damit stellt sich auch für NRO die Frage nach einer Strategie, wie das Ziel einer erfolgreichen Konfliktvermittlung mit der Durchsetzung der Menschenrechte verbunden werden kann.

Literatur

amnesty international. *Peace-keeping and human rights.* London 1994

Der Überblick. 3/1994. Die Vereinten Nationen auf dem Prüfstand

Friedrich-Ebert-Stiftung/Stockholm International Peace Research Institute. *International Conference "Challenges for the New Peacekeepers".* Bonn 1994 (Programm und Konferenzpapiere)

Garcia, Ed. (Hrsg.). *Pilgrims Voices. Citizens as Peacemakers.* Manila 1994

Garcia, Ed. und Carol Hernandez (Hrsg.). *Waging Peace in the Philippines.* Manila 1988

Heinz, Wolfgang S. *Indigenous Populations, Ethnic Minorities and Human Rights.* Saarbrücken 1991

Heinz, Wolfgang S. *Positive Maßnahmen zur Förderung von Demokratie und Menschenrechten als Aufgabe der Entwicklungszusammenarbeit,* Berlin 1994

Journal of Ethno-Development. Bd. 4, Nr. 1 (1994). Early Warning of Communal Conflicts and Humanitarian Crises

Kurtenbach, Sabine und Thania Paffenholz, Kirchen können in Kriegen vermitteln, in: Der Überblick, 3/1994, S. 116-119

Paffenholz, Thania. "Die Waffen nieder!". Konzepte und Wege der Kriegsbeendigung, in: *Jahrbuch Dritte Welt 1994,* München 1993, S. 57-68

Wissenschaft und Frieden, 11 (1993) 2, S. I-XX. Alternativen. Zivile statt militärische Einmischung in den internationalen Beziehungen

Beth Ginsburg

Interkulturelle Gesellschaften und die Prävention von Konflikten

Let me first take this opportunity to introduce myself. I am Beth Ginsburg, a research associate at the Churches' Commission for Migrants in Europe (or CCME), which is a non-governmental, non profit making organisation which is based in Brussels. The primary work of CCME is as a facilitator and policy-oriented campaigner focusing on the European Union. We aim to promote political and social rights of migrants, refugees, immigrants and ethnic minorities within the European Union.

One of the issues which CCME is actively pursuing is the protection of new ethnic minorities in multicultural Europe. It appears that the general public still has to come to terms with their multicultural societies, given for example, the persistence of racial discrimination, the tensions between various groups from within societies, and the increasing numbers of outbursts of racial violence.

At present, *CCME* is addressing this urgent and distressing societal phenomenon by heading the project on comparative approaches to multiculturalism. This project seeks to compare national approaches towards multiculturalism in order to provide a positive agenda for Multicultural Europe. The brief comments I will make today are based on the research we have been conducting in the past six months with reference to this project.

Our research is based on the assumption that European states, in 1994, are composed of multicultural societies. The concept of multiculturalism, is defined here for the purposes of this paper, as a program of societal integration of people from diverse ethnic, racial religious and cultural identities. I also use the term integration, to be clearly distinguished from assimilation, as the mutual and reciprocal coming together of society. If anyone wishes to discuss the political usage of this terminology, for example the differences between multicultural and intercultural, or integration and assimilation, I propose that we leave this related, although somewhat tangential topic, for the discussion period.

Please bear in mind that these preliminary observations are part of an ongoing project. I hope that this summary will stimulate thinking and help provide a framework for subsequent discussion of the broader issues of minority rights and human rights.

In this paper, I wish to elaborate upon three points:

- 1. **two dominant approaches to multiculturalism can be defined as the ethnic minority group-rights approach and the individual citizens' rights approach.**
- 2. **the policies addressing political and social citizienship may indicate a given national government's philosophy towards multiculturalism.**
- and 3. **however, despite the national philosophies, questions are being raised at a policy-level which may challenge the premises of there national approaches.**

1. The Group-rights and the Individual Citizens' Rights approaches:

Beginning with my first point, there appear to be at least two dominant approaches towards integration upon which policies are based: the group approach and the individual citizen approach.

The first approach emphasises that within multi-ethnic societies there are ethnic peoples, who share common identities and interests: ethnic minorities. Policies are designed to integrate ethnic minorities into European societies on the basis of the particular assets of minorities and/or problems with which they have to cope.

The second approach is based on the rights of the individual citizen. Integration policies are founded on the principle of equality before law: all citizens irrespective of their race, colour, ethnic or national origin are entitled to the social and political rights.

2. A Reflection of National Logies: Political and Social Citizenship

Perhaps one of the clearest tangible demonstrations of the existence of these various national logics and their affect on policy the concept of citizenship and citizenship legislation.

Political citizenship: ius solis and/or ius sanguinas

Citizenship is commonly discussed as a legal or political concept. The first issue regarding citizenship which often springs to mind is eligibility. In this context, citizenship legislation is characterized as either restrictive or permissive. Eligibility focus on two types of legislation within multicultural democracies; citizenship is premised on the principle of ius solis (citizenship by territory) principle and/or it is based on the principle of ius sanguinis (citizenship by blood). According to the principle of ius solis, those who are born within a given territorial boundary are automatically able to acquire the citizenship of that territory. The principle of ius solis ranges in its level of permissiveness. For example, the U.S. American case is an extreme example of the ius solis principle - or citizenship based on birthplace. Children born on U.S. territory (including within U.S. airspace) are granted automatic U.S. citizenship. In contrast, the principle of ius sanguinas grants automatic citizenship only to those who have territorial ancestry.

Social Citizenship: citizenship includes social rights

Another discussion concerning citizenship hinges on the social rights of citizens.

Within some multi-cultural democracies, citizenship may extend beyond the privileges/responsibilities of political participation. It has begun, in modern liberal democratic welfare states, to represent a more comprehensive parcel of social rights. Citizenship sets a standard for social inclusion. In addition to legal and political roles, it is also a social value, informing society as to what social rights are to be given and to whom.

The Cases: France, Britain, the U.S. and Germany

At a national level, tradition often informs the philosophy of the political and social rights attached to citizenship. States may embrace collective or individual citizens' rights. National approaches towards citizenship follow distinct historical traditions. The importance placed on the concept of citizenship may differ dramatically. Based on some preliminary observations taken from CCME's project on multiculturalism, I will use the examples of France, Britain and the U.S. to illustrate the different roles assigned to citizenship in multi-cultural democracies.

France, in principle, tends to focus on equal legal, political and social rights of all citizens, while Britain and the United States favour collective rights of groups of citizens. The French notion of citizenship is based on a republican view of membership. Inclusion in citizenship is not so much a territorial residence, as it is a mutual recognition within the French community that equal members of the polity participate in society and politics. The national philosophy towards integration is based upon an individual rights approach to citizenship. To become a member of *the* French community, newcomers must adapt to certain features of French life which have been included in the desirable order of citizenship.

Loyalty to the French way of life guarantees the benefits of French society. Republicanism hails the bond of citizenship as the essential ingredient in forming and maintaining social cohesion. All citizens, regardless of their race, colour, ethnic or national origin are entitled to the same rights and opportunities. Hence, once French citizenship is obtained, immigrants are to be considered French first and foremost and are entitled to the social rights guaranteed to all French citizens. According to the French approach, possession of legal and political citizenship should guarantee social citizenship.

As one would expect, in accordance with the French republican notion of citizenship, naturalisation is an act of will and mutual consent. Legal citizenship is based on the ius solis principle, however, young people of second generation immigrants must now, according to the new nationality act, choose French citizenship over that of their country of origin before the age of majority. The naturalisation process is seen to underline this consent between the individual and the community. The act of becoming naturalised indicates the boundary between foreigners and citizens, and is constitutive of the polity. Recently, campaigns have been undertaken emphasis to encourage permanent residents, especially ethnic minorities, to become citizens. Once they establish citizenship, all people may partake in the benefits of citizenship and "disappear" into French society. In accordance with the social solidarity created and maintained through French citizenship, categorizing of citizens as belonging to specific "ethnic minorities" is considered a derogatory and divisive act. Thus, the term "ethnic minority" is not embraced by the French national tradition. The categorizing citizens as belonging to specific "ethnic minorities" is considered a <u>derogatory</u> and <u>divisive</u> act. Thus, the term "ethnic minority" is not accepted within French language on multiculturalism.

However, the French are not necessarily consistent in their model. In recent years, discontent with this approach has been voiced by minorities and the majority from all sides of the political spectrum. The economic recession, the rise of nationalism and nationalist political parties, the increase in crime rates and racially motivated attacks have been contributing factors. In response, the notion of "ethnic minorities" and policies which address the social rights of these minorities have been implemented.

Nevertheless, the French are highly critical of the British model. French experts characterise the British model of social rights as an adaptation of the U.S. model. It is thought to favour minority groups by forwarding policies of positive discrimination which deliberately encourage the assertion of separate identities. This, in turn, has resulted in ghettoisation and levels of racism in Britain which are not thought to exist to the same degree (if at all) in France.

Yet, to be accurate, the roots of the British approach to social rights have its own historical premises. Britain's theoretical tradition of social citizenship is based on a different relationship between states and individuals; Individuals are subjects of a territorial sovereign. Those people born within a given territory must be seen as subjects. According to the historical experience of the British Empire, the Empire created subjects, not citizens. These subjects are composed of diverse groups from the New Commonwealth. Acknowledgement of territorial sovereignty is more important than social allegiance to a British community. Multiple group allegiances, according to this theory can thus be tolerated.

In Britain, the notion of citizenship was only introduced in the past thirty years, is based on the ius solis principle, and is a more territorially rooted concept of citizenship than the French notion. This creates a more relaxed official attitude towards legal and political and rights of non-citizens. Thus, the legal and political rights which come with citizenship are not over-emphasised. Britain grants rights of political participation to many non-citizens from Ireland and members of the Commonwealth and even legally permits, Anita Pollock MEP, an Australian citizen to represent Britain as a British member of the European Parliament.

In the past twenty years, a recognition of plurality within British societ has emerged. The logic is as follows: there exists groups, including immigrant groups, who share common identities and interests. It is acceptable to acknowledge and to encourage cultural diversity among British citizens. In addition, the best way, according to this model, to promote harmonious societal relations is to identify those groups, composed of "ethnic minority" citizens, which need special assistance. Programs have been established to promote higher numbers and higher quality employment opportunities and levels of education.

However, it must be said that the goup-rights approach to citizenship in Britain, when transferred to the policy realm, often results in "policy adhocracy." Responsibility for multicultural policies is placed in the hands of local councils. Moreover, the funding which hat been allotted to local programs designed to address the needs of ethnic minorities, has been cut.

In addition, the philosophical foundations of the group-rights approach to social citizenship has recently come under attesk (amootly n the Rights). Theoreticalls some members of the New Right of the Tory Party have required "truly integrated" new ethnic minorities to pass the "cricket test" in order to prove their allegiance to Britain. This test, designed to have new ethnic minorities support the British team above their country of origin's, is especially symbolic as it refers to the game of cricket. This game is most commonly played between Britain and a member of the New Commonwealth from which most of these new ethnic minorities have emigrated.

Despite the basic individualist philosophy enshrined in the U.S. Constitution, the United States has also adopted, in principle, a collective rights approach to political and social citizenship. This acceptance of group rights is often explained by the belief that the American creed of individual citizens' rights had been violated, due to its checkered past of slavery and persisting exclusion of minorities from social advantages of citizenship. The US now must "right" these historical "wrongs" by granting special opportunities to ethnic minorities.

In the US, one would expect to find policies advocating a collective-rights approach to social citizenship. Concerning political citizenship, political rights such as the Voting Act which enables ethnic minorities to represent districts divided to reflect an ethnic minority group do indicate an adherence to the principle of group rights. Additionally, federal policies such as affirmative action in employment and education, which encourage employers and educators to choose qualified minorities, and the acceptance of dual identities in the common language, for example the use of the term African-American, exemplifies a consistency with the national tradition of collective rights for minorities and pluralist conceptions of social membership.

However, on the philosophical front, books are now being published which speak of the "disuniting of America" and policy institutes are being formed which hold as their mandate the creation of "a new American Community." There exists a belief that American society ??into..??...[1] self interested groups. From the Right and the Left, accusations have been lodged against those groups in America who, it is believed, do not wish to participate in the "American way of life." This concern with the fragmentation of society would concur with the French republican approach.

Regarding legal citizenship, the permissiveness of the United States' ius solis principle has come under fire. A Bill was recently proposed by Senator Simpson, which initially called for limiting the ius solis principle in order to stop illegal immigrants from attempting to enter the United States in order to give birth to their children on U.S. soil. This part of the Bill was later dropped.

In reference to special social rights granted to citizens who are ethnic minorities, debates in the US are beginning to erode the national tradition of adopting a group rights approach to citizenship. Some experts claim that because affirmative action policies have been expanded to include many ethnic minority groups, the original goals of these policies are no longer being met; those groups for which these policies were designed are no longer being targeted. Hence, the number of groups benefitting from affirmative action policies must be limited to those peoples who have suffered historical discrimination. Alternatively, other experts argue that affirmative action policies should be revamped to reflect the needs of all socio-economically disadvantaged peoples. According to this proposal,

---

[1] Zeile im Original nicht entzifferbar.

socio-economic discrimination would be the criterion for affirmative action policies, rather than racial or ethnic discrimination.

In the German case, experts depict one of three splintered approaches on the national level: a non-ethnic minorities approach and a social rights before political and legal rights approach, and a group which advocates group rights. According to the non-ethnic minorities approach, the German national philosophy based on ius sanguinas citizenship-only, which upholds the concept of Germanness. Germany is thought of, by this group, as a community which was only made up of those who are born here and who have German parents. The use of the word "foreigner" or "guest worker" remains part of the language of the Government (although other terms are being sought). So-called "guest-workers" are not accepted as ethnic minorities, as there exist only two German ethnic minorities. The whole psychology of immigrants and new ethnic minorities in Germany is seen as a non-immigration approach; immigrants do not exist. The idea that foreigners are disposable remains untouched somehow. So-called "foreigners" are not legal ethnic minorities, as they are not German and they are not minorities.

Regarding the social rights before political and legal rights approach, although social rights of citizenship, boundaries of multiculturalism are being discussed. There are those who are sceptical of a group-rights approach (preferring the individual citizens approach) because they see group-rights as stagnating and divisive. Where there is a belief that the group rights approach to integration does exist, there is the acknowledgement that a group rights approach may cause rigidity of a group's identity and that it will not allow for change.

The third philosophical strand, supports legal, political and social citizenship in order to improve the rights of minorities. They believe it is necessary to grant political, legal, and social rights to ethnic minorities in order to give them the opportunity to integrate.

This group also tends to support the special programs for ethnic minorities.

In the policy realm, due to the assaults of foreigners of the last 3-4 years, the proposal of introducing dual nationality is back on the political table (although it was voted down during the last legislative period). The

Government is still facing issues of granting political and legal citizenship rights. It is in the legal and political realms of citizenship which remains largely unresolved The issue of legal status for so-called "foreigners" or "guest-workers" is far from settled. This stems from the National Government's belief that people who came to Germany in the 1960s and early 1970s remained by accident, and do not wish to stay permanently. The debate over dual citizenship and an article which failed to be added in the new constitution to protect ethnic minorities illustrate this point. The Right is blocked on this issue. There exists a fear that the German nation and German culture will decrease in importance. As for political rights, the Right fears that it will be disadvantaged if the franchise is offered to so-called "foreigners."

However, to be fair, the possibility of allowing dual citizenship is being discussed within German politics, whereas in France (which recently changed its citizenship law to force second generation immigrants to choose French citizenship only), in Britain and in the United States, the possibility of establishing dual citizenship is not on the political agenda - it is a non issue. Thus, although some might argue that Germany is at a premature stage when it comes to issues of citizenship, and the wider question of multiculturalism, others would argue that because the question of political citizenship must still be tackled, new approaches are being suggested which other countries which may be at a "more advanced stage" such as Britain, France and the United States do not address through their national stances.

Concluding Remarks

The foundations of democratic legitimacy lie in the kinds of political and social rights it establishes for its citizens. Moreover, social changes in the composition of society and the internal cultural and social structures may or may not be reflected in its understanding of citizenship. From a normative standpoint, the demographic changes occurring within European societies need to be represented by the membership composition of the state.

Two dangers persist when addressing the topic of multicultural Europe. The first danger is in defining individuals as only citizens of the state; once citizenship is granted, continuing forms of racist, ethnic and cultural discrimination are not addressed, and may even be denied. This is the complaint often lodged against the French state by its ethnic minorities.

On the other hand, the second danger lies with the promoting of individuals as members of groups first and foremost; society may become fragmented, destroying the possibilities for dual identities, as a common identity is no longer valued and may not even be recognised. Claims to external membership may replace the social value of citizenship. This may characterize the dilemma facing the U.S., where in certain areas, the society is eroding, and in Britain to a far lesser degree.

To conclude, one of the preliminary conclusions to be drawn from CCME's comparative study is that national conceptions of citizenship may explain differences in the approaches to multiculturalism. Moreover, changes in the definitions of and requirements for citizenship may incite changes in the national policies and philosophies towards multiculturalism.

In order to create a positive agenda for multicultural societies, principles and practices must be created which seek out and ensure a middle ground, upon which individuals are citizens of the state, but also members of their own groups.

ANHANG

Freitag, 25.11.1994

15.30 Uhr Kaffeetrinken

16.00 Uhr Begrüßung: S. Fritsch-Oppermann, Loccum

16.15 Uhr NATIONALISMUS - NATIONALE AUTONOMIE - AUTONOME MINDERHEITEN
Minderheiten zwischen Nationalismus, Regionalisierung und Migration
Prof. Dr. R. Lötzsch, Direktor des Instituts für Sorabistik, Universität Leipzig

16.45 Uhr Plenum

17.15 Uhr VOLK - ETHNIE - STAMM - STAAT - LAND - NATION
Über einige Begrifflichkeiten in Ethnologie, Politik und Recht
M. Roeper, Amt der Niederösterreichischen Landesregierung, Wien

17.45 Uhr Plenum

18.30 Uhr Abendessen

19.30 Uhr Minderheiten zwischen Unterdrückung und Autonomie - Nationalstaat, multikulturelle Gesellschaft und Minderheitenpolitik
VLR i.R. Dr. D. W. Bricke, Stiftung Wissenschaft und Politik, Ebenhausen

20.15 Uhr Plenum

21.00 Uhr Lesung: Saliha Scheinhardt, Frankfurt a.M.:
"Sie zerrissen die Nacht"

Samstag, 26.11.1994

8.30 Uhr Morgenandacht: Sybille Fritsch-Oppermann

8.45 Uhr Frühstück

9.30 Uhr GRUPPENKONFLIKTE ALS KRISENHERDE UND IHRE WURZELN
Soziokulturelle und politische Ursachen
Dr. Chr. P. Scherrer, Ethnic Conflict Research Project, Tegelen, Niederlande

10.00 Uhr Plenum

10.30 Uhr ARBEITSGRUPPEN
a) Menschenrechte und Minderheiten in Nahost
Shlemon Yonan, Vorstandsmitglied der GfbV, Berlin
b) Lateinamerika
Dr. Th. Rathgeber, Referent für indigene Völker der GfbV, Göttingen
c) Bosnien-Herzegowina
F. Rohder, Osteuropareferentin der GfbV, Göttingen

d) Afrika
J. K a c h i g a , Frankfurt a.M./Zaire
e) Krim (Ukraine) *(Simultanübersetzung)*
Nadir B e k i r o v , Co-Chair of the Crimean regional Committee
Natalie B e l i t s e r , Crimean regional HCA Committee
f) Sudan und Äthiopien (evtl. zwei Gruppen)
Dr. Chr. P. S c h e r r e r
Dima N o g g o S a r b o , Nairobi/Äthiopien
Dr. P. K o k , Hamburg/Sudan
g) Bosnische Muslime und türkische muslimische Minderheiten in Bulgarien *(Simultanübersetzung)*
Prof. Dr. B. T o g r o l , Istanbul

12.30 Uhr Mittagessen
14.30 Uhr Chorkonzert in der Kapelle:
Mädchenchor "Blagowest" St. Petersburg
Bücher/Wandzeitung

15.30 Uhr Kaffee
16.00 Uhr **MINDERHEITENRECHTE UND DAS RECHT AUF SELBSTBESTIMMUNG ALS MENSCHENRECHTE**
Autonomie von Ethnien innerhalb von Staaten: Minderheitenrechte im nationalen und im Völkerrecht
Dr. Ludwig E l l e , Vizepräsident der FUEV, Deutschland

16.20 Uhr Plenum
16.40 Uhr **MODELLE DES ZUSAMMENLEBENS UND DER KONFLIKTBEWÄLTIGUNG**
a) Republik Nordirland
Alex A t w o o d , Belfast City Councellor, SDLP Delegation to the Forum for Peace and Reconciliation

17.05 Uhr **b) Äthiopien**
Dima N o g g o S a r b o , OLF-Exekutivkomittee, Exilsminister für Information des Transitional Government of
Ethiopia

17.30 Uhr **c) Indien: The Making of Tribes in India**
Dr. W. M e y, Völkerkundemuseum Hamburg

18.00 Uhr Plenum
18.30 Uhr Abendessen
19.30 Uhr **POLITISCHE INSTRUMENTE ZUR DURCHSETZUNG VON INDIVIDUAL- UND GRUPPENRECHTEN UND DIE**
FRAGE NACH DEM VÖLKERRECHT

a) **Civil Society - Third Party Intervention und Citizen Peacemaking**
Dr. F.-E. A n h e l m , Akademiedirektor, Evangelische Akademie Loccum

20.00 Uhr Plenum
20.30 Uhr b) **Ein europäisches Gesetz zum Schutz von Minderheiten**
Herr D e J o n g e , Abteilungsleiter, Parlamentarische Versammlung des Europarates, Straßburg

21.00 Uhr Plenum
21.30 Uhr **Am Kamin: Interkultureller Dialog und interkulturelles Lernen**
D. B o n e l a m e , Düsseldorf

Geselliges Beisammensein

Sonntag, 27.11.1994

8.30 Uhr **Morgenandacht:** S. F r i t s c h - O p p e r m a n n
8.45 Uhr Frühstück
9.30 Uhr **FORTSETZUNG VON SAMSTAGABEND**
a) **Minderheitenrechte, Konfliktpraevention und Konfliktmanagement: KSZE und der inter-institutionale Kontext**
Dr. M. R. L u c a s , World Policy Institute, New York/Bonn
9.55 Uhr b) **Entwicklung einer Minderheitenpolitik für das östliche Mitteleuropa**
VLR i.R. Dr. D. W. B r i c k e , Stiftung Wissenschaft und Politik, Ebenhausen
10.20 Uhr c) **Die Rolle der NGO's-**
W. H e i n z , Amnesty International, Berlin
10.40 Uhr d) **Interkulturelle Gesellschaften und die Praevention von Konflikten**
Beth G i n s b u r g , CCME Brüssel
11.00 Uhr **Plenum und Podium:**
VLR Franz-Josef K r e m p , KSZE-Referat des Auswärtigen Amtes, Bonn, Dr. M. R. L u c a s , World Policy Institute, New York/Bonn,
VLR i.R. Dr. D. W. B r i c k e , Stiftung Wissenschaft und Politik, Ebenhausen, W. H e i n z , Amnesty International, Berlin
Herr D e J o n g e , Abteilungsleiter, Parlamentarische Versammlung des Europäischen Rates, Straßburg,
B. J a e n i c k e , IOM Bonn
12.30 Uhr Ende der Tagung mit dem Mittagessen

Friday, November 25th, 1994

3.30 pm   Coffee

4.00 pm   **Welcome:** S. Fritsch-Oppermann, Loccum

4.15 pm   **NATIONALISM - NATIONAL AUTONOMY - AUTONOMOUS MINORITIES**
Prof. Dr. R. Lötzsch, Director of the Institute for Sorabistics, University of Leipzig

4.45 pm   Plenary

5.15 pm   **PEOPLE - ETHNIC GROUP - TRIBE - STATE - COUNTRY - NATION**
Some Concepts in Ethnology, Politics and Law
M. Roeper, Office of the Government of Lower Austria, Vienna

5.45 pm   Plenary

6.30 pm   Supper

7.30 pm   **Minorities between Oppression and Autonomy - Nation State, Multicultural Society and Minority Policy**
VLR i.R. Dr. D. W. Bricke, Foundation Science and Politics, Ebenhausen

8.15 pm   Plenary

9.00 pm   **Reading:** Saliha Scheinhardt, Frankfurt a.M.: "Sie zerrissen die Nacht"

Saturday, November 26th, 1994

8.30 am   Morning prayers: Sybille Fritsch-Oppermann

8.45 am   Breakfast

9.30 am   **GROUP CONFLICTS AS CENTRES OF CRISES AND THEIR ROOTS**
Socio cultural and political causes
Dr. Chr. P. Scherrer, Ethnic Conflict Research Project, Tegelen, Niederlande

10.00 am   Plenary

10.30 am   **WORKING GROUPS**
a) Human rights and minorities in the Middle East
Shlemon Yonan, Board member of GfBV, Berlin
b) Latin America
Dr. Th. Rathgeber, Secretary for indigenous people at GfbV, Göttingen
c) Bosnia Herzegovina
F. Rohder, Secretary for Eastern Europe at GfbV, Göttingen
d) Africa
J. Kachiga, Frankfurt a.M./Zaire

e) Crimea (Ukraine) (translation)
Nadir B e k i r o v, Co-Chair of the Crimean regional HCA Committee
Natalie B e l i t s e r , Crimean regional HCA Committee
f) Sudan and Ethiopia
Dr. Chr. P. S c h e r r e r
Dima Noggo S a r b o, Nairobi/Ethiopia
Dr. Peter K o k, Hamburg/Sudan
g) Bosnian Muslims and Turkish Muslim minorities in Bulgaria (translation)
Prof. Dr. B. T o g r o l, Istanbul

12.30 pm Lunch
2.30 pm Choir Concert in the Chapel: Girls' Choir "Blagowest", St. Petersburg
Book exhibition/wall paper
3.30 pm Coffee
4.00 pm **MINORITY RIGHTS AND THE RIGHT TO SELF-DETERMINATION AS HUMAN RIGHT**
Autonomy of ethnic groups within states: rights of minorities in national and international law
Dr. Ludwig E l l e, Vice-President of FUEV, Germany
4.20 pm Plenary
4.40 pm **MODELS OF CO-EXISTENCE AND CONFLICT MANAGEMENT**
a) Republic of Northern Ireland
Alex A t w o o d, Belfast City Councellor, SDLP Delegation to the Forum for Peace and Reconciliation
5.05 pm **b) Ethiopia**
Dima N o g g o S a r b o, OLF-Executive Comittee, Minister in Exile for Information of the Transitional
Government of Ethiopia
5.30 pm **c) India: The Making of Tribes in India**
Dr. W. M e y, Völkerkundemuseum Hamburg
6.00 pm Plenary
6.30 pm Supper
7.30 pm **POLITICAL INSTRUMENTS FOR IMPLEMENTING INDIVIDUAL AND GROUP RIGHTS**
AND THE QUESTION OF INTERNATIONAL LAW
a) Civil Society - Third Party Intervention and Citizen Peacemaking
Dr. F. E. A n h e l m , Director of the Academy of Loccum

8.00 pm Plenary
8.30 pm **b) A European Law to protect Minorities**
       Mr. De J o n g e , Head of Devision, Parliamentary Assembly of the Council of Europe, Straßbourg

9.00 pm Plenary
9.30 pm **At the Fire Place: Intercultural Dialogue and Intercultural Learning**
       D. B o n e l a m e , Düsseldorf

       Social evening

Sunday, November 27th, 1994

8.30 am **Morning prayers:** S. F r i t s c h - O p p e r m a n n
8.45 am Breakfast
9.30 am POLITICAL INSTRUMENTS ... (continued)
       a) Minority rights, conflict prevention and conflict management - CSCE and the inter-institutional context
       Dr. M. R. L u c a s , World Policy Institute, New York/Bonn
9.55 am **b) Development of a minority policy for Eastern Central Europe**
       VLR i.R. Dr. D. W. B r i c k e , Foundation Science and Politics, Ebenhausen
10.20 am **c) The role of NGO's**
       W. H e i n z , Amnesty International, Berlin
10.40 am **d) Intercultural Societies and the Prevention of Conflicts**
       Beth G i n s b u r g , CCME Brüssel
11.00 am **Plenary and Panel:**
       VLR Franz-Josef K r e m p , KSZE-Referat of the Foreign Office, Dr. M. R. L u c a s , World Policy Institute, New York/Bonn,
       VLR i.R. Dr. D. W. B r i c k e , Foundation Science and Politics, Ebenhausen, W. H e i n z , Amnesty International, Berlin
       Mr. De J o n g e , Head of Devision, Parliamentary Assembly of the Council of Europe, Straßbourg
       B. J a e n i c k e , IOM Bonn
12.30 pm End of conference with Lunch

Teilnehmerinnen und Teilnehmer*)

Minderheiten, Autonomie und Selbstbestimmung

Kollektiv- und Individualrechte von Minderheiten und die Menschenrechte

vom 25.11.1994 bis 27.11.1994

1. **Anhelm**, Dr. Fritz Erich, Akademiedirektor, Evangelische Akademie Loccum, Postfach 21 58, D-31545 Rehburg-Loccum

2. **Attwood**, Dr. Alex, 2 Lake Glen Green, Falls Road, Belfast BT11 8T6, Northern Ireland

3. **Aybay**, Dr. Rona, Professor, Aybay & Aybay Law Offices Siraselviler Cad. 87, Yeni Hayat Apt. Kat 1 Da. 3 Taksim, 80060 Istanbul, Turkey

4. **Bekirov**, Nadir, Department for Politics and Law of the Mejlis of Crimean Tatar People, Zhidkova 40, 333000 Symferopol, UKRAINE

5. **Belitser**, Natalie, Helsinki Citizens' Assembly Ukrainian Committee, 51/53 Vladimirskaya str., apt. 102, 252034 Kiev, UKRAINE

6. **Bonelame**, Diane, Kiefernstraße 4, D-40233 Düsseldorf

7. **Bricke**, Dieter, Stiftung Wissenschaft und Politik, Haus Eggenberg, D-82067 Ebenhausen

8. **De Jonge**, Europarat, B.P. 431 R6, F-67006 Straßburg-Cedex

9. **Elle**, Dr. Ludwig, Professor, Sorb. Institut, Bahnhofstraße 6, D-02625 Bautzen

10. **Fritsch-Oppermann**, Sybille, Pfarrerin, Studienleiterin, Evangelische Akademie Loccum, Postfach 21 58, D-31545 Loccum

11. **Ginglas-Poulet**, Roswitha, Dolmetscherin, La Roche-sur-Fororn, La Vülpilliere, F-74802 Amancy

12. **Ginsburg**, Beth, Churches' Commission for Migrants in Europe, 174, Rue Joseph II, B-1040 Bruxelles

13. **Heinz**, Wolfgang S., Brandenburgische Straße 28, D-10707 Berlin

14. **Jaenicke**, Bernd, IOM International Organization of Migration, Koblenzer Straße 99, D-53177 Bonn

15. **Kachiga**, Jean, Wittelsbacher Allee 97, D-60385 Frankfurt

16. **Kok**, Dr. Peter, Jurist, c/o Deutsches Orient-Institut, Mittelweg 187, D-20419 Hamburg

---

*) Nur zur persönlichen Information

17. **Kremp**, Franz-Josef, VLR, Minderheitenexperte, Auswärtiges Amt KSZE-Referat, Postfach 11 48, D-53001 Bonn

18. **Lötzsch**, Dr. Ronald, Professor, Frankfurter Allee 122, D-10365 Berlin

19. **Lucas**, Dr. Michael R., Saarweg 12, D-53129 Bonn

20. **Mey**, Dr. Wolfgang, Hamburger Museum für Völkerkunde, Binderstraße 14, D-20148 Hamburg

21. **Perkins**, Anna-Brita, Dolmetscherin, 11, rue Croix du Levant, CH-1220 Avanchet-Parc Geneva

22. **Rathgeber**, Dr. Th., Referent für indigene Völker d. GfBV, Gesellschaft für bedrohte Völker e. V., Postfach 20 24, D-37010 Göttingen

23. **Rohder**, F., Osteuropareferentin der GfBV, Gesellschaft für bedrohte Völker e. V., Postfach 20 24, D-37010 Göttingen

24. **Röper**, Matthias, Mag.jur. , Amt der Niederösterreichischen Landesregierung Abteilung II/1, Herrengasse 11-13, A-1014 Wien

25. **Sarbo**, Dima Noggo, P.O. Box 68374, Nairobi, Kenya

26. **Scheinhardt**, Dr. Saliha, Eberhard-von-Rochow-Straße 9, D-63069 Offenbach

27. **Scherrer**, Dr. Christian P., Bradterhof 38, NL-5932 XM Tegelen

28. **Togrol**, Dr. Beglan B., Professor, P.K. 30, Kadiköy, TR-81000 Istanbul, TÜRKEI

29. **Yonan**, Shlemon, Bundesvorstand Gesellschaft für bedrohte Völker, Kaiserin-Augusta-Allee 39, D-10589 Berlin

EVANGELISCHE AKADEMIE LOCCUM

Teilnehmerinnen und Teilnehmer
Minderheiten, Autonomie und Selbstbestimmung
Kollektiv- und Individualrechte von Minderheiten und die Menschenrechte

vom 25.11.1994 bis 27.11.1994

1. **Albrecht**, Hermann, Rektor i.R., Celle

2. **Alkan**, Cüneyt, Oberstufen-Kolleg des Landes Nordrhein-Westfalen an der Universität Bielefeld, Bielefeld

3. **Atalan**, Hasan, Oberstufen-Kolleg des Landes Nordrhein-Westfalen an der Universität Bielefeld, Bielefeld

4. **Blatz**, Dr. Beate, Religionswissenschaftlerin, Redakteurin, Studienleiterin, Referat für Presse- und Öffentlichkeitsarbeit, Evangelische Akademie Loccum, Rehburg-Loccum

5. **Bock**, Dr. Siegfried, Professor, Vors. Verband für intern. Politik und Völkerrecht, Berlin

6. **Bock**, Hannelore, wissenschaftl. Mitarbeiterin, Institut für Dialogforschung, Berlin

7. **Bolte**, Bertha, Evangelische Akademie Loccum, Rehburg-Loccum

8. **Burdman**, Mark, Journalist, Wiesbaden

9. **Burmeister**, Dr. Hans-Peter, Kulturwissenschaftler, Studienleiter, Evangelische Akademie Loccum, Rehburg-Loccum

10. **Conze**, Claudia, Studentin, Hamburg

11. **Glaser**, Dr. Ivan, Bielefeld

12. **Grösch**, Rolf, Bildungsreferent, VNB e.V. Niedersachsen, Steinfeld

13. **Heintze**, Dr. Hans-Joachim, Jurist, wiss. Mitarbeiter, Redaktion "Humanitäres Völkerrecht", Ruhr Universität Bochum, Dortmund

14. **Herms**, Andres, Apotheker, Meinersen

15. **Hinck**, Agnes, Studentin, Köln

16. **Jilani**, Peter, Dipl.-Päd., Sozialarbeiter, Diakonisches Werk, Bückeburg

17. **Jogschies**, Dr. Rainer Bruno, Autor, Hamburg

18. **Kamsicak**, Hakan, Oberstufen-Kolleg des Landes Nordrhein-Westfalen an der Universität Bielefeld, Bielefeld

19. **Keller**, Jürg, Pressebüro Flüchtlingsinformation, Bern

20. **Kleinrath**, Eva, Hildesheim

21. **Kleinrath**, Otfried, Hildesheim

22. **Kleiß**, Siggi, Institut für angewandte Kulturforschung IFAK e.V., Göttingen

23. **Kümpel**, Katharina, Hannover

24. **Lawietzke**, Petra, Evangelische Akademie Loccum, Rehburg-Loccum

25. **Lennemann**, Eugen, Lehrer i. R., Vlotho

26. **Lohmann**, Hartmut, Köln

27. **Lötzsch**, Dr. Gesine, MdA, Berlin

28. **Martin**, Gabriele, Referentin, Gesellschaft für bedrohte Völker, Göttingen

29. **Nangia**, Nada, freie Journalistin, taz Hannover, Hannover

30. **O'Sullivan**, Donal, Redakteur, Deutsche Welle, Osteuropa-Redaktion, Köln

31. **Röhl**, Tim, Tagungsassistent, Rehburg-Loccum

32. **Röper**, Frau, Wien

33. **Roth**, Rita, Burgwedel

34. **Sattler**, Renate, Geschäftsführerin, Arbeitskreis Vierte Welt e.V., Magdeburg

35. **Schmidt**, Luise, Bremen

36. **Schütz**, Friedrich, Oberregierungsrat, Osnabrück

37. **Smolcic**, Katarina, Zagreb

38. **Sonnenberg**, Jan-Ahlrich, Lehrer, Leer-Loga

39. **Stosch**, Stefan, Journalist, Hannoversche Allgemeine Zeitung, Hannover

40. **Tissafi**, Maya, Christlicher Friedensdienst cfd, Bern

41. **Umbach**, Margot, Coppenbrügge

42. **Weiß**, Anja, Dipl.-Psychologin, wiss. Mitarbeiterin, Berghof-Forschungszentrum, Berlin

43. **Worku**, Messeletch, wiss. Mitarbeiterin, Ruhr Universität Bochum Institut für Friedenssicherungsrecht und Humanitäres Völkerrecht IFHV, Dortmund

Indiens Adivasi zwischen Assimilation und Selbstbestimmung

von Rainer Hörig, Pune/Indien

Bis vor einhundert Jahren noch war die südliche Hälfte des
indischen Unionsstaates Bihar, die unter dem Namen "Chota Nagpur"
bekannt ist, ein wildes, immergrünes Hügelland. Die Geschichte
hatte die Region zum Treffpunkt dreier menschlicher Kulturen
ausersehen.

Austro-asiatische Völker wie die Santal, Munda und ho wanderten
von Osten ein. Arische Siedler aus der Gangesebene drangen später
von Norden nach Chota Nagpur vor. Aus dem Süden kommend ließen
sich dravidische Stammesvölker wie die Oraon und Gond in den
weitläufigen Wäldern nieder.

Im Mittelalter war Chota Nagpur eine Provinz des mächitgen
Moghul-Reiches, bis im Jahr 1771 die britische "East India
Company" das Waldland eroberte. Schon bald führten die neuen
Kolonialherren die Steuerpflicht ein. Im Jahr 1945 begannen
europäische Missionare, die "wilden Stämme" zu christianisieren
mit beachtlichem Erfolg.

Der Unternehmer Jamshed Tata baute 1906 das erste indische
Stahlwerk in der nach ihm benannten Stadt Jamshedpur und schob
damit die industrielle Entwicklung der Region an. Reiche Erz-
und Kohlelager wurden erschlossen. Man stieß auf Bauxit, Mangan
Uran und andere Industrierohstoffe. In den Jahren nach der
Unabhängigkeit flossen gigantische staatliche Investitionen
in das "indische Ruhrgebiet". Von Staatskonzernen gebaute
Bergwerke, Hüttenbetriebe und Kraftwerke bilden heute das
Rückgrat eines explosiven industriellen Wachstums. Aus allen
Regionen des Riesenlandes strömen Fachkräfte und Hilfsarbeiter
nach Chota Nagpur, in der Hoffung, am Aufschwung teilzuhaben.
Innerhalb weniger Jahrzehnte sind verschlafene Nester zu
Großstädten gewachsen: Jamshedpur, Dhanbad, Ranchi, Bokaro.

Seither trägt Chota Nagpur ein anderes Gesicht. Schwarzer Staub
überzieht die Städte mit einer dicken Schicht. Riesige Wald-
und Ackerflächen sind von Stauseen verschlungen, die Strom und
Wasser für Industriebetriebe liefern. Die üppigen Salwälder
hat man für Eisenbahnschwellen und Stollenpfeiler abgeholzt.
Die Flüsse sind stellenweise vom Minenabraum rotbraun gefärbt.
Der Grundwasserspiegel ist infolge von Bergbau und Waldzerstörung
gefährlich abgesunken. Viele Dörfer leiden an Trinkwassermangel.
So mancher Acker ist unfruchtbar geworden. Die Ureinwohner,
einst die stolzen Hüter der Wälder, kämpfen heute in
Großstadtslums ums nackte Überleben.

Die alltägliche Erfahrung der Adivasi von Chota Nagpur bestärkt
sie in dem Gefühl, von den "Fremden" ausgebeutet und betrogen
zu werden. Während sie selbst in Elend und Alkoholismus
verfallen, häufen eingewanderte Geschäftsleute und Industriebosse
Reichtümer an. Die Kolonisierung ist total und zeigt ihre fatalen
Folgen auf unterschiedlichen Ebenen:

Schon während der Moghul-Herrschaft wurde die Zuwanderung fremder
Bauern und Handwerker gefördert. Die Einwanderung schwoll während
der Kolonialzeit und erst recht nach der Unabhängigkeit Indiens
1947 stark an. Mit Betrug und Gewalt rissen die Neusiedler das
beste Stammesland an sich.

Der Staat requirierte Wald- und Ackerland für Stauseen, Fabriken
und Bergwerke, meist ohne die Besitzer zu entschädigen. Heute
haben die Stammesvölker mehr als die Hälfte ihres Landes, die
fruchtbaren und rohstoffreichen Grundstücke, verloren. Während
zu Beginn dieses Jahrhunderts der Anteil der Adivasi an der
Gesamtbevölkerung noch bei über 90 Prozent lag, ermittelte die
Volkszählung von 1971 eine Stammesminderheit von nur noch 32
Prozent. Der Trend setzt sich bis heute fort.

Trotz einer Quotenreservierung von sind nur wenige
Stammesangehörige in den Behörden und Staatsbetrieben Chota
Nagpurs dauerhaft beschäftigt. Im Maschinenbauunternehmen "Heavy
Engineering Corporation"(HEC) beispielsweise, dem wichtigsten
Industriebetrieb in Ranchi, halten Stammesangehörige weniger

als 10 % aller Arbeitsplätze. In Dhanbad und anderen Orten werden
die Arbeitsvermittlungen und die Gewerkschaften von
Mafia-Syndikaten terrorisiert, die Arbeitsplätze auf Bezahlung
verschachern und ihr Monopol gewaltsam verteidigen.

Die massive Überfremdung und die beherrschende Stellung der
Einwanderer haben den Adivasi einen Minderwertigkeitskomplex
aufgezwungen, der sie in Alkoholismus und Resignation treibt.
"Fauler Arsch", "Tunichtgut", "Säufer", "Dieb" lauten die gängigen
Schimpfworte für Ureinwohner. Am härtesten sind jene Adivasi
getroffen, denen es durch Intelligenz und Ehrgeiz gelang, in
die Mittelklasse aufzusteigen, und die sich dort nicht akzeptiert
fühlen.

Politiker, Beamte und Unternehmer sind es gewohnt, ihre
wirtschaftlichen und politischen Interessen rücksichtslos
durchzusetzen — auch mit Gewalt. Den Adivasi dagegen fehlen
die Mittel, die geballte Macht des Geldes und der Korruption
abzuwehren. Nur wenige haben durch Schul- und Berufsausbildung
die Fähigkeit zum Erfolg im Arbeitsleben erwerben können, selten
entwickeln sie auch den Ehrgeiz für eine Karriere in Industrie
oder Verwaltung. In Jharkhand kollidieren also verschiedene
Weltanschauungen, gegensätzliche Traditionen. Der Konflikt
entzündet sich an Großprojekten, wie etwa dem Staudamm, der
mit Weltbank-Krediten über den Subarnarekha-Fluß gebaut wird.
Seit vielen Jahren kämpfen die von der Vertreibung bedrohten
Adivasi gegen dieses Projekt.

Schutzgesetze ohne Wirkung
Die Parlamente und Regierungen Indiens haben ein umfangreiches
Gesetzeswerk zum Schutz der Stammesbevöälkerung aufgebaut. Die
Umsetzung in die Praxis erweist sich jedoch als problematisch.
Seit 1935 genießen besonders unterentwickelte und mehrheitlich
von Adivasi bewohnte Gebiete, sogenannte "scheduled areas",
gewisse Privilegien. Den dortigen Behörden wird größere
Selbständigkeit gewährt, um eine den örtlichen Verhältnissen
angepaßte Verwaltung und Entwicklung zu ermöglichen.
Bundesgesetze sind hier nicht automatisch gültig. "Integrierte
Stammesentwicklungsprogramme" sollen die besonderen

Lebensverhältnisse und Bedürfnisse der Adivasi bei der
wirtschaftlichen Entwicklung berücksichtigen.

Die Verfassung der Indischen Union garantiert den amtlich
registrierten Stämmen ("scheduled tribes") und auch den
sogenannten Unberührbaren ("scheduled castes") die politische
Vertretung im Unterhaus des Nationalparlaments sowie in den
einzelnen Landesparlamenten. Über die Aufnahme einer Kaste oder
eines Stammes in das Register ("schedule") entscheiden der
Präsident oder die Parlamente. Bestimmte Wahlkreise, in denen
der Anteil einer der beiden Gruppen besonders hoch ist, müssen
von einem Vertreter dieser Volksgruppen im Parlament
repräsentiert werden. Eine ständige Regierungskommission, die
"Commission for Scheduled Castes and Scheduled Tribes"
begutachtet die Umsetzung der Schutzgesetze und
Entwicklungsprogramme und legt jährlich dem Präsidenten der
Union einen Bericht vor, der Empfehlungen für Verbesserungen
enthält. Den oben genannten Bevölkerungsgruppen stehen über
ein Quotensystem analog ihrem Bevölkerungsanteil Ausbildungs-
und Arbeitsplätze in staatlichen Schulen und Betrieben zu.
Angesichts der hohen Unterbeschäftigung und der knappen
Ausbildungskapazitäten in Indien sind sowohl die Höhe der Quoten,
als auch die Aufnahme in die Liste der Schutzbedürftigen heftig
umstritten.

Diejenigen Unionsstaaten, in denen Adivasi einen signifikanten
Bevölkerungsanteil ausmachen, haben "Ministerien für die
Wohlfahrt der Stämme" eingerichtet. Diese Behörden sind
ermächtigt, eigene Gesetzesvorlagen zu erarbeiten. Zahlreiche
Landesgesetze unterwerfen den Verkauf von Stammesland sowie
Kreditgeschäfte mit Adivasi strengen Auflagen, um die Ausbeutung
von Stammesangehörigen zu unterbinden.

Was aber nützen die besten Gesetze, wenn sie nicht greifen?
Feudalistische Machtstrukturen in der Weite des Landes und die
allgegenwärtige Korruption erschweren die Realisierung von
Schutzmaßnahmen. "Die meisten dieser Gesetze kann man getrost
als Papiertiger bezeichnen", meint Dr. M.P.Singh,
Assistenzprofessor für Verwaltungsrecht an der Universität Delhi.

"Oft ist ein Grundstück zwar auf den Namen eines
Stammesangehörigen registriert, die tatsächliche Kontrolle abe
übt ein Nicht-Adivasi aus, der in Zusammenarbeit mit korrupten
Beamten die Gesetze umgeht. Die Adivasi verlieren weiterhin
ihr Land. Den mit guter Absicht erlassenen Schutzgesetzen fehl
also die Durchschlagskraft!"

Andere Gesetze diskriminieren die Stammesvölker. Die Forstgese
verwehren ihnen die uneingeschränkte Nutzung der Wälder. Das
landesweite Verbot der privaten Alkoholherstellung entspricht
zwar wichtigen sozialen Bedürfnissen der Gesamtgesellschaft.
Im Falle der Adivasi aber, die alkoholische Getränke seit
Jahrtausenden kennen und in religiöse und gesellschaftliche
Rituale integriert haben, liefert es viele Menschen der Willkü
der Polizei aus. Die Bestimmungen zur Landaquisition für
Entwicklungsprogramme benachteiligen die Stammesvölker, indem
sie deren traditionelle Nutzungsrechte am Wald unberücksichtig
lassen.

Selbst die großzügigen Privilegien der politischen Vertretung
haben sich in der Praxis als weitgehend wirkungslos erwiesen.
Die Stammesvertreter in den Parlamenten werden über kurz oder
lang ihrer Herkunft entfremdet, wie Prof. A.K.Kisku, langjähri
Verteter des Santal-Stammes im Landesparlament von West-Bengal
eingesteht: "Die Abgeordneten werden schon bei der Kandidatenk
von den Parteien nach deren Interessen ausgesucht. Sobald sie
gewählt sind, unterliegen sie einer strengen Parteidisziplin.
Die Parteien haben eben ihre eigenen Interessen. Mir scheint,
daß wir Adivasi auch 40 Jahre nach der Unabhängigkeitserklärun
gar nichts erreicht haben. Wir haben unser Land und die Heimat
verloren, und was immer wir noch besitzen - Kultur und Sprache
- wird überrollt. Wenn das so weitergeht, sind wir bald
erledigt."

Adivasi fordern Selbstbestimmung

Die mehr als zehn Millionen Angehörigen der Munda, Santal, Ora
Ho, Gond und anderer Stammesvölker in Chota Nagpur wehren sich
gegen Ausbeutung, Landraub und Zerstörung ihrer Lebenswelt dur
Einwanderer und "fremde" Regierungen. Sie fordern einen eigene

Staat "Jharkhand" innerhalb der Indischen Union, der 16
zusammenhängende Verwaltungsbezirke in den Staaten Bihar, West-
Bengal, Orissa und Madhya Pradesh umfassen soll. Auf diese Weise
wollen die Ureinwohner ihr Schicksal in die eigenen Hände nehmen
und einen gerechten Anteil am Reichtum ihres Landes erstreiten.

"Die Jharkhand-Bewegung ist auch der Versuch, den Stammeskulturen
wieder Geltung zu verschaffen," erklärt Ghan Shyam, ein Aktiver.
"Wir pflegen besondere Beziehungen zur Natur und auch zur
Lohnarbeit. Im Kulturraum Jharkhand gelten Gleichheit, Gemeinsinn
und Geschlechterparität als Tugenden, ganz im Gegensatz zu vielen
anderen Regionen Indiens. In den vergangenen Jahrzehnten mußten
wir aber die bittere Erfahrung machen, daß von außen viele Kräfte
am Werk sind, die unsere Kultur zerstören wollen. Das können
wir doch nicht hinnehmen!"

Pfeil und Bogen sind die kämpferischen Symbole der Jharkhand-
Bewegung. Ihre Fahnen schmückt der heimische Sal-Baum, der eine
bedeutende Rolle in den Legenden der Region spielt, und dessen
Früchte, Samen und Blätter das Überleben von Mensch und Tier
sichern.

Die Jharkhand-Bewegung hat in ihrer 50-jährigen Geschichte viele
Wendungen genommen. Oft wurden die Führerpersonen vom politischen
Establishment kooptiert und mit Ministerposten belohnt. Aber
stets sammelte die Bewegung neue Kraft, angetrieben von der
fortschreitenden Verelendung der Stammeangehörigen. Die
ethnischen Unterschiede zwischen den vielen Völkern und die
Geltungssucht mancher ihrer Führer führten zu zahlreichen
Spaltungen.

Zu Beginn der 90er Jahre erlebte die Bewegung eine neue
Renaissance. Eine Mehrzahl der stark zersplitterten Gruppen
und Parteien schloß sich im "Jharkhand Coordination Committee"
zusammen. Sie organisierten 1992 und 1993 machtvolle, zum Teil
gewalttätige Proteste. Eisenbahnlinien und Straßen wurden von
bewaffneten Stammesangehörigen blockiert, um die "Ausfuhr" von
Rohstoffen zu behindern. Während zahlreicher Protestmärsche

Dann ergriff die Zentralregierung die Initiative und lud die
Führer der Jharkhand-Parteien zu Gesprächen in die Hauptstadt
New Delhi. Im September dieses Jahres wurde endlich ein
Übereinkunft erzielt: Mit Zustimmung der Landesregierung von
Bihar wird nun ein "Autonomer Entwicklungsrat" für die südlich
Distrikte von Bihar gebildet. Diese mehrheitlich mit Adivasi
besetzte "Parallelregierung" besitzt allerdings nur
eingeschränkte Befugnisse - keine Polizeivollmacht, kein Rech
keine Steuerhoheit. Ihre Arbeit wird zu mehr staatlicher
Unterstützung für die Adivasi der Region führen. Aber es steh
zu befürchten, daß von diesen Geldern in erster Linie die
Adivasi-Elite profitieren wird. An den Grundbedingungen für
das Überleben der Stammesvölker in Chota Nagpur kann der
Entwicklungsrat nicht rütteln.

DEVELOPMENT PROGRAMME IN AREAS OF INTEGRATION OF CRIMEAN TATARS AND ETHNIC MINORITIES IN CRIMEA

UNITED NATIONS
KIEV

NOVEMBER 1994

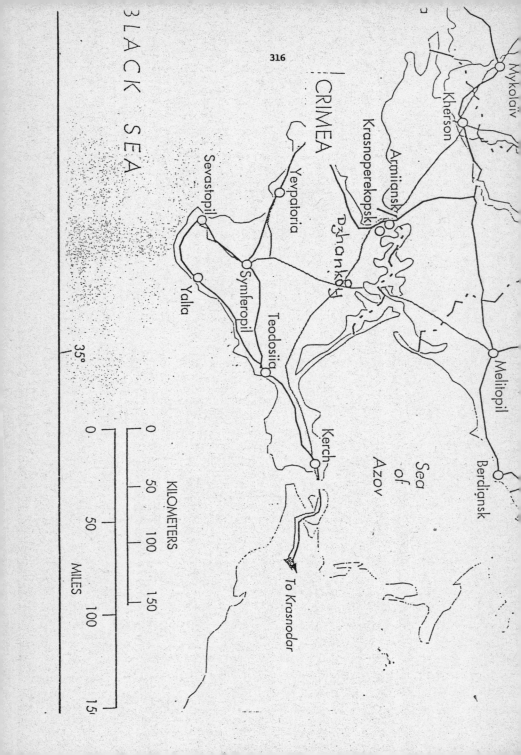

DEVELOPMENT PROGRAMME IN AREAS OF INTEGRATION
OF CRIMEAN TATARS AND ETHNIC MINORITIES IN CRIMEA

INTRODUCTION

This programme aims at contributing to the maintenance of peace and stability in Crimea through development and social integration in areas of present and potential concentration of returning Tatars and ethnic minorities. It is expected to benefit approximately 200.000 individuals, of which about half would be Crimean Tatars or members of ethnic minorities returning to Crimea.

Over 300,000 individuals were deported from Crimea in the 1940s. The vast majority of them were Crimean Tatars (over 180,000); 118,000 of them were deported to Uzbekistan, over 45,000 to various regions of the present Russian Federation, 5,500 to Kazakhstan and 4,500 to Tajikistan.

The return of Crimean Tatars as well as other nationalities to Crimea, is essentially as a "reversal" of these deportations. Internationally, these populations are not covered by the 1951 Geneva Convention on refugees, unless they fear persecution in the countries where they are presently living. These deportees do not appear to be presently victims of persecution, as understood by the Convention.

Of the approximately 240,000 Crimean Tatars and over 10,000 Armenians, Greeks, Germans and Bulgarians who have returned to Crimea since 1989, an estimated 120,000 have settled in Simferopol, Bakchisarai, Belogorsk, Yalta, Alushta and Dzhankoy. Social infrastructures have been put under considerable strain with this influx, which is expected to continue at least throughout 1995; these resettlements take place among communities already suffering from severe sub-employment.

From the Ukrainian perspective, the national Government in Kiev is ready to support these (re)settlements and has demonstrated this by allocating budgetary resources. By and large, the authorities in Crimea see these returns with some concern, as they bring an additionnal strain on the Peninsula's infrastructures and social services, and employment demand in an already depressed work market. While the Simferopol authorities have not foreseen any specific funds from their budget for these populations, they would welcome impartial international cooperation to help ease these tensions.

I.   ROLE OF THE UN SYSTEM

The United Nations, and UNDP in particular, could play an important facilitating role under th circumstances, and contribute to a solution in a potentially conflictive environment. This can be achieved carrying out in the areas of re-settlement basic social and economic development activities, which will ber Crimean Tatars, returning minority groups and local populations indiscriminately, in accordance with t needs.

This intervention would have the following characteristics:

A.-   It is based on the principle of the defence of Human Rights (rather than assistance to spe groups); human rights must be understood in all their dimensions, including economic (ac to employment) and social (access to basic services).

B.-   It channels resources directly to these areas, under decentralized management and transpa decision-making mechanisms.

C.-   It makes maximum use of local human and technical resources, using international perso only when dictated by managerial and technical requirements.

In summary the UN would provide a framework of impartiality as to the objective of the progra transparency and efficiency as to its management; and contribute to capacity building at the local level.

In addition, UNDP could facilitate access to technical backstopping from specialized organizatio the system, such as ILO and WHO, through Inter-Agency Letters of Agreement, when appropriate.

II.   GENERAL FEATURES OF THE PROGRAMME

While contributing to the improvement of living conditions through such means as better acce potable water, energy, schools, health centers, housing, the programme is not conceived as an infrastru project. It will focus on the mechanisms which can sustain these improvements and means of production.

-     Albeit designed from the outset as a development programme, this operation will be able respond to emergency needs, by chanelling humanitarian international cooperation to the most vulnerable populations.

-     As an intervention conceived for long-term integration and social stabilization, the progra aims at a time span of approximately five years.

-     One of the programme's basic strategies will be to stimulate employment and eco growth locally. For this purpose, it will encourage entrepreneurship by using and improving e

4

mechanisms for credit, technical assistance and marketing, or propose new ones whenever appropriate. This should be seen as a process; thus beneficiaries of credit schemes will gradually integrate into the economy, through revolving funds which can originally be subsidized, but progressively made consistent with the interest rates prevailing locally.

- All social and economic development activities will be carried out consistently with the overall development plan for Crimea. Proposals as to the activities themselves will be issued at rayon or municipality level by project management committees chaired by the Rayon Administrator or other suitable local authority, and in which government sectors, local associations and returnees' organizations will be represented.

- These mechanisms respect local authority and existing administrative structures; they facilitate understanding among the various parties involved, and the reintegration of returning populations. These decision-making schemes therefore are a means for all involved to realize the mutual benefits of the return and reintegration process, avoiding a rejection by populations settled in the area.

- The programme will avoid direct subsidies and promote instead beneficiaries' efforts towards their own development individually or collectively. For example, construction works will use local manpower, including beneficiaries themselves, through small contracts contributing to employment in the area.

III.   SCOPE OF THE PROGRAMME

It is proposed that the programme would initially concentrate its activities in three areas, surrounding the cities of Simferopol (including Bakchisarai and Belogorsk), Yalta (including Alushta), and Dzhankoy.

These areas have been tentatively selected in accordance with the following criteria:

- concentration of returned deported populations, and/or

- areas of particularly high risk of social conflicts between returnees and local populations, and/or

- particular shortage of social services (health, education, housing) linked to the returns, and/or

- high probability of future settlements.

IV. NATIONAL COUNTERPARTS AND UNDP MANAGEMENT STRUCTURES

This project is conceived as a support to the national effort for reintegration of deport populations. It will be placed in the framework of the ongoing development plan in Crimea.

At the central level, the Ministry for Nationalities and Migrations will be included in the tripart review process on behalf of the Ukrainian government. The Ministry plays a major role in Government-financed programme, both in financial procedure and in project implementation. It acquired an expertise and an authority to be used for this project.

At the local level, this project will be implemented as a support to the Crimean Committee Nationalities, which will be acting as the counterpart of the project management unit based in Simferop The Committee is responsible for nationalities issues in Crimea and is the key institution for the exist programme financed by the Ukrainian government. It has been entrusted with decision-making autho for project approval, sub-contracting and fund channeling. Placed under the Crimean Council Ministers, the Committee is working in direct contact with the Ukrainian government and primarily Ministry for Nationalities and Migration. In rayons and municipalities in Crimea, the Committee designated one representative in the local exe cutive councils (ispolkom). Through these representati the Committee will therefore be associated with the project implementation in each selected a Community representatives, such as the Crimean Tatar Mejlis, will also be fully involved in pro preparation and development through consultation and participation in meetings held by the pro implementation units in each selected area.

To ensure the project consistency with sector development plans in Crimea, it is foreseen th technical consultative task-force be created in Simferopol, which will consist of representatives of different technical Crimean institutions concerned, and will be placed under the coordination of Committee for Nationalities.

The programme would be managed through the following mechanisms:

A.- Project implementation units headed by an area coordinator, would be established in eac the selected areas/cities where the project would operate, whith delegated authority to pro and contract out works and services locally. The project would be managed essen through implementation mechanisms at Rayon (or municipality) level, as the appropriate to achieve impact at a reasonable management cost while preserving participatory mechani Disbursements and contracting against project resources will be made through UNDP project staff fielded in these areas..

B.- A programme coordination unit in Simferopol would carry out two basic functions:

- Overall supervision and management of the programme; (the programme coordi is the area coordinators' direct supervisor).

- Implementation of activities within the Simferopol area.

C.- A Steering Committee in which the national authorities, donors contributing to the programme, and UNDP would be represented. The Committee would meet at least once a year, to review progress and approve the following year workplan and budget.

V. FUNDING MECHANISMS

There are three potential sources of funding for UNDP support to the reintegration of Crimean Tatars and ethnic minorities in Crimea:

- Donor Governments,
- The Ukranian Government.
- Non-Governmental/private institutions

Specific instruments could be established by UNDP to channel these resources to the programme:

- A project in cost-sharing (the extension of the present preparatory assistance), to which, in addition to UNDP core funds for startup activities, donor governments and Ukrainian government would contribute.

- A Management Services Agreement with the government of Ukraine, if it wishes to use the project's implementation modalities for activities programmed by the government for the resettlement of deported populations in Crimea .

- A UNDP trust fund to which non-governmental organizations could contribute.

- Additionnally, special Management Service Agreements could be signed with donors Governments wishing to use OPS services for specific activities, particularly tied procurement of goods, in the framework of the programme.

All these resources would be managed by a single UNDP/OPS project implementation unit, based in Simferopol, which would issue separate financial and progress reports specific to each source of funds. UNDP/OPS would therefore be able to satisfy each contributor's reporting requirements, while preserving the necessary coherence in programming and maintaining project management very close to the areas of resettlement.

VI. INPUTS

As is fit for any genuinely participatory development programme, the description of inputs and the budgetary distribution among the various sectors is tentative. In such a project, resource programming and execution of activities cannot be conceived as two separate exercises in a rigid sequence, but indeed as part of a single process. Based on a first approximation of the required inputs, a consensus can be established between all parties involved (and particularly with donors) as to the type and amount of resources required. The detailed allocations for specific activities will then be decided locally under the mechanisms described above, which allow sufficient flexibility for the programme to respond to real demands (which are likely to evolve in time). OPS's managerial responsibility is to ensure that these mechanisms are respected, that all activities contribute to the stated objectives, that resources are used efficiently, and that appropriate reports are sent periodically to the local government in Simperofol, the Ukranian Government in Kiev and each of the Contributors, on the detailed use of these resources.

A) PERSONNEL

The project is managed with as few international staff as UN regulations will permit, given the programme's characteristics and the need for UNDP to delegate certain managerial and financial responsibilities to the Coordinators. Were other areas to be selected, an international expert would need to be posted in each of them, for the duration of the programme.

During the start-up phase, intensive support in terms of management and programme administration will be required. As the programme establishes itself in the second year, some of these functions would be gradually taken over by national staff or UN Volunteers.

Each implementation unit would include one manager (international area coordinator) and three administrative/secretarial staff, three general services staff, and six technical staff (one for the supervision of each component), all nationals. In addition, the programme coordination unit would have one UNV for documentation and reporting purposes, as well as one administrative assistant (FSL).

The U.N. personnel structure would therefore be as follows:

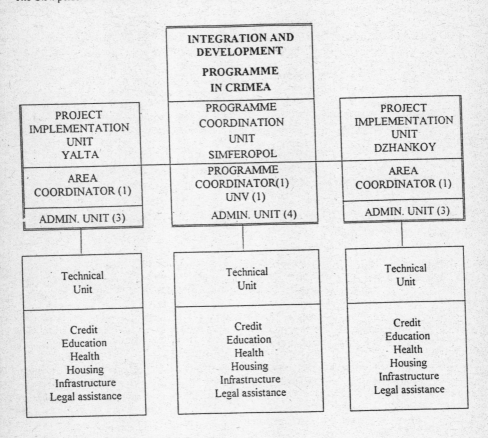

B)   SUB CONTRACTS

As mentioned above, most of the activities themselves would be executed through contract with local entities.   This is reflected in the budget, where almost 70% of resources have been earmarked for this purpose.   For classification purposes, these have been sub-divided in the following categories:

- Health: Activities will concentrate an primary health care and attention to basic needs, including MHC and the promotion of integrated local health systems. In this respect, technical assistance in the health sector could be implemented by the World Health Organization, which is executing the HEDIP programme (Health and Displaced Population) in various areas of the world; this accumulated experience could be of value to the programme.

- Education and Culture are key issues in the context of the return of Crimean Tatars and ethnic minorities to Crimea. The education component, while concentrating on primary schooling needs, will not focus exclusively on infrastructure building, but also address more qualitative aspects, such as language and curricula contents. Cultural activities will also be carried out as they can become a source of employment, and can also be instrumental in fostering mutual respect and understanding at grass roots level among the various groups living in the area.

- Housing: This item has been given particular prominence, given the critical situation in which Crimean Tatars and minorities groups find themselves upon return. As is the case for other items, however, these resources are not limited to housing programmes for returnees, but can also include small-scale activities for vulnerable groups present in the area prior to the recent returns. Activities include support to self-construction as well as contracts with local builders.

- Construction: Includes infrastructures of communal use, such as access roads, energy, water and drainage systems. Depending on their nature and scale these works can be contracted out to specialized state instructions or to private entities, ensuring an intensive use of local manpower.

- Technical assistance: Refers essentially to extension and counseling for agricultural activities as well as specialized advisory services in other sectors such as construction.

- Credit: a substantial proportion of resources have been earmarked under this generic title which can include community revolving funds, stimuli for individual or collective enterprises in agriculture or in other productive sectors, and/or guarantee funds to facilitate access to existing financing mechanisms by the target population. The programme should also be effective in stimulating entrepreneurship and productive associations. The creation of local economic development agencies (LEDAs) could be an appropriate mechanisms to foster this process. These schemes being geared towards the generation of employment, part of them (including some of the vocational training, foreseen in chapter 3 below) could be entrusted to the International Labour Organization (ILO). While real unemployment in the region is considered very serious, several sources put Crimean Tatars unemployment rate at 70%. Many family units are headed by women, as male heads of family have often stayed in their country of deportation pending liquidation of their assets. The importance of involving women in all decision-making, particularly in the productive sector, cannot be overstressed.

- The <u>documentation</u> component covers two main types of activities: one is the gathering of statistical data on the socio-economic, cultural and human rights situation in the selected areas, which will facilitate diagnosis and decision-making on the programme's activities, as well as helps measure the projects' progress towards achieving its objective; the second type of activities will consist in registering and documenting the evolution of the programme itself, so as to draw lessons from this experience and facilitate its duplication in other areas.

- Finally, the component labeled "<u>legal assistance</u>" covers a range of activities related to the general issue of civil rights, which includes advice on the legalization of associations and businesses with the appropriate authorities, facilitating the obtention of land titles and other permits ("propiska") necessary to engage in construction or production; and diffusion of basic human rights principles.

C) TRAINING:

Training is not conceived as programme component by itself, but as a tool for development and integration, which cuts across all sectors. The technical capacity for training required by the programme is available in the country, and to a large extent within the Peninsula. These resources are therefore dedicated to vocational and on-the-job training, seminars, and training courses within Ukraine. Basic accounting and micro-enterprise administration will constitute a significant proportion of the training programme.

D) EQUIPMENT:

Equipment and supplies will be procured locally to the maximum extent possible, i.e. as far as prices are reasonably competitive and indispensable items readily available. Exceptions would include vehicles and key office equipment which would be purchased internationally.

E) MISCELLANEOUS:

Adequate resources have been foreseen for the production of progress and technical reports, as well as miscellaneous expenses, particularly communications.

Autonomie von Ethien innerhalb von Staaten: Minderheitenrechte im nationalen und Völkerrecht

Ethnisch-kulturelle, sprachliche und religiöse Vielfalt nehmen wir in Berichten des Fernsehens und der Presse aus Afrika, Asien oder Lateinamerika zumeist mit großem Interesse zur Kenntnis. Dies sollte uns jedoch nicht übersehen lassen, daß auch Europa durch das Zusammenleben einer Vielzahl von Ethnien, Kulturen und Religionen bestimmt ist. Die ethnokulturelle Vielfalt Europas kommt im Vorhandensein von ca. 70 Sprachen mit den dazugehörigen Völkern bzw. Volksgruppen zum Ausdruck. Rund 650 Millionen Europäer, das sind etwa 87 Prozent, 33 bilden "nationale Mehrheiten", schätzungsweise 100 Millionen Europäer gehören über 200 nationale Minderheiten an. Gerade die Hälfte der 70 Sprachen der europäischen Völker besitzen den Status einer "Nationalsprache". Nur in wenigen Ländern (Belgien, Finnland, Schweiz) haben mehrere Sprachen diesen Status. Die meisten Minderheitensprachen, vor allem die kleiner Völker und von Volksgruppen, die in großer Entfernung von einem gleichsprachigen "Mutterstaat" liegen, können nur im privaten Lebensbereichen genutzt werden und haben nur geringen Zugang zu Medien, Schulen und in öffentliche Bereiche. Gleiches gilt für die traditionelle Kultur dieser Minderheiten.

Die Berücksichtigung der ethnischen Minderheiten im nationalen Recht in Europa ist außerordentlich differenziert und eine generelle Wertung kaum möglich, zumal in vielen Ländern, vor allem - aber nicht nur - in Osteuropa, auch noch eine Kluft zwischen kann festgestellt werden, daß die Sorben, Dänen und Friesen als nationale Minderheiten anerkannt sind und Schutz und Förderung genießen. Dies ist sowohl in den Landes-verfassungen Sachsens, Brandenburgs und Schleswig-Holsteins wie auch in weiteren Gesetzen und Verordnungen fixiert. In Sachsen nehmen beispielsweise neben der Landesverfassung 12 weitere Gesetze und Verordnungen im Bereich Bildung, Kultur, kommunale Verwaltung, Wahlrecht, Hochschulwesen, Wissenschaft und Verkehr direkten bezug zur sorbischen Problematik. Mit bedauern haben jedoch alle Minderheiten in Deutschland zur Kenntnis nehmen müssen, daß die Anerkennung der Minderheiten im Grundgesetz der Bundesrepublik nicht erreicht werden konnte. Ebenso ist auch die Tatsache, daß die deutschen Sinti und Roma als Volksgruppe nicht anerkann und geschützt sind, nicht zu akzeptieren.

Eine zunehmende Zahl von europäische Minderheiten und Volksgruppen - die größtenteils i Ost- und Südosteuropa ansässig sind - hat sich se 1990 der 1949 gegründeten Föderalistischen Unio Europäischer Volksgruppen (FUEV) angeschlos sen[1] bereits 1949 in Paris zeitgleich mit de Europarat gegründet und knüpft an d demokratischen Traditionen der Nationalitäte kongresse von 1925 bis 1938 an.

Schwerpunkte der Tätigkeit der Union sir einerseits die Sensibilisierung der Politik für d Minderheitenfragen um die Erhaltung d Eigenarten, Sprachen und Kulturen der Volk gruppen zu gewährleisten, andererseits setzt sic die FUEV für die Schaffung eines internation anerkannten Volksgruppenrechts ein. Es ist ja leid Tatsache, daß in der Regel die Mehrheitsvertret unter sich
Zu den wichtigsten Vorschlägen der FUEV in de Bestrebungen um ein europäisches Volksgru penrecht gehören Konventionsentwürfe die auf de Jahreskongreß 1992 in Cottbus angenommen ur 1994 in Gda_sk unter Berücksichtigung d Ergebnisse des Wiener Gipfeltreffens von Oktob 1993 ergänzt und den aktuellen Entwicklunge angepaßt wurde. Die Vorschläge der FUEV für e europäisches Volksgruppenrecht beruhen auf zw Säulen:

1. Die Gewährung von Grundrechten d Angehörigen von Volksgruppen im Rahmen ein Zusatzprotokolls zu Europäischen Mensche rechtskonvention.
2. Die Gewährung von Autonomierechten i Rahmen einer Sonderkonvention des Europarate (Dabei sind die in über60 Dokumenten derve schiedensten Art bereits durch die KSZE, de Europarat, die EU die UNO usw. dargebotene Erklärungen und Standpunkte berücksichtigt.)

Der Gipfel des Europarates von Wien im Oktob 1993 hat die Aufgabe gestellt, die Europäisc Menschenrechtskonvention um Minderheitenrech im Bereich der Kultur (Rahmenabkommen bzw Zusatzprotokoll) zu erweitern. Diese Entscheidu ist generell zu begrüßen, weil sie die individuell Menschenrechte in einem wesentlichen Bereich f die Angehörigen ethnischer Minderheiten präzisie

---

[1] Diese europäischen Dachorganisation der Mind heiten und Volksgruppen wurde bereits 1949 in Pa zeitgleich mit dem Europarat gegründet und knüpft die demokratischen Traditionen der Nationa tätenkongresse von 1925 bis 1938 an.

gehört doch die Kultur, darin eingeschlossen auch die Sprache, zu einem entscheidenden Faktor der spezifischen Identität von Minderheitenangehörigen. Aus der Sicht der ethnischen Gruppenschutzes nach wie vor für notwendig. Die Meinung, ausreichender Minderheitenschutz sei bereits auf individualrechtlicher Grundlage möglich, berücksichtigt nicht, daß das Ganze mehr ist, als die Summe seiner Teile und die Gewährleistung der Teile nicht unbedingt ausreicht, um auch das Ganze zu erhalten. Worum es aber geht, ist doch gerade, daß ein die spezifische Identität der Minderheitenangehörigen konstituierendes geistiges Substrat eines Volkes/ einer Volksgruppe geschützt werden sollte.

2. Das Verweigern der Gruppenrechte bedingt auch den zweiten Kritikpunkt an der bisherigen Entwicklung. Auch wenn man den Kulturbegriff sehr weit auslegt gewährt er nicht umfassend den besonderen Schutz, den Minderheiten brauchen, um bestehen zu können. Dies betrifft nachfolgende Grundrechte der Minderheitenangehörigen:

1. Recht auf Achtung, Schutz und Entwicklung ihrer Identität. Darin sind unter anderem einzuschließen das Recht auf Heimat, auf Bewahrung des angestammten Siedlungsgebietes, der Schutz vor Assimilation, Schutz vor Vertreibung.

2. Recht Gleichbehandlung und Chancengleichheit Über die formale Gleichbehandlung soll den Minderheitenangehörigen eine faktische Rechtsgleichheit und Chancengleichheit gewährt werden.

Besondere Ausgleichsrechte als Teil der anerkannten Menschenrechte sollen den Minderheitenangehörigen vor allem hinsichtlich
der Sprache,
des Schulwesens,
der Bildung eigener Organisationen,
des ungehinderten Kontaktes einschließlich grenzüberschreitende Zusammenarbeit,
der Medien und Information,
des Zugangs zum öffentlichen Dienst
und der politischen Vertretung die sich aus der Minderheitenlage objektiv ergebenden Nachteile kompensieren.

Die FUEV geht davon aus, daß die Gewährung von Volksgruppenschutz und damit die Sicherung der Existenz der nationalen Minderheiten in Europa nur gewährleistet werden kann, wenn dieser durch Selbstbestimmungsrechte der Volksgruppen untermauert ist, das heißt, den Volksgruppen und kleinen Völkern Autonomierechte gewährt werden. Diese Forderung erweckt möglicherweise den Anschein, daß Konflikte vorprogrammiert sind, denn

Gewährung von Autonomie ist irgendwie immer als Umverteilung von Macht auszulegen und scheint solche nationalen Schutzgüter wie "Sicherheit" und "territoriale Unversehrtheit" anzutasten. Autonomie wird so als Vorstufe der Sezession angesehen.

Unsere Auffassung dazu ist eine andere: Wir gehen davon aus, daß die Gewährung von Autonomie für nationale Minderheiten kein einseitiger Umverteilungsprozeß von Macht zugunsten einer Minderheit darstellt, sondern Machtstrukturen so regelt, daß Grundlagen für ethnische Konflikte - und damit Bestrebungen nach gewaltsamer Umverteilung von Macht - paralysiert werden. Wir verstehen Autonomie also nicht als Vorstufe sondern als Prophylaxe der Sezession. Insofern stellt Autonomie einerseits ein Maximum an Selbstbestimmung und andererseits ein Minimum an Fremdbestimmung dar und garantiert so am besten die Integrität des Staates. Nur die Verweigerung von Rechten der Volksgruppen, über ihre Angelegen kann extrem Selbstbestimmungsrechten auslösen. Im Parlamentarischen Forum der NATO wurde 1992 festgestellt: "... eine Autonomie welcher Form auch immer wird allgemein für alle Parteien die beste Möglichkeit sein, umso mehr, als die Forderung nach Unabhängigkeit oft aus der Unfähigkeit der Zentralmacht erwächst, sich mit dem Wunsch nach Autonomie zu gegebener Zeit auseinanderzusetzen."[2]

Die Vorschläge der FUEV hinsichtlich einer europäischen Sonderkonvention für Autonomierechte gehen davon aus, daß die Autonomie als Instrument des Volksgruppenschutzes die Aufgabe hat, die Angehörigen einer Volksgruppe vor Majorisierung durch Mehrheitsentscheidungen in solchen, ihre Lebensverhältnisse unmittelbar betreffenden Fragen wie Sprache, Unterrichtswesen, Kultur, öffentliche Medien, Gebietskörperschaften/ öffentlicher Dienst/Sozialwesen und regionale Wirtschaftsstruktur/Verkehr/Abbau natürlicher Reichtümer, zu schützen, ihre bürgerlichen und politischen Rechte und Grundfreiheiten zu sichern, ohne die territoriale Integrität des Staates zu verletzen. Dabei ist bei der Gewährung der Minderheitenrechte im einzelnen von den jeweiligen besonderen Ausgangsbedingungen der Volksgruppe auszugehen. So leben Volksgruppen sowohl in Siedlungsgebieten wo sie entweder die Mehrheit der Bevölkerung stellen oder einen erheblichen

---

2   Inoffizielle Übersetzung in Pan, Christoph: Volksgruppenschutz in Europa ohne Antastung der Staatsgrenzen. Manuskript beim Verfasser.

Anteil der Bevölkerung des Territoriums aufbringen als auch in Streulage mit der Mehrheitsbevölke verschiedene Formen der Autonomie, die auch noch variieren können.

Der klassischen Vorstellung von Autonomie entspricht die Gewährung von Territorialautonomie in solchen Gebieten, in denen die Minderheit eine regionale Mehrheit bildet. Dies ist beispielsweise für die Deutschsprachige Gemeinschaft in Belgien, die Südtiroler Volksgruppe in Italien und die Basken in Spanien der Fall. In diesen Minderheitenregionen ist in den letzten Jahren bzw. Jahrzehnten ein umfassendes System der Autonomie eingerichtet worden und es bewährt sich, wie sowohl von staatlicher Seite wie auch von den Minderheiten selbst eingeschätzt wird.

Eine andere Form der Autonomie stellt die Kulturautonomie dar. Sie ist für Volksgruppen vorgeschlagen, die in ihrem Siedlungsgebiet nicht die Bevölkerungsmehrheit bilden bzw. aus anderen Gründen eine Territorialautonomie nicht für zweckmäßig erachten. Die Kulturautonomie soll von demokratisch gewählten Organen der betreffenden Volksgruppe wahrgenommen werden. Die Wirkungsfelder der Kulturautonomie können sein:
Kultur
Unterrichtswesen
Medien
gegebenenfalls ein Mitspracherecht bei zweiter Staatsbürgerschaft sonstige, im spezifischen Interesse der Volksgruppen liegende Sachbereiche, einschl. Institutionen, eigene Symbole usw. Elemente der Kulturautonomie weisen zahlreiche Minderheiten in die Sorben, Dänen und Friesen. Das Mitspracherecht ist - zumindest aus der Sicht der Sorben jedoch durch ökonomische Sachlagen und der bisher fehlenden rechtlichen Selbständigkeit der Stiftung für das sorbische Volk, in der Realität begrenzt.

Für solche ethnischen Minderheiten, die in Streulagen leben und die Voraussetzungen einer Territorial- oder Kulturautonomie nicht erfüllen, schlägt die FUEV ein Recht auf lokale Autonomie in den jeweiligen Verwaltungseinheiten vor, in welchem diese Minderheit eine lokale Bevölkerungsmehrheit bildet. In solchen Verwaltungseinheiten wären dann minderheitenspezifische Interessen wie Zweisprachigkeit im Rahmen der örtlichen Verwaltungen, Verwendung von Namen und Symbolen, Bewahrung von Traditionen und Brauchtum usw. zu gewährleisten. Darüber hinaus soll den Minderheitenangehörigen das Recht zustehen, Einrichtungen - z.B. im

Schulwesen, Medien, Kulturpflege - zu unterhalte Für diese Form der Autonomie liegen derzeit kau praktische Beispiele vor. Jedoch finden sich v allem im ungarischen Nationalitätenrech interessante Ansätze. So ermöglicht das ungarisch Wahlsystem die Bildung von Selbstve waltungsgremien der Minderheiten bei erleichterte Nominierungsvoraussetzungen.

Ich möchte abschließend nochmals unterstreiche daß die hier vorgestellten Vorschläge der FUEV a den sehr vielfältigen Erfahrungen der Minderheite beruhen und zumeist ihre Basis in berei praktizierten nationalen Rechtsvorschriften bzw von europäischen Gremien gemachten Vorschläge beruhen. Insofern geht weiterzuvermitteln un Bedenken hinsichtlich der Gestaltung vo Minderheitenrechten abzubauen. Als unabdingba Erfordernisse hierbei sehen wir:

Das auf der Grundlage genereller demokratisch Rechtsverhältnisse die autorisierten Vertreter d Minderheiten bei der Gestaltung d Minderheitenrechts mitwirken können. Rechte d Mehrheitsbevölkerung sollen nicht beeinträchtige werden, das friedliche von Achtung und Toleran geprägte gedeihliche Zusammenleben d Bevölkerung ist zu fördern.
Die erforderlichen finanziellen Grundlagen sin erforderlichenfalls durch Finanzausgleich, z sichern.

Ludwig Elle

COUNCIL OF EUROPE **CONSEIL DE L'EUROPE**

PARLIAMENTARY ASSEMBLY

Presseerklärung des Europarates Europäisches Rahmenübereinkommen zum Schutz nationaler Minderheiten unterzeichnet

21 Staaten unterzeichneten am 1. Februar 1995 im Straßburger Europarat das Europäische Rahmenübereinkommen zum Schutz nationaler Minderheiten.

Das Rahmenübereinkommen des Europarates ist das erste umfassende völkerrechtsverbindliche Rechtsinstrument in Europa, das Prinzipien zum Schutz nationaler Minderheiten festlegt, in ihm verpflichten sich die Unterzeichnerstaaten, die Bedingungen zu schaffen und zu fördern, die es Angehörigen nationaler Minderheiten erlauben, ihre kulturellen Eigenheiten und wesentlichen Bestandteile ihrer Identität – Religion, Sprache, Tradition, Bräuche – zu bewahren. Die Kernbestimmungen sehen u.a. den Grundsatz der Gleichheit und der Nichtdiskriminierung und den Respekt von Grundfreiheiten nationaler Minderheiten wie bspw. das Recht auf freie Meinungsäußerung und die Versammlungsfreiheit vor. Dazu zählt u.a. auch das Recht, die Minderheitensprache öffentlich und, unter bestimmten Voraussetzungen, auch im Umgang mit Behörden zu gebrauchen. Das Ministerkomitee, unterstützt von einem beratenden Ausschuß, überwacht die Durchführung des Rahmenübereinkommens.

In Vorbereitung ist darüber hinaus ein Zusatzprotokoll, das die Europäische Menschenrechtskonvention im kulturellen Bereich durch Bestimmungen ergänzt, die individuelle Rechte, besonders für Angehörige nationaler Minderheiten, gewährleisten.

Zu den Unterzeichnerstaaten des Europäischen Rahmenübereinkommens zum Schutz nationaler Minderheiten gehören bislang: Dänemark, Finnland, Großbritannien, Irland, Island, Italien, Liechtenstein, Litauen, Niederlande, Norwegen, Österreich, Polen, Portugal, Rumänien, Schweden, Schweiz, Slowenien, Slowakei, Spanien, Ungarn und Zypern. Estland unterzeichnete das Rahmenübereinkommen am 2. Februar 1995.

Ethnic Conflicts Research Project

ECOR
Dr. Christian P. Scherrer
Brachterhof 38
NL-5932 XM Tegelen
Netherlands
Tel / Fax 0031 77 740 290

Tätigkeitsbereiche der ECOR

ECOR wurde 1988/89 im wesentlichen für vergleichende Konfliktursachenforschung konzipiert. Die ECOR-*outlines* beinhalten jedoch heute auch Tätigkeiten, die darüber hinausgehen:

1. das Erstellen einer Übersicht zum globalen Phänomen des Ethno-Nationalismus,
2. Schritte zur Analyse der Ursachen und Strukturmerkmale ethnischer Konflikte,
3. Evaluieren von Elementen der Konfliktvermeidung (Prophylaxis) und -bearbeitung
4. kontinuierliche Feldforschungen zu neuralgischen Konfliktregionen in der Dritten Welt.

Regionale Fallstudien

Das ECOR-Projekt wurde vom Seminar für Ethnologie der Universität Zürich finanziert, v.a. was die drei regionalen Fallstudien betrifft:

- Zentralamerika: v.a. Nicaragua, Panama
- Horn von Afrika: Äthiopien/Eritrea, Sudan
- Südostasien: Burma, Nordostindien, Yunnan/China.

Inzwischen verfügt ECOR über umfangreiches Material (v.a. Interviewtranskriptionen) und entwickelt eigene Forschungsansätze. ECOR arbeitet an der Optimierung der angewandten empirisch-praktischen Methoden.

Praktische Betätigung zur Konfliktvermeidung und -bearbeitung

In der Praxis ist ECOR im weiten Feld von Konfliktvermeidung und Konfliktbearbeitung im wesentlichen in den folgenden Bereichen aktiv:

- Forschung zu staatlichen Nationalitätenpolitiken, Minderheitenrechten, Menschenrechtsregimen und bereits realisierten Formen von *Self-Governance* (mit Univ. Amsterdam)

- informelle Politikberatung nicht-staatlicher Akteure (z.B. in sog. Friedensgesprächen) als ad-hoc *Consulting*, anfänglich instrumentell im Rahmen vertrauensbildender Maßnahmen,

- Beobachtung der Sessionen der UN-WGIP (UNO Arbeitsgruppe für indigene Völker) und seit 1989 aktive Teilnahme am *Standard-Setting*,

- Beobachtung der Tätigkeit der Subkommission zur Prävention von Diskriminierung und zum Schutz von Minderheiten der UNO-Menschenrechtskommission,

- Hilfestellung und *Consulting* für indigene Organisationen im Rahmen von UNO-Konferenzen,

- Dokumentation von Menschenrechtsverletzungen im Konflikt von Staaten und Nationen.

- Initiativen im Bereich interethnischer Mediation in enger Zusammenarbeit mit den Organisationen bedrohter Völker vor Ort und auch im Verbund mit internationalen NGOs (z.Z. mit UNPO in Den Haag).

Informationsblatt (Forts.)

Qualifizierungsmaßnahmen im Rahmen der genannten Tätigkeitsbereiche von Konfliktvermeidung und -bearbeitung beschränken sich auf die ECOR-Mitarbeiter und Angehörige indigener Organisationen. Von Vermittlungsversuchen nicht-staatlicher Akteure, z.B. aufgenommen durch Menschenrechtsgruppen, religiöse Gruppen, Friedensbewegungen, private Denkfabriken, etc., halb-staatliche oder öffentlich-rechtliche Institute eingeschlossen, könnten in Zukunft wichtige Impulse ausgehen.

Angewandte Methoden

Zu den angewandten Methoden besagen die ECOR *out-lines*:

"We understand our work as a form of action anthropology. ECOR has some co-operation with the UN-Working Group for Indigenous Peoples in Geneva. Field studies in the areas mentioned are only possible on the base of mutual confidence and long-standing personal contacts with the respective nationalist movements. Traditional methods (interviews and participating observation) are also used."

Publikationen

Scherrer, Christian P. / Ethnic Conflicts Research Project (ECOR):

1994a Ethno-Nationalismus als globales Phänomen. INEF-Report 6. Duisburg (Univ. Duisburg) 3/94
..1994b Ethnische Strukturierung und politische Mobilisierung in Äthiopien. In. Müller, H.-P. (Koord.): Ethnische Dynamik in der außereuropäischen Welt. Zürich (Argonaut-Verlag) 5/94, 133-205.
1994c Ethno-Nationalismus als Interventionsfall? In: Bächler, Günther (Ed.): Beitreten oder Trittbrettfahren? Die Zukunft der Neutralität in Europa. Chur / Zürich (Rüegger), 149-164
1994d Regional Autonomy in Eastern Nicaragua (1990 - 1994). Four years of self-government experience in Yapti Tasba. In: Assies, Willem/Hoekema, André (Eds.): Experiences with systems of self-government by indigenous peoples. Copenhagen (IWGIA), i.V. (10/94)
1994e Burma: Negotiations between SLORC and rebels. Compiler of interviews. Tegelen (ECOR)
1994f Ethnicity and State in North-Eastern India. The struggle for a free Naga nation. Tegelen (ECOR), i.V.
1993a Recognizing multiplicity: Conflict resolution in Eastern Nicaragua. In: Calließ, Jörg / Merkel, Ch.: Peaceful settlement of conflict - A task for civil society. Loccumer Protokolle 7/93. Loccum, 209-280
1993b Der Dritte Weltkrieg. In: "der überblick" no. 3, Hamburg 9/93. 29-33
1993c A model process for indigenous peoples. Interview with Howard R. Berman. Amsterdam (draft)
1993d Eastern Nicaragua. Compiler of interviews no. 2. Tegelen (ECOR, beschr. Aufl.)
1993e Ethnizität und Identität: Der Ethno-Nationalismus. In: Loccumer Protokolle, i.V.
1992 Ethnicity and state in Ethiopia. Compiler of interviews 3/91-4/92. Zürich (Univ./SfE, unveröff.)
1991a Dialektik zwischen Orient und Okzident. Thesen von J. Galtung. In: Dritte Welt 4, Marburg. 10-12
1991b Selbstbestimmung für indigene Nationalitäten. In: Widerspruch 22. Zürich 12/91. 41-50
1991c Ethnicity and state in Burma. Compiler of interviews. Zürich (Univ./SfE, beschr. Aufl.)
1989 Nicaragua's East coast minority peoples. Compiler of interviews. Zürich (Univ./SfE, beschr. Aufl.)
1988 Ethnizität und Staat in der Dritten Welt. Projektbericht. Zürich (Univ./KFWN)

Reports werden jeweils in Abständen von zwei bis drei Jahren durch *Follow-up* Studien vor Ort aktualisiert.

Citizenship on Trial: The Future of Societal Integration

Beth Ginsburg
Churches' Commission for Migrants In Europe
November 1994

Europe is not homogeneous; its societies are culturally, ethnically and racially diverse. At present, the tendency towards disintegration can be witnessed not only by the collapse of societies in Europe in some extreme cases, but also by heightened tension of community relations within many "stable" European societies. The position of relative newcomers is especially precarious and new minorities suffer from cultural, legal, political and social exclusion, or what we call "societal" exclusion.

In order to address this societal exclusion of new minorities in Europe, the promotion of *societal integration* (defined here as a mutual and reciprocal coming together of members of society on the cultural, political, economic and social levels) is necessary. National governments have introduced various policy measures in order to remedy societal exclusion. Traditionally, there has existed the belief that these problems could be addressed at a national level, according to the national logic towards integration. However, despite national government agendas, societal exclusion and discrimination continue to plaque European societies.

In order to identify positive strategies to promote societal integration, there has been some level of recognition by the national governments of a need to place dilemmas in a wider context. National government officials have participated in a number of discussions at the national and international levels. Hence, discussions are taking place on the national and international levels in the Council of Europe, the European Union and its Member-States, Australia, Canada and the United States on the protection of immigrants and new minorities.

Prior to making recommendations, it is imperative to identify and understand the logics behind the so-called national approaches to societal integration and to be informed as to how these approaches are implemented on a national level, so as to provide a framework for cooperation on an international level. To this end, a multi-stage consultation process has been initiated by the Churches' Commission for Migrants in Europe in September 1994, with partial funding from the European Commission. The brief comments I will make today are based on the research we have been conducting in the past six months with reference to this project.

If anyone wishes to discuss the political usage of this terminology, for example the differences between for instance the terms multicultural and intercultural or integration and assimilation, I propose that we leave this related, although somewhat tangential topic, for the discussion period.

Please bear in mind that these preliminary observations are part of an ongoing project. I hope that this summary will stimulate thinking and help provide a framework for subsequent discussion of the broader issues of minority rights and human rights.

In this paper, I wish to elaborate upon three points:

- **1. two dominant approaches to societal integration can be defined as the ethnic minority approach and the individual citizens' rights approach.**

- **2. policies addressing political and social citizenship may indicate a given national government's approach to societal integration.**

- **and 3. despite the national philosophies, questions are being raised at a policy-level which may challenge the premises of these national approaches.**

Beginning with my first point, there appear to be at least two dominant approaches towards integration upon which policies are based: the group approach and the individual citizen approach. The first approach emphasises that within multi-ethnic societies there are ethnic peoples, who share common identities and interests: ethnic minorities. Policies are designed to integrate ethnic minorities into European societies on the basis of the particular assets of minorities and/or problems with which they have to cope. The second approach is based on the rights of the individual citizen. Integration policies are founded on the principle of equality before law: all citizens irrespective of their race, colour, ethnic or national origin are entitled to the social and political rights.

Perhaps one of the clearest tangible demonstrations of the existence of these various national logics and their affect on policy the concept of citizenship and citizenship legislation.

Citizenship is commonly discussed as a legal or political concept. The first issue regarding citizenship which often springs to mind is eligibility. In this context, citizenship legislation is characterized as either restrictive or permissive. The issue of eligibility focus on two types of legislation within multicultural democracies: citizenship is premised on the principle of ius solis (citizenship by territory) principle and/or it is based on the principle of ius sanguinis (citizenship by blood). According to the principle of ius solis, those who are born within a given territorial boundary are automatically able to acquire the citizenship of that territory. The principle of ius solis ranges in its level of permissiveness. For example, the U.S. American case is an extreme example of the ius solis principle - or citizenship based on birthplace. Children born on U.S. territory (including within U.S. airspace) are granted automatic US citizenship. In contrast, the principle of ius sanguinas grants automatic citizenship only to those who have territorial ancestry.

Another discussion concerning citizenship hinges on the social rights of citizens.

Within some multi-cultural democracies, citizenship may extend beyond the privileges/responsibilities of political participation. It has begun, in modern liberal democratic welfare states, to represent a more comprehensive parcel of privileges. Citizenship sets a standard for social inclusion. In addition to legal and political roles, it is also a social value, informing society as to which pieces of the pie are to be given and to whom. Special privileges may extend beyond and above the guarantees of equality, favouring one group above another in order to create what has come to be known as a "level playing-field."

At a national level, tradition often informs the philosophy of the political and social rights attached to citizenship. National approaches towards citizenship follow distinct historical traditions. The examples of the national government policies' of France, Britain, the U.S. and Germany to illustrate the different roles assigned to citizenship in multi-cultural democracies.

French policy-makers, in their approach to integration, tend to focus on policies which aim to achieve equal legal, political and social rights for citizens, irrespective of ethnicity, race or religion. In contrast, Britain and the United States promote societal integration policies which provide a number of special programmes targeting disadvantaged "ethnic minority" groups.

By adopting the French way of life, and by abiding by French law which is based on human rights, any citizen is guaranteed the political and socio-economic rights.
This republican state views citizenship as an essential part of forming and of maintaining social solidarity and cohesion. All French citizens, regardless of their race, ethnicity or religion are entitled to the same rights and opportunities. Hence, once French citizenship is obtained, immigrants are to be considered French and are entitled to the social rights guaranteed to all French citizens. According to the French approach, possession of legal and political citizenship should guarantee social membership.

As one would expect, in accordance with the French republican notion of citizenship, naturalisation is an important act which expresses loyalty to the French State and its society. Legal citizenship is based on the ius solis principle, however, young people of second generation immigrants must now, according to the new nationality act, choose French citizenship over that of their country of origin before the age of majority. The naturalisation process is seen to underline this consent between the individual and the community. The act of becoming naturalised indicates the boundary between foreigners and citizens, and is constitutive of the polity. Once they establish citizenship, all people may partake in the benefits of citizenship and become a member of French society. In accordance with the social solidarity created and maintained through French citizenship, categorizing of citizens as belonging to specific "ethnic minorities" would be considered a derogatory and divisive act. Therefore, the term "ethnic minority" is not accepted within French language on integration.

However, the road is not always been smooth for French policy-makers who must put the republican model into practice. In the early 1980s, discontent with this approach was voiced by "second generation" beurs. The beurs and proponents on the Left opposed the rise in support for the Front National, the high number of unemployed beurs during the economic recession and the increase in racially-motivated attacks. In response, Mitterrand proclaimed a strategy of "le droit a la difference" (the right to be different). With the back-lash from the far-right, which highjacked the concept of ethnic minorities, a reenforcement of republican model of integration took place in the mid 1980s. Nevertheless, many of the policies now targeted at <u>socio-economically disadvantaged areas</u>, tend to target what the British and American policy-makers might call "ethnic minority groups".

Notwithstanding, the French continue to be highly critical of the British model. French experts characterise the British model societal integration as an adaptation of the U.S. model. It is thought to favour minority groups by forwarding policies of positive discrimination which deliberately encourage the assertion of separate identities. This, in turn, has resulted in ghettoisation and levels of racism in Britain which are not thought to exist to the same degree (if at all) in France.

However, the British approach to societal integration does in fact have its own historical and philosophical premises. Britain's colonial and monastic history has brought about a different relationship between states and individuals; Individuals are subjects of a territorial sovereign. Those people born within a given territory must be seen as subjects. According to the historical experience of the British Empire, the Empire created subjects, not citizens. These subjects are composed of diverse groups (especially from the New Commonwealth). Acknowledgement of territorial sovereignty is more important than social allegiance to a British community. Multiple group allegiances, according to this approach can thus be tolerated.

In Britain, the notion of citizenship was only introduced in the past thirty years, is based on the ius solis principle, and is a more territorially rooted concept of citizenship than the French notion. This creates a more relaxed official attitude towards legal and political and rights of non-citizens. Thus, legal, political and social rights are attached to the obtaining of citizenship do not hold the same weight as in the French model. Britain grants voting rights to many non-citizens from Ireland and members of the Commonwealth. Anita Pollock, a British Member of the European Parliament, actually has Australian citizenship.

From the time of the first Race Relations Act of 1965, a recognition of plurality within British society has emerged. The logic is as follows: there exists groups, including immigrant groups, who share common identities and interests. It is acceptable to acknowledge and to even encourage cultural diversity among British citizens. In addition, the best way, according to this model, to promote harmonious societal relations is to identify those groups, composed of "ethnic minority" citizens, which need special assistance. "Multicultural education" has been established and a policy of positive action has also been implemented.

However, it must be said that the ethnic minority approach to citizenship in Britain, when transferred to the policy realm, often results in "policy adhocracy." Responsibility for programmes to promote positive action and multicultural education are often placed on the shoulders of local councils. However, funding which had been allotted to provide for these local programmes designed to address the needs of ethnic minorities, has been massively cut in recent years.

In addition, the foundations of the ethnic minority approach to societal integration has recently come under attack (mostly from the Right). Theoretically, some members of the New Right of the Tory Party have required "truly integrated" new ethnic minorities to pass the "cricket test" in order to prove their allegiance to Britain. This test, designed to have new ethnic minorities support the British team above that of their country of origin, is especially symbolic as it refers to the game of cricket. This game is most commonly played between Britain and a member of the New Commonwealth from which most of these new ethnic minorities have emigrated.

Despite the basic individualist philosophy enshrined in the U.S. Constitution, the United States has also adopted, certain policies which privilege disadvantaged ethnic minority groups. The need for group entitlements is often explained by the violation of the American Creed as part of its checkered past of slavery and persecution of the Native American population. In addition, it is argued, political and socio-economic exclusion continues against certain ethnic and racial minorities. Special opportunities are the only way to promote equality.

In the US, one would expect to find policies advocating an ethnic minority approach to societal integration. The Voting Act, for example, enables ethnic minority representatives to represent districts where a large ethnic minority community exists. In addition, federal policies (created through executive order) such as affirmative action programmes require employers who hold public contracts above a certain amount, to choose qualified minorities above the candidate who is a member of the traditional majority, i.e. the white male.

However, affirmative action policies are now coming under attack (especially from the New Right). Academics have begun to speak of a "disuniting of America" and policy institutes are being formed which hold as their mandate the creation of "a new American Community." There exists, among a certain part of the population, a belief that American society is disintegrating into exclusive, self-interested groups. From the Right and the Left, accusations have been lodged against those groups in America who, it is believed, do not wish to participate in the "American way of life."

Some policy experts claim that because affirmative action policies have been expanded to include many ethnic minority groups, the original goals of these policies are no longer being met; those groups for which these policies were designed are no longer being targeted. Hence, the number of groups benefitting from affirmative action policies must be limited to those peoples who have suffered historical discrimination. Alternatively, other experts argue that affirmative action policies should be revamped to reflect the needs of all socio-economically disadvantaged peoples. According to this proposal, socio-economic discrimination would be the criterion for affirmative action policies, rather than racial or ethnic discrimination. Targeting the socio-economically disadvantaged areas resembles the arguments of French policy-makers regarding the Republican approach.

With reference to legal citizenship, the loose interpretation which has characterised the United States' ius solis citizenship law has recently come under fire. A Bill was recently proposed by Senator Simpson, which initially called for limiting the ius solis principle in order to stop illegal immigrants from attempting to enter the United States to give birth to their children on US soil (this part of the Bill was later dropped).

In our third country-case, the German case, policy experts and government officials can be divided into schools: a " guest workers/foreigners" approach, a "no-multiculturalism" approach, and a "ethnic minorities" approach. According to the guest worker/foreigners school, the German nation must uphold and defend the ius sanguinas citizenship law. Germany is defined, by this school, as a nation which is comprised only of those who can claim German paternal ancestry. The use of the word "foreigner" or " guest worker" remains part of the language of many officials and policy experts. So-called "guest-workers" are not accepted as ethnic minorities; the only two historical ethnic minorities to be considered as such are the Sorbs and the Danish minorities. The mantra of this approach is immigrants do not exist. Foreigners are disposable; they can be sent back, or at least are kept at a distance from the rest of German society. This holds true as long as they are neither considered German nor an member of an ethnic minority.

Critics of multiculturalism point out the boundaries of this approach to integration. This school includes those who prefer the individual citizens approach because they see group approach as forcing people to take on static identity and creating a conception of an "ethnic minority" group which does not change in the minds of the majority population. The third approach supports the use of the term "ethnic minority" to replace "foreigner" and promotes socio-economic programmes for ethnic minorities. The argument of this school is that it is necessary to grant supplemental socio-economic programmes specifically targeting ethnic minorities to ensure the opportunity to integrate.

In the policy realm, due to assaults on foreigners of the last 3-4 years which were highly publicised (especially in the international press), dual nationality was proposed as an amendment to the Constitution; this proposal was voted down during the last legislative period. It is in these legal and political realms of citizenship where the debate looms large. Historically, the Government took the view that people who came to Germany in the 1960s and early 1970s remained by accident; it is still a commonly held belief that foreigners do not wish to stay permanently. The debate over dual citizenship and legislative acknowledgement ethnic minorities illustrate this point. The Right is blocked on this issue. A number of politicians fear not only fear that the German nation and German culture will decrease in importance, but more immediately fears that it will be face political defeat if the franchise is offered to so-called "foreigners."

The possibility of allowing dual citizenship is being discussed within German politics, whereas in France (which recently changed its citizenship law to require second generation immigrants to choose French citizenship only), in Britain and in the United States, the possibility of establishing dual citizenship does not appear on the political agenda - it is a non-issue. Thus, although some experts argue that Germany is at a "less advanced" stage in the process of societal integration, especially in terms of citizenship legislation, others would argue that on the socio-economic front , German policy-makers are pursuing advance programmes to integrate their minority population. Vocational training programmes are viewed by many experts as comparatively advanced. Moreover, due to the debate concerning political citizenship which is seen to hinder the integration process by many German policy-makers, a more liberal stand towards citizenship sits firmly on their agenda. In sharp contrast, in other countries which may some argue are at a "more advanced stage" such as Britain, France and the United States, a liberalisation of citizenship laws is off the agenda; in fact, one could argue that exactly the opposite policies are being pursued in each of these cases, as citizenship laws are becoming not less, but more restrictive. of the laws.

I will leave you with two unsatisfactory scenarios which may be the future if either an individual citizen or ethnic minority approach to societal integration is puritanically observed. The first approach produces the following scenario: governments choose to define individuals as citizens of the state, and do not recognise special programmes targeted at specific ethnic minority groups; once citizenship is granted, continuing forms of racist, ethnic and cultural discrimination and social exclusion is not acknowledged and discrimination is ignored.

On the other hand, national governments' which tend to promote individuals as members of ethnic minority groups first and foremost; society becomes fragmented as each group grabs for its share of entitlements; dual identities are no longer valued, as the common identity is no longer desired. Claims to external membership replace the social value of citizenship.

Andacht am 27.11.1994 über Lk. 1, 46-53 (-56)

Ein Adventstext in der christlichen Kirche. Maria, eine jüdische Frau, die schwanger ist mit ihrem ersten Kind, Jesus, besucht Elisabeth, ebenfalls schwanger. Elisabeth empfindet bei dieser Begegnung etwas Wunderbares: sie hat die Empfindung, als würde das Kind, das sie in sich trägt, jauchzen bei der Begegnung mit der Anderen und deren Kind.
Nachdem sie dies von Elisabeth gehört hat, stimmt Maria ihren Lobgesang an, nicht auf das Kind, das das ihre ist, sondern auf Gott und seine sich unter den Menschen ausbreitende Liebe und Gerechtigkeit, denn nach der Erzählung des Neuen Testamentes war ihr geweissagt worden, daß dieses Kind der Messias, der Retter der Welt sein würde. Und an dieser Rettung fühlt sie sich beteiligt und die Hoffnung auf diese Rettung empfindet sie im wahrsten Sinne des Wortes leibhaft.
Vier Hauptgedanken entwickelt Maria hier singend:
*Ihre Seele und ihr Geist freuen sich und preisen Gott, der sie aus der Marginalisierung befreit und ins rechte Licht gerückt hat.
*Sie ist der guten Hoffnung, daß durch die Geburt ihres Kindes letztlich auch Friede und Gerechtigkeit für ihre Kindeskinder, für die folgenden Generationen, für die Zukunft zu erwarten sind.
*Gottes Barmherzigkeit, Gottes Bund mit den Menschen wird immer gegenwärtig sein außer durch die menschliche Abkehr von seinem Angebot.
*Die Selbstbezogenen und Hoffärtigen ebenso wie die Gewaltigen wird er in ihre Schranken weisen und Partei ergreifen für die in Not und Unrecht. Und er wird einen Ausgleich schaffen zwischen denen, die Hunger haben, und denen, die im Überfluß leben.

*Diese vier Gedanken entwickelt Maria nicht in einem theoretischen Diskurs, sie strömen ihr aus dem Herzen und dem Geist als Lobgesang.

Ich denke, es könne sich lohnen, sowohl dem zuletzt angesprochenen Gedanken als auch den vier von Maria besungenen Themen einmal nachzudenken am ersten Sonntag im Advent 1994, am letzten Tag der Tagung "Autonomie, Minderheiten und Selbstbestimmung".

1. Wir sind im Advent und worauf warten wir?
Ich habe eine Erfahrung gemacht, die mich in meinem Selbstverständnis als aufgeklärte und solidarische westliche Intellektuelle und, wenn Sie so wollen, Christin, zutiefst, aber wegweisend, verstört hat: Die Fähigkeit, im Advent zu leben, in der Zeit der Erwartung, der Hoffnung auf ein besseres Morgen, der Zuversicht auf ein Gelingen des Aufstandes aus ungerechten und verhärteten Strukturen habe ich bei denen erlebt, die selber zu den mehrfach Marginalisierten dieser Erde gehören. Bei denen auch, die in

einem, manchmal tödlichen, Konflikt miteinander leben und nur sehr selten bei denen, die in meinen Schichten und in meinem Kulturkreis sich so wie ich zu den aufgeklärten Solidarischen zählen.

Verstehen Sie mich bitte nicht falsch. Ich bin weit davon entfernt, hier Armut, Leid oder Tod verklären zu wollen. Aber ich möchte die Tatsache, daß die, die unter allen dreien leiden, mehr Mut und oft auch mehr Kraft zum Aufstand und Neubeginn besitzen als wir hier im Westen, in Deutschland, als eine ernste Anfrage an die Art unserer Solidarität und unseres Engagements verstehn. Auf welchem gebeugten Rücken tragen wir unseren Säkularisierungsfrust und unsere Wünsche nach eigener nationaler und ethnischer Identität aus? Wen meinen wir, wenn wir uns für Selbstbestimmung und Autonomie stark machen? Haben wir uns vorher beraten lassen von denen, um die es geht? Haben wir von ihnen gelernt, auch der jeweils anderen Seite Gehör zu schenken? Eine überlebensnotwendige Selbstverständlichkeit für die, die in Krisengebieten leben.

Haben wir schon genug unterschieden zwischen berechtigten Gruppenanliegen und unberechtigten und deren politischem Mißbrauch, sei er nun international oder national?

2. Trauen wir Gott eine Befreiung der Marginalisierten und ein aufklärerisches Potential gegenüber zunehmender religiöser säkularer Verblendung zu?

Ehrlich gesagt trauen viele von uns wohl eher Herrn Huntington als Gott. Denn würden wir letzteren ernstnehmen, dann müßten wir doch auch um das lebenschaffende, um das demokratische und friedliche Potential von Kultur wissen, das in der Schöpfungsordnung Gottes weder universalistisch noch uniformistisch angelegt ist, sondern in Vielfalt und jeweiliger schützenswerter Einzigartigkeit. Wir würden dann mißbrauchte Religion und pervertierte Religion nicht mehr mit Gott verwechseln, der eben kein universalistisches, westliches, metaphysisches Prinzip, sondern ein Mitwandernder und Mitkämpfender ist.

3. Haben wir noch Utopien? Betreiben wir unseren Einsatz für Friede, Gerechtigkeit und Bewahrung dieser Erde wirklich noch mit Hoffnung auf ein besseres Morgen? Oder ist unser Engagement von wie auch immer motivierter Solidarität zum reinen intellektuellen Selbsterhaltungs-, ja Selbstdurchsetzungstrieb verkommen?

So begrüßenswert es auch ist, das Engagement vieler Nord- und Westeuropäer für Minderheiten, manchmal fürchte ich, wir vergessen darüber den Blick in die eigene Gesellschaft, in die Innenpolitik unserer Regierungen. Haben wir die Hoffnung aufgegeben, es könne noch weitergehen mit unserer Demokratie, mit unserer interkulturellen Gesellschaft? Das wäre schlimm, denn dann würden wir, trotz aller Solidarität, die Minderheiten anderswo mißbrauchen als Stellvertreter für die Auseinandersetzungen, die eigentlich bei uns zuhause auf der Tagesordnung stehen.

4. Wenn wir uns Gott zuwenden, wie sieht sie dann aus, seine Barmherzigkeit für diese Welt und für uns?

Gott hat sicherlich immer wieder in der Geschichte aller Völker und Religionen zu erkennen gegeben, daß er für seine Barmherzigkeit die Hilfe der Menschen braucht. Seine Barmherzigkeit ist also von unserem Einsatz für Gerechtigkeit nicht zu trennen. Andererseits gilt sie aber auch uns, wenn wir dabei müde oder verblendet werden.

Gottes Barmherzigkeit läßt die Aufgabe einer Religion, einer Kultur zugunsten einer anderen nicht gelten. Um die Erhaltung der Vielfalt in Frieden und Gerechtigkeit geht es ihm. Dies ist oberstes Gebot bei allen Bemühungen um Autonomie und Selbstbestimmung. Wenn gerecht verwirklicht, ist sie höherer Wert als Nationalität. Barmherzigkeit kann aber nie kultureller, religiöser und politischer Selbstbestimmung und Autonomie widersprechen.

5. Ist Gotttes Parteinahme eine inter-nationale?

Eindeutig aber ergreift Gott Partei für die, deren Autonomie und Selbstbestimmung und Recht der Macht, dem politischen Egoismus, der Habgier zum Opfer fällt. Im jeweiligen Land ist er bei denen zu finden, die von einer korrupten politischen Elite ausgebeutet werden. Und sonst ist er wohl mehr im Süden und Südosten dieser Welt zu finden als im Nordwesten, wo die ökonomische Macht noch wächst und aufrechterhalten wird mit Hilfe der Konflikte anderswo und wo Solidarität oft davon abhängt, wieweit sie dem eigenen Nutzen oder der Verhinderung der eigenen Schlechterstellung dient.

6. Warum singt Maria, warum haben gerade zwei Frauen im Advent begriffen, worauf es ankommt und daß es noch nicht zu spät ist?

Vielleicht weil sie wissen, daß Gott in den Schwachen mächtig ist, vielleicht weil ihre Hoffnung eine leibliche ist, vielleicht weil sich in dieser leiblichen Hoffnung und in diesem nicht nur vernünftigen Wissen Orient und Okzident bereits treffen. Warum, frage ich allen Ernstes, sind es die Männer, die den Frieden allein schaffen wollen?

Mädchenkammerchor

"Blagowest"

St. Petersburg.

PROGRAMM

Hauptman	Salvum fac regem, Domine
Gabrielli	Ave Maria
Lotti	Miserere
Hola	Canzon vilanesca
Tschesnokov	Gott, segne meine Seele
Tschesnokov	Käme mein Gebet
	Solistin: Marina Prudenskaja
Swiridov	Heilige Liebe
	Solistin: Anastasia Georgievskaja
Tschesnokov	Kommet zu Josef
Rachmaninov	Im Gebet lebend
Kastalski	Jesus auferstanden
Or	Stille Welt
Gretschaninov	Credo
	Solistin Elena Naman
Russische Lieder	Das Glöckchen
	Solistin Swetlana Schnyrina
	In der Schmiederei
	Legende über zwölf Räuber
	Solistin Elena Naman

Der Mädchenkammerchor *"Blagowest"* aus St.- Petersburg befindet sich auf der Gastsingreise durch Deutschland und tritt mit der geistlichen russischen und westeuropeischen Musik aus den 18. und 19. Jahrhunderten auf. Zwanzig junge Frauen im Alter zwischen 17 und 24 Jahre mit professionell ausgebildeten Stimmen (darunter auch Studentinnen des Rimski-Korsakov-Konservatoriums) mit außergewöhnlicher Frische und Einfühlungsvermögen interpretieren Werke von Rachmaninov und Tschajkowski, Bach und Palestrina. Auftritte in den besten Sälen Rußlands (z. B. St.-Petersburger Philharmonie und Smolny Sobor), Gastspielreisen nach Slowakei und Amerika sind nur einige Stationen auf dem künstlerischen Weg des Chores.
"Der beste Chor in seiner Art" (Newskie Nowosti), *"...eigentlich ist es nicht ein Chor, sondern großes Solistinnen-Ensemble"* (Iswestia) - so sind die Pressestimmen.

Dirigent Elena Schennikova
Chormeister Nikolaj Worobjov

Vertretung Künstleragentur Dimitri Indenbaum * Edenstr. 1 * 30161 Hannover *
Tel. + Fax -49 511 388 35 79 * Autotel. 0171 41 22 678

**Loccumer
Protokolle**

7/94   **Frauenrecht als Menschenrecht**
Menschenrechte zwischen Universalität und Kontextualität II
Herausgeberin: Sybille Fritsch-Oppermann
ISBN 3-8172-0794-8, 152 Seiten, DM 12,--

34/93   **Solidarität an der Basis**
Über das schwierige Verhältnis zwischen Diakonie und Entwicklungspolitik
Herausgeberin: Sybille Fritsch-Oppermann
ISBN 3-8172-3493-7, 132 Seiten, DM 10,--

13/93   **Auf dem Weg in eine interkulturelle Gesellschaft**
Politische und rechtliche Lösungsmodelle im europäischen Kontext I:
Flüchtlinge und Einwanderung in Italien, Schweiz und Deutschland
Herausgeberin: Sybille Fritsch-Oppermann
ISBN 3-8172-1393-X, 284 Seiten, DM 14,--

10/93   **Menschenrechte zwischen Universalisierungsanspruch und kultureller
Kontextualisierung**
Herausgeber: Hans May u. Sybille Fritsch-Oppermann
ISBN 3-8172-1093-0, 332 Seiten, DM 14,--

55/92   **Die Hermeutik des Fremden**
Die afrikanische Literatur als Anfage an unsere Geschichte
mit Kolonisation und Mission
Herausgeberin: Sybille Fritsch-Oppermann
ISBN 3-8172-5992-1, 116 Seiten, DM 10,--

6/92   **Die Bedrohung des Fremden**
Wurzeln und Auswirkungen
Herausgeberin: Sybille Fritsch-Oppermann
ISBN 3-8172-0692-5, 182 Seiten, DM 12,--

11/91   **Fremde in der Heimat**
Zur Situation von AusiedlerInnen in Deutschland
Herausgeber: Henning Schierholz
ISBN 3-8172-1191-0, 212 Seiten, DM 12,--

77/90   **Menschenrechte - Recht auf Menschen?**
Herausgeber: Irmela Reimers-Tovote und Wolfgang Greive
ISBN 3-8172-7790-3, 168 Seiten, DM 12,--

77/89   **Symposion: Zur Geschichte der Menschenrechtsdiskussion**
Herausgeber: Irmela Reimers-Tovote und Wolfgang Greive
ISBN 3-8172-7789-X, 274 Seiten, DM 5,--

65/89   **Multikulturell oder: Neue Migration - alte Konzepte?**
Ausländerpolitik vor neuen Herausforderungen
Herausgeber: Hartmut Reichardt und Susanne Habicht-Erenlere
ISBN 3-8172-6589-1, 204 Seiten, DM 5,--

Zu beziehen über die
        Evangelische Akademie Loccum
        - Protokollstelle -
        Postfach 2158
        31545 Rehburg-Loccum
oder über den Buchhandel
(zu den o.a. Preisen zzgl. Versandkosten)